성경종합시험 · 신학대학원 입학시험 준비를 위한

성경문제집

성경문제집 출간위원회 편

한국침례신학대학교 출판부

성경문제집을 내면서

성경문제집에 관하여는 지난 수십 년 동안 침례신학대학교 학부와 신학대학원의 성경고사와 입시 성경시험을 치루면서 학생들에게 도움이 될 수 있다는 점에서 그 필요성이 다각적으로 개진되어진 적이 있었습니다. 십 수 년 전에 본교의 한 교수님의 수고로 이와 흡사한 시도가 이루어지기도 하였습니다만, 금번에는 도한호 총장님의 결단과 최현서 출판부장님의 도움으로 본교 모든 성서신학 교수님들의 수고와 노력으로 좀 더 체계적이고 심도 있는 성경문제집을 출판하게 된 것을 큰 기쁨으로 생각합니다.

본 성경문제집은 먼저 본교의 구약과 신약을 가르치시고 계신 교수님 일곱분 모두가 지혜를 모으고 수고를 해주셔서 가능하게 되었습니다. 권저 구약은 기민석(민수기, 신명기, 룻기, 역대기, 에스라, 느헤미야, 전도서, 욥기, 아가서, 에스겔, 시편), 우택주(창세기, 레위기, 12예언서, 이사야, 에스더), 이형원(출애굽기, 여호수아, 사사기, 사무엘서, 열왕기서, 예레미야, 예레미야 애가, 잠언, 다니엘) 교수님들께서 각각 괄호 속에 기재된 대로의 구약의 책들에서 500문제씩을 출제하셨습니다. 그리고 신약은 김광수(마태복음, 로마서, 고린도서신, 갈라디아서), 김선배(마가복음, 에베소서, 빌립보서, 골로새서, 데살로니가서신, 디모데서신, 디도서, 빌레몬서), 장동수(누가복음, 사도행전, 히브리서, 야고보서, 베드로서신, 유다서), 권종선(요한복음, 요한서신, 요한계시록) 교수님들께서 역시 각각 괄호 속에 기재된 대로의 신약의 책들에서 각각 400문제씩을 출제하셨습니다. 신구약성경으로부터 만들어진 성경문제가 3,100문제로 각권의 웬만한 구절이나 내용은 거의 다루어졌다고 자부합니다.

우선 모든 분야에서 각 책의 주요한 메시지를 담고 있는 구절들을 문제에 포함시키고, 각 책의 전반적인 내용에서 알아야 할 사항을 질문에 넣도록 노력하였습니다. 문제의 유형은 선택형, 완성형, 단답형, 진위형 이렇게 네 가지로 하였고, 각 유형을 따라서 동일한 문제의 수를 유지하였습니다. 하지만, 어디까지나 이 문제집은 성경을 전체적으로 읽는 일을 돕기 위함이지 그것을 대신 할 수는 없는 것입니다. 이 문제집을 활용하여 성경을 읽거나 공부하는 활동과 더불어서 침례교신학연구소에서 펴낸 「성서입문」(대전: 침례신학대학교출판부, 2007)을 읽으면 아주 좋을 것 같습니다.

또한 본 성경문제집에는 부록으로 저희 대학에서 출제되었던 대학원 입시 논술과 영어시험 등의 기출문제를 실어서 필요로 하는 분들의 요긴한 지침으로 삼도록 하였습니다. 그러나 본 성경문제집은 비단 신학도들에게만 아니라 지역교회에서 직분자들을 위한 성경고사에도 활용될 수 있으며 또한 신구약을 전체적으로 읽어나가는 프로그램에서도 활용될 수 있으리라 생각되어 본 성경문제집을 적극 추천하는 바입니다.

마지막으로, 본 문제집의 기획단계에서 수고를 해준 최수환 부장과 이정훈 주임 그리고 새로이 출판부를 맡아 교정과 출판과정에 수고를 아끼지 않았던 장해선 씨의 노고가 있었기 때문에 현재의 성경문제집이 이렇게 아름답게 만들어 질 수 있었음을 밝히는 바입니다.

2008년 하기동산에 새봄이 오고 있는 길목에

성경문제집 출간위원장

장 동 수 교수

Contents

구약

신약

T.h.e. O.l.d. T.e.s.t.a.m.e.n.t.

구약

01 구약편 창세기

Genesis

선택형

1. 창세기는 총 몇 장으로 되어 있는가?

(1) 48장 (2) 50장 (3) 52장 (4) 55장

2. 다음 중 창세기에 등장하지 않는 인물은 누구인가?

(1) 아브라함 (2) 모세 (3) 노아 (4) 요셉

3. 다음 중 창세기에 등장하는 인물은 누구인가?

(1) 아론 (2) 멜기세덱 (3) 비느하스 (4) 여호수아

4. 다음 중 창세기에 등장하지 않는 사건은 무엇인가?

(1) 인간창조 (2) 대홍수 (3) 열 가지 재앙 (4) 바벨탑

5. 다음 중 창세기에만 등장하는 사건은 무엇인가?

(1) 만나와 메추라기 (2) 발람과 나귀

(3) 소돔과 고모라 (4) 아론과 미리암

6. 하나님이 세상을 창조하실 때 창조하지 않은 것은 무엇인가?

(1) 빛과 어둠 (2) 바다와 육지

(3) 사탄과 타락한 천사들 (4) 남자와 여자

7. 하나님은 세상창조를 며칠 만에 마치셨는가?
   (1) 하루 (2) 6일 (3) 7일 (4) 일 년

8. 하나님이 빛을 만드신 날은 몇 째 날인가?
   (1) 첫째 날 (2) 셋째 날 (3) 넷째 날 (4) 여섯째 날

9. 하나님이 궁창을 만드신 날은 몇 째 날인가?
   (1) 첫째 날 (2) 둘째 날 (3) 셋째 날 (4) 다섯째 날

10. 하나님이 바다와 육지를 만드신 날은 몇 째 날인가?
   (1) 첫째 날 (2) 둘째 날 (3) 셋째 날 (4) 다섯째 날

11. 하나님이 광명체들을 만들어 징조와 계절과 일자를 만드신 날은 몇 째 날인가?
   (1) 셋째 날 (2) 넷째 날 (3) 다섯째 날 (4) 여섯째 날

12. 하나님이 조류와 어류를 만드신 날은 몇 째 날인가?
   (1) 둘째 날 (2) 셋째 날 (3) 넷째 날 (4) 다섯째 날

13. 하나님이 사람을 만드신 날은 몇 째 날인가?
   (1) 넷째 날 (2) 다섯째 날 (3) 여섯째 날 (4) 일곱째 날

14. 하나님이 창조 후 안식하신 날은 몇 째 날인가?
   (1) 다섯째 날 (2) 여섯째 날 (3) 일곱째 날 (4) 주일

15. 하나님이 복 주시고 거룩하게 하신 날은 몇 째 날인가?
   (1) 다섯째 날 (2) 여섯째 날 (3) 일곱째 날 (4) 주일

16. 땅의 모든 짐승과 하늘의 새와 사람에게 공통으로 하나님이 식물로 준 것은 무엇인가?

(1) 푸른 풀 (2) 물고기 (3) 곤충 (4) 메추라기

17. 하나님이 사람을 지으시고 복을 주시며 명령하신 것이 아닌 것은 무엇인가?

(1) 생육하라 (2) 번성하라 (3) 싸우라 (4) 정복하라

18. 하나님이 세상을 지으시고 "심히 좋았더라"고 말씀하신 날은 몇 째 날인가?

(1) 첫째 날 (2) 넷째 날 (3) 다섯째 날 (4) 여섯째 날

19. 다음 중 하나님이 사람을 지으신 방식은 무엇인가?

(1) 거푸집을 만드심 (2) 흙으로 만드심

(3) 칼로 조각하심 (4) 짐승에서 진화시킴

20. 에덴동산에서 흘러나오는 강이 아닌 것은 무엇인가?

(1) 비손 (2) 기혼 (3) 힛데겔 (4) 기손

21. 하나님이 보시기에 사람이 혼자 사는 것이 좋지 않아서 지어주신 것은 무엇인가?

(1) 가축 (2) 새 (3) 돕는 베필 (4) 들짐승

22. 하와가 선악을 알게 하는 나무를 보고 느낀 결과가 아닌 것은 무엇인가?

(1) 먹음직 (2) 탐스러움 (3) 보암직 (4) 두려움

23. 선악과를 먹지 말라고 하나님이 말씀하신 까닭에 대한 뱀의 해석은 무엇인가?
    (1) 먹으면 죽는다 (2) 먹으면 눈이 먼다
    (3) 먹으면 눈이 밝아져 하나님과 같이 된다 (4) 먹으면 나처럼 된다

24. 아담과 하와가 선악과를 먹은 후의 반응은 무엇인가?
    (1) 죽었다 (2) 지식을 습득하였다
    (3) 하나님이 되었다 (4) 발가벗은 줄 알았다

25. 다음 중 뱀에게 내린 저주가 아닌 것은 무엇인가?
    (1) 여자와 원수가 되게 한다
    (2) 배로 다니면서 흙을 먹는다
    (3) 여자의 후손이 뱀의 후손의 머리를 상하게 한다
    (4) 에덴 동산에서 쫓겨난다

26. 다음 중 선악과를 먹은 여자에게 하나님이 내리신 저주가 아닌 것은 무엇인가?
    (1) 임신의 고통이 증가한다 (2) 남편을 원한다
    (3) 남편이 다스린다 (4) 남편을 미워한다

27. 다음 중 선악과를 먹은 아담에게 하나님이 내리신 저주가 아닌 것은 무엇인가?
    (1) 뱀과 원수가 된다
    (2) 땅에 가시덤불과 엉겅퀴를 낸다
    (3) 평생 수고해야 땅의 소산을 먹는다
    (4) 흙으로 돌아간다

28. 선악과를 먹은 아담과 하와 때문에 하나님이 하신 일은 무엇인가?
(1) 무화과 나무 옷을 지어 입힌다
(2) 가죽 옷을 지어 입힌다
(3) 집을 져준다
(4) 생명과를 먹도록 허락한다

29. 가인이 아벨을 죽인 후 가인에게 내린 하나님의 내리신 저주가 아닌 것은 무엇인가?
(1) 밭을 갈아도 소산이 없을 것이다
(2) 땅에서 유리하는 자가 될 것이다
(3) 땅에서 저주를 받을 것이다
(4) 제 수명을 못살고 일찍 죽을 것이다

30. 가인이 여호와를 떠나 거한 놋 땅은 에덴 동산 어느 편에 있는가?
(1) 동쪽 (2) 서쪽 (3) 북쪽 (4) 남쪽

31. 가인이 아내와 동침하여 낳은 아들 이름은 무엇인가?
(1) 놋 (2) 셋 (3) 에녹 (4) 노아

32. 가인을 죽인 자에게 내린 하나님의 벌은 몇 배인가?
(1) 두 배 (2) 열 배 (3) 칠 배 (4) 칠십 배

33. 가인이 사람들에게 죽임을 당하지 않도록 하나님이 취하신 조치는 무엇인가?
(1) 천사를 붙였다 (2) 동산에 가두었다
(3) 표를 주었다 (4) 갑옷을 입혔다

34. 라멕의 자손 중에서 장막에 거주하며 가축을 치는 자의 조상이 된 자는 누구인가?

(1) 야발 (2) 유발 (3) 두발가인 (4) 이랏

35. 라멕의 자손 중에서 수금과 퉁소를 잡는 모든 자의 조상이 된 자는 누구인가?

(1) 야발 (2) 유발 (3) 두발가인 (4) 나아마

36. 자신의 상처 때문에 사람을 죽여 가인의 벌보다 칠십 칠배를 받을 것을 노래한 사람은 누구인가?

(1) 에녹 (2) 이랏 (3) 므후야엘 (4) 라멕

37. 가인과 아벨 이후 아담과 하와의 자손 중에서 여호와의 이름을 부른 자손은 누구인가?

(1) 에녹 (2) 라멕 (3) 셋 (4) 에노스

38. 아담이 셋을 낳은 나이는 몇 세인가?

(1) 삼십 세 (2) 백 세 (3) 백 삼십 세 (3) 백 오십 세

39. 아담의 후손들 중에서 가장 오래 산 사람은 누구인가?

(1) 셋 (2) 게난 (3) 마할살렐 (4) 므두셀라

40. 노아란 이름의 뜻은 무엇인가?

(1) 수고롭다 (2) 땀흘리다 (3) 안위하다 (4) 영생하다

41. 다음 중 노아가 낳은 자식이 아닌 사람은 누구인가?

(1) 셈 (2) 함 (3) 셋 (4)야벳

42. 노아의 방주에 들어간 사람은 모두 몇 명인가?
    (1) 열 명 (2) 일곱 명 (3) 여덟 명 (4) 다섯 명

43. 노아의 방주는 몇 층으로 지어졌는가?
    (1) 단층 (2) 삼층 (3) 오층 (4) 십층

44. 노아가 홍수가 줄었는지 알아보기 위해 날려 보낸 새가 아닌 것은 무엇인가?
    (1) 까마귀 (2) 비둘기 (3) 독수리

45. 대홍수가 그친 후 노아가 제일 먼저 한 행동은 무엇인가?
    (1) 노래를 불렀다 (2) 언약을 체결했다
    (3) 번제를 드렸다 (4) 농사를 지었다

46. 대홍수 이후 하나님이 노아와 맺은 언약의 증거는 무엇인가?
    (1) 할례 (2) 무지개 (3) 안식일 (4) 방주

47. 노아 언약의 내용이 아닌 것은 무엇인가?
    (1) 계절이 지속될 것이다 (2) 생명체를 물로 멸하지 않을 것이다
    (3) 피를 먹어도 좋다 (4) 동물을 식용으로 사용할 수 있다

48. 홍수 후에 노아가 농사를 지은 뒤 자녀들에게 한 축복과 저주 중에 틀린 것은 무엇인가?
    (1) 가나안은 형제들의 종이 될 것이다
    (2) 야벳은 창대할 것이다
    (3) 셈의 하나님은 찬송을 받을 것이다
    (4) 함은 행복하게 살 것이다

49. 구스가 낳은 아들 중에 세상의 용사는 누구인가?

(1) 미스라임 (2) 니므롯 (3)에렉 (4) 붓

50. 다음 중 가나안이 낳은 족속이 아닌 것은 무엇인가?

(1) 여부스 족속 (2) 기르가스 족속 (3) 하맛 족속 (4) 아람 족속

51. 바벨탑이 세워진 곳은 어디인가?

(1) 에벨 (2) 시날 (3) 모압 (4) 시돈

52. 데라의 아들이 아닌 사람은 누구인가?

(1) 아브함 (2) 나홀 (3) 하란 (4) 하만

53. 아브람이 하란을 떠날 때의 나이는 몇 세인가?

(1) 65세 (2) 70세 (3) 75세 (4) 80세

54. 아브람이 가나안에 들어가 처음으로 거주한 곳은 어디인가?

(1) 세겜 (2) 브엘세바 (3) 헤브론 (4) 벧엘

55. 아브람과 롯이 애굽에서 가나안으로 돌아와 머물 때 롯의 일행과 나뉜 후 거주한 곳은 어디인가?

(1) 세겜 (2) 소알 (3) 헤브론 (4) 브엘세바

56. 전쟁포로로 사로잡혀간 롯을 구하기 위해 아브람이 데리고 간 사병은 몇 명인가?

(1) 312명 (2) 318명 (3) 321명 (4) 327명

57. 롯을 구하는 일에 아브람과 동맹한 사람들이 아닌 것은 누구인가?

(1) 마므레 (2) 에스골 (3) 아넬 (4) 아리옥

58. 아브람이 그돌라오멜과 싸우고 돌아오는 길에 그를 영접한 살렘 왕은 누구인가?
(1) 아비멜렉 (2) 멜기세덱 (3) 베라 (4) 비르사

59. 다음 중 창세기 15장에 묘사된 아브람 언약에 등장하지 않는 짐승은 무엇인가?
(1) 삼 년 된 암소 (2) 삼 년 된 암염소
(3) 삼 년 된 숫양 (4) 삼년 된 나귀

60. 아브람의 아내 사래가 출산하지 못하므로 첩으로 받아들인 애굽 여종은 누구인가?
(1) 빌하 (2) 하갈 (3) 드보라 (4) 십보라

61. 애굽인 첩 하갈이 아브람에게서 낳은 아들의 이름은 누구인가?
(1) 이스라엘 (2) 이스마엘 (3) 스마엘 (4) 스가랴

62. 하갈이 사래의 학대를 피하여 광야로 도망갔다가 여호와의 사자를 만난 샘의 이름은 무엇인가?
(1) 엘림 (2) 여호와 이레 (3) 브엘라해로이 (4) 엔학고레

63. 아브람이 이스마엘을 낳은 나이는 몇 세인가?
(1) 80세 (2) 85세 (3) 86세 (4) 90세

64. 아브람의 이름을 아브라함으로 바꾸면서 언약을 맺은 나이는 몇 세인가?
(1) 90세 (2) 99세 (3) 100세 (4) 110세

65. 아브라함 언약의 표징은 무엇인가?

(1) 이삭 (2) 할례 (3) 안식일 (4) 막벨라 굴

66. 여호와께서 소돔 성을 멸망시키지 않을 최소한의 의인 숫자는 몇 명인가?

(1) 50명 (2) 40명 (3) 30명 (4) 10명

67. 롯이 하나님의 심판을 받아 파괴되는 소돔 성을 피하여 도망한 성은 무엇인가?

(1) 고모라 (2) 헤브론 (3) 세겜 (4) 소알

68. 소돔과 고모라 성을 피하여 도망할 때 뒤를 돌아본 롯의 아내는 어떻게 되었는가?

(1) 눈이 멀었다 (2) 벙어리가 되었다
(3) 귀가 먹었다 (4) 소금기둥이 되었다

69. 아브라함의 나이 100세에 아내 사라가 낳은 아들 이삭의 뜻은 무엇인가?

(1) 즐겁다 (2) 기쁘다 (3) 웃다 (4) 재미있다

70. 아비멜렉의 군대 장관으로 아브라함이 판 우물을 뺏은 사람은 누구인가?

(1) 비돔 (2) 비골 (3) 골리앗 (4) 그랄

71. 아브라함이 아비멜렉과 브엘세바에서 언약을 맺은 후 심은 나무 이름은 무엇인가?

(1) 상수리나무 (2) 에셀나무 (3) 감람나무 (4) 대추나무

72. 아브라함이 하나님의 시험으로 독자 이삭을 번제로 바치러 간 장소는 어디인가?
(1) 브엘세바 (2) 모리아 산 (3) 마므레 (4) 세겜

73. 아브라함이 독자 이삭을 번제로 바치러 가는 도중에 한 고백적인 하나님의 이름은 무엇인가?
(1) 여호와 살롬 (2) 여호와 닛쉬 (3) 여호와 이레 (4) 여호와 삼마

74. 아브라함이 사라를 매장한 곳은 어디인가?
(1) 브엘세바 굴 (2) 세겜 굴 (3) 막벨라 굴 (4) 맛사다 굴

75. 아브라함이 사라를 위해 매입한 굴은 누구에게 산 것인가?
(1) 가나안 사람 (2) 여부스 족속 (3) 헷 족속 (4) 브리스 족속

76. 이삭의 아내는 누구인가?
(1) 십보라 (2) 라합 (3) 리브가 (4) 라헬

77. 리브가는 아람 족속 중 누구의 누이인가?
(1) 라합 (2) 라헬 (3) 라반 (4) 라빔

78. 에서란 이름의 뜻은 무엇인가?
(1) 검다 (2) 희다 (3) 노랗다 (4) 붉다

79. 야곱이란 이름의 뜻은 무엇인가?
(1) 발꿈치 (2) 발목 (3) 손꿈치 (4) 손목

80. 에서는 무엇을 먹고 야곱에게 장자명분을 팔았는가?

(1) 양고기요리 (2) 떡과 팥죽 (3) 무교병 (4) 전채요리

81. 이삭이 그랄에서 그랄 목자들과 우물을 놓고 다투다가 더 이상 다투지 않은 우물의 이름은 무엇인가?

(1) 에셀 (2) 싯나 (3) 르호봇 (4) 에섹

82. 야곱의 형 에서를 피하여 하란으로 가는 길목에 돌베개를 베고 자다가 하나님을 체험하고 이름 지은 장소는 어디인가?

(1) 밧단아람 (2) 브엘세바 (3) 벧엘 (4) 세겜

83. 야곱이 아내 라헬을 얻기 위해 외삼촌 라반의 집에서 일한 햇수는 몇 년인가?

(1) 7년 (2) 14년 (3) 21년 (4) 24년

84. 야곱이 외삼촌 라반의 집에 일한 총 햇수는?

(1) 14년 (2) 18년 (3) 20년 (3) 24년

85. 다음 중 야곱의 아내가 아닌 사람은 누구인가?

(1) 라헬 (2) 빌하 (3) 리브가 (4) 실바

86. 야곱이 외삼촌 라반의 집을 떠날 때 라헬이 훔쳐 갖고 나온 물건은 무엇인가?

(1) 합환채 (2) 드라빔 (3) 지팡이 (4) 집문서

87. 야곱과 라반이 언약을 맺고 돌무더기를 쌓고 야곱이 부른 명칭은 무엇인가?

(1) 길갈 (2) 길르앗 (3) 갈르엣 (4) 밧단아람

88. 야곱이 고향을 향해 길을 가는 중 하나님의 사자들을 보고 그 땅 이름을 무엇이라 불렀는가?

(1) 여갈사하두다 (2) 갈르엣
(3) 마하나임 (4) 싯딤

89. 야곱이 얍복 나루에서 천사와 밤새 씨름하고 얻은 이름은 무엇인가?

(1) 브니엘 (2) 이스라엘 (3) 브엘세바 (4) 길르앗

90. 야곱의 별명 "이스라엘"의 의미는 무엇인가?

(1) 하나님과 및 사람들과 싸워 이기다
(2) 하나님과 및 사람들과 다투다
(3) 하나님과 및 사람들의 사랑을 받다
(4) 하나님과 및 사람들의 복이 되다

91. 야곱이 밧단아람에서 편히 가나안으로 돌아와 세겜의 아버지 하몰로부터 장막 친 밭을 얼마에 주고 샀는가?

(1) 100크시타 (2) 200크시타 (3) 300크시타 (4) 400크시타

92. 하몰의 아들 세겜이 야곱의 딸 디나를 욕보이자 이에 분노한 야곱의 아들 중에서 성읍 남자들을 몰살한 사람들은 누구인가?

(1) 르우벤과 시므온 (2) 시므온과 단
(3) 시므온과 레위 (4) 레위와 유다

93. 다음 중 야곱의 열 두 아들이 아닌 사람은 누구인가?

(1) 갓 (2) 므낫세 (3) 요셉 (4) 르우엘

94. 야곱의 아내 라헬이 죽기 직전에 낳은 아들은 누구인가?
(1) 르우벤 (2) 스불론 (3) 요셉 (4) 베냐민

95. 야곱이 요셉을 사랑하여 지어준 것은 무엇인가?
(1) 신발 (2) 채색 옷 (3) 활 (4) 모자

96. 요셉의 꿈 때문에 그를 죽이려는 형제들을 만류한 사람은 누구인가?
(1) 르우벤 (2) 유다 (3) 레위 (4) 베냐민

97. 요셉이 미디안 상인에 의해 애굽의 누구에게 팔려갔는가?
(1) 아비멜렉 (2) 보디발 (3) 하만 (4) 히라

98. 유다의 며느리로서 시아버지를 속여 가계의 후손을 이어간 사람은 누구인가?
(1) 디나 (2) 라합 (3) 다말 (4) 룻

99. 요셉이 애굽의 총리대신이 된 나이는 몇 세인가?
(1) 20세 (2) 30세 (3) 40세 (4) 50세

100. 애굽으로 내려간 야곱(이스라엘)의 가족의 수효는 몇 명인가?
(1) 50명 (2) 70명 (3) 80명 (4) 100명

완성형

1. ( )에 하나님이 천지를 창조하시니라(창1:1).

2. 하나님이 자기 ( ) 곧 하나님의 ( )대로 사람을 창조하시되 남자와 여자를 창조하시고(창1:27).

3. 하나님이 그가 하시던 일을 일곱 째 날에 마치시니 그가 하시던 일 모든 일을 일곱째 날에 ( )하시니라(창2:2).

4. 여호와 하나님이 땅의 흙으로 사람을 지으시고 ( )를 그 코에 불어넣으시니 사람이 생령이 되니라(창2:7).

5. 여호와 하나님이 이르시되 사람이 혼자 사는 것이 좋지 아니하니 내가 그를 위하여 돕는 ( )을 지으리라(창2:18).

6. 너희가 그것을 먹는 날에는 너희 눈이 밝아져 하나님과 같이 되어 ( )을 알 줄 하나님이 아심이니라(창3:5).

7. 내가 너로 여자와 원수가 되게 하고 네 후손도 여자의 후손과 원수가 되게 하리니 여자의 후손은 네 머리를 상하게 할 것이요 너는 그의 ( )를 상하게 할 것이니라(창3:15).

8. 네가 선을 행하면 어찌 낯을 들지 못하겠느냐 선을 행하지 아니하면 죄가 ( )에 엎드려 있느니라 죄가 너를 원하나 너는 죄를 다스릴지니라(창4:7).

9. 셋도 아들을 낳고 그의 이름을 에노스라 하였으며 그 때에 사람들이 비로소 여호와의 ( )을 불렀더라(창4:26).

10. 이름을 노아라 하여 이르되 여호와께서 땅을 저주하시므로 수고롭게 일하는 우리를 이 아들이 (　　　)하리라 하였더라(창5:29).

11. 당시에 땅에는 (　　　)이 있었고 그 후에도 하나님의 아들들이 사람의 딸들에게로 들어와 자식을 낳았으니 그들은 용사라 고대에 명성이 있는 사람들이었더라(창6:4).

12. 땅 위에 사람 지으셨음을 한탄하사 마음에 (　　　)하시고 (창6:6).

13. 이것이 노아의 족보니라 노아는 (　　　)이요 당대에 완전한 자라 그는 하나님과 동행하였으며(창6:9).

14. 내가 내 무지개를 구름 속에 두었나니 이것이 나와 세상 사이의 (　　　)의 증거니라(창9:13).

15. 내가 너로 큰 민족을 이루고 네게 복을 주어 네 (　　　)을 창대하게 하리니 너는 복이 될지라(창12:2).

16. 아브람아 두려워하지 말라 나는 네 방패요 너의 지극히 큰 (　　　)이니라(창15:1).

17. 아브람이 여호와를 믿으니 여호와께서 이를 그의 (　　　)로 여기시고 또 그에게 이르시되 나는 이 땅을 네게 주어 소유를 삼게 하려고 너를 갈대아 우르에서 이끌어 낸 여호와니라(창15:6-7).

18. 여호와께서 아브람에게 이르시되 너는 반드시 알라 네 자손이 이방에서 객이 되어 그들을 섬기겠고 그들은 (　　　) 년 동안 네 자손을 괴롭히리니(창15:13).

19. 아브람이 구십구 세 때에 여호와께서 아브람에게 나타나서 그에게 이르시되 나는 (   ) 하나님이라 너는 내 앞에서 행하여 완전하라(창17:1).

20. 내가 그로 그 자식과 권속에게 명하여 (   )를 지켜 공의와 공도를 행하게 하려고 그를 택하였나니 이는 나 여호와가 아브라함에게 대하여 말한 일을 이루려 함이니라(창18:19).

21. 사자가 이르시되 그 아이에게 네 손을 대지 말라 그에게 아무 일도 하지 말라 네가 네 아들 독자까지도 내게 아끼지 아니하였으니 내가 이제야 네가 하나님을 (   )하는 줄을 아노라(창22:12).

22. 내 아들의 향취는 여호와께서 복 주신 (   )의 향취로다(창27:27).

23. 너는 (   )을 믿고 생활하겠고 네 아우를 섬길 것이며 네가 매임을 벗을 때에는 그 멍에를 네 목에서 떨쳐버리리라(창27:40).

24. 이에 두려워하여 이르되 두렵도다 이곳이여 이것은 다름 아닌 하나님의 (   )이요 이는 하늘의 문이로다 하고(창28:17).

25. 그대들도 알거니와 내가 힘을 다하여 그대들의 아버지를 섬겼거늘 그대들의 아버지가 나를 속여 품삯을 (   ) 번이나 변경하였느니라(창31:6-7).

26. 나는 (   )의 하나님이라 네가 거기서 기둥에 기름을 붓고 거기서 내게 서원하였으니 지금 일어나 이 곳을 떠나서 네 출생지로 돌아가라 하셨느니라(창31:13).

27. 야곱이 그들을 볼 때에 이르기를 이는 하나님의 (   )라 하고 그 땅 이름을 마하나임이라 하였더라(창32:2).

28. 그가 이르되 네 이름을 다시는 야곱이라 부를 것이 아니요 (   )이라 부를 것이니 이는 네가 하나님과 및 사람들과 겨루어 이겼음이니라(창32:28).

29. 하나님이 그에게 이르시되 나는 전능한 하나님이라 생육하며 번성하라 한 백성과 백성들의 총회가 네게서 나오고 (   )들이 네 허리에서 나오리라(창35:11).

30. 요셉은 노년에 얻은 아들이므로 이스라엘이 여러 아들들보다 그를 더 사랑하므로 그를 위하여 (   )을 지었더니(창37:3).

31. 하나님이 큰 (   )으로 당신들의 생명을 보존하고 당신들의 후손을 세상에 두시려고 나를 당신들보다 먼저 보내셨나니(창45:7).

32. 그런즉 나를 이리로 보낸 이는 당신들이 아니요 (   )이시라 (창45:8).

33. 야곱이 바로에게 아뢰되 내 (   ) 길의 세월이 백삼십 년이니이다 내 나이가 얼마 못 되니 우리 조상의 (   ) 길의 연조에 미치지 못하나 험악한 세월을 보내었나이다(창47:9).

34. 요셉이 그들에게 이르되 두려워하지 마소서 내가 (   )을 대신하리이까 (창50:19).

35. 당신들은 나를 해하려 하였으나 하나님은 그것을 (   )으로 바꾸사 오늘과 같이 많은 백성의 생명을 구원하게 하시려 하셨나니(창50:20).

단답형

1. 하나님이 천지를 만드시던 첫째 날은 무엇을 지으셨는가? (   )

2. 하나님이 천지를 만드시던 둘째 날은 무엇을 지으셨는가? (   )

3. 하나님이 육지와 채소를 만드신 날은 몇 째 날인가? (   )

4. 하나님이 광명체들을 만들어 징조와 계절과 날과 해를 이루게 한 날은 몇 째 날인가? (   )

5. 하나님이 큰 바다 짐승들과 물에서 번성하여 움직이는 모든 생물을 그 종류대로 창조하신 날은 몇 째 날인가? (   )

6. 하나님이 사람을 만드신 날은 몇 째 날인가? (   )

7. 하나님이 천지 창조를 마치신 날은 몇 째 날인가? (   )

8. 하나님이 천지 창조를 마치시고 하신 일은 무엇인가? (   )

9. 하나님이 지으신 사람을 동방의 어디에 두셨는가? (   )

10. 에덴동산에서 흘러나온 네 강의 이름은 무엇인가? (   )

11. 아담과 하와가 선악과를 먹고 하나님 앞에서 보인 첫 반응은 무엇인가? (   )

12. 가인이 여호와 앞을 떠나 에덴 동쪽 어디에 거주하였는가? (   )

13. 가인이 아내와 동침 후 쌓은 성 이름은 무엇인가? (　　　)

14. 아담의 후손 중에서 가장 오래 산 사람은 무엇인가? (　　　)

15. 노아의 세 아들은 셈, 함 그리고 누구인가? (　　　)

16. 노아의 방주는 어떤 나무로 만들었는가? (　　　)

17. 노아의 방주가 홍수가 그친 후에 머무른 산 이름은 무엇인가? (　　　)

18. 노아의 언약의 징표는 무엇인가? (　　　)

19. 인류가 시날 땅에서 쌓다가 하나님의 진노로 중지한 곳의 이름은 무엇인가? (　　　)

20. 아브람의 고향은 어디인가? (　　　)

21. 아브람이 하란을 떠난 나이는 몇 세인가? (　　　)

22. 아브람이 조카 롯을 구하기 위하여 집에서 훈련한 사람 몇 명을 데리고 갔는가? (　　　)

23. 아브람이 조카 롯을 구하기 위하여 가신들과 함께 어디까지 쫓아갔는가? (　　　)

24. 아브람이 그돌라오멜 왕과 동맹들을 물리치고 돌아 왔을 때 떡과 포도주를 갖고 나온 살렘 왕은 누구인가? (　　　)

25. 아브람이 자식이 없을 때 그의 상속을 받을 사람은 다메섹 출신의 누구인가? (　　　)

26. 사래가 아브람에게 아들을 낳지 못하자 대신 아브람의 자식을 낳도록 애굽 여인 누구를 붙여주었는가? (   )

27. 아브라함 언약의 표징은 무엇인가? (   )

28. 롯과 큰 딸 사이에 낳은 아들은 모압이다. 롯과 둘째 딸 사이에 낳은 아들의 이름은 무엇인가? (   )

29. 아브라함이 독자 이삭을 바치러 간 산의 이름은 무엇인가? (   )

30. "여호와의 산에서 준비되리라"란 뜻의 지명은 무엇인가? (   )

31. 사라가 죽은 헤브론의 또 다른 이름은 무엇인가? (   )

32. 사라를 매장한 굴 이름은 무엇인가? (   )

33. 아브람이 맞은 후처의 이름은 무엇인가? (   )

34. 이삭이 그랄 땅에서 판 우물 중 다툼이 없었던 우물의 이름은 무엇인가? (   )

35. 벧엘의 옛 이름은 무엇인가? (   )

36. 레아가 야곱에게 낳은 아들 중 "남편이 나와 연합하리라"는 뜻을 지닌 아들의 이름은 무엇인가? (   )

37. 레아가 야곱에게 낳은 아들 중 "여호와를 찬송하리라"는 뜻을 지닌 아들의 이름은 누구인가? (   )

38. 라헬의 시녀 빌하가 야곱에게 낳은 아들 중 “내가 언니와 크게 경쟁하여 이겼다”는 뜻을 지닌 아들의 이름은 누구인가? (　　)

39. 라헬이 낳은 아들로서 “여호와는 다시 다른 아들을 내게 더하시기를 원하노라”는 뜻이 담긴 아들의 이름은 누구인가? (　　)

40. 라헬이 아버지 라반의 집을 떠날 때 훔쳐 갖고 나온 물건은 무엇인가? (　　)

41. 라반이 도망한 야곱과 만나 함께 언약을 세우고 라반이 여갈사하두다라고 부른 돌무더기를 야곱은 무엇이라 불렀는가? (　　)

42. 야곱이 천사와 밤새 싸워 이스라엘이란 이름을 얻은 장소는 어디인가? (　　)

43. 야곱이 세겜의 아버지 하몰에게 산 밭에 제단을 쌓고 붙인 이름은 무엇인가? (　　)

44. 야곱의 딸 디나를 욕보인 하몰의 아들 세겜은 어느 족속 사람인가? (　　)

45. 야곱의 딸 디나를 욕보인 세겜 사람들을 몰살하는데 앞장선 야곱의 두 아들은 누구인가? (　　)

46. 리브가의 유모 드보라가 죽자 벧엘의 상수리나무 아래 장사하고 그 나무에 붙인 이름은 무엇인가? (　　)

47. 라헬이 죽기 직전에 낳은 아들은 누구인가? (　　)

48. 라헬이 죽어 장사된 곳은 어디인가? (　　)

49. 에서가 거한 산 이름은 무엇인가? (   )

50. 요셉이 팔려간 애굽 바로의 친위대장은 누구인가? (   )

51. 유다가 가나안 사람 수아의 딸과 동침하여 낳은 세 아들은 누구인가? (   )

52. 유다가 며느리 다말을 창녀로 오인하여 동침하고 준 담보물은 무엇인가? (   )

53. 유다의 아들 엘의 아내로서 시아버지 유다에게서 낳은 쌍둥이는 누구인가? (   )

54. 요셉이 옥 중에서 꿈을 해석해준 애굽 관원 중 관직을 회복한 사람은 누구인가? (   )

55. 요셉의 애굽 이름은 무엇인가? (   )

56. 요셉이 애굽에서 얻은 아내의 이름은 무엇인가? (   )

57. 요셉이 애굽의 총리대신이 된 나이는 몇 세인가? (   )

58. 요셉이 애굽 아내 아스낫에게서 낳은 두 아들의 이름은 무엇인가? (   )

59. 요셉이 곡식을 사러 온 형들에게 막내를 데려오라고 하면서 붙잡아둔 형제는 누구인가? (   )

60. 애굽으로 내려간 야곱의 가족은 총 몇 명인가? (   )

61. 야곱의 가족이 애굽에서 머물도록 허락받은 땅은 어디인가? (　　　)

62. 요셉의 두 아들 중에서 야곱이 오른 손으로 축복한 자는 누구인가? (　　　)

63. 요셉의 온 집과 그의 형제를 야곱의 시신을 모시고 칠 일 동안 애곡한 곳은 어디인가? (　　　)

64. (63번에 이어)사람들이 그 땅 이름을 무엇이라 불렀는가? (　　　)

65. 요셉은 몇 세를 살았는가? (　　　)

진위형(O,X)

1. 하나님이 바다와 육지를 만드신 날은 둘째 날이다. (O , X)

2. 하나님은 여섯째 날에 창조를 마치셨다. (O , X)

3. 하나님이 광명체들을 만드신 날은 넷째 날이다. (O , X)

4. 하나님이 사람을 만드신 날은 다섯째 날이다. (O , X)

5. 하나님은 일곱째 날에 창조를 마치시고 안식하셨다. (O , X)

6. 아담과 하와는 타락하기 전에 벌거벗음을 부끄러워하지 않았다. (O , X)

7. 타락한 아담과 하와에게 하나님은 무화과 나뭇잎으로 옷을 지어주셨다. (O , X)

8. 죽음을 보지 않고 하나님이 데려간 사람은 노아이다. (O , X)

9. 노아 언약의 표징은 안식일이다. (O , X)

10. 노아가 방주에 데리고 들어간 짐승은 암수 열 쌍씩이다. (O , X)

11. 아브라함 언약의 표징은 할례이다. (O , X)

12. 족장 이야기 전체의 신학적 주제는 땅과 자손이다. (O , X)

13. 꿈 해석으로 유명한 사람은 요셉과 다니엘이다. (O , X)

14. 여호와 이레는 아브람과 그의 독자 이삭과 관련이 있다. (O , X)

15. 이스라엘은 얍복 강에서 야곱이 받은 새 이름이다. (O , X)

16. 므낫세와 에브라임은 요셉이 애굽 여인 아스낫에게서 낳은 아들들이다. (O , X)

17. 라헬이 죽기 직전에 낳은 아들은 요셉이다 (O , X).

18. 소알 성은 롯이 소돔과 고모라에 떨어진 하나님의 심판을 피하여 도망한 성읍이다. (O , X)

19. 창세기는 모두 55장으로 구성되어 있다. (O , X)

20. 창세기 1-11장은 인간이 축복을 주도하였으나 실패한 역사를, 12-50장은 하나님이 축복을 주도하여 성공하는 역사를 보여준다. (O , X)

정 답

선택형

1.(2) 2.(2) 3.(2) 4.(3) 5.(3) 6.(3) 7.(3) 8.(1) 9.(2) 10.(3) 11.(2) 12.(4) 13.(3) 14.(3) 15.(3) 16.(1) 17.(3) 18.(4) 19.(2) 20.(4) 21.(3) 22.(4) 23.(3) 24.(4) 25.(4) 26.(4) 27.(1) 28.(2) 29.(4) 30.(1) 31.(3) 32.(3) 33.(3) 34.(1) 35.(2) 36.(4) 37.(4) 38.(3) 39.(4) 40.(3) 41.(3) 42.(3) 43.(2) 44.(3) 45.(3) 46.(2) 47.(3) 48.(4) 49.(2) 50.(4) 51.(2) 52.(4) 53.(3) 54.(1) 55.(3) 56.(2) 57.(4) 58.(2) 59.(4) 60.(2) 61.(2) 62.(3) 63.(3) 64.(2) 65.(2) 66.(4) 67.(4) 68.(4) 69.(3) 70.(2) 71.(2) 72.(2) 73.(3) 74.(3) 75.(3) 76.(3) 77.(3) 78.(4) 79.(1) 80.(2) 81.(3) 82.(3) 83.(2) 84.(3) 85.(3) 86.(2) 87.(3) 88.(3) 89.(2) 90.(1) 91.(1) 92.(3) 93.(4) 94.(4) 95.(2) 96.(1) 97.(2) 98.(3) 99.(2) 100.(2)

완성형

1.태초 2.형상 3.안식 4.생기 5.배필 6.선악 7.발꿈치 8.문 9.이름 10.안위 11.네피림 12.근심 13.의인 14.언약 15.이름 16.상급 17.의 18.사백 19.전능한 20.여호와의 도 21.경외 22.발 23.칼 24.집 25.열 26.벧엘 27.군대 28.이스라엘 29.왕 30.채색 옷 31.구원 32.하나님 33.나그네 34.하나님 35.선

단답형

1.빛 2.궁창 3.셋째 날 4.넷째 날 5.다섯째 날 6.여섯째 날 7.일곱째 날 8.안식 9.에덴 10.비손, 기혼, 힛데겔, 유브라데 11.숨었다 12.놋 13.에녹 14.므두셀라 15.야벳 16.고페르 17.아라랏 18.무지개 19.바벨 20.갈대아

우르 21.75세 22.318명 23.다메섹 왼편 호바 24.멜기세덱 25.엘리에셀 26.하갈 27.할례 28.벤암미 29.모리아 30.여호와 이레 31.기럇아르바 32.막벨라 33.그두라 34.르호봇 35.루스 36.레위 37.유다 38.납달리 39.요셉 40.드라빔 41.갈르엣 42.브니엘 43.엘엘로헤이스라엘 44.히위 족속 45.시므온과 레위 46.알론바굿 47.베냐민 48.에브랏 49.세일 50.보디발 51.엘,오난,셀라 52.도장,끈,지팡이 53.베레스,세라 54.술 맡은 관원 55.사브낫바네아 56.아스낫 57.삼십 세 58.므낫세와 에브라임 59.시므온 60.칠십 명 61.고센 62.에브라임 63.아닷 타작마당 64.아벨미스라임 65.백십 세

진위형

1.(X) 2.(X) 3.(O) 4.(X) 5.(O) 6.(O) 7.(X) 8.(X) 9.(X) 10.(X) 11.(O) 12.(O) 13.(O) 14.(O) 15.(O) 16.(O) 17.(X) 18.(O) 19.(X) 20.(O)

02 구약편 출애굽기

Exodus

선택형

1. 출애굽기에 의하면 히브리 여인들이 해산하게 될 때에 애굽 왕이 히브리인 산파들에게 시켜서 남자 아이들이 출생하게 되면 죽이도록 했는데, 그 산파들의 이름은 부아와 누구인가? (출1:15)

   (1) 미리암 (2) 십보라 (3) 십브라 (4) 라합

2. "내가 애굽에 있는 내 백성의 고통을 분명히 보고 그들이 그들의 감독자로 말미암아 부르짖음을 듣고 그 근심을 알고 내가 내려가서 그들을 애굽인의 손에서 건져내고 그들을 그 땅에서 인도하여…"라는 말씀은 여호와께서 누구에게 주신 말씀인가? (출3:7)

   (1) 여호수아 (2) 아브라함 (3) 아론 (4) 모세

3. 모세가 바로 앞에서 보인 첫째 재앙은 무엇인가? (출7:17)

   (1) 나일 강을 피로 변하게 한 것 (2) 개구리 재앙
   (3) 흑암 재앙 (4) 파리 재앙

4. 애굽에 있던 이스라엘 백성들의 장자들이 여호와의 재앙을 면하게 된 것을 기념하는 절기는 무엇인가? (출12:11)

   (1) 오순절 (2) 맥추절 (3) 수장절 (4) 유월절

5. 애굽에서 도망을 나온 이스라엘 백성들이 홍해를 육지처럼 건너고 난 후에 손에 소고를 잡고 이스라엘 여인들과 함께 춤추며 여호와를 찬송한 여선지자는 누구인가? (출15:20)

(1) 라합 (2) 미리암 (3) 라헬 (4) 십보라

6. 모세가 반석을 쳐서 물이 나오게 한 곳과 연관이 없는 곳은 어디인가? (출17:1-7)

(1) 르비딤 (2) 맛사 (3) 므리바 (4) 마라

7. 모세의 아들 중에 모세가 이방에서 나그네가 되었음을 회고하게 만드는 이름을 지닌 아들은 누구인가? (출18:3)

(1) 게르솜 (2) 엘리에셀 (3) 이스보셋 (4) 훌

8. 모세의 아들 중에 하나님이 모세를 도와서 바로의 칼에서 구원하셨다는 점을 회고하게 만드는 이름을 지닌 아들은 누구인가? (출18:4)

(1) 게르솜 (2) 엘리에셀 (3) 이스보셋 (4) 훌

9. 십계명 중에 "너는 네 하나님 여호와의 이름을 망령되게 부르지 말라"는 계명은 몇째 계명인가? (출20:7)

(1) 첫째 (2) 셋째 (3) 넷째 (4) 다섯째

10. 십계명 중에 "너를 위하여 새긴 우상을 만들지 말고 또 위로 하늘에 있는 것이나 아래로 땅에 있는 것이나 땅 아래 물 속에 있는 것의 어떤 형상도 만들지 말며 그것들에게 절하지 말며 그것들을 섬기지 말라"라는 계명은 몇째 계명인가? (출20:4)

(1) 첫째 (2) 둘째 (3) 셋째 (4) 넷째

11. 출애굽기 24장에 의하면 시내 산에서 하나님을 뵙게 된 이스라엘 자손들의 존귀한 자들 중에 속하지 않는 자는 누구인가?

(1) 여호수아 (2) 모세 (3) 나답 (4) 칠십 장로

12. 백성들이 금송아지 형상을 만들어 예배를 드리는 것을 보고 "그러나 이제 그들의 죄를 사하시옵소서 그렇지 아니하시오면 원하건대 주께서 기록하신 책에서 내 이름을 지워버려 주옵소서"라고 간구한 자는 누구인가? (출32:32)

(1) 모세 (2) 아론 (3) 여호수아 (4) 갈렙

13. 이스라엘 백성들이 광야에서 성막을 완성하게 되었을 때 여호와의 무엇이 성막에 충만하게 임하게 되었는가? (출40:34)

(1) 영광 (2) 광채 (3) 천사 (4) 은총

14. 성막의 지성소 안에 있는 것은 무엇인가? (출26:34)

(1) 진설병 (2) 물두멍 (3) 증거궤 (4) 순금 등대

완성형

1. 갈대 상자에 넣어진 모세가 바로의 딸에게 발견되었을 때, 그를 위하여 히브리 여인 중에서 유모를 불러 젖을 먹이도록 제안했던 모세의 누나는 ( )이다(출2장; 민26:59)

2. 여호와께서 그에게 이르시되 네 손에 있는 것이 무엇이냐 그가 이르되 지팡이니이다 여호와께서 이르시되 그것을 땅에 던지라 하시매 곧 땅에 던지니 그것이 ( )이 된지라(출4:2-3)

3. 그 날에 나는 내 백성이 거주하는 고센 땅을 구별하여 그 곳에는 (　　　)가 없게 하리니 이로 말미암아 이 땅에서 내가 여호와인 줄을 네가 알게 될 것이라(출8:22).

4. 너희는 이레 동안 (　　　)을 먹을지니 그 첫날에 누룩을 너희 집에서 제하라 무릇 첫날부터 일곱째 날까지 유교병을 먹는 자는 이스라엘에서 끊어지리라(출12:15).

5. 모세가 바다 위로 손을 내밀매 여호와께서 큰 (　　　)이 밤새도록 바닷물을 물러가게 하시니 물이 갈라져 바다가 마른 땅이 된지라 (출14:21)

6. 출애굽한 이스라엘 백성들이 광야에서 여행하는 동안 하나님께서 그들에게 메추라기와 (　　　)를 주셨다(출16:31).

7. 너는 또 온 백성 가운데서 능력 있는 사람들 곧 하나님을 두려워하며 진실하며 불의한 이익을 미워하는 자를 살펴서 백성 위에 세워 (　　　)과 백부장과 오십부장과 십부장을 삼아 그들이 때를 따라 백성을 재판하게 하라(출18:21).

8. 네 부모를 (　　　)하라 그리하면 네 하나님 여호와가 네게 준 땅에서 네 생명이 길리라(출20:12).

9. 네가 히브리 종을 사면 그는 여섯 해 동안 섬길 것이요 일곱째 해에는 몸값을 물지 않고 나가 (　　　)이 될 것이며(출21:2).

10. 너는 (　　　)을 받지 말라 (　　　)은 밝은 자의 눈을 어둡게 하고 의로운 자의 말을 굽게 하느니라(출23:8).

11. 모세와 아론과 나답과 아비후와 이스라엘 장로 칠십 인이 올라가서 이스라엘의 하나님을 보니 그의 발 아래에는 (　　　)을 편 듯하고 하늘 같이 청명하더라 하나님이 이스라엘 자손들의 존귀한 자들에게 손을 대지 아니하셨고 그들은 하나님을 뵙고 먹고 마셨더라(출24:9-11).

12. 산 위의 여호와의 (　　　)이 이스라엘 자손의 눈에 맹렬한 불 같이 보였고 모세는 구름 속으로 들어가서 산 위에 올랐으며 모세가 사십 일 사십 야를 산에 있으니라(출24:17-18).

13. 성막에서 섬길 제사장들을 위해 이스라엘 백성들은 거룩한 패를 만들고 도장을 새김같이 그 위에 "여호와께 (　　　)"이라 새겼다(출28:36).

14. 낮에는 여호와의 (　　　)이 성막 위에 있고 밤에는 불이 그 구름 가운데에 있음을 이스라엘의 온 족속이 그 모든 행진하는 길에서 그들의 눈으로 보았더라(출40:38).

단답형

1. 미디안 제사장 이드로의 딸로서 모세의 아내가 된 자는 누구인가? (출2:21) (　　　)

2. "오 주여 나는 본래 말을 잘 하지 못하는 자니이다 주께서 주의 종에게 명령하신 후에도 역시 그러하니 나는 입이 뻣뻣하고 혀가 둔한 자니이다"라고 말한 자는 누구인가? (출4:10) (　　　)

3. 모세가 바로와 애굽에 내린 열 가지 재앙들 중에 처음 난 것들이 다 죽게 한 것은 몇째 재앙인가? (출11-12장) (　　　)

4. 애굽을 도망 나온 이스라엘 백성들에게 여호와께서는 낮에는 구름기둥으로, 밤에는 (　　　)기둥으로 함께 해주셨다(출14:22). (　　　)

5. 모세가 쓴 물이 나는 곳에 나무를 던져 단 물로 만든 곳은 어디인가? (출15:23-25)(　　　)

6. 출애굽한 이스라엘 백성들이 광야에서 생활하는 동안 하나님께서 주신 것으로 깟씨 같이 희고 맛은 꿀 섞은 과자 같은 것은 무엇인가? (출16:31) (　　　)

7. "여호와를 찬송하리로다 너희를 애굽 사람의 손에서와 바로의 손에서 건져내시고 백성을 애굽 사람의 손 아래에서 건지셨도다 이제 내가 알았도다 여호와는 모든 신보다 크시므로 이스라엘에게 교만하게 행하는 그들을 이기셨도다"라고 노래한 자는 누구인가? (출18:10-11) (　　　)

8. "살인하지 말라"는 몇째 계명인가? (출20:13) (　　　)

9. 출애굽기에 의하면 사람이 소나 양을 도둑질하여 잡거나 팔면 그는 소 한 마리에 소 다섯 마리로 갚고 양 한 마리에 양 몇 마리로 갚아야 하는가? (출22:1) (　　　)

10. 출애굽기에 의하면 이스라엘 남자들은 매년 세 번의 절기를 지켜야 했는데, 그것은 무교절(유월절), 맥추절(칠칠절, 오순절) 그리고 무엇인가? (출23:15-17) (　　　)

11. 출애굽한 이스라엘 백성들이 광야 생활을 하는 동안 여호와의 임재를 느낄 수 있도록 만든 장막을 무엇이라고 하는가? (출25장) (　　　)

12. 훌의 손자요 우리의 아들로서, 여호와께서 성막을 짓게 하실 때 하나님의 영을 그에게 충만하게 하여 지혜와 총명과 지식과 여러 가지 재주로 정교한 일을 연구하여 성막을 잘 짓도록 하신 대상은 누구인가? (출35:30-31) (　　　)

13. 모세는 어느 지파에 속하는가? (출2:1) (　　　)

진위형(O,X)

1. 여호와께서 모세를 부르실 때에 감람나무에 불이 붙었으나 타지 않는 모습을 보여주셨 다(출3:2). (O , X)

2. 여호와께서 모세를 이스라엘의 지도자로 부르셨을 때에 그가 말을 잘 못하고 입이 뻣뻣하고 혀가 둔하다고 말하자, 여호와께서는 아론을 대언자로 붙여주셨다(출4:14). (O , X)

3. 애굽의 가축들에게 심한 돌림병이 생겨 죽게 한 것은 열 가지 재앙에 포함되지 않는다(출9:3). (O , X)

4. 애굽에 있던 이스라엘 백성들이 유월절에 먹게 되었던 것은 양고기나 염소고기와 유교병과 단 나물이다(출12:5-8). (O , X)

5. 출애굽한 이스라엘 백성들이 사막 중에서 물 샘 열둘과 종려나무 일흔 그루를 발견하게 된 곳은 엘림이다(출15:27). (O , X)

6. 이스라엘이 광야에서 아말렉과 싸울 때에 모세의 손을 붙들어 올려 그 손이 해가 지도록 내려오지 않게 도와준 자들은 아론과 여호수아이다(출17:12). (O , X)

7. 광야 생활을 하는 이스라엘 백성들을 홀로 재판하는 모세에게 천부장, 백부장, 오십부장, 십부장을 두어서 다스리도록 제안을 했던 사람은 그의 장인 이드로이다(출18:13-27). (O , X)

8. "네 이웃에 대하여 거짓 증거하지 말라"는 계명은 열째 계명이다(출20: 16). (O , X)

9. 출애굽기 23장에 의하면 이스라엘 백성들이 여호와의 말씀을 순종하면 여호와께서 왕벌을 보내어 히위 족속, 가나안 족속, 헷 족속을 쫓아내신다고 약속하셨다. (O , X)

10. 이스라엘 백성들이 성막을 지을 때에 그 속의 기물 중에 하나인 등잔대는 순동으로 만들어졌다(출25:31). (O , X)

11. 이스라엘 백성들이 광야에서 성막을 완성하였을 때 여호와의 천사들이 성막에 충만하게 임했다(출40:34-35). (O , X)

12. 출애굽기 21장에 의하면 고의적으로 사람을 죽이지 않은 자라도 반드시 죽여야 한다. (O , X).

13. 출애굽기 22장에 의하면 무당은 살려두지 말라고 기록되어 있다. (O , X)

14. 성막을 짓는데 참여한 자들은 브살렐과 오홀라와 마음이 지혜로운 사람들이었다. (O , X)

정 답

선택형

1.(3) 2.(4) 3.(1) 4.(4) 5.(2) 6.(4) 7.(1) 8.(2) 9.(2) 10.(2) 11.(1) 12.(1) 13.(1) 14.(3)

완성형

1.미리암 2.뱀 3.파리 4.무교병 5.동풍 6.만나 7.천부장 8.공경 9.자유인 10.뇌물 11.청옥 12.영광 13.성결 14.구름

단답형

1.십보라 2.모세 3.열번째 4.불 5.마라 6.만나 7.이드로(르우엘) 8.여섯째 9.네 마리 10.수장절(초막절, 장막절) 11.성막(회막) 12.브살렐 13.레위

진위형

1.(X) 2.(O) 3.(X) 4.(X) 5.(O) 6.(X) 7.(O) 8.(X) 9.(O) 10.(X) 11.(X) 12.(X) 13.(O) 14.(X)

03 구약편 레위기

Leviticus

선택형

1. 다음 중 레위기에는 기록되지 않은 제사 제도는 무엇인가?
   (1) 번제　(2) 화목제　(3) 속죄제　(4) 수은제

2. 짐승 제사에서 제물을 모두 태워서 드리는 제사는 무엇인가?
   (1) 번제　(2) 소제　(3) 화목제　(4) 속건제

3. 다음 중 소제로 드릴 수 있는 재료는 무엇인가?
   (1) 소　(2) 양　(3) 염소　(4) 밀가루

4. 다음 중에 제사장의 죄를 씻을 수 있는 제사는 무엇인가?
   (1) 번제　(2) 소제　(3) 속죄제　(4) 속건제

5. 여호와의 성물에 부지중에 범죄 하였을 경우에 드리는 제사는 무엇인가?
   (1) 번제　(2) 화목제　(3) 속죄제　(4) 속건제

6. 다음 중에 제물로 바친 짐승의 먹을 수 없는 부위는 무엇인가?
   (1) 콩팥　(2) 고기　(3) 피　(4) 기름

7. 여호와가 명하지 않은 불을 여호와께 드리다가 죽음을 당한 자는 누구인가?

   (1) 나답　(2) 웃시엘　(3) 미사엘　(4) 엘사반

8. 다음 중에 정결한 육지 짐승은 무엇인가?

   (1) 사반　(2) 돼지　(3) 토끼　(4) 양

9. 다음 중에 정결한 어류는 무엇인가?

   (1) 지느러미와 비늘 모두 있는 것

   (2) 지느러미는 없고 비늘만 있는 것

   (3) 지느러미는 있는데 비늘은 없는 것

   (4) 지느러미와 비늘 모두 없는 것

10. 다음 중에 정결한 조류는 무엇인가?

   (1) 독수리　(2) 솔개　(3) 타조　(4) 닭

11. 레위기에 따르면 여인이 남자를 출산하면 며칠을 부정한가?

   (1) 3일　(2) 7일　(3) 10일　(4) 14일

12. 레위기에 따르면 여인이 여자를 출산하면 며칠을 부정한가?

   (1) 3일　(2) 7일　(3) 10일　(4) 14일

13. 일곱째 달 십일은 어떤 절기인가?

   (1) 무교절　(2) 속죄일　(3) 초막절　(4) 칠칠절

14. 첫 곡식을 드리는 절기는 무엇인가?

   (1) 유월절　(2) 무교절　(3) 장막절　(4) 칠칠절

15. 안식년은 몇 년마다 지키는가?
    (1) 이년　(2) 사년　(3) 칠년　(4) 십년

16. 희년은 몇 년째에 지키는가?
    (1) 칠년　(2) 십년　(3) 이십 오년　(4) 오십년

17. 여호와의 이름을 모독한 자에게 내려지는 형벌은 무엇인가?
    (1) 진 밖으로 추방　(2) 금식
    (3) 돌을 던져 죽인다　(4) 매질을 한다

18. 여호와의 성소에 항상 두어야 할 거룩한 물건은 무엇인가?
    (1) 법궤　(2) 진설병　(3) 물두멍　(4) 번제단

19. 5세에서 20세까지 남자의 값은 얼마인가?
    (1) 50세겔　(2) 30세겔　(3) 20세겔　(4) 10세겔

20. 20세부터 50세까지 남자의 값은 얼마인가?
    (1) 50세겔　(2) 30세겔　(3) 20세겔　(4) 10세겔

완성형

1. 여호와께서 (　　　)에서 모세를 부르시고 그에게 말씀하여 이르시되 (레1:1).

2. 그 예물이 소의 번제이면 (　　　) 없는 수컷으로 회막 문에서 여호와 앞에 기쁘시게 받으시도록 드릴지니라(레1:3).

3. 누구든지 (   )의 예물을 여호와께 드리려거든 고운 가루로 예물을 삼아 그 위에 기름을 붓고 또 그 위에 유향을 놓아(레2:1).

4. 너희가 여호와께 드리는 모든 소제물에는 (   )을 넣지 말지니 너희가 (   )이나 꿀을 여호와께 화제로 드려 사르지 못할지니라(레2:11).

5. 만일 이스라엘 온 회중이 여호와의 계명 중 하나라도 부지중에 범하여 허물이 있으나 스스로 깨닫지 못하다가 그 범한 죄를 깨달으면 회중은 수송아지를 (   )로 드릴지니 그것을 회막 앞으로 끌어다가(레4:13-14).

6. 누구든지 여호와의 성물에 대하여 부지중에 범죄하였으면 여호와께 (   )를 드리되 네가 지정한 가치를 따라 성소의 세겔로 몇 세겔 은에 상당한 흠 없는 숫양을 양 떼 중에서 끌어다가 (   )로 드려서(레5:15).

7. 모세가 아론과 그의 아들들을 데려다가 물로 그들을 씻기고 아론에게 속옷을 입히며 띠를 띠우고 겉옷을 입히며 (   )을 걸쳐 입히고 (   )의 장식 띠를 띠워서 (   )을 몸에 매고(레8:6-7).

8. 흉패를 붙이고 흉패에 (   )과 둠밈을 넣고(레8:8).

9. 그의 머리에 관을 씌우고 그 관 위 전면에 금패를 붙이니 곧 (   ) 관이라 여호와께서 모세에게 명령하신 것과 같았더라(레8:9).

10. 여호와께서 아론에게 말씀하여 이르시되 너와 네 자손들이 회막에 들어갈 때는(   )와 독주를 마시지 말라 그리하여 너희 죽음을 면하라 이는 너희 대대로 지킬 영영한 규례라(레10:8-9).

11. (   )을 위하여 제비 뽑은 염소는 산 채로 여호와 앞에 두었다가 그것으로 속죄하고 (   )을 위하여 광야로 보낼지니라(레16:10).

12. 육체의 생명은 (   )에 있음이라 이 (   )를 너희에게 주어 제단에 뿌려 너희의 생명을 위하여 속죄하게 하였나니 생명이 피에 있으므로 (   )가 죄를 속하느니라(레17:11).

13. 각 사람은 자기의 살붙이를 가까이 하여 그의 (   )를 범하지 말라 나는 여호와이니라(레18:6).

14. 너는 이스라엘 자손의 온 회중에게 말하여 이르라 너희는 (   )하라 이는 나 여호와 너희 하나님이 거룩함이니라(레19:2).

15. 너희 각 사람은 부모를 경외하고 나의 (   )을 지키라 나는 너희의 하나님 여호와이니라(레19:3).

16. (   )한 저울과 (   )한 추와 (   )한 에바와 (   )한 힌을 사용하라 나는 너희를 인도하여 애굽 땅에서 나오게 한 너희의 하나님 여호와니라(레19:36).

17. 엿새 동안은 일할 것이요 일곱째 날은 쉴 (   )이니 성회의 날이라 너희는 아무 일도 하지 말라 이는 너희가 거주하는 각처에서 지킬 여호와의 (   )이니라(레23:3).

18. 첫째 달 열나흗날 저녁은 여호와의 (   )이요(레23:5).

19. 이 달 열닷샛날은 여호와의 (   )이니 이레 동안 너희는 무교병을 먹을 것이요(레23:6)

20. 일곱째 달 열흘날은 (　　　)이니 너희는 성회를 열고 스스로 괴롭게 하며 여호와께 화제를 드리고(레23:27).

21. 이스라엘 자손에게 말하여 이르라 일곱째 달 열닷샛 날은 (　　　)이니 여호와를 위하여 이레 동안 지킬 것이라(레23:34).

22. 너희는 오십 년째 해를 거룩하게 하여 그 땅에 있는 모든 주민을 위하여 자유를 공포하라 이 해는 너희에게 (　　　)이니 너희는 각각 자기의 소유지로 돌아가며 각각 자기의 가족에게로 돌아갈지며(레25:10).

23. (　　　)를 영구히 팔지 말 것은 (　　　)는 다 내 것임이니라 너희는 거류민이요 동거하는 자로서 나와 함께 있느니라(레25:23).

24. 만일 그가 그것을 무르려면 네가 정한 값에 그 (　　　)분의 일을 더할지니라(레27:13).

25. 그리고 그 땅의 (　　　)분의 일 곧 그 땅의 곡식이나 나무의 열매는 그 (　　　)분의 일은 여호와의 것이니 여호와의 성물이라(레27:30).

단답형

1. 희년은 몇 년마다 지키는가? (　　　)

2. 안식년은 몇 년마다 지키는가? (　　　)

3. 레위기는 구약성서의 오경 중에서 몇 번째 책인가? (　　　)

4. 모세는 레위기에서 누구에게 말씀을 전하고 있는가? (　　　)

5. 제물에 반드시 첨가해서 언약을 상기시켜주는 광물질은 무엇인가? (　　)

6. 죄와 상관없이 고기를 함께 나누어 먹기 위해 드리는 제사는 무엇인가? (　　)

7. 가난한 사람이 죄를 지었을 경우에 소, 양, 염소 대신에 무엇을 드릴 수 있는가? (　　)

8. 여호와께서 명하지 않은 불을 드려서 죽음을 당한 아론의 두 아들은 누구인가? (　　)

9. 여호와께서 명하지 않은 불을 드리고 죽은 아들 외에 남은 아론의 두 아들은 누구인가? (　　)

10. 닭과 토끼 중에서 정한 짐승은 무엇인가? (　　)

11. 꿩과 독수리 중에서 정한 짐승은 무엇인가? (　　)

12. 짐승의 주검을 만진 자는 부정하다. 그런 사람이 해야 할 일은 무엇인가? (　　)

13. 아들을 낳은 여인은 며칠 동안 부정한가? (　　)

14. 딸을 낳은 여인은 며칠 동안 부정한가? (　　)

15. 이스라엘 회중 가운데 나병이나 피부병이 든 사람은 누구에게 데려가야 하는가? (　　)

16. 대머리는 부정한가 정한가? (　　)

17. 나병 환자가 나았을 경우는 며칠 후에 제사를 드려야 하는가? (   )

18. 속죄 제사를 위하여 두 마리의 짐승을 드릴 때 여호와께 드릴 짐승 외에 나머지 짐승은 어디로 보내는가? (   )

19. 화목제물은 며칠 이내로 다 소비해야 하는가? (   )

20. 품꾼의 삯은 언제까지 주어야 하는가? (   )

21. 첫째 달 열나흗날 저녁에 지키는 절기는 무엇인가? (   )

22. 일곱째 달 열흗날에 지키는 절기는 무엇인가? (   )

23. 일곱째 달 열닷샛날에 지키는 절기는 무엇인가? (   )

24. 여호와 앞(성소)에 항상 두어야 할 것은 무엇인가? (   )

25. 약속의 땅에 들어가서 일곱째 해에는 무엇을 지켜야 하는가? (   )

26. 약속의 땅에 들어가서 오십년째 해에는 무엇을 지켜야 하는가? (   )

27. 레위기에 이스라엘 회중이 지켜야 할 각종 절기를 기록하고 있는 장은 어디인가? (   )

28. 레위기에 희년이 기록되어 있는 장은 어디인가? (   )

진위형(O,X)

1. 레위기는 27장으로 구성되어 있다. (O , X)

2. 레위기는 오직 제사장들에게만 주는 말씀이 기록되어 있다. (O , X)

3. 레위기는 크게 번제, 소제, 화목제, 속죄제, 속건제 등 다섯 가지의 제사제도를 가르친다. (O , X)

4. 번제는 가죽을 포함하여 제사드릴 짐승 전부를 불태워 드리는 제사이다. (O , X)

5. 제물을 바치는 사람은 제물의 머리에 안수한 후 드린다. (O , X)

6. 소제로 드릴 예물에 누룩을 넣어서는 안되고 꿀은 넣어도 좋다. (O , X)

7. 소제로 드릴 예물에는 반드시 소금을 쳐야 한다. (O , X)

8. 제물은 하나님께 드릴 음식이다. (O , X)

9. 속죄제물의 피를 성소에 바친 제물의 고기는 제사장조차도 절대 먹지 못한다. (O , X)

10. 여호와의 성물을 범하여 부정하게 했을 경우에 드리는 제사는 화목제이다. (O , X)

11. 제단 위의 불은 안식일에 한 번 끌 수 있다. (O , X)

12. 레위기 7장에서 화목제사로 드린 제물의 고기는 삼 일 이내로 전부 소비해야 한다. (O , X)

13. 화목제사로 드린 제물의 오른쪽 뒷다리는 제사장 몫이다. (O , X)

14. 여호와께서 명하지 않은 불을 제단에 드리다가 죽임을 당한 아론의 아들들은 엘르아살과 이다말이다. (O , X)

15. 아론은 자기의 속죄제를 위해 수송아지를 드리고 염소 두 마리 중 한 마리는 여호와께 한 마리는 아사셀을 위해 드린다. (O , X)

16. 레위기 17-26장을 성결법전이라고 부른다. (O , X)

17. 곡식을 거둘 때는 밭모퉁이까지 하나도 남김없이 거두어야 한다. (O , X)

18. 품꾼의 삯은 일주일 이내로만 주면 된다. (O , X)

19. 이스라엘 자손이든 거류민이든 몰렉에게 자식을 주는 자는 반드시 죽여야 한다. (O , X)

20. 제사장은 창녀나 이혼녀를 아내로 취해서는 안된다. (O , X)

21. 제사장의 출가한 딸은 이혼당해 아버지의 집에 머무는 중에도 성물은 먹을 수 없다. (O , X)

22. 토지는 오직 희년에만 무를 수 있다. (O , X)

정 답

선택형

1.(4) 2.(1) 3.(4) 4.(3) 5.(4) 6.(3) 7.(1) 8.(4) 9.(1) 10.(4) 11.(2) 12.(4) 13.(2) 14.(4) 15.(3) 16.(4) 17.(3) 18.(2) 19.(3) 20.(1)

완성형

1.회막 2.흠 3.소제 4.누룩 5.속죄제 6.속건제 7.에봇 8.우림 9.거룩한 10.포도주 11.아사셀 12.피 13.하체 14.거룩 15.안식일 16.공평 17.안식일 18.유월절 19.무교절 20.속죄일 21.초막절 22.희년 23.토지 24.오 25.십

단답형

1.50년 2.7년 3.세번째 4.이스라엘 회중 5.소금 6.화목제 7.비둘기 8.나답과 아비후 9.엘르아살과 이다말 10.닭 11.꿩 12.옷을 빤다 13.이레 14.두 이레 15.제사장 16.정하다 17.이레 후 혹 여덟째 날 18.광야 19.이틀 20.당일 21.유월절 22.속죄일 23.초막절 24.등잔불/진설병 25.안식년 26.희년 27.23장 28.25장

진위형

1.(O) 2.(X) 3.(O) 4.(O) 5.(O) 6.(X) 7.(O) 8.(O) 9.(O) 10.(X) 11.(X) 12.(X) 13.(O) 14.(X) 15.(O) 16.(O) 17.(X) 18.(X) 19.(O) 20.(O) 21.(X) 22.(X)

04 구약편 민수기

Numbers

선택형

1. 민수기 35장 7절에서 레위지파에게 주어진 성읍의 수는 몇인가?

   (1) 48 (2) 12 (3) 7 (4) 50

2. 민수기 12장 1절에서 미리암과 아론이 모세를 비방한 이유는 무엇인가?

   (1) 모세가 구스 여자를 쫓아내어서

   (2) 구스 여자가 모세를 사랑하여

   (3) 모세가 구스 여자를 취하여서

   (4) 모세가 구스에서 살고 싶어서

3. "하나님은 사람이 아니시니 거짓말을 하지 않으시고 인생이 아니시니 후회가 없으시도다 어찌 그 말씀하신 바를 행하지 않으시며 하신 말씀을 실행하지 않으시랴"(민23:19) 이 말씀은 누가 누구에게 한 것인가?

   (1) 모세가 미리암에게 (2) 발람이 발락에게

   (3) 발락이 발람에게 (4) 모세가 발락에게

4. 다음 중 틀린 것은 무엇인가?(민1-2)
   (1) 이스라엘 12지파는 진을 치고 있을 때와 행진 중일 때 항상 괘가 중앙에 있다
   (2) 이스라엘 12지파는 진을 치고 있을 때와 행진 중일 때 그 배열이 서로 달랐다
   (3) 진을 치고 있을 때 유다 지파는 해 돋는 동편에 위치한다
   (4) 레위인 외에 사람이 장막 운반하는 데에 가까이 오면 죽는다

5. 다음 괄호 안에 들어갈 말은 무엇인가? "그 다음에 (   )이(가) 레위인의 진과 함께 모든 진의 중앙에 있어 진행하되 그들의 진친 순서대로 각 사람은 그 위치에서 그 기를 따라 앞으로 행할지니라" (민2:17)
   (1) 제사장 (2) 장막 (3) 법궤 (4) 회막

6. 민수기 3장 9절에 따르면 레위인은 누구와 누구의 자손에게 온전히 맡겨지는가?
   (1) 아론 (2) 모세 (3) 여호수아 (4) 게르손

7. 민수기 5장 6-7절에 따르면, 사람들이 죄를 지으면 어떻게 해야 하는가? 다음 중 가장 정확한 것은 무엇인가?
   (1) 도피성에 도망가서 제사장께 자복한다
   (2) 그 지은 죄를 자복하고 그 죄 값을 평생토록 오배를 갚는다
   (3) 그 지은 죄를 자복하고 그 죄 값을 온전히 갚되 오분의 일을 더하여 그가 죄를 지었던 그 사람에게 돌려준다
   (4) 도피성에 도망가서 숨는다

8. 민수기 7장에 관한 내용이다. 다음 중 틀린 것은 무엇인가?
   (1) 족장들은 여호와께 수레를 바쳤다(3절)
   (2) 그 수레들은 레위인들에게 주어지고 회막 봉사에 쓰였다(5절)
   (3) 제단을 봉헌할 때 예물을 드린다(10절 이하)
   (4) 희생제물은 반드시 저녁때에만 드려야 한다

9. 민수기에 대한 내용 중 틀린 것은 무엇인가?
   (1) 민수기에는 두 번의 이스라엘 인구 조사에 관한 보고가 있다
   (2) 두 번째 인구조사 (민 26)는 출애굽 세대 인구를 조사한 것이다
   (3) 민수기는 이스라엘 백성이 40년 동안 광야에서 유랑하는 내용이다
   (4) 민수기는 소위 '오경' 이라 불리는 책 중 한 권이다

10. 민수기와 관련 없는 것은 무엇인가?
   (1) 지도자 모세 (2) 메추라기와 만나
   (3) 장대에 달린 놋뱀 (4) 희년법

11. "내가 그를 보아도 이때의 일이 아니며 내가 그를 바라보아도 가까운 일이 아니로다 한 별이 야곱에게서 나오며 한 규가 이스라엘에게서 일어나서 모압을 이쪽에서 저쪽까지 쳐서 무찌르고 또 셋의 자식들을 다 멸하리로다"(민24:17) 이 구절과 관련하여 맞는 것은 무엇인가?
   (1) 모세가 시내산에서 한 예언이다
   (2) 이스라엘을 저주하기 원하였던 발락이 이방 선지자 발람으로부터 들은 말이다
   (3) 미리암에게 신이 내려 모세에게 한 노래이다
   (4) 고라와 그의 일당들이 반역하여 벌 받은 후 모세가 한 예언이다

12. 이스라엘 백성은 약 40년간 광야에서 불순종의 시기를 보낸다(민10-25). 이 후 그들의 모습으로 옳은 것은 무엇인가?
  (1) 다시 인구 조사를 하며 재정비 한다
  (2) 모세를 크게 원망하며 극한 반란을 일으킨다

13. 민수기에 대한 내용으로 틀린 것은 무엇인가?
  (1) 민수기에는 희생제사와 서원에 대한 기록이 없다
  (2) 모세를 이어 여호수아가 이스라엘의 지도자가 된다
  (3) 백성 중 일부가 가나안 동편에 정착한다
  (4) 광야에서 불순종 하던 이스라엘 백성 중 오직 여호수아와 갈렙만이 후에 가나안을 들어간다

14. 가나안 정탐꾼들의 보고에 대한 내용 중 틀린 것은 무엇인가? (민13장)
  (1) 그 땅엔 젖과 꿀이 흐르고 있지 않았다
  (2) 갈렙은 올라가 그 땅을 취하자고 하였다
  (3) 그 땅 거주민은 강하고 성읍은 견고하고 심히 크다
  (4) 그 땅의 과일을 가지고 와 보여주었다

15. 민수기 16장 48절 말씀인 "죽은 자와 산 자 사이에 섰을 때에 염병이 그치니라"와 관계없는 내용은 무엇인가?
  (1) 그 서있는 자는 향로를 들고 있는 아론이다
  (2) 그 서있는 자는 놋뱀 달린 장대를 들고 있는 모세이다
  (3) 모세와 아론에게 반역한 이들이 염병에 걸렸다
  (4) 아론은 모세의 명대로 행동하였다

16. 민수기에 대한 내용 중 틀린 것은 무엇인가?
   (1) 하나님이 시내산에서 주신 부가된 명령들이 나온다
   (2) 시내산에서 광야를 거쳐 약속된 땅에 이르는 여정이 나온다
   (3) 모세가 여호와 하나님을 만난 장면이 처음으로 기록되어있다
   (4) 네겝과 요단 동편의 정복과 이주에 대한 내용이 기록되어있다

17. 민수기 1장에 대한 내용 중 옳은 것은 무엇인가?
   (1) 1장에 나온 인구 조사는 남자 여자 노인 어린아이 모두의 수를 계수한 것이다.
   (2) 인구 조사 때 가장 큰 지파는 유다지파였다.
   (3) 레위인도 유사시엔 병역의무가 있었다.
   (4) 민수기 1장에서 인구 조사 후 다시는 인구조사를 하지 않았다.

18. 다음 중 민수기에서 규정하고 있지 않는 것은 무엇인가? (민5장)
   (1) 모든 부정 한 것들을 추방 하는 것
   (2) 소유권 침해에 대한 배상
   (3) 아내의 간통 혐의에 대한 규정
   (4) 성전 봉헌에 대한 규정

완성형

1. 가나안 정탐군들의 보고는 다음과 같다. 완성하시오. "아말렉인은 남방 땅에 거주하고 헷인과 여부스인과 아모리인은 (　　　)에 거주하고 가나안인은 해변과 요단강가에 거주하더이다"(민13:29).

2. 이스라엘 자손이 여호와께 거제로 드리는 모든 성물은 내가 영구한 몫의 음식으로 너와 네 자녀에게 주노니 이는 여호와 앞에 너와 네 후손에게 영원한 (   ) 언약이니라(민18:19).

3. 호세아 9장 10절에 이스라엘 백성이 바알브올에 가서 부끄러운 우상에게 몸을 드림으로 저희가 사랑하는 우상 같이 가증하여졌다고 말하였다. 이 사건은 민수기 25장에서 그들이 (   ) 에 머물 때에 (   ) 여자들과 음행한 사건을 언급하는 것이다.

4. 레위 지파를 대표했던 아론의 지팡이에 꽃이 피고 열매가 열려 그가 선택된 후 하나님께서 하신 말씀은 다음과 같다. "너와 네 아들들과 네 조상의 가문은 성소에 대한 (   )를 함께 담당할 것이요 너와 네 아들들은 너희의 제사장 직분에 대한 (   )를 함께 담당할 것이니라"(민18:1).

5. 민수기의 지역적 배경은, 처음 1-10:10은 시내산이고 다음 10:11-25:18은 (   ) 이며 마지막 26-36:13은 모압 평지이다.

6. 보라 내가 이스라엘 자손 중에서 (   )을 택하여 이스라엘 자손 중에 태를 열어 태어난 모든 자를 대신하게 하였은즉 (   )은 내 것이라(민3:12).

7. 민수기 11장에서 모세가 백성을 감당하기에 힘들어 하자, "여호와께서 모세에게 이르시되 이스라엘 노인 중에 네가 알기로 백성의 (   )와 지도자가 될 만한 자 칠십 명을 모아 내게 데리고와 회막에 이르러 거기서 너와 함께 서게 하라. 내가 강림하여 거기서 너와 말하고 네게 임한 영을 그들에게도 임하게 하리니 그들이 너와 함께 백성의 짐을 담당하고 너 혼자 담당하지 아니하리라"라고 말씀하셨다(민11:16-17).

8. 모세가 그에게 이르되 네가 나를 두고 시기하느냐 여호와께서 그의 영을 그의 모든 백성에게 주사 다 (　　　)가/이 되게 하시기를 원하노라(민11:29).

9. 내가 이스라엘의 (　　　)를 레위 자손에게 기업으로 다 주어서 그들이 하는 일 곧 회막에서 하는 일을 갚나니(민18:21).

10. 제사장 아론의 손자 엘르아살의 아들 비느하스가 내 (　　　)으로 질투하여 이스라엘 자손 중에서 내 노를 돌이켜서 내 (　　　)으로 그들을 소멸하지 않게 하였도다(민25:11).

11. 너희는 너희가 거주하는 땅을 더럽히지 말라 (　　　)는 땅을 더럽히나니 (　　　) 흘림을 받은 땅은 그 (　　　)를 흘리게 한 자의 피가 아니면 속함을 받을 수 없느니라(민35:33).

12. 민수기 20장에서 이스라엘 백성에게 물이 부족하자 하나님의 기적으로 바위에서 물이 나왔다. 다음 13절을 완성하라. "이스라엘 자손이 여호와와 다투었으므로 이를 (　　　) 물이라 하니라 여호와께서 그들 중에서 그 거룩함을 나타내셨더라"

13. 이스라엘 자손에게 말하여 그들에게 이르라 너희가 요단강을 건너 가나안 땅에 들어가거든 너희를 위하여 성읍을 (　　　)으로 정하여 부지중에 살인한 자가 그리로 피하게 하라(민35:10-11)

단답형

1. '아비람'과 '온'과 함께 당을 짓고 모세에게 반역한 인물은 누구인가? (　　　)

2. 이스라엘 자손이 신 광야에 이르러 백성이 가데스에 이르렀을 때에 거기서 죽어 장사된 인물은 누구인가? (　　　)

3. 모압의 발락은 지속적으로 누구의 아들로 소개된다. 그의 아버지 이름은 무엇인가? (민22:2, 4, 10, 16; 23:18; 삿11:25; 수24:9) (　　　)

4. 민수기 6장은 특별한 서원에 대하여 말하는데, 자기 몸을 구별하여 여호와께 드리려고 하면 자기 몸을 구별하는 모든 날 동안에는 포도나무 소산은 씨나 껍질이라도 먹지 않고 그 서원을 하고 구별하는 모든 날 동안은 삭도를 절대로 그의 머리에 대지 않는 서원은 누구의 서원인가? (　　　)

5. 여호와의 모든 계명을 기억하여 준행하고 방종하게하는 마음과 눈의 욕심을 따라 음행하지 않게 하기 위해 이스라엘 백성이 의복에 특별히 달은 것은 무엇인가? (민15:38-39)(　　　)

6. 모세를 뒤 이을 후계자로 임명된 사람은 누구인가? (　　　)

7. 이스라엘을 저주하도록 모압 왕 발락에게 고용된 이방 예언자는 누구인가? (　　　)

8. 민수기 4장에서 지성소와 천막, 휘장 등을 운반하기로 임무를 받은 이들은 누구인가? (　　　)

진위형(O,X)

1. 민수기 9장 11절에 다르면 시체로 부정케 된 자의 유월절은 둘째 달 열넷째 날이다. (O , X)

2. 민수기 21장에서 모세가 놋뱀을 만들어 장대위에 달았다. 뱀에게 물린 자들은 이 놋뱀을 만져야만 살 수 있었다. (O , X)

3. 이스라엘 백성을 계수할 때에 항상 레위 지파를 먼저 계수하였다(민 1:49). (O , X)

4. 민수기에서 이스라엘 인구 조사가 두 번 이루어졌는데, 한번은 시내 산에서 또 한 번은 모압 평지에서 이루어졌다. (O , X)

5. 민수기 14장 22절은 말하기를, 하나님의 영광과 애굽과 광야에서 행한 이적을 보고서도 열 번이나 그를 시험하고 목소리를 청종하지 아니한 사람들은 그들의 조상들에게 맹세한 땅을 결단코 보지 못할 것이라고 말한다. (O , X)

6. 모세와 아론은 하나님을 믿었으나 그의 거룩함을 나타내지 아니하였기 때문에 백성들을 그들에게 주기로 한 땅에 이끌지 못한다(민 20:12). (O , X)

7. 이스라엘 백성은 하나님이 주시기로 한 가나안 땅을 정탐하고 나서 감사의 예배를 드린다(민14:1). (O , X)

8. 여호와는 이스라엘 자손 중에 아론의 분깃이요 아론의 기업이다(민 18:20). (O , X)

9. 이스라엘 민족은 싯딤에서 모압 여자들과 음행하며 바알브올에 가담하였다(민25). (O , X)

10. 민수기는 여자의 서원에 대하여는 말하고 있지 않다(민30장). (O , X)

11. 민수기 2장에서 이스라엘 자손의 진 편성은 동서남북으로 나누어서 하였다. (O , X)

12. 부정한 사람은 한 달 뒤에 유월절을 거행해야 한다(민9:1-14). (O , X)

13. 모세의 배타적 권위를 미리암과 아론이 비난을 하자 하나님은 세 사람 모두와 말씀하시기로 한다(민12:1-16). (O , X)

14. 민수기 14장에서, 여호와께 방종하였던 이스라엘은 아멜렉에게 패전한다. (O , X)

15. 아론이 죽은 후 엘르아살이 그의 후계자가 된다(민20:22-29). (O , X)

16. 민수기 31장에서, 이스라엘 백성은 미디안 사람들에게 우호적이어서 여자는 물론 남자들도 치지 말라고 여호와께서 명하신다. (O , X)

17. 르우벤, 갓, 베냐민, 므낫세 반 지파는 요단 동편 지역에 정착하기를 원하였다(민32장). (O , X)

18. 땅의 소유권은 결혼을 통해 다른 지파에게로 넘어갈 수 있다(민36장). (O , X)

정 답

선택형

1.(1) 2.(3) 3.(2) 4.(1)(진을 치고있을 때에만 괘가 중앙에 있다) 5.(4) 6.(1) 7.(3) 8.(4) 9.(2)(민수기 1장의 첫 번째 인구조사가 출애굽 세대를 조사한 것이고, 두 번째 인구조사는 광야에서 형성되어 가나안 정복을 하려는 인구수를 조사한 것이다) 10.(4)(희년법은 주로 레위기에 나오고, 민수기에선 36장 4절에만 언급) 11.(2) 12.(1) 13.(1)(민수기 28-30장에 희생제사와 서원에 대한 기록이 있으며, 민:32-33장에 가나안 동편 정착에 대한 기록이 있다) 14.(1) 15.(2) 16.(3) 17.(2)(1장의 인구조사는 전투력 있는 남자를 대상으로 하였고, 민수기 26장에서 다시 한 번 인구조사를 한다) 18.(4)

완성형

1.산지 2.소금 3.싯딤, 모압 4.죄, 죄 5.광야 6.레위인 7.장로 8.선지자 9.십일조 10.질투심, 질투심 11.피, 피, 피 12.므리바 13.도피성

단답형

1.고라 2.미리암 3.십볼 4.나실인 5.술 6.여호수아 7.발람 8.레위인

진위형

1.(O) 2.(X)(쳐다보기만 하여도) 3.(X)(레위 지파는 계수하지 않았다) 4.(O) 5.(O) 6.(X)(하나님을 믿지 않았다고 기록) 7.(X)(통곡하며 원망한다) 8.(O) 9.(O) 10.(X) 11.(O) 12.(O) 13.(X)(모세와만 말씀하신다) 14.(O) 15.O 16.(X) 17.(X)(베냐민은 아님) 18.(X)

05 구약편 신명기

Deuteronomy

선택형

1. 신명기는 모세의 연설들을 많이 담고 있다. 이에 대한 설명으로 옳지 않은 것은 무엇인가?
   (1) 연설에 담겨있는 율법에는 큰 축복뿐만 아니라 저주의 내용도 있다
   (2) 모세가 죽기 전 요단강 서쪽에 머무르고 있는 이스라엘 민족에게 한 그의 연설이 담겨져 있다
   (3) 모세의 연설은 호렙이라 불리는 하나님의 산에서 있었던 일들을 회상한다
   (4) 모세 연설의 중심에는 율법(토라)이 강조되어 있다

2. 다음 중 신명기에서 발견 된지 않는 규정은 무엇인가?
   (1) 소위 십계명이라 불리는 율법
   (2) 왕이 지켜야 할 율법
   (3) 병역 의무 면제에 관한 법
   (4) 이스라엘 여러 성소에서 제의를 행해야 한다는 법

3. 신명기에서 율법에 대하여 본격적으로 다루기 전 모세는 여러 경고의 말을 한다. 이에 대한 내용으로 틀린 것은? (신4:1-49)
   (1) 형상을 만들어 숭배하지 마라
   (2) 한번 약속의 땅에 들어가면 영원히 그 곳에서 살 것이다
   (3) 여호와 하나님 외에 다른 신은 없다
   (4) 여호와께서 이스라엘 백성의 조상을 애굽에서 건져내셨다

4. 다음 중 신명기 5장에 나온 소위 '십계명'에 속하지 않는 것은 무엇인가?
   (1) 너희는 예루살렘에서만 하나님께 제사를 드려라
   (2) 여호와 외에는 다른 신들을 네게 두지 말아라
   (3) 하나님 여호와의 이름을 망령되이 일컫지 말라
   (4) 네 이웃에 대하여 거짓 증거하지 말아라

5. 다음은 신명기 6-11장에 나온 권면과 내용들이다. 옳지 않은 것은 무엇인가?
   (1) 만나 사건을 회고 한다
   (2) 아론의 죽음
   (3) 사마리아인들에 대한 경고
   (4) 하나님께서 고아와 과부, 나그네를 돌보신다

6. 신명기 율법(12-26장)에서 다루지 않는 것은?
   (1) 십일조 (2) 순례의 의무
   (3) 참예언의 기준 (4) 예루살렘 성전 재건축

7. 모세의 마지막 활동(31-34장)에 대한 것으로 옳지 않는 것은? (신 31:16)
   (1) 땅 정복을 위한 격려
   (2) 율법 낭독의 의무 권고
   (3) 죽기 전에 하나님께서 모세에게 느보산에서 약속의 땅을 보라고 하심
   (4) 이스라엘은 하나님과의 언약을 절대 어기지 않을 것이다

8. 신명기 9:7-21에는 출애굽기 32장의 금송아지 사건을 회고하고 있다. 두 본문 사이의 차이점은 무엇인가?
   (1) 금송아지의 숫자가 다르다
   (2) 출애굽기에서는 주물을 태워 빻은 것을 물에 타서 마시지만, 신명기에서는 시냇물에 뿌린다
   (3) 출애굽기에는 주물을 태우기만 하지만, 신명기에서는 태워서 빻기까지 한다
   (4) 금송아지의 성별이 다르다

9. 모세가 신명기서에서 이스라엘 백성에게 연설하고 가르치는 것이 아닌 것은 무엇인가?
   (1) 죽음 이후의 영광　　(2) 이스라엘 백성의 과거 역사
   (3) 여러 율례와 율법들　　(4) 하나님에게만 충성할 것을 요구

10. 모세의 첫 번째 연설 (신1:1-4:43)은 이스라엘 백성의 과거 역사를 상고하며 교훈을 전한다. 이에 대한 옳지 않은 설명은 무엇인가?
   (1) 이스라엘의 불신앙에 대해 하나님은 심판하신다
   (2) 이스라엘의 미래 역사는 이미 여호수아에게 다 알려 주셨다
   (3) 이스라엘이 하나님께 순종할 때에는 하나님이 구원을 베푸신다
   (4) 하나님에 대한 순종은 축복을 가져오고 불순종은 형벌을 낳는다

11. 다음 중 십계명의 제 일 계명은 무엇인가?

(1) 너는 네 하나님 여호와의 이름을 망령되이 일컫지 말라

(2) 살인하지 말지니라

(3) 나를 사랑하고 내 계명을 지키는 자에게는 천 대까지 은혜를 베푸느니라

(4) 나 외에는 다른 신들을 네게 두지 말지니라

12. 신명기서에서 말하는 여호와 하나님의 성격이 아닌 것은 무엇인가? (신7:9-11)

(1) 신실하신 하나님

(2) 자신을 사랑하는 자에게 천대까지 그 언약을 이행하시는 하나님

(3) 자신을 미워하는 자도 절대 보응하지 않으시는 사랑의 하나님

(4) 인애를 베푸시는 하나님

13. 신명기 8장에 근거하여, 하나님이 이스라엘로 사십년 동안 광야 길을 걷게 하신 이유가 아닌 것은 무엇인가?

(1) 이스라엘 군사들을 훈련시키기 위하여

(2) 이스라엘을 낮추시기 위하여

(3) 이스라엘을 시험하여 그 마음이 어떠한지 알기 위하여

(4) 이스라엘을 시험하여 그 명령을 지키는지 알려하기 위하여

14. 다음 중 신명기서에 나오는 규례가 아닌 것은 무엇인가? (신13장)

(1) 십일조

(2) 정한 음식과 가증한 음식

(3) 빚을 면제해 주는 면제년

(4) 우상 숭배자들을 돌보아 개종시키는 법

완성형

1. '쉐마 이스라엘' 은 신명기의 가장 유명하고 중요한 구절로 알려진 6장 4절을 일컫는다. 다음 4-5절의 괄호 안에 공통적으로 들어 갈 단어 를 적어라. "이스라엘아 들으라 우리 하나님 (　　　)는 오직 유일한 (　　　)이시니, 너는 마음을 다하고 뜻을 다하고 힘을 다하여 네 하나님 (　　　)를 사랑하라."

2. 네 하나님 여호와가 네게 명령한 대로 (　　　)을 지켜 거룩하게 하라(신5:12).

3. 십계명의 내용이다. 괄호 안에 알맞은 말을 적어라. "너는 네 하나님 여호와께서 명령한 대로 네 (　　　)를 공경하라 그리하면 네 하나님 여호와가 네게 준 땅에서 네 생명이 길고 복을 누리리라"(신5:16)

4. 이러므로 너희는 나의 이 (　　　)을/를 너희의 마음과 뜻에 두고 또 그것을 너희의 손목에 매어 기호를 삼고 너희 미간에 붙여 표를 삼으며 또 그것을 너희의 자녀에게 가르치며 집에 앉아 있을 때에든지, 길을 갈 때에든지, 누워 있을 때에든지, 일어날 때에든지 이 (　　　)을/를 강론하고, 또 네 집 문설주와 바깥문에 기록하라(신11:18-20).

5. 내가 오늘 (　　　)과 (　　　)를 너희 앞에 두나니, 너희가 만일 내가 오늘 너희에게 명하는 너희의 하나님 여호와의 명령을 들으면 (　　　)이 될 것이요, 너희가 만일 내가 오늘 너희에게 명령하는 도에서 돌이켜 떠나 너희의 하나님 여호와의 명령을 듣지 아니하고 본래 알지 못하던 다른 신들을 따르면 (　　　)를 받으리라(신11:26-28).

6. 네 하나님 여호와께 (   )하거든 갚기를 더디하지 말라 네 하나님 여호와께서 반드시 그것을 네게 요구하시리니 더디면 그것이 네게 죄가 될 것이라, 네가 (   )하지 아니하였으면 무죄하리라 그러나 네 입으로 말한 것은 그대로 실행하도록 유의하라 무릇 자원한 예물은 네 하나님 여호와께 네가 (   )하여 입으로 언약한 대로 행할지니라(신23:21-23).

7. 사람이 새로이 (   )를 맞이하였으면 그를 군대로 내보내지 말 것이요 아무 직무도 그에게 맡기지 말 것이며 그는 일 년 동안 한가하게 집에 있으면서 그가 맞이한 (   )를 즐겁게 할지니라(신24:5).

8. 형상금지의 근거가 되는 말씀이다. 괄호 안에 알맞은 말을 채워라. "여호와께서 (   ) 불길 중에서 너희에게 말씀하시던 날에 너희가 어떤 형상도 보지 못하였은즉 너희는 깊이 삼가라"(신4:15).

9. 모세가 신명기에서 이스라엘 백성에게 궁극적으로 가르치고자 하는 것이 무엇인지 신명기 1장 5절에 잘 나온다. 괄호 안에 알맞은 말을 채워라. "모세가 요단 저쪽 모압 땅에서 이 (   )을 설명하기 시작하였더라 일렀으되."

10. 내가 오늘 하늘과 땅을 불러 너희에게 증거를 삼노라 내가 생명과 사망과 복과 저주를 네 앞에 두었은즉 너와 네 자손이 살기 위하여 (   )을 택하고, 네 하나님 여호와를 사랑하고 그의 말씀을 청종하며 또 그를 의지하라 그는 네 (   )이시요 네 장수이시니 여호와께서 네 조상 아브라함과 이삭과 야곱에게 주리라고 맹세하신 땅에 네가 거주하리라(신30:19-20).

11. 내가 그 때에 너희의 ( )장들에게 명하여 이르기를 너희가 너희의 형제 중에서 송사를 들을 때에 쌍방간에 공정히 판결할 것이며 그들 중에 있는 타국인에게도 그리 할 것이라. ( )은 하나님께 속한 것인즉 너희는 ( )할 때에 외모를 보지 말고 귀천을 차별 없이 듣고 사람의 낯을 두려워하지 말 것이며 스스로 결단하기 어려운 일이 있거든 내게로 돌리라 내가 들으리라 하였고(신1:16-17).

12. 너를 낮추시며 너를 주리게 하시며 또 너도 알지 못하며 네 조상들도 알지 못하던 만나를 네게 먹이신 것은 사람이 떡으로만 사는 것이 아니요 여호와의 입에서 나오는 모든 ( )으로 사는 줄을 네가 알게 하려 하심이니라(신8:3).

13. 그 때에 여호와께서 ( ) 지파를 구별하여 여호와의 언약궤를 메게 하며 여호와 앞에 서서 그를 섬기며 또 여호와의 이름으로 축복하게 하셨으니 그 일은 오늘까지 이르느니라. 그러므로 ( )는 그의 형제 중에 분깃이 없으며 기업이 없고 네 하나님 여호와께서 그에게 말씀하심 같이 여호와가 그의 기업이시니라(신10:8-9).

14. 다음은 신명기 12장 6-7절의 예배 장소에 대한 법도이다. 괄호 안에 알맞은 말을 채워라. "너희의 번제와 너희의 제물과 너희의 십일조와 너희 손의 거제와 너희의 서원제와 낙헌 예물과 너희 소와 양의 처음 난 것들을 너희는 그리로 가져다가 드리고, 거기 곧 너희의 하나님 여호와 앞에서 먹고 너희의 하나님 여호와께서 너희의 손으로 수고한 일에 ( ) 주심으로 말미암아 너희와 너희의 가족이 즐거워할지니라."

15. 삼가 너는 마음에 악한 생각을 품지 말라 곧 이르기를 일곱째 해 면제년이 가까이 왔다 하고 네 궁핍한 형제를 악한 눈으로 바라보며 아무것도 주지 아니하면 그가 너를 ( )께 호소하리니 그것이 네게 ( )가 되리라(신15:9).

16. 너는 재판을 굽게 하지 말며 사람을 외모로 보지 말며 또 ( )을 받지 말라 ( )은 지혜자의 눈을 어둡게 하고 의인의 말을 굽게 하느니라(신16:19).

단답형

1. 신명기 5장에 나오는 소위 '십계명' 의 내용은 성경의 어느 책에 이미 등장한 것인가? ( )

2. 모세의 후계자로 임명된 자는 누구인가?(신31:1-29) ( )

3. 신명기서에 나온 종교적 가르침과 명령들은 왕하 22-23에 기록된 유다의 종교개혁정신과 일맥상통한다. 유다 어느 왕의 종교개혁인가? ( )

4. 고대 이스라엘은 남자의 육신에 할례를 행하였다. 신명기서는 이를 재해석한 것이 유명한데, 어디에 할례를 행하라고 하였는가?(신10:16; 30:6) ( )

5. 신명기 8장 19절은 이스라엘이 나그네를 사랑하라고 명한다. 그 이유는 무엇인가? ( )

6. 마음과 뜻에 두고 또 손목에 매어 기호를 삼고 미간에 붙여 표를 삼으며, 자녀에게 가르치며 집에 앉아 있을 때에든지, 길을 갈 때에든지, 누워 있을 때에든지, 일어날 때에든지 강론하고, 또 집 문설주와 바깥문에 기록해야 하는 것은 무엇인가?(신11:18-20) ( )

7. 고난의 떡이라고도 불리며, 이스라엘 백성이 애굽 땅에서 급히 나온 고난의 날을 기억하기 위하여 먹었던 것은 무엇인가? (　　　)

8. 신명기 17장에서 이스라엘 왕이 평생 자기 옆에 두고 읽어 배우며 지켜 행하여야 할 것은 무엇인가?(신17:17-19) (　　　)

진위형(O,X)

1. 신명기에서 모세의 연설은 호렙산에 있었던 일들을 회고하는데, 그 일들은 출애굽기에 나오는 시내산에서 겪었던 일들이다. (O , X)

2. 7장의 권면에서, 하나님은 이스라엘이 가나안의 민족들을 진멸하고 서로 혼인하지 않기를 원하신다. (O , X)

3. 신명기는 이스라엘이 이방 민족을 이겨 승리했을 때에 자만해 지지 말것을 경고한다. (신9:1-6) (O , X)

4. 신명기는 전 이스라엘을 위하여 여러 성소를 많이 만들 것을 권면하고 있다. (신12:2-31) (O , X)

5. 이방인들의 예배 처소는 이방인들이 알아서 관리하도록 한다(신12:2-31). (O , X)

6. 우상숭배를 권하는 자는 친척 친구들이라 하더라도 죽여야 한다(신12:2-31). (O , X)

7. 암송아지의 목을 꺾는 의식은 여인이 강간을 당하였을 때 행하는 의식이다. (신21:1-9) (O , X)

8. 전쟁 포로인 여인과는 절대 결혼해서는 안 된다(신21:10-14). (O , X)

9. 신명기 법에, 이웃의 포도원에 들어가 그 포도를 배불리 먹어도 되지만 그릇에 담지는 말고, 이웃의 곡식밭에 들어가서 그 이삭을 따도 되지만 낫을 대지는 말라고 명한다(신23:24-25). (O , X)

10. 악인에게 가하는 태형은 40대를 넘지 못한다(신25:2-3). (O , X)

11. 신명기에는 이스라엘 민족이 포로로 잡혀갔다가 귀환할 것 까지 약속하고 있다(신31:1-10). (O , X)

12. 모세는 결국 요단강 건너 약속의 땅으로 들어갔다(신1:34-40). (O , X)

13. 민수기 20:14-21에서 에돔은 이스라엘이 자기 지역을 통과하는 것을 거절한다. 그러나 신명기 2:1-8에서는 평화롭게 통과한다. (O , X)

14. 출애굽기 34장에 따르면 십계명을 모세가 돌판에 기록했지만, 신명기 10장에는 하나님께서 직접 기록하셨다. (O , X)

15. 신명기는 하나님께서 주시기로 약속하신 가나안 땅에 들어가기 직전 모압땅에 머물 때에 있었던 일들을 적은 것이다. 하나님께서 하신 그 약속은 모세에게 처음 하신 것이다. (O , X)

16. 하나님은 이스라엘이 배부르고 소유가 풍성해지면 하나님을 잊을까 염려하신다(신8:12-14). (O , X)

17. 여호와의 목전에 악을 행하여 죽여야 하는 자는 한 사람의 증거만 있어도 용서치 말고 죽여야 한다(신17:6). (O , X)

18. '생명에는 생명으로, 눈에는 눈으로, 이에는 이로, 손에는 손으로, 발에는 발로' 라는 식의 법전은 이스라엘 주변 국가들의 법이지 이스라엘은 지니지 않았던 법이다(신19:21). (O , X)

19. 신명기에 따르자면, 하나님의 명령과 말씀은 어렵기 때문에 심히 노력하여야만 행할 수 있다(신30:11-14). (O , X)

정 답

선택형

1.(2)(가나안에 들어가기 전 요단 동편에서 한 연설이다) 2.(4)(신명기는 단 하나의 유일한 성소만 가지라는 제의 중앙 집결을 강력히 말하는 책이다) 3.(2)(16-17절에 추방의 가능성을 경고한다) 4.(1) 5.(3)(신8:1-3; 10:6; 10:12-22; 가나안 정착 이전이기에 사마리아인들이 있을 수 없다) 6.(4)(신14:1-29; 16:16-17; 18:9-22; 신명기의 내용은 예루살렘 성전건축 이전의 시대를 다룬다) 7.(4) 8.(2) 9.(1) 10.(2) 11.(4) 12.(3) 13.(1) 14.(4)

완성형

1.여호와 2.안식일 3.부모 4.말(말씀) 5.복, 저주, 복, 저주 6.서원 7.아내 8.호렙 산(출애굽기에는 시내산으로) 9.율법 10.생명 11.재판 12.말씀 13.레위 14.복 15.여호와, 죄 16.뇌물

단답형

1.출애굽기 2.여호수아 3.요시야 4.마음 5.이스라엘도 애굽 땅에서 나그네 되었었기 때문에 6.말(씀) 7.무교병 8.율법(서)

진위형

1.(O) 2.(O) 3.(O) 4.(X)(오직 한 성소만을 강조) 5.(X)(파괴한다) 6.(O) 7.(X)(범인이 드러나지 않은 살인사건) 8.(X) 9.(O) 10.(O) 11.(O) 12.(X) 13.(O) 14.(O)(출34:28, 신10:2-4 참조) 15.(X)(그 약속은 창세기에 나오는 족장들에게 이미 하신 것이다) 16.(O) 17.(X) 18.(X) 19.(X)

06 구약편 여호수아

Joshua

선택형

1. 여리고 성의 함락, 가나안 정복, 땅의 분배 등과 관련된 책은 무엇인가?
   (1) 출애굽기 (2) 민수기 (3) 신명기 (4) 여호수아

2. "오직 강하고 극히 담대하여 나의 종 모세가 네게 명령한 그 율법을 다 지켜 행하고 우로나 좌로나 치우치지 말라 그리하면 어디로 가든지 형통하리니"라는 약속은 하나님께서 누구에게 주신 것인가? (수1:7)
   (1) 갈렙 (2) 아론 (3) 여호수아 (4) 사무엘

3. 요단강을 건넌 이스라엘 백성들은 길갈에서 기념비를 세웠는데 그 기념비는 몇 개의 돌로 세워졌는가? (수4:8)
   (1) 한 개 (2) 세 개 (3) 열 개 (4) 열두 개

4. 요단 강물이 갈라진 때는 언제인가? (수3:15)
   (1) 여호수아가 손을 들 때
   (2) 백성들이 소리를 지를 때
   (3) 언약궤를 멘 제사장들의 발이 요단의 물을 밟을 때
   (4) 여호수아가 지팡이를 요단강에 내리칠 때

5. 이스라엘 백성들이 가나안 땅을 정복하기 위해 요단강을 건널 때 제일 먼저 요단강에 들어간 사람들은 누구인가? (수3:6)

(1) 군인들　　(2) 찬양을 부르는 자들
(3) 연장자들　　(4) 언약궤를 멘 제사장들

6. 이스라엘 백성들이 여리고 성을 함락시켰을 때 그 속에 있던 외투 한 벌과 은 이백 세겔, 그리고 무게가 오십 세겔이 되는 금덩이 하나를 개인적으로 취한 자는 누구인가? (수7:21)

(1) 라합　　(2) 아간　　(3) 미가　　(4) 갈렙

7. 여리고와 아이를 침공한 이스라엘 백성들이 두려워하며 목숨을 건지기 위해 해어진 전대와 찢어진 포도주 부대를 싣고 기운 신을 신고 낡은 옷을 입고 나그네처럼 행세하며 이스라엘과 조약을 맺게 된 주민들은 누구인가? (수9:3-6)

(1) 기브온 주민　(2) 아모리 주민　(3) 브리스 주민　(4) 히위 주민

8. 아모리 족속의 다섯 왕에 포함되지 않는 자는 누구인가? (수10:5)

(1) 예루살렘 왕　(2) 헤브론 왕　(3) 야르뭇 왕　(4) 두로 왕

9. 여호수아가 이스라엘 지파들에게 가나안 땅을 분배할 때 어떤 방법을 택했는가? (수14:2)

(1) 모세의 유언에 따라　　(2) 제비 뽑아
(3) 각 지파들이 원하는대로　　(4)여호수아가 명령하여

10. 이스라엘이 가나안에서 쫓아내지 못하여 함께 예루살렘에 거한 족속은 누구인가? (수15:63)

(1) 여부스　　(2)블레셋　　(3)아모리　　(4)헷

11. 도피성이 세워진 도시가 아닌 곳은 어디인가? (수20장)

(1) 게데스 (2) 세겜 (3) 헤브론 (4) 예루살렘

12. 여호수아는 몇 살에 죽었는가? (수24:29)

(1) 100세 (2) 110세 (3) 120세 (4) 130세

13. 이스라엘이 가나안을 점령한 후에 요단강 동쪽으로 가서 살고 싶어 했던 지파들에 포함되지 않는 것은 어느 족속인가? (수13:8)

(1) 르우벤 지파 (2) 갓 지파 (3) 시므온 지파 (4) 므낫세 반지파

14. 가나안으로 진입한 이스라엘 군대가 아이 성을 정복할 때에 사용한 전술은 무엇인가? (수8:6)

(1) 야간 기습 (2) 내분 작전 (3) 유인 작전 (4) 스파이 작전

완성형

1. 여호와의 종 모세가 죽은 후에 여호와께서 모세의 수종자 눈의 아들 (   )에게 말씀하여 이르시되 내 종 모세가 죽었으니 이제 너는 이 모든 백성과 더불어 일어나 이 요단을 건너 내가 그들 곧 이스라엘 자손에게 주는 그 땅으로 가라(수1:1-2).

2. 여호수아 3장에 의하면 이스라엘 백성들이 요단강을 건너 가나안으로 침공할 때에 여호수아가 제사장들에게 (   )를 메고 백성보다 앞서 건너게 했다.

3. 이스라엘 자손들이 여호수아가 명령한 대로 행하되 여호와께서 여호수아에게 이르신 대로 이스라엘 자손들의 지파의 수를 따라 요단 가운데에서 돌 (　　　)을 택하여 자기들이 유숙할 곳으로 가져다가 거기에 두었더라(수4:8).

4. 여호와의 군대 (　　　)이 여호수아에게 이르되 네 발에서 신을 벗으라 네가 선 곳은 거룩하니라 하니 여호수아가 그대로 행하니라(수5:15).

5. 이 성과 그 가운데에 있는 모든 것은 여호와께 온전히 바치되 기생 (　　　)과 그 집에 동거하는 자는 모두 살려 주라 이는 우리가 보낸 사자들을 그가 숨겨 주었음이니라(수6:17).

6. 여리고 성을 함락한 이스라엘 백성들이 아이 성을 진격하였다가 패하게 된 이유는 (　　　)이 하나님의 명령을 어기고 외투와 은 이백 세겔과 무게가 오십 세겔이 되는 금덩이 하나를 취했기 때문이다(수7:21).

7. 여호와께서 (　　　) 사람을 이스라엘 자손에게 넘겨 주시던 날에 태양이 머물고 달이 멈추었다(수10:12).

8. 여호수아가 갈렙에게 기업으로 분배한 지역은 (　　　)이다(수14:13).

9. 갈렙의 딸 악사가 출가할 때 아버지에게 구한 것은 밭과 샘물이었는데, 갈렙은 그녀에게 윗샘과 (　　　)을 주었다(수15:19).

10. 여호와께서 그들의 주위에 (　　　)을 주셨으되 그 조상들에게 맹세하신 대로 하셨으므로 그들의 모든 원수들 중에 그들과 맞선 자가 하나도 없었으니 이는 여호와께서 그들의 모든 원수들을 그들의 손에 넘겨 주셨음이니라(수21:44).

11. "만일 여호와를 섬기는 것이 너희에게 좋지 않게 보이거든 너희 조상들이 강 저쪽에서 섬기던 신들이든지 또는 너희가 거주하는 땅에 있는 아모리 족속의 신들이든지 너희가 섬길 자를 오늘 택하라 오직 나와 내 집은 여호와를 섬기겠노라"라고 선포한 자는 ( )이다(수24:15).

12. 또 이스라엘 자손이 애굽에서 가져 온 ( )의 뼈를 세겜에 장사하였으니 이곳은 야곱이 백 크시타를 주고 세겜의 아버지 하몰의 자손들에게서 산 밭이라(수24:32).

13. 여호수아 때에 회막이 세워진 곳은 ( )이다(수18:1).

14. 요셉이 장사된 곳은 ( )이다(수24:32).

단답형

1. 여리고에 살았던 기생으로 이스라엘의 두 정탐꾼을 숨겨준 사람은 누구인가? (수2:2-3) ( )

2. "우리가 듣자 곧 마음이 녹았고 너희로 말미암아 사람이 정신을 잃었나니 너희의 하나님 여호와는 위로는 하늘에서도 아래로는 땅에서도 하나님이시니라"라고 고백한 사람은 누구인가? (수2:11) ( )

3. 요단강을 건넌 이스라엘 백성들이 할례 산에서 할례를 행한 곳은 어느 지역인가? (수5:9) ( )

4. 이스라엘 백성들이 여리고 성을 함락시키기 위해 성 주위를 몇 번 돌았는가? (수6:3-4) ( )

5. 이스라엘 백성들이 여리고 성을 함락시켰을 때 그 속에 있던 외투 한 벌과 은 이백 세겔과 무게가 오십 세겔 되는 금덩이 하나를 취한 자는 누구인가? (수7:21) (　　　)

6. 광야에서 내렸던 만나가 그친 곳은 어디인가? (수5:10-12) (　　　)

7. "태양이 중천에 머물러서 거의 종일토록 속히 내려가지 아니하였다"고 기록하고 있어서 여호수아에서도 인용하고 있는 책은 무엇인가? (수10:12-13) (　　　)

8. "그 날에 여호와께서 말씀하신 이 산지를 지금 내게 주소서 당신도 그 날에 들으셨거니와 그 곳에는 아낙 사람이 있고 그 성읍들은 크고 견고할지라도 여호와께서 나와 함께 하시면 내가 여호와께서 말씀하신 대로 그들을 쫓아내리이다"라고 말한 자는 누구인가? (수14:12) (　　　)

9. 부지중에 실수로 사람을 죽인 자가 도망하여 피의 보복자를 피할 수 있도록 만든 성을 무엇이라고 하는가? (수20:3) (　　　)

10. 여호수아가 가나안 땅을 정복한 후에 요단 강 동쪽으로 돌려보낸 지파들은 르우벤 사람과 갓 사람과 또 어떤 지파의 반인가? (수13:8) (　　　)

11. 여호수아 24장에 의하면 여호수아의 마지막 설교가 주어진 곳은 어디인가? (　　　)

12. 아론의 아들로서, 이스라엘 백성들이 가나안을 점령할 때 여호수아와 함께 지도자 역할을 했던 제사장은 누구인가? (수14:1, 24:33) (　　　)

13. 제사장 엘르아살의 아들로서 르우벤, 갓, 므낫세 반 지파들이 요단강 동쪽에서 여호와만을 섬기며 살도록 다짐하게 만든 자는 누구인가? (수22:13) (　　　)

진위형(O,X)

1. 여리고에 살았던 라합의 직업은 여사제였다(수2:1). (O , X)

2. 가나안 정복을 시작한 이스라엘 백성들이 처음 침공해야 했던 성은 아이성이다(수6장).

3. 이스라엘 백성들이 요단강을 건널 때에는 곡식을 거두는 시기여서 요단강에 물이 없어 건너기가 쉬웠다(수3:15). (O , X)

4. 요단강을 건넌 이스라엘 백성들이 할례 산에서 할례를 행했을 때 여호와께서 그들에게 "내가 오늘 애굽의 수치를 너희에게서 떠나가게 하였다"고 말씀해주셨다(수5:9). (O , X)

5. 요단 강을 건넌 이스라엘 백성들이 처음으로 진을 친 곳은 여리고이다(수4:19). (O , X)

6. 광야에서 내렸던 만나가 비로소 그친 곳은 길갈이다(수 5:12). (O , X)

7. 이스라엘이 아모리 사람들과 싸울 때에 태양이 중천에 머물러서 거의 종일토록 속히 내려가지 않았다는 점을 언급하고 있어서 여호수아가 인용하고 있는 책은 야살의 책이다(수10:13). (O , X)

8. 자신들에게 배분된 땅이 너무 좁다고 불평하며 더 많은 땅을 달라고 하자 여호수아가 그들로 하여금 스스로 개척하라고 명령했던 지파들은 요셉의 자손이었던 에브라임과 므낫세 지파이다(수17:14-18). (O , X)

9. 도피성에는 부지중에 실수로 사람을 죽인 자들뿐만 아니라 의도적으로 사람을 죽인 자도 함께 피하여 보복을 면할 수 있었다(수20:3). (O , X)

10. 여호수아는 가나안을 정복한 후에 요단 강 동쪽으로 돌아가려하는 르우벤, 갓, 므낫세 반 지파에게 절대로 그곳으로 다시 돌아가지 못하도록 명령했다(수22:1-6). (O , X)

11. 예루살렘에 거주한 가나안의 부족은 여부스 족이다(수15:63). (O , X)

12. 여리고 성을 함락시킨 이스라엘 백성들은 그 전리품들을 여호와의 곳간에 넣어야 했다 (수6:19). (O , X)

13. 여호수아가 분깃으로 받은 성읍은 에브라임 산지 딤낫 세라이다(수19:50). (O , X)

14. 아간은 돌로 처형되고 불사름을 당했다(수 7:25-26). (O , X)

정 답

선택형

1.(4) 2.(3) 3.(4) 4.(3) 5.(4) 6.(2) 7.(1) 8.(4) 9.(2) 10.(1) 11.(4) 12.(2) 13.(3) 14.(3)

완성형

1.여호수아 2.언약궤(법궤) 3.열둘 4.대장(장관) 5.라합 6.아간 7.아모리 8.헤브론 9.아랫샘 10.안식 11.여호수아 12.요셉 13.실로 14.세겜

단답형

1.라합 2.라합 3.길갈 4.13(열셋) 5.아간 6.길갈 7.야살의 책 8.갈렙 9.도피성 10.므낫세 11.세겜 12.엘르아살 13.비느하스

진위형

1.(X) 2.(X) 3.(X) 4.(O) 5.(X) 6.(O) 7.(O) 8.(O) 9.(X) 10.(X) 11.(O) 12.(O) 13.(O) 14.(O)

07 구약편 사사기

Judges

선택형

1. "여호수아가 죽은 후에 이스라엘 자손이 여호와께 여쭈어 이르되 우리 가운데 누가 먼저 올라가서 가나안 족속과 싸우리이까"라는 구절로 시작되는 책은 무엇인가?

   (1) 여호수아 (2) 신명기 (3) 사사기 (4) 사무엘서

2. "이스라엘 자손이 여호와의 목전에 악을 행하여 자기들의 하나님 여호와를 잊어버리고 바알들과 아세라들을 섬긴지라"라는 구절과 비슷한 구절들이 반복되는 책은 무엇인가? (삿3:7)

   (1) 사사기 (2) 여호수아 (3) 신명기 (4) 사무엘서

3. 가나안 왕 야빈의 군대 장관 시스라를 쳐죽인 여인은 누구인가? (삿4:21)

   (1) 라합 (2) 라헬 (3) 미리암 (4) 야엘

4. 다음 중 이스라엘의 사사가 아닌 자는 누구인가?

   (1) 여룹바알 (2) 입다 (3) 입산 (4) 요시야

5. 드보라에 관한 설명 중에서 틀린 것은 무엇인가? (삿4:4-6)

   (1) 남편이 랍비돗이다 (2) 여선지자이다

   (3) 가나안 왕 야빈과 싸웠다 (4) 발람을 군대 장관으로 세웠다

6. 기드온이 전쟁에 나갈 용사들을 택한 순서로 옳은 것은 무엇인가? (삿 7:1-8)

(1) 삼만-일만-칠백　　(2) 일만-오천-삼백
(3) 삼만 이천-일만-삼백　　(4) 일반-칠천-삼백

7. 사사기 9장에 언급되는 요담의 비유에 포함되지 않는 나무는 무엇인가?

(1) 감람나무　(2) 떨기나무　(3) 무화과나무　(4) 가시나무

8. 기생의 아들로 태어나 사사가 된 자는 누구인가? (삿11:1)

(1) 입다　(2) 입산　(3) 압돈　(4) 삼손

9. 삼손에 관해 틀린 것은 무엇인가? (삿13-16장)

(1) 단 지파　　(2) 나실인
(3) 블레셋과 대적　　(4) 이스라엘 여인 들릴라와 결혼

10. 사사 삼손의 힘의 근원은 어디에 있었는가? (삿16:17)

(1) 머리털　(2) 오른팔　(3) 왼팔　(4) 넓적다리

11. 레위인의 첩 사건으로 이스라엘의 열 한 지파가 베냐민 지파를 치려고 모인 곳은 어디인가? (삿20:1)

(1) 길갈　(2) 세겜　(3) 미스바　(4) 헤브론

12. 베냐민에 속한 기브아 사람들이 한 레위인의 첩을 밤새도록 능욕하다가 죽게 만들자 그 레위인이 시체를 열두 덩이로 나누어 이스라엘 사방에 뿌린 사건이 기록되고 있는 책은? (삿19장)

(1) 사사기　(2) 사무엘서　(3) 열왕기서　(4) 여호수아

13. 여호수아가 죽은 후에 "그 세대의 사람도 다 그 조상들에게로 돌아갔고 그 후에 일어난 다른 세대는 여호와를 알지 못하며 여호와께서 이스라엘을 위하여 행하신 일도 알지 못하였더라"라는 구절이 언급되는 책은 무엇인가? (삿2:10)

(1) 사사기 (2) 사무엘서 (3) 열왕기서 (4) 룻기

14. 가나안의 군대 장관 시스라가 야엘의 장막에 들어와 물을 달라고 했을 때 그녀가 준것은 무엇인가? (삿 5:25)

(1) 물 (2) 포도주 (3) 신선한 우유 (4) 엉긴 우유

완성형

1. 사사기는 "그 때에 이스라엘이 (　　　)이 없으므로 사람이 각기 자기의 소견에 옳은 대로 행하였더라"라는 구절로 끝난다(삿21:25).

2. 왼손잡이 사사로서 이스라엘을 모압 왕 에글론으로부터 구원한 자는 (　　　)이다(삿3:15).

3. 소 모는 막대기로 블레셋 사람 육백 명을 죽인 사사는 (　　　)이다(삿3:31).

4. 이스라엘의 여사사는 (　　　)이다(삿4, 5장).

5. 드보라의 명령에 따라 전쟁에 나간 이스라엘의 장수로, 아비노암의 아들은 (　　　)이다(삿4:6).

6. 기드온은 백성들이 미디안 족속들로부터 탈취한 귀고리들을 달라고 해서 그것으로 (　　　)을 만들었다(삿8:27).

7. 세 대가 나팔을 불며 항아기를 부수고 왼손에 횃불을 들고 오른손에 나팔을 들어 불며 외쳐 이르되 여호와와 기드온의 (   )이다 하고(삿7:20).

8. 나귀 턱뼈로 블레셋 사람 일천 명을 죽인 이스라엘의 사사는 (   )이다(삿15:15).

9. 사사 시대에 에브라임 산지에 살던 사람 중에 자기 집에 신당을 두고 에봇과 드라빔을 만들고 한 아들을 세워 그의 제사장으로 삼았던 자는 (   )이다(삿17:4).

10. 기드온이 그들에게 이르되 내가 너희를 다스리지 아니하겠고 나의 아들도 너희를 다스리지 아니할 것이요 (   )께서 너희를 다스리시리라 하니라(삿8:23).

11. 서늘한 다락방에 혼자 앉아 있다가, 사사 에훗에 의해 칼에 맞아 죽게 된 모압의 왕은 (   )이다(삿3:20-22).

12. 보소서 내가 양털 한 뭉치를 타작 마당에 두리니 만일 (   )이 양털에만 있고 주변 땅은 마르면 주께서 이미 말씀하심 같이 내 손으로 이스라엘을 구원하실 줄을 내가 알겠나이다(삿6:37).

13. 기드온이 대적한 족속은 (   ) 족속이다(삿6:7; 7:1).

14. 에브라임 산지에 사는 미가라는 사람이 예루살렘에서 온 젊은이를 자기 집의 제사장으로 세우고 기뻐했는데 그 이유는 그가 (   )이었기 때문이다(삿17:13).

단답형

1. 옷니엘, 기드온, 입다, 삼손 등과 같은 인물들이 언급되는 구약의 책은 무엇인가? (　　　)

2. 겐 사람 헤벨의 아내 야엘의 장막에서 그녀에 의해 말뚝에 박혀 죽게 된 가나안의 장수의 이름은 무엇인가? (삿4, 5장) (　　　)

3. "보소서 나의 집은 므낫세 중에 극히 약하고 나는 내 아버지 집에서 가장 작은 자니이다"라고 하며 하나님의 부르심에 주저했던 사사는 누구인가? (삿6:15) (　　　)

4. 기드온이 오브라에서 여호와를 위하여 제단을 쌓고 붙인 이름은 무엇인가? (삿6:24) (　　　)

5. 기드온의 아들 아비멜렉을 왕으로 추대한 자들은 어느 지역 사람들인가? (삿9:1) (　　　)

6. 기드온의 아들 중에 아비멜렉이 왕이 된 것을 감람나무, 무화과나무, 포도나무, 가시나무 비유를 사용하여 비난한 자는 누구인가? (삿9:7-15) (　　　)

7. 아들 삼십, 나귀 삼십, 성읍 삼십을 가지고 있었던 사사는 누구인가? (삿10:3-4) (　　　)

8. 아들 사십, 손자 삼십이 있어 그들이 어린 나귀 칠십을 타게 한 사사는 누구인가? (삿12:13-14) (　　　)

9. "주 여호와여 구하옵나니 나를 생각하옵소서 하나님이여 구하옵나니 이번만 나를 강하게 하사 나의 두 눈을 뺀 블레셋 사람에게 원수를 단번에 갚게 하옵소서"라고 기도한 사사는 누구인가? (삿16:28) (　　　)

10. 삼손이 죽으면서 블레셋 사람들에게 복수를 하게 된 곳은 어느 신의 신전인가? (삿16:23) (　　　)

11. 갈렙의 아우 그나스의 아들로서, 갈렙의 딸 악사와 결혼한 이스라엘의 사사는 누구인가? (삿1:13) (　　　)

12. 아비멜렉이 세겜의 왕이 되기 위해 형제 70명을 죽였을 때 자신은 살아 남아서 아비멜렉을 비난한 자는 누구인가? (삿9:7-21) (　　　)

13. 망대 아래에 서 있다가 한 여인이 던진 맷돌 위짝을 머리에 맞아 두개골이 깨어지자 자기의 무기를 든 청년을 불러 칼로 자신을 죽이도록 한 자는 누구인가? (삿9:53-54) (　　　)

14. 아들 삼십 명과 딸 삼십 명을 두어, 딸들을 밖으로 시집 보냈고 아들들을 위하여는 밖에서 여자 삼십 명을 데려왔던 사사는 누구인가? (삿12:8-9) (　　　)

진위형(O,X)

1. 이스라엘의 첫 번째 사사로 메소보다미아 왕 구산 리사다임의 손에서 이스라엘을 구해낸 사사는 에훗이다(삿3:8-9). (O , X)

2. 여룹바알은 기드온의 또 다른 이름이다(삿6:32; 7:1). (O , X)

3. 기드온의 아들 아비멜렉도 사사 중에 한 사람이다(삿9장). (O , X)

4. 이스라엘의 사사들 중에서 바알과 아세라의 제단을 훼파한 자는 기드온이다(삿 6:25). (O , X)

5. 기드온의 아들로서 형제 70명을 죽이고 스스로 세겜의 왕이 된 자는 여룹바알이다(삿9장). (O , X)

6. 기드온의 삼백 용사들은 물 가에 내려가서 물을 마실 때에 무릎을 꿇고 물을 마신 자들이다(삿7:5-6). (O , X)

7. 사사기 9장에 나오는 감람나무, 무화과나무, 포도나무, 가시나무의 비유 중에 가시나무가 상징하는 자는 아비멜렉이다. (O , X)

8. 사사 중에 "죽을 때에 죽인 자가 살았을 때에 죽인 자보다 더욱 많았던" 사사는 기드온이다(삿16:30). (O , X)

9. 자신이 여호와 앞에 한 서원 때문에 자신의 딸을 미스바에서 번제로 바쳐야했던 사사는 입다이다(삿 11장). (O , X)

10. 레위인의 첩 사건으로 나머지 열 한 지파와 싸워야 했던 이스라엘의 한 지파는 베냐민 지파이다(삿19, 20장). (O , X)

11. 삼손이 나귀 턱뼈로 일천 명을 죽인 곳을 '턱뼈의 산' 이란 뜻의 라맛 레히라고 불렀다(삿15:17). (O , X)

12. 삼손이 나귀 턱뼈로 일천 명을 죽이고 목이 말라 여호와께 부르짖었을 때 한 우묵한 곳에서 물이 솟아나게 하시자, 삼손이 그것을 마시고 난 후에 그 샘의 이름을 엔학고레(부르짖은 자의 샘)라고 불렀다(삿15:19). (O , X)

13. 사사들의 활동은 삼손에서 끝이 났다(삼상8:1). (O , X)

정 답

선택형

1.(3) 2.(1) 3.(4) 4.(4) 5.(4) 6.(3) 7.(2) 8.(1) 9.(4) 10.(1) 11.(3) 12.(1) 13.(1) 14.(4)

완성형

1.왕 2.에훗 3.삼갈 4.드보라 5.바락 6.에봇 7.칼 8.삼손 9.미가 10.여호와 11.에글론 12.이슬 13.미디안 14.레위인

단답형

1.사사기 2.시스라 3.기드온 4.여호와 살롬 5.세겜 6.요담 7.야일 8.압돈 9.삼손 10.다곤 11.옷니엘 12.요담 13.아비멜렉 14.입산

진위형

1.(X) 2.(O) 3.(X) 4.(O) 5.(X) 6.(X) 7.(O) 8.(X) 9.(O) 10.(O) 11.(O) 12.(O) 13.(X)

08 구약편 룻 기

Ruth

선택형

1. 룻기의 내용에 대한 설명으로 옳지 않은 것은 무엇인가?
   (1) 룻의 시어머니 나오미는 흉년 때문에 가족들과 모압에 가서 살았다
   (2) 나오미는 두 아들이 있었다
   (3) 주인공 룻은 정통 이스라엘 계통의 여자이다
   (4) 모압에서 나오미의 두 아들과 남편은 모두 죽었다

2. 룻에 대한 설명으로 옳지 않은 것은 무엇인가?
   (1) 모압 여자인데 이스라엘 집안에 시집갔다
   (2) 남편이 죽었지만 시어머니에게 '어머니의 백성이 나의 백성이 되고 어머니의 하나님이 나의 하나님이 되시리니' 라고 말하였다
   (3) 남편이 죽자 당시 풍습에 따라 남편의 형제와 결혼하였다
   (4) 시어머니도 과부가 되었다

3. 룻기 이야기에 대한 설명으로 옳지 않은 것은 무엇인가?
   (1) 나오미는 보아스에게 자기 며느리 룻을 받아들여야 할 것을 말한다
   (2) 룻은 그녀와 보아스와의 첫 만남에 대하여 자기 시어머니께 모두 이야기 한다
   (3) 룻의 시어머니 나오미는 룻에게 타작마당에서 보아스 옆에 누우라고 조언하였다
   (4) 룻이 타작마당에서 보아스 옆에 누었을 때 보아스도 이를 거절하지 않았다

4. 룻기에 나온 결혼 관습에 대한 것으로 옳지 않은 것은 무엇인가? (룻 2:20)
   (1) 과부와 시형제간의 결혼 풍습은 신25:5-10에도 설명되어있다
   (2) 사두개인이 예수에게 던진 부활에 관한 문제, 즉 일곱 형제들과 여자의 결혼 문제와 관련있다(마22:23-33; 막12:18-27; 눅20:27-28)
   (3) 룻의 기업을 물을 자가 가까이 있었으나 보아스가 그 권리를 얻었다
   (4) 보아스는 룻의 기업을 물을 자가 아니다

5. 과부가 된 룻은 자신의 처지를 누구와 의논하여 극복하는가?
   (1) 사사
   (2) 하나님
   (3) 과부인 시어머니 나오미
   (4) 보리 추수하는 자들

6. 과부가 된 룻과 그녀의 시어머니 나오미가 그들의 어려운 처지를 극복한 방법은 무엇인가?
   (1) 부자인 보아스에게 찾아가 애원하였다
   (2) 적극적으로 기지를 발휘해 보아스가 룻에게 인애를 베풀게 만든다
   (3) 성소에 가서 희생 제물을 드렸다
   (4) 재판을 벌여 보아스가 무조건 룻을 책임지게 하였다

7. 룻기의 지리적 배경이 되는 곳으로 옳지 않은 곳은 어디인가?
   (1) 모압 땅
   (2) 베들레헴 우물가
   (3) 타작마당
   (4) 베들레헴의 어느 밭

8. 자신 곁에 누워있는 룻을 보고 보아스가 한 반응으로 옳은 것은 무엇인가?

(1) 정숙치 못한 여인이라며 마구 꾸짖었다

(2) 여호와의 복을 빌어 주었다

(3) 놀라 실신하였다

(4) 성읍 장로들을 모아 놓고 룻을 고발하였다

9. 룻과 그의 동서 오르바의 차이점은 무엇인가?

(1) 룻은 모압 여인이고 오르바는 헷 여인이다

(2) 룻은 과부가 되었지만, 오르바는 남편과 잘 살았다

(3) 룻은 보아스의 후처이고, 오르바는 본처이다

(4) 룻은 과부에 자식이 없는 시어머니와 끝까지 함께 있었으나, 오르바는 떠났다

10. 나오미에 대한 설명으로 옳지 않은 것은 무엇인가?

(1) 보아스가 자기의 며느리 룻을 마음에 두자 룻에게 조신하라고 타이른다

(2) 하나님이 자기를 징벌하셨다고 한탄하였다

(3) 며느리 룻이 밭으로 가서 이삭을 줍는 것을 허락하였다

(4) 룻에게 어떻게 보아스에게 접근해야하는지 자세히 알려주었다

11. 나오미가 며느리인 룻에게 고향으로 돌아가라고 했을 때 룻이 한 대답으로 옳지 않은 것은 무엇인가? (룻1:16-17)

(1) 어머니를 따르지 말고 돌아가라고 강권하지 말아라

(2) 어머니가 죽는 곳에서 나도 죽어 장사될 것이다

(3) 죽는 일 외에 어머니를 떠나면 여호와의 벌을 받기 원한다

(4) 하나님이 우리 둘의 여생을 책임지실 것이니 걱정하지 말자

12. 룻이 보아스에게 이방 여인인 자신에게 어찌하여 밭에서 이삭을 줍도록 은혜를 베푸는 지 물었을 때 보아스가 한 대답으로 옳지 않은 것은 무엇인가?

(1) 남편이 죽은 후 네가 시어머니에게 한 모든 것을 내가 들었다

(2) 남편이 죽었지만 부모와 고국을 떠나 알지 못하던 백성에게로 온 것을 들었다

(3) 하나님이 꿈에 내게 나타나셔서 네가 올 것을 미리 알려 주셨다

(4) 여호와께서 네가 한 모든 일에 보응하시고 상주시기를 원한다

13. 나오미가 며느리인 룻에게 밤에 보아스에게 가서 그 옆에 누우라고 하였을 때 룻의 반응으로 옳은 것은 무엇은가?

(1) 슬피 울었다

(2) 어머니의 말씀대로 다 행하리라고 하였다

(3) 너무 기뻐서 나오미에게 포옹하였다

(4) 처음엔 주저 하였으나 곧 일어나 목욕을 하였다

14. 옆에 누어있는 룻을 보고 보아스가 한 말로 옳지 않은 것은 무엇인가? (룻3:10-13)

(1) 나 외에는 너의 기업을 무를 자가 없다

(2) 하나님이 복 주시길 원한다

(3) 네가 현숙한 여자인 줄 성읍 백성이 다 안다

(4) 두려워 말라

완성형

1. 룻이 이르되 내게 어머니를 떠나며 어머니를 따르지 말고 돌아가라 강권하지 마옵소서 어머니께서 가시는 곳에 나도 가고 어머니께서 머무시는 곳에서 나도 머물겠나이다 어머니의 백성이 나의 (　　　)이 되고 어머니의 하나님이 나의 (　　　)이 되시리니(룻1:16).

2. 룻기는 대부분의 개신교 성경 순서에 (　　　)기 다음에 나오는 책이며, (　　　) 시대를 배경으로 하는 이야기이다.

단답형

1. 룻기의 마지막에는 족보가 등장한다. 그 족보 마지막에 등장하는 인물은 누구인가? 룻은 그 인물의 증조모이다. (　　　)

2. 나오미와 룻이 양식 때문에 베들레헴에 왔을 때 그곳은 무슨 곡물을 추수 할 때였는가? (　　　)

3. 룻기에서 보아스가 법률적으로 합법하게 룻과 결혼하기위해 어디에서 재판을 하는가? 이 장소는 구약의 여러 곳에서도 재판을 하는 장소로 나온다(신21:15, 19; 암5:10, 12, 15; 잠31:23; 애5:14 룻4:1-12). (　　　)

진위형(O,X)

1. 다윗의 혈통은 이방인이 전혀 없는 순수 이스라엘 혈통이다. (O , X)

2. 이삭을 줍는 룻은 보아스의 주목을 끌었고, 보아스는 보리 베는 자들이 룻을 성가시지 않도록 보호하였다(룻2:1-23). (O , X)

3. 나오미의 두 모압 며느리 중 룻의 동서는 자기 남편이 죽고 시어머니가 고향에 돌아가려 할 때 자신의 고향으로 돌아갔다(룻1:1-22). (O , X)

4. 룻은 모압의 이방 여인이지만 다윗의 증조모가 되었다. 이처럼 구약성서는 이방인 중 모압 사람들에게는 항상 호의 적이었다. (O , X)

5. "룻이 이삭을 주우러 일어날 때에 보아스가 자기 소년들에게 명령하여 이르되 그에게 곡식 단 사이에서 줍게 하고 책망하지 말며, 또 그를 위하여 곡식 다발에서 조금씩 뽑아 버려서 그에게 줍게 하고 꾸짖지 말라 하니라…" 위의 2장 15-16절 말씀은 구약 성서 어디에서도 찾아 볼 수 없는 보아스 만의 고유한 관용정신이 나타나 있다. (O , X)

6. 보아스는 남편과 아들이 없는 룻의 기업을 물을 자가 아닌데도 자원하여 룻과 결혼 하였다(룻2:20). (O , X)

7. 처음 나오미의 가족이 고향인 베들레헴을 떠나 모압에 간 이유는 전쟁 때문이다. (O , X)

정 답

선택형

1.(3)(룻은 모압, 즉 이방 여인이다) 2.(3) 3.(1) 4.(4) 5.(3) 6.(2) 7.(2) 8.(2) 9.(4) 10.(1) 11.(4) 12.(3) 13.(2) 14.(1)

완성형

1.백성, 하나님 2.사사

단답형

1.다윗 2.보리 3.성문(룻 4:1-12)

진위형

1.(X)(모압 여인 룻이 그의 증조모) 2.(O) 3.(O) 4.(X)(신23:4-6; 느13; 창19:30-38 참조) 5.(X)(레19:9-10과 신24:19-22에 가나한 자들의 권리가 나온다) 6.(X) 7.(X)(기근 때문이다; 베들레헴의 원어 뜻은 '빵집' 이다)

9 구약편 사무엘상·하

Samuel Ⅰ·Ⅱ

선택형

1. 사무엘, 사울 왕, 다윗 왕의 활동들을 집중적으로 다루고 있는 책은 무엇인가?
   (1) 사사기 (2) 사무엘서 (3) 열왕기서 (4) 역대기

2. 엘리 제사장의 행실이 나빠 여호와를 알지 못하던 두 아들 이름은 무엇인가? (삼상2:12, 22, 34)
   (1) 홉니와 비느하스 (2) 나답과 아비후
   (3) 오홀라와 오홀리바 (4) 스알야숩과 마헬살랄하스바스

3. 한나가 기도하던 때에 실로에 있던 성소의 제사장은 누구인가? (삼상1:9)
   (1) 홉니 (2) 비느하스 (3) 엘리 (4) 아히멜렉

4. 사무엘이 어린 시절을 보낸 곳은 어디에 있던 성소인가? (삼상2:18-20)
   (1) 실로 (2) 예루살렘 (3) 헤브론 (4) 세겜

5. 사무엘의 부모의 이름과 출신 지파는 무엇인가? (삼상1:1-2)
   (1) 엘리, 한나, 유다 지파 (2) 엘가나, 한나, 에브라임 지파
   (3) 엘가나, 브닌나, 에브라임 지파 (4) 엘리, 한나, 유다 지파

6. 행실이 바르지 못했던 두 아들 때문에 제사장 엘리가 하나님께 받은 심판은 무엇인가? (삼상2:33)
   (1) 아내가 죽음
   (2) 제사장직을 박탈당함
   (3) 죽임을 당함
   (4) 후손들 중에 노인이 없고 젊어서 죽게 됨

7. 사무엘이 블레셋과 싸우기 위해 구국 금식 성회를 소집한 곳은 어디인가? (삼상7:5)
   (1) 실로 (2) 미스바 (3) 벧엘 (4) 길갈

8. 다음 중 언약궤가 있었던 곳이 아닌 곳은 어디인가? (삼상5-6장)
   (1) 블레셋 (2) 에그론 (3) 벧세메스 (4) 단

9. 하나님의 궤를 가지고 있던 블레셋 사람들에게 독종이 생기자 그들은 언약궤를 다른 곳으로 보내면서 그 속에 속건제로 무엇을 넣어 보내었는가? (삼상6:4)
   (1) 금 독종과 금 쥐 (2) 금송아지 형상
   (3) 금으로 만든 드라빔 (4) 순금 등대

10. 사울이 하나님의 명령을 어기고 살려준 왕은 누구인가? (삼상15:9)
    (1) 아비멜렉 (2) 아각 (3) 야빈 (4) 아간

11. 가드 출신으로 신장이 육 규빗이었고, 그의 갑옷의 무게는 놋 오천 세겔이었던 장수로서 다윗의 물맷돌에 죽게 된 자는 누구인가? (삼상17:4)
    (1) 사울 (2) 아각 (3) 골리앗 (4) 시스라

12. 사울 왕의 아들이자 다윗의 친구로서 다윗을 자기 생명같이 사랑한 사람은 누구인가? (삼상18:1)

(1) 미갈 (2) 이스보셋 (3) 요압 (4) 요나단

13. 다윗의 아내가 아닌 자는 누구인가? (삼상18:27; 25:42; 삼하11:27)

(1) 미갈 (2) 밧세바 (3) 아비가일 (4) 야엘

14. 블레셋이 쳐들어오자 두려움을 느낀 사울 왕은 어디에 사는 신접한 여인을 찾아 갔는가? (삼상28:7)

(1) 엔돌 (2) 예루살렘 (3) 수르 (4) 바란

15. 사울 왕은 신접한 여인에게 죽은 누구를 불러달라고 했는가? (삼상28:11)

(1) 모세 (2) 엘리야 (3) 아브라함 (4) 사무엘

16. 사울 왕의 아들이 아닌 자는 누구인가? (삼상31:2)

(1) 요나단 (2) 아비나답 (3) 브나야 (4) 말기수아

17. 사울 왕과 아들들이 죽었다는 소식을 가져온 아말렉인 청년에게 다윗은 어떻게 대했는가? (삼하1:14-15)

(1) 포상을 함 (2) 군대 장관으로 삼음

(3) 딸을 아내로 줌 (4) 죽임

18. 사울 왕의 아들 이스보셋을 왕으로 추대하여 다윗에 대항했던 장군은 누구인가? (삼하2:8-9)

(1) 요압 (2) 므비보셋 (3) 아브넬 (4) 아비새

19. 다윗의 아들이 아닌 자는 누구인가?

(1) 압살롬 (2) 요시야 (3) 아도니야 (4) 암논

20. 사무엘하 5장에 의하면 다윗이 블레셋과 전투를 할 때, 하나님께서 언제 그들을 공격하라고 하셨는가?

(1) 새벽에 해가 뜰 때

(2) 적들이 잠에 들어 있을 때

(3) 뽕나무 꼭대기에서 걸음 걷는 소리가 들릴 때

(4) 적들이 취해 있을 때

21. 여호와의 궤가 다윗 성으로 들어올 때 그가 여호와 앞에서 뛰놀며 춤추는 것을 보고 비난했던 사울의 딸 미갈은 어떤 신세가 되었는가? (삼하6:23)

(1) 즉시 죽음 (2) 이혼하게 됨

(3) 죽는 날까지 자식이 없음 (4) 전염병에 걸림

22. 다윗 왕 앞에서 "이 종이 무엇이기에 왕께서 죽은 개 같은 나를 돌아보시나이까"라고 고백한 자는 누구인가? (삼하9:8)

(1) 이스보셋 (2) 아브넬 (3) 므비보셋 (4) 아사헬

23. 다윗 왕이 우리아의 아내 밧세바를 빼앗은 후에 하나님께서 다윗에게 주신 말씀은 무엇인가? (삼하12:10)

(1) 왕권을 빼앗김 (2) 후손이 끊김

(3) 아내가 병듦 (4) 칼이 집에서 영원토록 떠나지 않음

24. 다윗 왕의 아들 압살롬이 반역을 일으켰을 때 다윗 편에 서지 않았던 자는 누구인가? (삼하15장)

(1) 아히도벨 (2) 요압 (3) 후새 (4) 사독

25. 다윗의 관리에 포함되지 않는 자는 누구인가? (삼하20:23-26)
   (1) 요압　　(2) 브나야　　(3) 아비아달　　(4) 아도니야

26. 다윗 왕이 인구 조사를 한 것에 대해 하나님이 다윗에게 택하도록 하신 재앙에 속하지 않는 것은 무엇인가? (삼하24:13)
   (1) 칠년 기근　　(2) 왕이 원수에게 석 달 동안 도망감
   (3) 사흘 동안의 전염병　　(4) 열흘 동안의 우박

완성형

1. 사무엘 선지자의 어머니는 (　　　)이다(삼상1:20).

2. 엘리 제사장의 아들로서 제사드릴 고기들을 먼저 가져가고 회막 문에서 수종 드는 여인들과 동침한 자들은 홉니와 (　　　)이다(삼상2:14, 34).

3. "여호와는 죽이기도 하시고 살리기도 하시며 스올에 내리게도 하시고 거기에서 올리기도 하시는도다"라고 기도한 자는 (　　　)이다(삼상 2:6).

4. 이스라엘은 (　　　)과의 전쟁에서 하나님의 언약궤를 빼앗겼다(삼상 4:1-11).

5. 이스라엘이 블레셋과의 전투에서 승리한 것을 기념하기 위해 사무엘과 백성들은 미스바와 센 사이에 기념비를 세우고 그곳을 "여호와께서 여기까지 우리를 도우셨다"라는 의미를 지닌 (　　　)이라고 불렀다(삼상7:12).

6. 브엘세바에서 사사가 된 (　　　)과 아비야는 자기 아버지 사무엘의 행위를 따르지 아니하고 이익을 따라 뇌물을 받고 판결을 굽게 했다(삼상8:2-3).

7. "내가 누구의 소를 빼앗았느냐 누구의 나귀를 빼앗았느냐 누구를 속였느냐 누구를 압제하였느냐 내 눈을 흐리게 하는 뇌물을 누구의 손에서 받았느냐 그리하였으면 내가 그것을 너희에게 갚으리라"라고 말한 자는 (　　　)이다(삼상12:3).

8. "나는 너희를 위하여 기도하기를 쉬는 죄를 여호와 앞에 결단코 범하지 아니하고 선하고 의로운 길을 너희에게 가르칠 것이다"라고 말한 자는 (　　　)이다(삼상12:23).

9. "순종이 제사보다 낫고 듣는 것이 숫양의 기름보다 나으니"라는 말은 하나님이 사무엘을 통해서 (　　　)에게 한 말이다(삼상15:22).

10. 그의 용모와 키를 보지 말라 내가 이미 그를 버렸노라 내가 보는 것은 사람과 같지 아니하니 사람은 외모를 보거니와 나 여호와는 (　　　)을 보느니라 하시더라(삼상16:7).

11. 사울이 죽인 자는 천천이요 (　　　)은 만만이로다(삼상18:7).

12. 다윗이 블레셋 사람 이백 명을 죽이고 난 후 아내로 취하게 된 사울 왕의 딸은 (　　　)이다(삼상18:27).

13. 나발의 아내로서 총명하고 용모가 아름다운 여인이었으며 나중에 다윗의 아내가 된 여인의 이름은 (　　　)이다(삼상25장).

14. 다윗 왕의 맏아들로서 이복누이 다말을 범한 자는 (　　　)이다(삼하3:2).

15. 요압과 그의 동생 (   )가 아브넬을 죽인 것은 그가 기브온 전쟁에서 자기 동생 아사헬을 죽인 까닭이었더라(삼하3:30).

16. 다윗은 사울 왕의 장수였던 (   )의 죽음에 대해, "어찌하여 미련한 자의 죽음 같은고 네 손이 결박되지 아니하였고 네 발이 차꼬에 채이지 아니하였거늘 불의한 자식의 앞에 엎드러짐 같이 네가 엎드러졌도다"라고 애도했다(삼하3:33-34).

17. 하나님의 궤가 나곤의 타작 마당에 이르렀을 때 소가 뛰자 하나님의 궤를 붙잡았다가 죽게 된 자는 (   )이다(삼하6:6-8).

18. "네가 가는 모든 곳에서 내가 너와 함께 있어 네 모든 원수를 네 앞에서 멸하였은즉 땅에서 위대한 자들의 이름 같이 네 이름을 위대하게 만들어 주리라"라는 약속은 하나님이 (   )을 통해서 다윗에게 주신 것이다(삼하7:9).

19. 요나단의 아들로서 다윗에게 은총을 받아 할아버지 사울의 밭을 다 돌려받고 항상 다윗의 상에서 떡을 먹을 것을 약속받은 자는 (   )이다(삼하9:7).

20. 우리아의 아내로서 다윗 왕과 동침한 여인은 (   )이다(삼하11장).

21. 다윗 왕의 딸이요 압살롬의 아름다운 누이인 다말에 집착하여 결국 그녀를 성폭행한 이복형제는 (   )이다(삼하13장).

22. 온 이스라엘 가운데에서 (   ) 같이 아름다움으로 크게 칭찬 받는 자가 없었으니 그는 발바닥부터 정수리까지 흠이 없음이라 그의 머리털이 무거우므로 연말마다 깎았으며 그의 머리 털을 깎을 때에 그것을 달아본 즉 그의 머리털이 왕의 저울로 이백 세겔이었더라(삼하14:25-26).

23. 다윗 왕의 아들 압살롬이 반역을 일으켰을 때, 압살롬을 위해 아히도벨의 세운 계략을 물리쳐서 아히도벨이 죽게 하고 다윗에게 유리하게 만든 자는 (　　　)이다(삼하17장).

24. 다윗 왕의 아들들 중에서 자기 이름을 전할 아들이 없음을 안타까워하며 자기 이름을 기념하는 기념비를 왕의 골짜기에 세운 자는 (　　　)이다(삼하18:18).

25. 블레셋 군대가 쳐들어 왔을 때 다윗 왕이 직접 전장에 나가 싸웠다. 그때에 거인족의 아들 중에 무게가 삼백 세겔 되는 놋 창을 들고 새 칼을 찬 이스비브놉이 다윗을 죽이려 하자 (　　　)가 다윗을 도와 그 블레셋 사람들을 죽이고, "왕은 다시 우리와 함께 전장에 나가지 마옵소서 이스라엘의 등불이 꺼지지 말게 하옵소서"라고 말했다(삼하21:16-17).

단답형

1. 엘가나의 아내들 중에 한나가 자식이 없자 그녀를 심히 격분시키고 괴롭게 하였던 또 다른 아내의 이름은 무엇인가? (삼상1:6) (　　　)

2. "사람이 사람에게 범죄하면 하나님이 심판하시려니와 만일 사람이 여호와께 범죄하면 누가 그를 위하여 간구하겠느냐"라고 하면서 죄악에 빠진 아들들을 꾸짖었던 제사장은 누구인가? (삼상2:25) (　　　)

3. "내 마음이 여호와로 말미암아 즐거워하며 내 뿔이 여호와로 말미암아 높아졌으며 내 입이 내 원수들을 향하여 크게 열렸으니 이는 내가 주의 구원으로 말미암아 기뻐함이니이다…전에 임신하지 못하던 자는 일곱을 낳았고 많은 자녀를 둔 자는 쇠약하도다…"라는 기도를 한 자는 누구인가? (삼상2:1-5) (　　　)

4. 사무엘의 두 아들의 이름은 요엘과 누구인가? (삼상8:2) (　　　)

5. 여호와의 궤를 들여다 본 까닭에 (오만) 칠십 명이 죽게 되자 그 궤를 기럇여아림으로 보내버린 사람들은 어디에 사는 사람들이었는가? (삼상6:19) (　　　)

6. 하나님이 이스라엘의 왕으로 삼으려고 사무엘을 통해 불렀을 때 "나는 이스라엘 지파의 가장 작은 지파 베냐민 사람이 아니니이까 또 나의 가족은 베냐민 지파 모든 가족 중에 가장 미약하지 아니하니이까 당신이 어찌하여 내게 이같이 말씀하시니이까"라고 반응했던 자는 누구인가? (삼상9:21) (　　　)

7. 사무엘이 왕으로 기름을 붓고 난 다음에 하나님의 산에서 선지자들과 함께 예언을 하게 된 자는 누구인가? (삼상10:10) (　　　)

8. "거역하는 것은 점치는 죄와 같고 완고한 것은 사신 우상에게 절하는 죄와 같음이라 왕이 여호와의 말씀을 버렸으므로 여호와께서도 왕을 버려 왕이 되지 못하게 하셨나이다"라는 말은 사무엘이 누구에 한 말인가? (삼상15:23) (　　　)

9. "그의 용모와 키를 보지 말라 내가 이미 그를 버렸노라 내가 보는 것은 사람과 같지 아니하니 사람은 외모를 보거니와 나 여호와는 중심을 보느니라"라는 말은 사무엘이 누구를 왕으로 기름 부으려 했을때 하나님께서 하신 말씀인가? (삼상16:6-7) (　　　)

10. "너는 칼과 창과 단창으로 내게 나아 오거니와 나는 만군의 여호와의 이름 곧 네가 모욕하는 이스라엘 군대의 하나님의 이름으로 네게 나아가노라"라고 외친 자는 누구인가? (삼상17:45) (　　　)

11. 추적하는 사울 왕을 피하여 온 다윗에게 진설병을 제공한 놉 땅의 제사장은 누구인가? (삼상21:1-6) (   )

12. 사울 왕을 피하여 도망가던 다윗은 가드의 어느 왕 앞에서 미친 체하고 대문짝에 그적거리며 침을 수염에 흘리기까지 하며 목숨을 건지게 되었는가? (삼상21:10-15) (   )

13. 사울 왕과 그의 아들들이 전사한 산은 어디인가? (삼상31:1) (   )

14. "여호와께서 너를 떠나 네 대적이 되셨거늘 네가 어찌하여 내게 묻느냐 여호와께서 나를 통하여 말씀하신 대로 네게 행하사 나라를 네 손에서 떼어 네 이웃 다윗에게 주셨느니라"라는 말은 누가 사울 왕에게 한 말인가? (삼상27:16-17) (   )

15. "내 형 요나단이여 내가 그대를 애통함은 그대는 내게 심히 아름다움이라 그대가 나를 사랑함이 기이하여 여인의 사랑보다 더하였도다"라고 말한 자는 누구인가? (삼하1:26) (   )

16. 다윗은 헤브론에서 칠년 육 개월 동안 유다를 다스렸고 예루살렘에서 몇 년 동안 온 이스라엘과 유다를 다스렸는가? (삼하4:4-5) (   )

17. "나는 백향목 궁에 살거늘 하나님의 궤는 휘장 가운데에 있도다"라고 말하며 여호와를 위해 성전을 지으려는 열망을 보인 자는 누구인가? (삼하7:2) (   )

18. 다윗 왕이 밧세바와 동침하고 우리아를 죽게 만든 사실을 알고 가난한 사람에게 있는 작은 암양 새끼 한 마리의 비유로 그를 꾸짖은 선지자는 누구인가? (삼하12장) (   )

19. "내 아들 압살롬아 내 아들 내 아들 압살롬아 차라리 내가 너를 대신하여 죽었더면, 압살롬 내 아들아 내 아들아" 하고 아들의 죽음을 애도한 자는 누구인가? (삼하18:33) (　　　)

20. 다윗 왕이 압살롬의 반역으로 도망을 다닐 때 자기 지역으로 온 다윗과 신하들에 대해 돌을 던지고 저주하며 "피를 흘린 자여 사악한 자여 가거라 가거라 사울의 족속의 모든 피를 여호와께서 네게로 돌리셨도다" 라고 말하고 그들을 쫓아버린 자는 누구인가? (삼하16:7-8) (　　　)

21. 다윗 왕의 아들 압살롬은 반역을 일으켰다가 어느 장군의 부하들에게 죽게 되었는가? (삼하18장) (　　　)

22. 다윗 왕이 블레셋 족속과 가드에서 전쟁을 할 때 손가락과 발가락이 각기 여섯 개씩 모두 스물 네 개가 있는 거인족의 소생이 이스라엘 사람을 능욕하자 다윗의 형 삼마의 아들인 누가 그를 죽였는가? (삼하21:20-21) (　　　)

23. 다윗 왕은 단에서부터 브엘세바까지의 인구 조사를 위해 누구에게 명령했는가? (삼하24:2) (　　　)

24. 다윗의 인구 조사에 대한 하나님의 벌을 전한 선지자는 누구인가? (삼하24:11) (　　　)

25. 다윗이 인구 조사를 한 것에 대해 하나님께서 사흘 동안 전염병이 내리게 하셨을 때 단에서부터 브엘세바까지 백성의 죽은 자가 몇 명이나 되었는가? (삼하24:15) (　　　)

진위형(O,X)

1. 자식이 없는 한나가 실로의 성소에서 기도할 때 그녀가 취한 줄로 생각하고 꾸짖었던 자는 엘리야이다(삼상1:14). (O , X)

2. 여호와께서 세 번이나 부르실 때에 자신이 섬기던 엘리 제사장이 부르는 것으로 간주하였던 자는 한나이다(삼상3장). (O , X)

3. "여호와는 가난하게도 하시고 부하게도 하시며 낮추기도 하시고 높이기도 하시는도다"라고 기도한 자는 한나이다(삼상2:7). (O , X)

4. 사울 왕은 엘리 제사장으로부터 이스라엘의 초대 왕으로 기름부음을 받았다(삼상10:1). (O , X)

5. 이스라엘의 사사요 선지자로서 벧엘, 길갈, 미스바 등 여러 곳을 순회하며 다스린 자는 사무엘이다(삼상7:15-17). (O , X)

6. 이스라엘 백성들이 주위의 모든 나라들처럼 왕을 세워달라고 했을 때 사무엘은 그 제안을 환영하며 하나님께서 왕을 세워 주시도록 중보기도를 했다(삼상8:6). (O , X)

7. 사울이 이스라엘의 초대 왕으로 취임을 하게 된 곳은 예루살렘이다(삼상10:17). (O , X)

8. 기도하기를 쉬는 죄를 언급한 자는 다윗이다(삼상12:23). (O , X)

9. 이스라엘이 블레셋과 싸울 때에 자기의 무기를 든 소년에게 "여호와의 구원은 사람의 많고 적음에 달리지 아니하였느니라"라고 말한 자는 요나단이다(삼상14:6). (O , X)

10. 사무엘상 13장에 의하면 사무엘이 사울 왕의 나라가 길지 못할 것을 예언한 이유는 사울 왕이 블레셋과 전투를 하러 나가기 전에 직접 번제를 드렸기 때문이다. (O , X)

11. 환난 당한 모든 자와 빚진 모든 자와 마음이 원통한 자와 아둘람 굴에 함께 모여 사백명 가량의 우두머리가 된 자는 다니엘이다(삼상22:1-2). (O , X)

12. 사울 왕의 명령으로 도엑이 놉의 제사장들 팔십 오명과 자녀들을 죽일 때 제사장 아히멜렉의 아들 중에 살아남은 자는 아비아달이다(삼상22:20). (O , X)

13. 다윗이 사울 왕을 죽일 수 있는 상황 속에서도 그를 살려준 것이 두 번이다(삼상24, 26장). (O , X)

14. 사울 왕은 블레셋과의 전투 중에 화살에 맞아 부상을 당하자 무기를 든 자에게 칼로 찔러달라고 해서 그의 칼에 찔려 죽었다(삼상31:4). (O , X)

15. 다윗이 헤브론에서 유다 족속의 왕이 된 날수는 칠년육개월이었다(삼하5:5). (O , X)

16. 사울의 아들 이스보셋의 군지휘관이었던 바아나와 레갑이 침상에서 낮잠을 자고 있던 이스보셋을 죽이고 다윗에게 가자 다윗은 그들에게 군지휘관의 위치를 제공했다(삼하4장). (O , X)

17. 우리아의 아내였던 밧세바가 다윗 왕과 동침하여 아기를 낳게 되었는데 그가 커서 솔로몬 왕이 되었다(삼하12:18). (O , X)

18. 솔로몬의 다른 이름은 여디디야인데, 이는 여호와께서 사랑하신다는 의미를 지니고 있다(삼하12:25). (O , X)

19. 베냐민 사람 비그리의 아들이요 불량배로서 이스라엘 지파 사람들을 모아 다윗의 왕권에 도전하다가 한 여인에게 머리가 베여 성벽에서 던져진 자는 세바이다(삼하20장). (O , X)

20. 다윗 왕의 인구 조사로 말미암아 하나님께서 전염병의 재앙을 내리시자 다윗 왕은 여부스 사람 아라우나의 타작 마당에서 번제와 화목제를 드렸다(삼하24:18-25). (O , X)

21. 다윗 왕의 인구 조사로 말미암아 하나님께서 전염병의 재앙을 내렸을 때 다윗 왕은 아라우나의 타작 마당에서 번제와 화목제를 드리게 되었는데, 그는 아라우나로부터 공짜로 제물들을 얻지 않고 은 오백 세겔을 주고 타작 마당과 소를 샀다(삼하24:24). (O , X)

22. 다윗의 인구 조사에 대한 하나님의 벌을 전한 선지자는 나단이다(삼하24:11). (O , X)

정 답

선택형

1.(2) 2.(1) 3.(3) 4.(1) 5.(2) 6.(4) 7.(2) 8.(4) 9.(1) 10.(2) 11.(3) 12.(4) 13.(4) 14.(1) 15.(4) 16.(3) 17.(4) 18.(3) 19.(2) 20.(3) 21.(3) 22.(3) 23.(4) 24.(1) 25.(4) 26.(4)

완성형

1.한나 2.비느하스 3.한나 4.블레셋 5.에벤에셀 6.요엘 7.사무엘 8.사무엘 9.사울 10.중심 11.다윗 12.미갈 13.아비가일 14.암논 15.아비새 16.아브넬 17.웃사 18.나단 19.므비보셋 20.밧세바 21.암논 22.압살롬 23.후새 24.압살롬 25.아비새

단답형

1.브닌나 2.엘리 3.한나 4.아비야 5.벧세메스 6.사울 7.사울 8.사울 9.엘리압 10.다윗 11.아히멜렉 12.아기스 13.길보아 산 14.사무엘 15.다윗 16.33년 17.다윗 18.나단 19.다윗 20.시므이 21.요압 22.요나단 23.요압 24.갓 25.칠만

진위형

1.(X) 2.(X) 3.(O) 4.(X) 5.(O) 6.(X) 7.(X) 8.(X) 9.(O) 10.(O) 11.(X) 12.(O) 13.(O) 14.(X) 15.(O) 16.(X) 17.(X) 18.(O) 19.(O) 20.(O) 21.(X) 22.(X)

10 구약편 열왕기상·하

Kings Ⅰ·Ⅱ

선택형

1. "다윗 왕이 나이가 많아 늙으니 이불을 덮어도 따뜻하지 아니한지라" 라는 구절로 시작하는 책은 무엇인가? (왕상1:1)

   (1) 사무엘상　(2) 사무엘하　(3) 열왕기상　(4) 열왕기하

2. 다윗 왕의 신복 중에서 솔로몬이 아니라 아도니야가 왕이 되도록 도운 자는 누구인가? (왕상1:8)

   (1) 사독　(2) 브나야　(3) 나단　(4) 요압

3. 다윗 왕의 대를 이어 솔로몬이 왕이 되는데 도운 자가 아닌 자는 누구인가? (왕상1:7)

   (1) 사독　(2) 아비아달　(3) 밧세바　(4) 레이

4. 솔로몬은 왕으로 통치하기 시작할 때에 기브온 산당에서 어떤 제사를 드렸는가? (왕상3:4)

   (1) 일만 번제　(2) 일백 번제　(3) 일천 번제　(4) 오천 번제

5. 솔로몬 왕의 신하들과 직책들이 잘못 연결된 것은 무엇인가? (왕상4:1–6)

   (1) 아사리아–제사장　(2) 브나야–선지자

   (3) 아히야–서기관　(4) 여호사밧–사관

6. 다음 중 솔로몬 성전에 포함된 기구들이 아닌 것은 무엇인가? (왕상 7장)

(1) 물 두멍 (2) 놋 바다 (3) 대접 (4) 천막

7. 솔로몬의 성전 봉헌식에 관련이 없는 사항은 무엇인가? (왕상8:63)

(1) 소 이만 이천 마리 (2) 양 십이만 마리

(3) 감사제물의 기름 (4) 낙타 천 마리

8. 솔로몬이 결혼한 아내들과 첩들이 가지고 온 신들과 나라들이 틀린 것은 무엇인가? (왕상11:5, 7)

(1) 아스다롯-시돈 (2) 밀곰-암몬

(3) 그모스-모압 (4) 바알-애굽

9. 하나님께서 솔로몬의 대적으로 세우신 자가 아닌 자는 누구인가? (왕상11, 12장)

(1) 여호사밧 (2) 에돔의 하닷

(3) 수리아의 르손 (4) 여로보암

10. 여로보암이 북 왕국 이스라엘의 왕이 되고난 후에 금송아지를 둔 성소들을 만든 두 도시는 어디인가? (왕상12:29)

(1) 세겜, 단 (2) 벧엘, 단 (3) 여리고, 단 (4) 길갈, 세겜

11. "남색하는 자를 그 땅에서 쫓아내고 그의 조상들이 지은 모든 우상을 없애고 또 그의 어머니 마아가가 혐오스러운 아세라 상을 만들었으므로 태후의 위를 폐하고 그 우상을 찍어 기드론 시냇가에서 불살랐던" 유다의 왕은 누구인가? (왕상15:12, 13)

(1) 아비얌 (2) 르호보암 (3) 아사 (4) 요아스

12. 이세벨이 여호와의 선지자들을 멸할 때에 선지자 백 명을 가지고 오십 명씩 굴에 숨기고 떡과 물을 먹인 자는 누구인가?

(1) 요엘 (2) 엘리야 (3) 오바댜 (4) 엘리야

13. 엘리야가 호렙산에 이르러 하나님의 소리를 듣게 된 순서로 바른 것은 무엇인가? (왕상19:9-14)

(1) 지진-불-바람-세미한 소리 (2) 바람-지진-불-세미한 소리
(3) 바람-불-지진-세미한 소리 (4) 불-지진-바람-세미한 소리

14. 다음 중 엘리야가 기름을 붓지 않은 자는 누구인가? (왕상19:15-18)

(1) 예후 (2) 엘리사 (3) 하사엘 (4) 여호사밧

15. 나봇의 포도원 사건과 관련이 없는 자는 누구인가? (왕상21장)

(1) 엘리사 (2) 아합 (3) 이세벨 (4) 엘리야

16. 엘리야의 승천, 엘리사의 기적, 북 왕국의 멸망, 요시야의 개혁 등을 기록하고 있는 책은 무엇인가?

(1) 열왕기상 (2) 열왕기하 (3) 역대기상 (4) 역대기하

17. 아합이 죽고 난 후에 모압 왕 메사가 이스라엘을 배반하자 그를 치기 위해 동맹을 맺은 나라가 아닌 것은 무엇인가? (왕하3:9)

(1) 이스라엘 (2) 두로 (3) 유다 (4) 에돔

18. 이스라엘, 유다, 에돔이 합세한 동맹군과의 싸움에서 불리해지자 자기의 맏아들을 데려와 성 위에서 번제로 드린 모압 왕은 누구인가? (왕하3:27)

(1) 메사 (2) 아합 (3) 아사 (4) 요아스

19. 엘리사가 한 일이 아닌 것은 무엇인가? (왕하2, 4, 5장)
   (1) 겉옷으로 요단 강 물을 갈랐다
   (2) 여리고 물의 근원에 소금을 던져 물을 고쳤다
   (3) 사르밧 과부의 아들을 살렸다
   (4) 나아만 장군의 나병을 고쳤다

20. 도단을 포위한 아람 군대를 보고 떠는 종에게 엘리사가 기도하여 보여준 것은 무엇인가? (왕하6:17)
   (1) 여호와의 사자 (2) 우림과 둠밈
   (3) 엘리야 (4) 불말과 불병거

21. 딥사에 있는 자들과 아이 밴 부녀를 죽인 자로서, 앗수르 왕 불이 치려하자 부자들에게 은 오십 세겔씩을 내게 하여 천 달란트를 그에게 줌으로써 왕권을 유지했던 이스라엘 왕은 누구인가? (왕하15:17-20)
   (1) 살룸 (2) 므나헴 (3) 아사랴 (4) 브가히야

22. 므나헴의 아들 브가히야 왕을 반역하여 사마리아 왕궁 호위소에서 왕과 신하들을 죽이고 대신 왕이 된 자는 누구인가? (왕하15:25)
   (1) 살룸 (2) 베가 (3) 아하스 (4) 아합

23. 앗수르의 디글랏 빌레셀의 침략을 받은 이스라엘의 왕은 누구인가? (왕하15:29)
   (1) 히스기야 (2) 요아스 (3) 오므리 (4) 베가

24. 북 왕국 이스라엘의 마지막 왕인 호세아 때에 이스라엘을 침공한 나라와 왕의 이름은 무엇인가? (왕하17:3)
   (1) 바벨론, 느부갓네살 (2) 앗수르, 디글랏 빌레셀
   (3) 앗수르, 살만에셀 (4) 앗수르, 르신

25. 앗수르 왕 산헤립의 신하로서 유다 백성들로 하여금 애굽을 의지하지 말고, 히스기야왕의 말도 듣지 말고, 여호와를 의지하지도 말고, 앗수르에 항복하도록 유다 말로 외친 자는 누구인가? (왕하18장)

(1) 랍사게 (2) 르신 (3) 베가 (4) 시스라

26. 히스기야 왕과 관련이 없는 것은 무엇인가? (왕하18-20장)

(1) 저수지와 지하 수도 건설

(2) 아하스의 해 시계의 그림자가 십도 물러감

(3) 이사야

(4) 바벨론

27. 느부갓네살에 의해 자기 아들들이 눈앞에서 죽임을 당하는 것을 보게 되고, 자신은 두 눈을 뽑힌 채 놋 사슬에 결박되어 바벨론으로 쫓겨가게 된 유다의 왕은 누구인가? (왕하25:7)

(1) 여호야김 (2) 여호야긴 (3) 여호아하스 (4) 시드기야

완성형

1. 다윗 왕이 늙어 이불을 덮어도 따뜻하지 않자 시종들이 그를 위해 젊은 처녀 수넴 여자(   )을 데려와서 그를 받들고 그와 동침하게 하였지만 다윗은 그녀와 동침하지는 않았다(왕상1:1-4).

2. 다윗의 아들 중에 압살롬 다음으로 태어난 자로 용모가 심히 준수하고, 다윗이 "네가 어찌하여 그리 하였느냐"고 하는 말로 한 번도 그를 섭섭하게 한 일이 없는 자는 (   )이다(왕상1:6).

3. 하나님이 (　　　)에게 지혜와 총명을 심히 많이 주시고 또 넓은 마음을 주시되 바닷가의 모래 같이 하시니 그의 지혜가 동쪽 모든 사람의 지혜와 애굽의 모든 지혜보다 뛰어났다(왕상4:29-30).

4. 솔로몬이 성전을 건축한 기간은 칠년이요 자신의 왕궁을 건축할 때 걸린 기간은 (　　　) 년이다(왕상7:1).

5. 솔로몬 성전의 정면 두 기둥 중에서 오른쪽 기둥은 야긴이라고 불렸고 왼쪽 기둥은 (　　　)이라고 불렸다(왕상7:21).

6. 솔로몬 왕은 후궁이 칠백 명이었고 첩이 (　　　)이었다(왕상 11:3).

7. 솔로몬이 죽은 후에 여로보암이 북쪽의 열 지파를 거느리고 왕이 될 것을 예언한 선지자는 (　　　)이다(왕상11:29).

8. 도시를 건축하는 동안 백성들에게 메운 멍에를 가볍게 해주라는 여로보암의 제안에 대해 르호보암은 "내 아버지는 채찍으로 너희를 징계하였으나 나는 (　　　) 채찍으로 너희를 징치하리라"라고 말했다(왕상12:11).

9. 그의 마음이 일평생 여호와 앞에 온전하였다고 평가를 받았으며, 늘그막에 발에 병이든 유다의 왕은 (　　　)이다(왕상15:9-24).

10. 이스라엘의 왕 중에 칠 일 밖에 왕이 되지 못했던 자는 (　　　)이다(왕상16:15).

11. 엘리야가 바알 선지자 450명과 아세라 선지자 400명과 맞싸운 산은 (　　　)이다(왕상18:20).

12. 선지자의 제자들이 솥에 국을 끓여 먹을 때 들포도덩굴과 들호박으로 말미암아 독이 들어 있는 것을 발견하자 가루를 솥에 던져 넣어 독이 사라지게 만든 자는 (   )이다(왕하4:38-41).

13. 바알 살리사에서 온 사람이 보리떡 이십 개와 채소를 준 것을 가지고 백 명이나 먹게 만든 기적을 행한 자는 (   )이다(왕하4:42-44).

14. 엘리사의 도움으로 나병으로부터 낫게 된 아람의 군대 장관은 (   )이다(왕하5:1).

15. 나병환자인 아람의 군대 장관 나아만에게 엘리사는 (   ) 강에서 몸을 일곱 번 씻으라고 명령했다(왕하5:10).

16. 아합의 딸을 아내로 삼은 유다의 왕은 (   )이다(왕하8:18).

17. 엘리사가 예언한 것처럼 아합의 왕가를 무너뜨리고 이스라엘의 왕이 된 자는 (   )이다(왕하9장).

18. 이스라엘의 악한 왕후로서 그 시체를 개들이 먹고 두골과 발과 손만 남은 자는 (   )이다(왕하9:30-37).

19. 아하시야의 아들로서, 아달랴가 왕의 자손들을 모두 멸절할 때 살아남아 후에 왕이 된 자는 (   )이다(왕하11:2).

20. 엘리사가 죽을 병이 들매 이스라엘의 왕 (   )가 그에게로 내려와 자기의 얼굴에 눈물을 흘리며 "내 아버지여 내 아버지여 이스라엘의 병거와 마병이여"라고 외쳤다(왕하13:14).

21. 여로보암 2세가 통치할 때 그가 이스라엘 영토를 회복할 것을 예언한 선지자는 아밋대의 아들 (   )이다(왕하14:25).

22. 아람 왕 르신과 이스라엘 왕 베가가 유다를 쳐들어왔을 때 앗수르 왕 디글랏 빌레셀에게 성전과 왕궁 곳간에 있는 은금을 내어주며 도움을 요청한 유다의 왕은 (　　　)이다(왕하16:8).

23. 북 왕국 이스라엘의 마지막 왕은 (　　　)이다(왕하17:1-6).

24. 앗수르의 산헤립이 쳐들어와서 유다의 모든 견고한 성읍을 점령하자 여호와의 성전과 왕궁 곳간에 있는 은을 주고, 또 성전 문의 금과 왕궁 기둥에 입힌 금을 벗겨 산헤립에게 준 유다의 왕은 (　　　)이다(왕하18:15-16).

25. "아버지 히스기야가 헐어 버린 산당들을 다시 세우며 이스라엘 왕 아합의 행위를 따라 바알을 위하여 제단을 쌓으며 아세라 목상을 만들며 하늘의 일월 성신을 경배하여 섬기며…자기의 아들을 불 가운데로 지나게 하며…"라는 설명과 연관이 있는 유다의 왕은(　　　)이다(왕하21:3-6).

26. (　　　)와 같이 마음을 다하며 뜻을 다하며 힘을 다하여 모세의 모든 율법을 따라 여호와께로 돌이킨 왕은 전에도 없었고 후에도 그와 같은 자가 없었더라(왕하23:25).

27. 마침 사람을 장사하는 자들이 그 도적 떼를 보고 그의 시체를 (　　　)의 묘실에 들이던지매 시체가 그의 뼈에 닿자 곧 회생하여 일어섰더라(왕하13:21).

단답형

1. 다윗 왕이 늙어 죽을 때가 되었을 때 스스로 높여서 "내가 왕이 되리라"고 생각하고 자기를 위하여 병거와 기병과 호위병을 준비한 자는 누구인가? (왕상1:5) (   )

2. 아도니야는 밧세바를 통해서 솔로몬 왕에게 누구를 달라고 요청했다가 죽임을 당하게 되었는가? (왕상2:17) (   )

3. 잠언 삼천 가지를 말하였고 그의 노래는 천다섯 편이며 초목, 짐승, 새, 기어다니는 것, 물고기에 대해서도 박식했던 자는 누구인가? (왕상4:32-33) (   )

4. 솔로몬이 성전을 건축하기 위해 레바논의 백향목을 요청할 때 백향목과 잣나무를 제공한 두로의 왕은 누구인가? (왕상5:8) (   )

5. 솔로몬이 성전을 건축하기 위해 레바논으로부터 나무들을 가져올 때 그 일을 감독하도록 임명했던 자는 누구인가? (왕상5:14) (   )

6. "하나님이 참으로 땅에 거하시리이까 하늘과 하늘들의 하늘이라도 주를 용납하지 못하겠거든 하물며 내가 건축한 이 성전이오리이까"라고 말한 자는 누구인가? (왕상8:27) (   )

7. 솔로몬의 지혜에 관한 소문을 듣고 직접 찾아와 본 후에 "내게 말한 것은 절반도 못되니 당신의 지혜와 복이 내가 들은 소문보다 더 하도다"라고 고백한 자는 어느 나라의 여왕인가? (왕상10:7) (   )

8. 솔로몬이 예루살렘에서 온 이스라엘을 다스린 년 수는 얼마나 되는가? (왕상11:42) (   )

9. 여로보암이 북 왕국 이스라엘의 왕이 될 것과 아울러 여로보암의 병든 아들이 죽게 될 것을 예언한 자는 누구인가? (왕상11:26-40) (　　　)

10. 오므리 왕의 아들이고 이세벨을 아내로 두었으며, 그의 이전의 모든 왕보다 여호와 보시기에 악을 더욱 행했다고 평가를 받은 이스라엘의 왕은 누구인가? (왕상16:30) (　　　)

11. 이세벨이 죽이려 하자 엘리야는 어떤 나무 아래에서 죽기를 간구했는가? (왕상19:4) (　　　)

12. 이세벨의 간교에 의해 돌에 맞아 죽고 이스르엘에 있는 자기의 포도원을 아합 왕에게 빼앗긴 자는 누구인가? (왕상21) (　　　)

13. 길르앗 라못을 뺏기 위해 아람과 싸우려는 아합과 여호사밧 왕에 대해 전쟁에 나가면 패하게 된다고 예언했던 선지자는 누구인가? (왕상22:7) (　　　)

14. 하나님께서는 호렙 산을 찾은 엘리야에게 다시 소명을 주시면서 이스라엘 가운데 바알에게 무릎을 꿇지 않고 바알에게 입맞추지 아니한 자 몇 명을 남겨주셨다고 약속했는가? (왕상19:18) (　　　)

15. 선지자 중에서 엘리야의 성령이 하시는 역사가 자기에게 갑절이나 임하게 해달라고 간구한 자는 누구인가? (왕하2:9) (　　　)

16. 엘리야를 향하여 "내 아버지여 내 아버지여 이스라엘의 병거와 그 마병이여"라고 외친 선지자는 누구인가? (왕하2:12) (　　　)

17. 나병환자였던 아람의 군대 장관 나아만은 요단강에서 몇 번이나 몸을 씻어서 낫게 되었는가? (왕하5:14) (　　　)

18. “지금이 어찌 은을 받으며 옷을 받으며 감람원이나 포도원이나 양이나 소나 남종이나 여종을 받을 때이냐”라는 말은 엘리사가 누구에게 한 말인가? (왕하5:26) (　　　)

19. 이세벨과 그녀를 따르는 자들, 그리고 바알을 섬기는 자들을 모두 모아 처단하고 바알의 목상을 불사르고 바알의 신당을 헐어서 변소로 만들며 종교개혁을 일으켰던 이스라엘의 왕은 누구인가? (왕하10장) (　　　)

20. 일곱 살 때 유다의 왕이 된 자는 누구인가? (왕하11:21) (　　　)

21. 십육 세에 유다의 왕이 되어 오십 년을 다스렸는데, 여호와께서 치셔서 죽는 날까지 나병환자가 되어 별궁에 거했던 자는 누구인가? (왕하15:2, 5) (　　　)

22. 유다의 왕으로서 여호와께서 보시기에 정직하게 행하여 여러 산당들을 제거하며 주상을 깨뜨리며 아세라 목상을 찍으며 모세가 만들었던 놋뱀을 부수었던 자는 누구인가? (왕하18:4) (　　　)

23. 앗수르 왕 산헤립의 침공으로 두려워하고 있는 히스기야 왕에게 그들이 오던 길로 되돌아가게 될 것을 예언하며 두려워하지 말도록 권한 선지자는 누구인가? (왕하19:1-7) (　　　)

24. 남 왕국 유다를 침공하였다가 하루 밤에 여호와의 사자가 나와서 군사 십팔만 오천 명을 치자 니느웨로 돌아간 앗수르의 왕은 누구인가? (왕하19:35-36) (　　　)

25. 성전을 수리하다가 율법책을 발견하게 된 때의 유다 왕은 누구인가? (왕하22장) (　　　)

26. 요시야 왕 때 성전을 수리하다가 발견된 율법책의 내용을 풀이 해주도록 요청을 받은 여선지자는 누구인가? (왕하22:14) (　　　)

진위형(O,X)

1. "누가 주의 이 많은 백성을 재판할 수 있사오리이까 듣는 마음을 종에게 주사 주의 백성을 재판하여 선악을 분별하게 하옵소서"라고 기도한 자는 다윗이다(왕상3:9). (O , X)

2. 솔로몬 왕은 아도니야를 따랐던 사람들 중에 제사장 아비아달과 요압 장군을 처형시켰다(왕상2:27, 29). (O , X)

3. 예루살렘을 떠나지 말라는 솔로몬 왕의 명령을 어기고 종을 찾으려고 가드까지 갔다가 발각되어 처형을 당한 자는 시므이이다(왕상2:36-46). (O , X)

4. 이스라엘의 영토가 유브라데 강에서부터 블레셋 사람의 땅에 이르기까지와 애굽 지경에 미치기까지 이른 때는 요시야 왕 때이다(왕상 4:21). (O , X)

5. 솔로몬이 성전을 건축하기 시작한 때는 이스라엘 자손이 애굽 땅에서 나온 지 사백팔십년 때요, 솔로몬의 왕이 된 지 사년이 되던 때이다(왕상6:1). (O , X)

6. 솔로몬 왕이 배를 건조한 곳은 에시온게벨이다(왕상9:26). (O , X)

7. 예루살렘에서 은을 돌 같이 흔하게 하고 백향목을 평지의 뽕나무 같이 많게 한 왕은 다윗 왕이다(왕상10:27). (O , X)

8. 솔로몬의 왕위를 이어받아 남쪽 유다의 왕이 된 자는 여로보암이다(왕상11:43). (O , X)

9. 시돈 왕 엣바알의 딸이요 아합 왕의 아내로서 이스라엘에 바알과 아세라 우상을 퍼뜨린 자는 이세벨이다(왕상16:31-33). (O , X)

10. 여호와께서 여호수아에게 예언한 바대로, 아합 왕 때에 여리고를 건축하는 동안 그 터를 쌓을 때에 맏아들 아비람을 잃고 그 성문을 세울 때에 막내 아들 스굽을 잃게 된 자는 히엘이다(왕상16:34). (O , X)

11. 수넴 여인은 가뭄이 든 때에 얼마 남지 않은 재료들로 엘리야에게 작은 떡 하나를 제공하였다가 통에 가루가 떨어지지 아니하고 병의 기름이 없어지지 않는 약속을 받고, 죽은 아들이 살아나는 기적을 체험하게 되었다(왕상17:8-24). (O , X)

12. 수년 동안의 가뭄을 예언하고 난 후에 그릿 시냇가에 머문 엘리야에게 하나님께서 비둘기를 통해서 떡과 고기를 가져오게 하셨다(왕상17:6). (O , X)

13. 아람과의 전쟁에서 살아남기 위해 유다의 여호사밧 왕에게 자기의 군복을 입게 만들고 자신은 변장을 하였지만 한 사람이 무심코 당긴 화살에 맞아 죽게 된 자는 오므리이다(왕상22:29-36). (O , X)

14. 다락 난간에서 떨어져 병든 아하시야가 에그론의 신 바알세불에게 병이 낫겠는지 묻자, 그 소식을 듣고 "네가 올라간 침상에서 내려오지 못할지라 네가 반드시 죽으리라"라고 예언한 자는 엘리사이다(왕하1:4). (O , X)

15. 불수레와 불말을 타고 승천한 자는 엘리사이다(왕하2:11). (O , X)

16. 작은 방을 담 위에 만들고 침상과 책상과 의자와 촛대를 두고 엘리사로 하여금 머물게 하고 음식을 제공한 여인은 사르밧 여인이다(왕하4:8-10). (O , X)

17. 나병으로부터 낫게 된 나아만이 은 두 달란트와 옷 두 벌을 주자 그것을 감추어 두었다가 엘리사에게 저주를 받아 나병이 들게 된 엘리사의 종은 게하시이다(왕하5:27). (O , X)

18. 사마리아를 포위한 아람인들이 도주한 사실을 사마리아 성내에 전한 자들은 나병환자 들이다(왕하7:3). (O , X)

19. 아합과 이세벨의 딸이요, 유다 왕 여호람의 아내이자 아하시야의 어머니로서 왕의 자손들을 죽이고 섭정한 사람은 아달랴이다(왕하11장). (O , X)

20. 유다 왕 요아스가 선정을 하도록 교훈했던 대제사장은 여호야다이다(왕하12:2). (O , X)

21. 여로보암 2세의 아들 스가랴를 반역하여 쳐죽이고 이스라엘의 왕이 되었지만 한 달만에 므나헴에 의해 죽임을 당한 자는 살룸이다(왕하15:13). (O , X)

22. 히스기야 왕 때 유다를 침공한 앗수르의 왕은 산헤립이다(왕하18:13). (O , X)

23. 병든 히스기야 왕이 십오 년을 더 살게 될 것을 예언한 선지자는 예레미야이다(왕하20:6). (O , X)

24. 애굽의 왕 느고가 앗수르 왕을 치고자 하여 유브라데 강으로 올라가므로 맞서 나가 느고와 싸우다가 므깃도에서 죽게 된 유다의 왕은 여호야긴 왕이다(왕하23:29). (O , X)

25. 여호야김의 아들로, 바벨론의 이차 침입 때에 바벨론으로 끌려간 유다의 왕은 여호아하스이다(왕하24:6). (O , X)

26. 느부갓네살 왕이 예루살렘을 함락시킨 후에 그곳의 지도자로 세운 자는 그달리야이다(왕하25:22). (O , X)

정 답

선택형

1.(3) 2.(4) 3.(2) 4.(3) 5.(2) 6.(4) 7.(4) 8.(4) 9.(1) 10.(2) 11.(3) 12.(3) 13.(2) 14.(4) 15.(1) 16.(2) 17.(2) 18.(1) 19.(3) 20.(4) 21.(2) 22.(2) 23.(4) 24.(3) 25.(1) 26.(4) 27.(4)

완성형

1.아비삭 2.아도니야 3.솔로몬 4.13 5.보아스 6.삼백 명 7.아히야 8.전갈 9.아사 10.시므리 11.갈멜 12.엘리사 13.엘리사 14.나아만 15.요단 16.여호람 17.예후 18.이세벨 19.요아스 20.요아스 21.요나 22.아하스 23.호세아 24.히스기야 25.므낫세 26.요시야 27.엘리사

단답형

1.아도니야 2.아비삭 3.솔로몬 4.히람 5.아도니람 6.솔로몬 7.스바 8.40년 9.아히야 10.아합 11.로뎀 12.나봇 13.미가야 14.칠천 15.엘리사 16.엘리사 17.일곱 18.게하시 19.예후 20.요아스 21.아사랴 22.히스기야 23.이사야 24.산헤립 25.요시야 26.훌다

진위형

1.(X) 2.(X) 3.(O) 4.(X) 5.(O) 6.(O) 7.(X) 8.(X) 9.(O) 10.(O) 11.(X) 12.(X) 13.(X) 14.(X) 15.(X) 16.(X) 17.(O) 18.(O) 19.(O) 20.(O) 21.(O) 22.(O) 23.(X) 24.(X) 25.(X) 26.(O)

11 구약편 역대기상·하

Chronicles Ⅰ·Ⅱ

선택형

1. 역대기에 대한 설명으로 옳지 않은 것은 무엇인가?
   (1) 아담으로부터 시작한다
   (2) 포로가 된 이스라엘과 유다인들이 돌아가는 것을 허락한 고레스의 칙령으로 끝난다
   (3) 사무엘서와 열왕기서에 나와 있는 왕들의 시대가 다시 한 번 다루어진다
   (4) 사무엘서와 열왕기서에 나와 있는 기록들에 전혀 변화를 주지 않고 같은 기록을 담고 있다

2. 역대상의 다윗에 대한 기록으로 옳지 않은 것은 무엇인가? (대상11:1-9)
   (1) 하나님의 언약궤를 예루살렘으로 옮긴다
   (2) 다윗은 벧엘에 지지 기반을 둔 왕이다
   (3) 다윗은 블레셋, 모압, 소바, 다메섹에 승리한다
   (4) 왕이 되어 예루살렘을 정복한다

3. 성전 건축을 준비하면서 조직된 성전 봉사자들에 속하지 않는 직임은 누구인가? (대상22-26장)
   (1) 문지기 (2) 노래하는 자들
   (3) 성전 곳간 맡는자 (4) 예언자

4. 솔로몬에 대한 설명으로 옳지 않은 것은 무엇인가?

(1) 역대기에는 그의 어머니 밧세바와 아버지 다윗 간에 있었던 불륜사건이 잘 기록되어있다

(2) 그는 하나님께 지혜를 구하여서 크게 칭찬을 받는다

(3) 하나님께 성전을 처음 봉헌하는 왕이었다

(4) 스바 여왕이 그의 명성을 듣고 찾아온다

5. 이스라엘의 분열 과정에 대한 설명으로 옳지 않은 것은 무엇인가? (대하10장)

(1) 솔로몬이 과도한 세금 및 노역의 멍에를 지웠기 때문에, 그의 아들 르호보암은 그 짐을 가볍게 해달라는 요구를 받는다

(2) 르호보암은 그 요구를 신중히 검토하여 받아들인다

(3) 르호보암은 원로들의 말보다 젊은 신하들의 말을 더 따랐다

(4) 원로들은 르호보암에게 그 백성들을 기쁘게 해주라도 조언하였다

6. 아사왕에 대한 기록으로 옳지 않은 것은 무엇인가? (대하14-16장)

(1) 아사가 왕이 되어 십년간 땅에 평화가 있었다

(2) 아사의 큰 과오는 우상을 제거하지 않았다는 것이다

(3) 구스의 세라가 쳐들어 오지만 싸워 이긴다

(4) 아사는 선견자 하나니에게 책망을 받는다

7. 역대하 18장의 선지자 미가야 이야기는 고대 이스라엘 예언사 연구에 있어서 참선지자와 거짓 선지자 간의 갈등을 연구하는 좋은 자료이다. 이 이야기에 대한 설명 중 잘못 된 것은 무엇인가?

(1) 미가야의 예언은 아합의 죽음을 예고한 참 예언이었다

(2) 미가야는 천상에서 하나님과 영들 간의 대화를 들었던 참 선지자다

(3) 아합의 거짓 선지자들은 바알의 악한 영에 이끌리어 예언하였다
(4) 천상의 영이 거짓말 하는 영으로 자원하여 선지자들에게 들어갔다

8. 웃시야 왕에 대한 설명으로 옳지 않은 것은 무엇인가?
(1) 블레셋에 승리도 하고 건축 활동을 하고 큰 군대를 지닐 만큼 강한 왕이었다
(2) 웃시야에 대한 행적은 선지자 이사야가 기록하였다
(3) 이방 산당을 많이 세워 하나님께 징계를 받는다
(4) 하나님의 징계로 문둥병에 걸린다

9. 히스기야 왕의 때에 일어난 일들로서 옳지 않은 것은 무엇인가? (대하 29-32장)
(1) 앗수르 인들의 침입을 받았다
(2) 앗수르의 산헤립이 침공하였으나 예루살렘은 무너지지 않았다
(3) 선한 왕이었으나 산당들은 부수지 못하였다
(4) 성전 의식과 규례를 새롭게 하였다

10. 제의적 개혁을 일으켰던 히스기야의 아들 므낫세에 대한 설명으로 옳은 것은 무엇인가?
(1) 아버지와는 달리 허문 산당들을 다시 세웠다
(2) 점술과 신접하는 자를 극히 혐오하였다
(3) 포로가 되어 이집트에 끌려 갔다
(4) 포로로 끌려가 비참하게 죽는다

11. 역대하에 대한 설명으로 옳지 않은 것은 무엇인가?
   (1) 솔로몬부터 유다의 마지막 왕들에 대한 기록이 담겨있다
   (2) 맨 마지막의 이야기는 예루살렘이 무너져 유다 백성이 포로로 잡혀가는 기록이다
   (3) 하나님께 악한 일을 한 왕들의 기록은 나오지 않는다
   (4) 하나님께 선한 일을 한 왕들의 기록만 나온다

12. 역대기에 대한 설명으로 옳지 않은 것은 무엇인가?
   (1) 다윗 왕조에 대한 이야기가 많이 있다
   (2) 사무엘서와 열왕기서에 있는 왕가의 역사가 역대기에 다시 나온다
   (3) 엘리야-엘리사 이야기가 주요하게 다루어진다
   (4) 다윗과 밧세바가 부정을 저지른 이야기는 나오지 않는다

13. 역대기서가 강조하고 있지 않는 것은 무엇인가?
   (1) 성전　　(2) 제사장직
   (3) 유다의 신정적인 다윗 왕조　　(4) 희년제도

14. "온 이스라엘이 그 계보대로 계수되어 그들은 이스라엘 왕조실록에 기록되니라 유다가 범죄함으로 말미암아 바벨론으로 사로잡혀 갔더니, 그들의 땅 안에 있는 성읍에 처음으로 거주한 이스라엘 사람들은 (　　　)들과 (　　　) 사람들과 느디님 사람들이라" 괄호 안에 각각 맞는 말은 무엇인가? (대상9:1-2)
   (1) 제사장, 레위　(2) 제사장, 유다　(3) 서기관, 레위　(4) 선지자, 레위

15. "또 찬송하는 자가 있으니 곧 (　　　) 우두머리라 그들은 골방에 거주하면서 주야로 자기 직분에 전념하므로 다른 일은 하지 아니하였더라" 괄호 안에 맞는 말은 무엇인가? (대상9:33)

(1) 유다 (2) 레위 (3) 예루살렘 (4) 성전

16. '다윗성' (대상11:4-5) 에 대한 설명으로 옳지 않는 것은 무엇인가?
   (1) 시온산 성이라고도 불렸다
   (2) 예루살렘에 있다
   (3) 그곳에는 여부스 원주민들이 살았었다
   (4) 다윗이 오자 여부스인들이 환영하며 성을 넘겼다

17. 하나님이 다윗으로 하여금 성전을 짓게 하지 못하게 하신 이유로서 맞지 않는 것은 무엇인가? (대상22:8)
   (1) 피를 많이 흘리게 하였음으로
   (2) 크게 전쟁을 하였었기 때문에
   (3) 밧세바와의 부정한 관계 때문에

18. "… 하나님을 알고 온전한 마음과 기쁜 뜻으로 섬길지어다 여호와께서는 모든 마음을 감찰하사 모든 의도를 아시나니 네가 만일 그를 찾으면 만날 것이요 만일 네가 그를 버리면 그가 너를 영원히 버리시리라" 이 구절은 누가 누구에게 한 말씀인가? (대상28:9)
   (1) 하나님이 다윗에게 (2) 다윗이 솔로몬에게
   (3) 다윗이 그의 군대 장관 요압에게 (4) 나단 선지자가 다윗에게

19. 역대기의 원자료에 속하는 기록이 아닌 것은 무엇인가?
   (1) 이스라엘과 유다왕 역대 지략
   (2) 열왕기 주석
   (3) 선견자 사무엘, 선지자 나단, 선견자 갓의 글
   (4) 선지자 미가야가 기록한 웃시아 왕에 대한 기록

20. 밤에 여호와께서 솔로몬에게 나타나셔서 하신 말씀이다. "혹 내가 하늘을 닫고 비를 내리지 아니하거나 혹 메뚜기들에게 토산을 먹게 하거나 혹 전염병이 내 백성 가운데에 유행하게 할 때에" 이 다음에 오는 구절은 어떤 것인가? (대하7:13)

    (1) 내 이름으로 일컫는 내 백성이 그들의 악한 길에서 떠나 스스로 낮추고 기도하여 내 얼굴을 찾으면 내가 하늘에서 듣고 그들의 죄를 사하고 그들의 땅을 고칠지라

    (2) 내가 너희에게 준 땅에서 그 뿌리를 뽑아내고 내 이름을 위하여 거룩하게 한 이 성전을 내 앞에서 버려 모든 민족 중에 속담거리와 이야깃거리가 되게 하리니

21. 역대하 5장에서, 성전에 언약궤가 모셔질 때 하나님께 찬송하던 상황으로 맞지 않는 것은 무엇인가? (대하5:13-14)

    (1) '선하시도다 그의 자비하심이 영원히 있도다' 라고 찬양하였다

    (2) 악기 연주는 절대 금하고 목소리로만 찬양하였다

    (3) 여호와의 전에 구름이 가득하였다

    (4) 제사장이 그 구름 때문에 제대로 서서 섬기지 못하였다

22. 르호보암왕 때에 나라가 둘로 갈라졌다. 이에 대한 역대기서의 설명이 아닌 것은 무엇인가?

    (1) 이 일은 전적으로 르호보암의 잘못된 결정 때문에 말미암은 것이다

    (2) 여호와께서 전에 여로보암에게 이르신 말씀을 응하게 하심이다

    (3) 르호보암이 원로들의 말을 따르지 않았다

    (4) 북쪽 지역은 여로보암이 다스리게 되었다

23. 아마샤는 왕이 된 후 자신의 아버지를 죽인 신복들을 죽였지만 그 자식들은 죽이지 않았다. 그 이유는 무엇인가? (대하25:4)

(1) 모세 율법책에 '자녀로 말미암아 아버지를 죽이지 말 것이요 아버지로 말미암아 자녀를 죽이지 말 것이라 오직 각 사람은 자기의 죄로 말미암아 죽을 것이니라' 라는 기록을 따랐기 때문

(2) 모세 십계명에 '살인하지 말라' 라는 말씀을 따랐기 때문

(3) '이웃을 사랑하라' 는 율법책의 말씀을 따랐기 때문

(4) '아버지가 신 포도를 먹었으므로 아들들의 이가 시다 하지 아니하겠고' 라는 예언자의 말씀을 따랐기 때문

24. 다음의 장엄하고 아름다운 장면은 무엇을 묘사한 것인가? "레위 사람은 다윗의 악기를 잡고 제사장은 나팔을 잡고 서매, 히스기야가 명령하여 번제를 제단에 드릴새 번제 드리기를 시작하는 동시에 여호와의 시로 노래하고 나팔을 불며 이스라엘 왕 다윗의 악기를 울리고, 온 회중이 경배하며 노래하는 자들은 노래하고 나팔 부는 자들은 나팔을 불어 번제를 마치기까지 이르니라"(대하29:26-28).

(1) 예루살렘 성전에서의 제관식　　(2) 예루살렘 성전에서의 제사

(3) 산당에서의 제사　　(4) 성막에서의 제사

완성형

1. 역대기는 사무엘서와 (　　　)서와 평행되는 왕들 중심의 이야기들이 많이 담겨져 있다.

2. 역대상 13장부터 16장에는 다윗이 점령한 예루살렘으로 하나님의 (　　　)를 들여오는 기념비적인 사건을 다루고 있다.

3. 솔로몬은 하나님 앞에 이것을 구한 것으로 유명하다. 다음 구절을 완성하여 이것이 무엇인지 밝히시오. "주는 이제 내게 (　　　)와 지식을 주사 이 백성 앞에서 출입하게 하옵소서 이렇게 많은 주의 백성을 누가 능히 재판하리이까 하니"(대하1:10).

4. 웃시야 왕은 제사장을 기다리지 못하고 자신이 분향을 하였다가 하나님의 징계를 받는다. 그가 그런 행동을 한 이유가 다음 구절에 나온다. 괄호 안을 채우시오. "그가 강성하여지매 그의 마음이 (　　　)하여 악을 행하여 그의 하나님 여호와께 범죄하되 곧 여호와의 성전에 들어가서 향단에 분향하려 한지라"(대하26:16).

5. (　　　)왕 때 큰 제의적 개혁이 일어나 산당을 부수었으며, 앗수르의 산헤립이 침공하나 무너뜨리지 못하였다(대하29-32장).

6. "내가 영원히 그를 내 집과 내 나라에 세우리니 그의 왕위가 영원히 견고하리라 하셨다 하라"이 말씀은 하나님이(　　　)에게 하신 약속이며, 여기에 '그'는 (　　　) 이다(대상17:14).

7. … (　　　)은 장자라도 그의 아버지의 침상을 더럽혔으므로 장자의 명분이 이스라엘의 아들 (　　　)의 자손에게로 돌아가서 족보에 장자의 명분대로 기록되지 못하였느니라. 유다는 형제보다 뛰어나고 주권자가 유다에게서 났으나 장자의 명분은 (　　　)에게 있으니라(대상5:1-2)

8. (　　　)이 죽은 것은 여호와께 범죄하였기 때문이라 그가 여호와의 말씀을 지키지 아니하고 또 신접한 자에게 가르치기를 청하고, 여호와께 묻지 아니하였으므로 여호와께서 그를 죽이시고 그 나라를 이새의 아들 (　　　)에게 넘겨 주셨더라(대상10:13-14).

9. 다음 구절은 역대상의 핵심적 구절 중 하나이다. 괄호 안을 채우시오. "… 사람에게 영원히 주의 이름을 높여 이르기를 만군의 (   )는 이스라엘의 하나님 곧 이스라엘에게 하나님이시라 하게 하시며 주의 종 (   )의 왕조가 주 앞에서 견고히 서게 하옵소서"(대상17:24).

10. 역대기가 강조하고 있는 두 요소를 잘 드러내는 다음 구절의 괄호 안을 채우시오. 하나님이 솔로몬에게 하신 말씀이다. "(   )을 택하여 내 이름을 거기 두고 또 (   )을 택하여 내 백성 이스라엘을 다스리게 하였노라 하신지라"(대하6:6).

11. … 너희가 (   )하는 것이 사람을 위하여 할 것인지 여호와를 위하여 할 것인지를 잘 살피라 너희가 (   )할 때에 여호와께서 너희와 함께 하심이니라. 그런즉 너희는 여호와를 두려워하는 마음으로 삼가 행하라 우리의 하나님 여호와께서는 불의함도 없으시고 치우침도 없으시고 뇌물을 받는 일도 없으시니라 하니라(대하19:6-7).

12. 여호사밧 왕 때에 모압이 유다를 쳐들어오자 야하시엘이 한 말이다. 괄호 안을 채우시오. "너희는 이 큰 무리로 말미암아 두려워하거나 놀라지 말라 이 (   )은 너희에게 속한 것이 아니요 (   )께 속한 것이니라"(대하20:15).

13. 히스기야 왕 때에 있었던 일이다. 괄호 안을 채우시오. "유다 온 회중과 제사장들과 레위 사람들과 이스라엘에서 온 모든 회중과 이스라엘 땅에서 나온 (   )들과 유다에 사는 (   )들이 다 즐거워하였으므로, 예루살렘에 큰 기쁨이 있었으니 이스라엘 왕 다윗의 아들 솔로몬 때로부터 이러한 기쁨이 예루살렘에 없었더라"(대하30:25-26).

14. "(　　　)가 온 유다에 이같이 행하되 그의 하나님 여호와 보시기에 선과 정의와 진실함으로 행하였으니 그가 행하는 모든 일 곧 하나님의 전에 수종드는 일에나 율법에나 계명에나 그의 하나님을 찾고 한 마음으로 행하여 형통하였더라" 제의적 개혁을 일으켰던 이 왕은 누구인가? (대하31:20-21).

단답형

1. 역대상은 아담부터 다윗까지의 역사가 담겨져 있는데, 무려 10장부터 마지막 29장 까지는 한 인물의 이야기만 나온다. 그는 누구인가? (　　　)

2. 역대상 11장에서 왕이 된 다윗은 먼저 여부스인들의 땅을 차지하는 공헌을 세운다. 유명한 이 곳 지명은 무엇인가?

3. 다윗은 성전 건축을 위한 재료를 준비하였다. 실질적 건축은 누구에게 위임하는가? (　　　)

4. 이스라엘은 북쪽 지역과 남쪽지역의 갈등이 고조되어 결국 분열한다. 어느 왕이 죽고 나서 분열하는가?(대하10-12장) (　　　)

5. 솔로몬이 성전을 건축한 후 이것을 성전 안에 들여오자 성전이 하나님의 영광으로 가득 찼다. 이것은 무엇인가?(대하5) (　　　)

6. 아합의 집을 멸하고 아하시야를 죽였던 인물은 누구인가?(대하22) (　　　)

7. 아하시야의 어머니로서 아들이 죽은 후 유다 집의 왕가 씨를 전멸하려 하였고 나라를 다스렸던 여인은 누구인가? (　　　)

8. 율법책을 발견 한 후 크게 종교적 개혁을 일으켰던 왕은 누구인가? (　　　)

9. 다음 구절은 다윗의 찬송이다. "그의 성호를 자랑하라 (　　　)를 구하는 자마다 마음이 즐거울지로다"마음이 즐거우려면 무엇/누구를 구해야만 하는가? 괄호에 맞는 말은?(대상16:10)

10. 유다의 가장 악한 왕으로 알려져 있으며 온 나라에 우상과 제단을 세우나, 앗수르에 의해 포로로 잡혀간 뒤 회개하고 다시 돌아오게 된 왕은 누구인가? (　　　)

진위형(O,X)

1. 역대기는 사무엘서나 열왕기서처럼 아담부터 시작하는 족보가 서두에 나온다. (O , X)

2. 역대기상에는 다윗 이야기가 많은 부분을 차지하는데 그 중에서도 그의 성전 건축 준비 이야기가 많이 있다. (O , X)

3. 역대상 11장에서 다윗은 그의 혈족이 많이 있는 예루살렘에서 왕으로 등극한다. (O , X)

4. 역대상 15-16장에 따르면, 하나님의 궤를 예루살렘으로 옮겨오는 것은 특별히 유다인들의 몫이었다. (O , X)

5. 다윗은 역대상 21-22장에서 인구조사를 하였다가 하나님으로부터 벌을 받는다. 그런데 다윗이 인구조사를 하도록 격동한 것은 바로 하나님이셨다. (O , X)

6. 성전 안에 하나님의 언약궤가 들어왔을 때 그리고 솔로몬이 성전 봉헌 기도를 마쳤을 때 하나님의 영광이 성전 안에 가득하게 되었다. (O , X)

7. 성전 봉헌 후 역대하 7장에 하나님이 솔로몬에게 하신 약속은 무조건적인 축복을 약속하는 은혜의 약속이었다. (O , X)

8. 아합왕의 죽음은 이믈라의 아들이었던 선지자 미가야에 의해 예견되었다. (O , X)

9. 아합왕이 전쟁에 나가기 전 왕에게 전쟁에 승리할 것이라는 거짓 예언을 한 이들은 모두 바알 선지자들이었다. (O , X)

10. 성전을 보수하였던 요아스 왕은 평안히 죽어 열조에게로 돌아갔다. (O , X)

11. 역대하 15:19에서는 아사왕의 통치 기간에 전쟁이 없었다고 전하나, 열왕기상 15:16에는 전쟁이 있었음을 시사한다. (O , X)

12. "(　　　)가 이스라엘 하나님께 아뢰어 이르되 주께서 내게 복을 주시려거든 나의 지역을 넓히시고 주의 손으로 나를 도우사 나로 환난을 벗어나 내게 근심이 없게 하옵소서 하였더니 하나님이 그가 구하는 것을 허락하셨더라" (　　　) 안에 들어갈 인물의 이름은 야베스 이다(대상4:10). (O , X)

13. 백성을 계수하고 나서 하나님의 징벌을 백성들이 받게 되자 다윗은 하나님이 자기와 자기 집을 먼저 치고 그 다음 백성에게는 재앙을 내려달라고 하나님께 말하였다. (O , X)

14. 성전을 주요 주제로 다루고 있는 역대기 서는 책의 마지막에 성전의 멸망을 기록함으로 말미암아 악한 백성의 참혹한 결말을 일깨워준다. (O , X)

15. 여호사밧이 일으킨 제의적 개혁 중에는 모든 성읍을 돌며 여호와의 율법책을 가르치는 일도 있었다. (O , X)

16. 여호사밧은 선견자 예후로부터 "왕이 악한 자를 돕고 여호와를 미워하는 자들을 사랑하는 것이 옳으니이까"라는 책망을 받았다. (O , X)

정 답

선택형

1.(4)(두 책의 내용들이 새롭게 배열되고 해석되어 나온다) 2.(2)(다윗은 헤브론에) 3.(4) 4.(1)(역대기에는 없고 삼하11-12에만 나온다; 대하1장, 5장, 9장 참조) 5.(2) 6.(2) 7.(3)(하나님과 함께 있었던 영이다; 대하18:18-22) 8.(3)(제사장을 기다리지 못하고 자신이 월권하여 분향한 것 때문; 대하26:16-21) 9.(3)(그의 큰 업적 중 하나는 산당을 부순 것이다) 10.(1)(대하33; 점술과 신접하는 행위를 신임하였고, 포로가 되어 바벨론으로 갔으며, 회개하여 다시 풀려나게 된다) 11.(2)(무너진 예루살렘 전을 다시 건축할 것을 명한 고레스 왕의 칙령이 끝에 나온다) 12.(3)(역대기서는 사무엘서와 열왕기서의 와조 이야기가 평행되어 나오며, 다윗 왕조와 예루살렘 성전이 크게 강조되어 있고, 다윗 왕가의 부정적인 이야기는 되도록 숨긴다. 엘리야-엘리사 이야기는 열왕기서에는 나오지만 역대기에는 등장하지 않는다) 13.(4) 14.(1) 15.(2) 16.(4) 17.(3) 18.(2) 19.(4)(웃시아에 대하여는 이사야가 기록하였다; 대하26:22; 다음 구절들 참조, 대상9:1; 대하16.11; 20:34; 25:26; 27:7; 28:26; 32:32; 35:27; 36:8; 대하24:27; 대상29:29; 대하9:29; 대하12:15;

13:22; 26;22; 33:19; 대상27:24; 대35:4; 대하32:10-17) 20.(1) 21.(2) 22.(1)(…이 일은 하나님께로 말미암아 난 것이라…; 대하10:15; 11:4) 23.(1) 24.(2)

완성형

1.열왕기 2.(언약)궤 3.지혜 4.교만 5.히스기야 6.다윗, 솔로몬 7.르우벤, 요셉, 요셉 8.사울, 다윗 9.여호와, 다윗 10.예루살렘, 다윗 11.재판(여호사밧이 재판관들을 세운 후 하였던 말) 12.전쟁, 하나님 13.나그네 14.히스기야

단답형

1.다윗 2.예루살렘 3.솔로몬(대상22:2-19; 28:1-21) 4.솔로몬 5.(언약)궤 6.예후 7.아달랴 8.요시야 9.여호와 10.므낫세

진위형

1.(X)(역대기에만 아담부터 시작하는 족보가 나온다) 2.(O)(대상22-26장 참조) 3.(X)(헤브론에서; 대상11:1-9 참조) 4.(X)(레위인) 5.(X)(대상 21:1; 사단이 격동시킨다. 같은 기록인 삼하 24:1 에는 하나님이 격동시킨 것으로 나온다) 6.(O)(대하5:13-14; 7:1-3) 7.(X)(조건적이다; 대하7:12-22) 8.(O)(대하18; 왕상22) 9.(X)(여호와의 선지자들이었다; 대하18:4-11) 10.(X)(살해당한다; 대하24:24-25) 11.(O) 12.(O) 13.(X)(자기와 자기 집에게만; 21:17) 14.(X)(고레스의 칙령으로 성전 재건이 허락되는 희망의 이야기로 끝을 맺는다) 15.(O)(대하17:9) 16.(O)(대하19:2)

12 구약편 에스라

Ezra

선택형

1. 다음 중 예루살렘의 예배 회복과 성전의 재건이 중심적 주제가 아닌 책은 무엇인가?
   (1) 에스라서 (2) 학개서 (3) 아모스서 (4) 스가랴서

2. 다음 중 이방인들에 대하여 다른 시각을 가진 책은 무엇인가?
   (1) 에스라서 (2) 룻기 (3) 느헤미야

3. 에스라서의 내용으로 옳지 않은 것은 무엇인가?
   (1) 유다 총독 세스바살이 성전 보물을 가지고 귀환한다
   (2) 고향으로 돌아 온 자들의 명단이 나온다
   (3) 성전 건축에 사마리아 사람들도 참여한다
   (4) 제단을 복구하고 첫 번째 제사를 드린다

4. 에스라에 대한 설명으로 옳지 않은 것은 무엇인가?
   (1) 아닥사스 왕의 특별 전권을 가지고 예루살렘으로 오다
   (2) 율법을 위임 받은 자이다
   (3) 이방인과의 혼합 결혼에 탄식한다
   (4) 사자 굴에 들어갔으나 하나님의 도움으로 살아나온다

5. 에스라서에 나오는 포로 귀환에 대한 설명 중 옳지 않는 것은 무엇인가?

(1) 스룹바벨이 성전 재건을 위하여 포로를 이끌고 귀환한다

(2) 에스라의 인도하에 귀환한다

(3) 두 차례 귀환은 모두 스룹바벨이 인도하고, 에스라는 영적인 지도만 한다

(4) 먼저 스룹바벨이, 그 다음은 에스라의 인도로 귀환한다

6. 바사(페르시아)왕 고레스가 포로된 이스라엘 백성의 귀환을 허락하였다. 이스라엘은 어디/누구에게 포로 잡혀 있었는가?

(1) 이집트 (2) 바벨론 (3) 헬라제국 (4) 블레셋

7. 다음 중 시대적 배경이 어울리지 않는 한 인물은 누구인가?

(1) 스룹바벨 (2) 이사야 (3) 에스라 (4) 느헤미야

8. 에스라서의 주요 주제로서 어울리지 않는 것은 무엇인가?

(1) 바사 왕국의 압제에 저항

(2) 예루살렘 성전의 회복

(3) 이스라엘 귀환 공동체의 영적, 도덕적, 사회적 회복

9. 에스라서에 기록된 성전 재건에 대한 설명 중 옳지 않은 것은 무엇인가?

(1) 온 이스라엘 전체가 합심하여 성전 재건을 빠르게 이룩한다

(2) 처음 스룹바벨의 인도하에 재건 사업을 벌인다

(3) 선지자 학개와 스가랴도 백성들에게 성전 재건을 독려한다

(4) 다리오 왕은 고레스의 조서를 확인하고, 재건에 필요한 물자를 공급을 명한다

10. 다음 괄호 안에 들어갈 인물은 누구인가? "요사닥의 아들 ( )와 그의 형제 제사장들과 스알디엘의 아들 스룹바벨과 그의 형제들이 다 일어나 이스라엘 하나님의 제단을 만들고 하나님의 사람 모세의 율법에 기록한 대로 번제를 그 위에서 드리려 할새"(스3:2).

(1) 에스라 (2) 학개 (3) 예수아 (4) 느헤미야

11. 바벨론 망명 생활에서 돌아와 이스라엘 백성이 처음으로 드린 절기는 무엇인가? (스3:4)

(1) 초막절 (2) 유월절 (3) 무교절 (4) 칠칠절

12. 성전 건축을 방해하는 자들이 바사의 아닥사스왕에게 고발한 음해 내용이 아닌 것은 무엇인가? (스4:11-16)

(1) 유다 사람들이 조공과 관세, 통행세를 내지 않을 것이다

(2) 유다 사람들이 반역 할 것이다

(3) 유다가 곧 이집트와 연합할 것이다

(4) 왕의 건너 편 땅이 없어질 것이다

13. 이스라엘 길조들이 바벨론에서 예루살렘으로 돌아오면서 아하와 강가에서 한 일은 무엇인가? (스8:21)

(1) 이방 여인들을 다 버렸다

(2) 성전 재건을 위한 계획을 세웠다

(3) 찬양하고 먹고 마시며 즐거워했다

(4) 에스라가 금식을 선포하고 평탕한 길을 하나님께 간구하였다

완성형

1. 에스라 1:3에서 바사의 고레스는 다음과 같이 선포한다. 괄호 안에 맞는 말은 무엇인가? “이스라엘의 하나님은 참 신이시라 너희 중에 그의 백성 된 자는 다 유다 (　　　)으로 올라가서 이스라엘의 하나님 여호와의 성전을 건축하라 그는 (　　　)에 계신 하나님이시라”

2. 에스라가 여호와의 (　　　)을 연구하여 준행하며 율례와 규례를 이스라엘에게 가르치기로 결심하였었더라(스7:10).

3. 바사 왕 고레스 원년에 여호와께서 (　　　)의 입을 통하여 하신 말씀을 이루게 하시려고 바사 왕 고레스의 마음을 감동시키시매 그가 온 나라에 공포도 하고 조서도 내려 이르되(스1:1)

단답형

1. 포로로 잡혀간 이스라엘 백성이 다시 귀환하여 성전을 지을 수 있도록 허락한 왕은 누구인가? (　　　)

2. 예루살렘 성전 재건이 방해 받을 때에 유다인들에게 예언하여 성전을 계속 건축하게 하였던 두 선지자는 누구인가? (스5:1-5) (　　　)

3. 에스라 6장에 성전 봉헌을 하고 치룬 유대교 절기 행사는 무엇인가? (　　　)

4. 에스라 6장의 유월절 행사 외에 에스라 3장 4절과 느헤미야 8장 13-18절에 보도되는 또 다른 절기 축제는 무엇인가? (　　　)

진위형(O,X)

1. 에스라서는 바벨론 유배 기간 동안의 일들을 기록한 것이고 느헤미야서는 유배 이후의 일들을 기록한 것이다. (O , X)

2. 이사야는 이방인들도 하나님의 성회에 들어올 수 있으며 그래서 하나님의 집은 "만민이 기도하는 집"이라고 말하고 있다. 마찬가지로 에스라도 이방인들을 적극 수용하려 하였다. (O , X)

3. 구약 성서에서 에스라서와 다니엘서는 중간에 아람어로 기록된 비교적 긴 본문을 지니고 있다. (O , X)

4. 사마리아 사람들이 바사 왕에게 예루살렘과 유다 주민에 대한 부정적 서신을 보낸 이유는 그들이 성전을 혐오하기 때문이다(스4:1-10). (O , X)

5. 이스라엘 백성이 유월절 절기를 치룬 기록은 에스라 6장이 유일한 기록이다. (O , X)

6. 기독교 정경 속에 에스라서는 역대하 다음에 이어지는데, 두 책은 내용상 볼 때에 시간적으로 잘 이어진다. (O , X)

7. 에스라서는 역대기서처럼 제사장적 관점이 강하게 부각되어 있으며, 특히 에스라 자신이 아론의 직계 후손이다(스7:1-5 참조). (O , X)

8. 바사왕 다리오가 다시 성전 건축을 허락하게 된 것은 고레스 왕의 조서에 근거하여 조사하였기 때문이다(스6:8). (O , X)

정 답

선택형

1.(3)(아모스는 예루살렘 성전이 무너지기 전에 활동하던 선지자다) 2.(2)(에스라-느헤미야는 반이방적이지만, 룻기는 주인공 룻이 이방 여자이며 다윗의 증조모임을 강조한 친 이방적 책이다) 3.(3)(스룹바벨은 사마리아인들의 도움을 거절한다; 스1:5-11; 2:1-35; 3:1-6; 4:1-5) 4.(4)(4번은 다니엘; 스7:1-26; 9:1-15) 5.(3) 6.(2)(바사 왕국이 바벨론을 압제하여.이스라엘의 귀환을 허락한다) 7.(2)(이사야는 포로기 전 인물이고, 나머지는 포로기 이후의 인물들이다) 8.(1) 9.(1)(사마리아인들은 참여하지 못한다) 10.(3) 11.(1) 12.(3) 13.(4)

완성형

1.예루살렘 2.율법 3.예레미야

단답형

1.고레스 2.학개, 스가랴 3.유월절 4.초막절

진위형

1.(X)(둘 다 유배 이후의 일들을 기록하고 있다) 2.(X)(에스라는 이방인들에게 배타적이였다. 반면 사56장을 보라) 3.(O)(스4:8-6:18; 7:11-26; 단2:4-7:28) 4.(X)(성전 건축에 참여할려다가 거부당했기 때문) 5.(X)(하나님과 그의 백성사이에 새로운 관계가 시작 할 때에 자주 유월절 행사를 치른다; 출12-13; 수 5; 왕하 23; 대하 30) 6.(O)(역대하는 이스라엘의 예루살렘 귀환을 허락한 고레스의 칙령이 마지막에 나오고, 에스라서는 귀환과 그 이후의 사건들이 나온다) 7.(O) 8.(O)

13 구약편 느헤미야

Nehemiah

선택형

1. 다음 중 에스라서와 느헤미야서의 공통점이 아닌 것은 무엇인가?
   (1) 성전 재건을 중요시 한다
   (2) 이방인 척결을 중요시 한다
   (3) 바벨론 포로기 이후의 사건을 다루고 있다
   (4) 제사나 절기, 희생제물보다 공의와 정의, 진정한 심령을 칭송한다

2. 느헤미야서의 내용으로 옳지 않은 것은 무엇인가?
   (1) 예루살렘 성전 재건이 그 중심에 있다
   (2) 성곽 건축을 마치기까지 얼마나 어려웠는지 보고한다
   (3) 성의 문을 세우기 전에 에스라에 의해 율법이 낭송된다
   (4) 안식일 같은 형식적인 신앙 행태는 비난 받았다

3. 느헤미야에 대한 설명으로 옳지 않은 것은 무엇인가?
   (1) 아닥사스왕은 신하 느헤미야에게 휴가를 허락하여 예루살렘에 가도록 한다
   (2) 성벽 건축을 위한 전권을 부여 받는다
   (3) 총독으로서 녹을 받아 성전을 위해 사용했다
   (4) 산발랏과 도비야의 조롱을 당한다

4. 느헤미야의 개혁 내용이 아닌 것은 무엇인가? (느13)
   (1) 이방인들을 공동체에서 분리
   (2) 십일조 폐기
   (3) 레위인들의 수입 회복
   (4) 안식일에 판매 금지

5. 느헤미야에 대한 설명으로 옳지 않은 것은 무엇인가? (느2:1-10)
   (1) 성경에 따르면 에스라와 동시대 인물이다
   (2) 바사 왕궁에서 왕에게 술 따르는 일을 하였다
   (3) 이스라엘 포로들의 세 번째 예루살렘 귀환을 주도 하였다
   (4) 예루살렘에 대한 열정 때문에, 바사왕의 허락도 없이 귀환한다

6. 고레스 칙령 이 후 이스라엘 백성에게 생긴 변화가 아닌 것은 무엇인가?
   (1) 성전 재건 (2) 이스라엘 왕권 재립
   (3) 예루살렘 복구 (4) 언약의 갱신

7. "성벽 역사가 오십이일 만인 엘룰월 이십오일에 끝나매, 우리의 모든 대적과 주위에 있는 이방 족속들이 이를 듣고 다 두려워하여 크게 낙담하였으니 그들이 우리 하나님께서 이 역사를 이루신 것을 앎이니라." 위의 구절과 가장 관련이 가까운 인물은 누구인가? (느6:15-16)
   (1) 스룹바벨 (2) 에스라 (3) 느헤미야 (4) 학개

8. 느헤미야서에서 이스라엘 백성이 성벽을 재건한 후 한 일이 아닌 것은 무엇인가? (느:8장)
   (1) 언약 갱신 (2) 초막절 행사 (3) 할례 (4) 금식하고 회개

9. 다음 구절은 절기 행사의 아름다운 가치를 보여주는 구절이며 성벽 재건 후 있었던 초막절 행사에 대한 보고이다. 괄호 안에 알맞은 말은 무엇인가? (느8:12) "모든 백성이 곧 가서 먹고 마시며 (　　　) 크게 즐거워하니 이는 그들이 그 읽어 들려 준 말을 밝히 앎이라"

(1) 기도하고　　(2) 찬양하고　　(3) 춤을 추고　　(4) 나누어 주고

10. 처음 느헤미야가 앉아서 울고 수일 동안 슬퍼하며 금식했던 이유는? (느1:3)

(1) 바벨론에게 예루살렘이 함락되어서

(2) 예루살렘 성은 허물어지고 성문들은 불탔다 하여

(3) 이스라엘 백성이 이방 여인들과 결혼하여

(4) 사랑하는 아들이 목숨을 잃어

11. 성벽 공사로 형편이 어려워지자 백성들의 불평이 많았다. 이 때 느헤미야가 귀족들과 민장들에게 취한 내용 중 옳지 않은 것은 무엇인가? (느5:1-11)

(1) 이방인들이 우리를 비방하는 것을 기억하고 하나님을 경외하는 가운데 행하자

(2) 이자 받기를 그치자

(3) 받은 것의 백분의 일을 돌려보내라

(4) 밭에서 이삭 줍는 것을 허락하라

12. 느헤미야가 유다의 총독으로 있으면서 녹읍을 받지 않은 이유는 무엇인가? (느5:14-15)

(1) 재정이 넉넉지 못하여

(2) 성전 재건에 집중하기 위해

(3) 하나님을 경외하기 때문에

(4) 성전 재건 반대파에게 책잡히지 않기 위해

13. 재건된 예루살렘에 거주하게 된 자들이 아닌 사람은 누구인가? (느 11:1-2)

(1) 백성의 지도자

(2) 느헤미야가 선택한 자

(3) 제비 뽑힌 십분의 일의 백성

완성형

1. 바벨론으로 부터의 이스라엘 포로 귀환은 세 차례 이루어졌다. 그 귀환을 이끈 지도자 세명을 순서대로 적어라. (   )

2. 느헤미야 8장에 기록된 초막절 행사를 지내는 장면이다. 괄호 안에 맞는 말을 적어라. (느8:7-9) "예수아와 바니와 세레뱌와 야민과 악굽과 사브대와 호디야와 마아세야와 그리다와 아사랴와 요사밧과 하난과 블라야와 레위 사람들은 백성이 제자리에 서 있는 동안 그들에게 (   )을 깨닫게 하였는데, 하나님의 (   )책을 낭독하고 그 뜻을 해석하여 백성에게 그 낭독하는 것을 다 깨닫게 하니, 백성이 (   )의 말씀을 듣고 다 우는지라 총독 느헤미야와 제사장 겸 학사 에스라와 백성을 가르치는 레위 사람들이 모든 백성에게 이르기를 오늘은 너희 하나님 여호와의 성일이니 슬퍼하지 말며 울지 말라 하고"

3. 성벽을 재건하고 초막절 행사를 하면서 느헤미야가 한 말이다. 괄호 안에 알맞은 말을 적어라. (느8:10)"느헤미야가 또 그들에게 이르기를 너희는 가서 살진 것을 먹고 단 것을 마시되 준비하지 못한 자에게는 나누어 주라 이 날은 우리 주의 성일이니 근심하지 말라 (   )로 인하여 기뻐하는 것이 너희의 힘이니라 하고"

4. (느9:29) 다시 주의 (   )을 복종하게 하시려고 그들에게 경계하셨으나 그들이 교만하여 사람이 준행하면 그 가운데에서 (   )을 얻는 주의 계명을 듣지 아니하며 주의 규례를 범하여 고집하는 어깨를 내밀며 목을 굳게 하여 듣지 아니하였나이다.

단답형

1. 느헤미야 8-10장에는 누가 갑자기 등장하여 율법 낭독을 하는가? (   )

2. 성서 기록에 따르면 그는 느헤미야와 동 시대 인물이며, 느헤미야에 앞서 두 번째 이스라엘 포로 귀환을 이끈 율법학자이고 제사장이다. 그는 누구인가? (   )

3. 느헤미야는 이방 사람들과 결혼하는 것을 금하면서 이방 여인들과 많이 결혼 한 옛날 한 왕에 대한 부정적인 예를 든다. 그 왕은 누구인가? (느13:26) (   )

4. 느헤미야 때에 제사장이며 학자인 에스라는 백성들에게 무엇을 가르쳤는가? (느8:9) (   )

진위형(O,X)

1. 에스라서와 느헤미야서는 모두 이스라엘 귀환 사회가 진정한 하나님의 공동체가 되기 위해서는 성전이 재건되어야 한다고 강조한다. (O, X)

2. 느헤미야서에는 친척의 특권을 제지하는 것도 새로운 귀환 공동체를 정결하게 하는 것으로 여겼다(느13:4-9). (O , X)

3. 예루살렘에 돌아간 자들의 어려움과 성벽 파괴에 대한 소식을 들은 느헤미야는 하나님 앞에 제사를 드린다(느1:1-4). (O , X)

4. 느헤미야는 많은 음모에 시달렸다(느6장). (O , X)

5. 에스라 6장의 유월절 절기 행사 보고가 출애굽기 12-13, 여호수아 5, 열왕기하 23 그리고 역대하 30장에도 나오는 것처럼, 느헤미야 8장의 율법 낭독 행위가 구약 성서 다른 곳에도 보고되어있다. (O , X)

6. 느헤미야가 예루살렘에 다녀 올 수 있도록 허락한 바사의 왕은 고레스이다(느2:6). (O , X)

7. 산발랏과 도비야란 인물의 공통점은 느헤미야의 성전 재건을 적극 도왔다는 것이다. (O , X)

8. 성전 재건을 방해하는 무리 때문에 느헤미야는 백성들이 일할 때에도 한 손에는 병기를 잡게 하였다(느4:13-23). (O , X)

9. 성벽 재건 때에 백성들의 경제적 어려움 때문에 불만이 높아가자 느헤미야는 귀족들과 민장들에게 몇 가지 제안을 한다. 그들은 느헤미야의 말대로 하고 아무것도 요구하지 않기로 결정한다(느5:12). (O , X)

10. 느헤미야를 해하려는 대에 동조하였던 사람들 중에는 예언자들도 있었다(느6:10-14). (O , X)

11. 방해 세력 때문에 성벽 재건은 오십이 년 만에 마쳤다(느6:15). (O , X)

정 답

선택형

1.(4)(4번은 주로 포로기나 그 이전 예언자들이 강조하던 것이다; 예, 아모스, 예레미야) 2.(4)(안식일 지키는 것이 강조되었다) 3.(3)(녹을 포기했다; 느5:14-19; 2:1-10, 19) 4.(2) 5.(4) 6.(2) 7.(3) 8.(3) 9.(4) 10.(2) 11.(4) 12.(3) 13.(2)

완성형

1.스룹바벨, 에스라, 느헤미야 2.율법 3.여호와 4.율법, 삶

단답형

1.에스라 2.에스라(느8:1-9; 12:36; 스7:1-15) 3.솔로몬 4.율법

진위형

1.(O) (성전 재건은 두 책의 주요 주제이다) 2.(O) 3.(X)(금식하며 기도하였다) 4.(O) 5.(O)(출24; 수8, 24; 왕하23) 6.(X)(아닥사스다) 7.(X)(느2:10; 4장; 그 둘은 성전 건축을 비웃고 방해하였다) 8.(O) 9.(O) 10.(O) 11.(X)(오십이 일)

14 구약편 에스더

Esther

선택형

1. 에스더서는 어느 시대를 배경으로 쓰여진 성서인가?
   (1) 바벨론　(2)앗수르　(3) 바사와 메대　(4) 헬라

2. 다음 중 에스더서의 등장인물이 아닌 사람은 누구인가?
   (1) 하만　(2) 모르드개　(3) 에스더　(4) 느헤미야

3. 에스더서 당시의 바사 왕은 누구인가?
   (1) 고레스　(2) 다리오　(3) 캄비세스　(4) 아하수에로

4. 에스더서에서 유대민족을 말살하려는 음모를 꾸민 사람은 누구인가?
   (1) 하몰　(2) 하만　(3) 빅다　(4) 와스디

5. 에스더와 모르드개의 활약으로 지키게 된 유대인 절기는 무엇인가?
   (1) 부림절　(2) 유월절　(3) 무교절　(4) 초막절

완성형

1. 에스더 직전의 바사 왕후는 (　　　)이다.

2. 에스더 당시의 바사 도성은 (　　　)이다.

3. 모르드개는 바벨론 왕 느부갓네살 당시에 예루살렘에서 사로잡혀 왔던 유다 왕(　　　)와 함께 사로잡혀 온 사람이다.

4. "죽으면 죽으리다"고 말한 사람은 (　　　)이다.

5. 에스더와 함께 바사 나라 유다민족을 구원하는 공을 세운 사람은 (　　　)이다.

단답형

1. 유다민족을 말살하려는 계획을 품었다가 결국 나무에 매달려 죽은 바사시대의 고관은? (　　　)

2. 부림절의 '부르'란 말의 뜻은 무엇인가? (　　　)

3. 부림절을 지키는 날은 언제인가(이틀간)? (　　　)

4. 에스더의 바사 시대 이름은 무엇인가? (　　　)

진위형(O,X)

1. 에스더서는 바벨론 시대를 배경으로 기록된 성서이다. (O , X)

2. 에스더와 함께 유대민족을 구한 사람은 모르드개이다. (O , X)

3. 바사 시대에 유대민족을 말살하려는 계획을 품은 사람은 하몰이다. (O , X)

4. 부림절은 아달월 14일과 15일에 지킨다. (O , X)

5. 에스더는 왕후 와스디를 대신하여 왕후가 되었다. (O , X)

정 답

선택형

1.(3) 2.(4) 3.(4) 4.(2) 5.(1)

완성형

1.와스디 2.수산 3.여고냐 4.에스더 5.모르드개

단답형

1.하만 2.제비 3.아달월 14일, 15일 4.하닷사

진위형

1.(X) 2.(O) 3.(X) 4.(O) 5.(O)

15 구약편 욥 기

Job

선택형

1. 욥의 친구들 중 마지막에 단 한번만 등장하는 이는 누구인가?

(1) 엘리후 (2) 엘리바스 (3) 빌닷 (4) 소발

2. 욥이 하나님을 만나자 하나님께 순종한다. 그 이유는 무엇인가? (욥 42:5-6)

(1) 하나님이 욥이 왜 고난을 받는지 논리적으로 잘 설명하여 주셔서

(2) 이전엔 하나님을 듣기만 하다가 이제는 눈으로 보게 되어

3. 욥이 재앙을 받게 되는 실질적인 근원은 다음 중 무엇이 가장 가까운가?

(1) 1-2장에 나타난 하나님과 사탄과의 내기 (2) 욥의 지나친 신앙심

(3) 욥 자식들의 죄악 (4) 사탄의 거짓 보고

4. 욥은 자신이 왜 고난을 받게 되었는지 알고 싶어 하였다. 이에 대한 하나님의 반응은 무엇인가?

(1) 소상히 그 이유를 가르쳐 주셨다

(2) 사탄을 크게 꾸짖었다

(3) 1-2장에 나온 사탄과의 내기 때문에 시험하였다고 솔직히 밝히신다

(4) 그 이유는 밝히지 않으시고, 자신의 창조주로서의 권위와 위엄을 드러내신다

5. 욥은 자신이 왜 고난을 받게 되었는지 그 실질적 이유는 결국 듣지 못하게 된다. 그럼에 도 불구하고 하나님께 순종한 이유는 무엇인가? (욥42:5-6)

(1) 자신의 신앙적 문제에 대한 논리적 이해를 하였기 때문

(2) 하나님을 듣기만 하였다가 이제 보았기 때문

(3) 사탄의 계략에 더 이상 끌려가기 싫어서

(4) 아내의 설득으로

6. 욥이 받은 고난에 대한 알맞은 설명은 무엇인가? (욥1-2장)

(1) 욥의 죄 때문에 생긴 벌이었다

(2) 욥으로서는 이해할 수 없는 근거 없는 고난이었다

7. 욥기에 대한 설명으로 옳지 않은 것은 무엇인가?

(1) 욥은 이유를 알 수 없는 고난을 당하게 된다

(2) 욥은 끝까지 하나님께 불평하지 않는다

(3) 욥은 자신의 고난 때문에 격렬히 항변하고 하나님을 고발한다

(4) 욥은 마지막에 하나님에 의해 고난에서 회복된다

8. 욥이 경험하는 하나님으로 알맞게 설명한 것은 무엇인가?

(1) 자비의 하나님

(2) 질투하시는 하나님

(3) 일방적이시고 절대 주권적이신 독재적 하나님

(4) 모든 것을 잘 설명해 주시고 행하시는 하나님

9. 욥의 세 친구인 엘리바스, 빌닷, 소발은 고난을 당하는 욥에게 어떻게 대하였는가?
   (1) 욥에게 고난의 근원에 대한 신학적 설명을 하였다
   (2) 욥의 고통에 동참하고 욥과 함께 하나님을 고발하였다
   (3) 욥을 그냥 내버려 두었다
   (4) 욥을 하나님에게로 인도하였다

10. 욥의 세 친구들에게 대한 하나님의 태도가 아닌 것은 무엇인가? (욥 42:7-10)
   (1) 노하셨다
   (2) 옳지 않다고 하셨다
   (3) 그들의 해박한 신학적 지식을 칭찬하였다
   (4) 친구들을 위한 욥의 중재를 받아들으셨다

11. 재앙이 닥치기 전 욥에 대한 설명으로 옳은 것은 무엇인가? (욥1:1-10)
   (1) 가난하였지만 신앙심이 좋았다
   (2) 가난하고 신앙심도 좋지 않았다
   (3) 신앙심이 좋았고 부자였다
   (4) 신앙심이 없어서 가난하였다

12. 욥을 칭찬하던 하나님께 사탄이 던진 의구의 내용이 아닌 것은 무엇인가?
   (1) 욥은 그냥 하나님을 경외하는 것이 아니라 다 이유가 있기 때문이다
   (2) 그의 소유와 건강을 풍요롭게 돌보기 때문에 욥은 하나님을 경외한다
   (3) 그의 재물과 건강을 가져가 버리면 욥은 하나님을 욕할 것이다
   (4) 욥을 더 부자로 만들면 분명 하나님을 저버릴 것이다

13. 자신에게 내린 재앙에 대하여 욥은 하나님께 강력히 항변하지만, 처음 2장 까지는 모든 것을 순종적으로 받아들였다. 처음 욥이 보여주었던 반응이 아닌 것은 무엇인가?

(1) '내가 모태에서 알몸으로 나왔사온즉 또한 알몸이 그리로 돌아가올지라 주신 이도 여호와시요 거두신 이도 여호와시오니 여호와의 이름이 찬송을 받으실지니이다'

(2) '우리가 하나님께 복을 받았은즉 화도 받지 아니하겠느냐'

(3) 일어나 겉옷을 찢고 머리털을 밀고 땅에 엎드려 예배하였다

(4) 하나님을 욕하라는 아내를 위해 속죄제를 드린다

14. 사탄은 욥기 1-2장에만 등장하고 다시는 나오지 않는다. 사탄에 대한 설명으로 옳은 것은 무엇인가?

(1) 욥을 심하게 미워하였다

(2) 사탄의 말대로 욥에게서 재물과 건강을 빼앗자 욥은 크게 항거한다

(3) 자기 마음대로 욥을 시험하였다

(4) 하나님을 심하게 싫어하였다

15. 욥의 친구들이 욥에게 한 충고로 옳지 않은 것은 무엇인가?

(1) 하나님은 불의한 자들만 벌하신다

(2) 하나님께 향한 불평은 어리석은 짓이다

(3) 사탄의 계략에 넘어가지 말아라

(4) 무죄를 주장하는 너 자신이 지금 죄를 범하고 있다

16. 친구들의 조언을 듣던 욥의 반응이 아닌 것은 무엇인가? (욥6, 9장)

(1) 차라리 죽음을 바란다

(2) 항변하러 하나님께 나아가고 싶지만 그 분은 너무 강하셔서 근접할 수 없다

(3) 그래도 나는 옳다

(4) 현명한 친구들의 말을 듣고 울며 회개한다

17. 욥이 하나님을 고발한 내용으로 옳지 않은 것은 무엇인가?

(1) 의인은 벌을 받고 악인이 오히려 잘산다

(2) 하나님은 잔인하게 자신이 만든 피조물을 스스로 망가뜨리신다

(3) 인간을 괴롭히는 악한 영들을 벌하지 않으신다

(4) 힘 있는 자는 죄를 지어도 벌 받지 않고, 약한 자들은 학대를 받는다

18. '지혜의 노래' 로 알려진 욥기 28장의 내용이 아닌 것은 무엇인가?

(1) 지혜는 어디에서도 발견되지 않는다

(2) 지혜가 재물보다 더 낫다

(3) 하나님만이 지혜가 어디 있는지 아신다

(4) 지혜는 창조 때에 하나님과 함께 있지 않았다

19. 욥에게 나타나신 하나님이 하신 말씀으로 맞지 않은 것은 무엇인가? (욥38-41장)

(1) 바닷물의 운행이나 날의 기원과 같은 창조에 관한 것을 욥이 아는지 물으신다

(2) 짐승들의 생태에 대하며 말씀하시며 그것을 욥이 그것을 아는지 짐승들을 그렇게 행하게 할 수 있는 지 물어보신다

(3) 악어나 하마 같은 바다의 괴수를 욥이 제압할 수 있는지 묻는다

(4) 처음에 있었던 사탄과의 논쟁을 말씀하시며 욥이 시험 받게 된 경위를 알려주신다

20. 마지막 장인 42장에 따르면, 결국 욥은 자신의 신앙적 문제 (무고한 고난)를 어떻게 해결 할 수 있었는가? (욥42:1-6)

(1) 신앙적 이해를 통하여 (2) 신앙적 체험을 통하여

21. 다음 중 욥이 왜 고난 받는지 그 실질적 이유를 알고 있는 자가 아닌 것은 누구인가?

(1) 사탄 (2) 욥기의 독자 (3) 욥과 그 친구들 (4) 하나님

22. 마지막에 욥이 하나님께 회개하고 순종한 후 그에게 일어난 일이 아닌 것은 무엇인가? (욥42:7-17)

(1) 다시 부자가 되었다

(2) 병들고 가난했지만 하나님께 끝까지 순종하며 살았다

(3) 다시 건강하게 살다가 기한이 차서 죽는다

(4) 모든 땅에서 제일 아름다운 세 딸을 얻는다

23. 다음 중 욥기 1-2장에서처럼 하늘에서 하나님과 천상의 존재들이 모여 의논하는 (소위 '천상의회') 장면이 나오지 않는 성경의 본문은 어디인가?

(1) 열왕기상 22장에서 이믈라의 아들 미가야가 '거짓말 하는 영 '을 본 환상

(2) 이사야 6장에서 이사야가 사명을 받는 환상

(3) 시 82편의 신들의 모임

(4) 예레미야 1장에서 예레미야가 소명을 받는 장면

24. 자신의 생일을 저주하는 것은 자신을 만드신 이에 대한 가장 큰 모독일 것이다. 구약의 인물 중 욥처럼 (욥3장) 자신의 생일을 저주한 이는 누구인가?

(1) 요셉 (2) 사울 (3) 예레미야 (4) 나오미

25. 욥기에 나타나 욥의 변화로 옳은 것은 무엇인가?

(1) 하나님을 신뢰-하나님을 불평-스스로 의롭다 생각-회개

(2) 하나님을 신뢰-하나님을 신뢰-하나님을 신뢰-회개

(3) 하나님을 신뢰-하나님을 불평-하나님을 불평-재앙을 맞음

(4) 하나님을 불평-하나님을 신뢰-하나님을 찬양-스스로 의롭다 생각

26. 아내가 욥에게 하나님을 욕하고 죽으라 하자 욥이 한 대답은 무엇인가?

(1) 우리가 하나님께 화를 받았은즉 복도 받지 아니하겠느냐

(2) 우리가 하나님께 복을 받았은즉 화도 받지 아니하겠느냐

(3) 우리가 하나님께 복을 받았은즉 화는 받지 아니하리라

(4) 우리가 하나님께 화를 받았은즉 욕하고 죽자

27. 다음은 엘리후가 욥에게 한 말이다. 괄호 안에 알맞은 말은 무엇인가? "내가 그대에게 대답하리라 이 말에 그대가 의롭지 못하니 하나님은 사람보다 (   ) 하나님께서 사람의 말에 대답하지 않으신다 하여 어찌 하나님과 논쟁하겠느냐"(욥33:12-13)

(1) 크심이니라

(2) 지혜로우시니라

(3) 정의로우시니라

(4) 면밀하시니라

완성형

1. (   )를 우리가 찾을 수 없나니 그는 권능이 지극히 크사 정의나 무한한 공의를 굽히지 아니하심이니라. 그러므로 사람들은 그를 경외하고 그는 스스로 지혜롭다 하는 모든 자를 무시하시느니라(욥37:23-24).

2. 다음은 욥의 유명한 고백이다. 괄호 안을 채우시오. “그러나 내가 가는 길을 그가 아시나니 그가 나를 (   )하신 후에는 내가 (   ) 같이 되어 나오리라”(욥23:10).

단답형

1. 욥기에 의하면 악(재앙)은 어디로부터/누구로부터 오는 것인가? (   )

2. 욥에게 조언하였던 친구들 중 가장 나이가 어리고, 처음에는 끼어들지 않다가 마지막에 혼자 조언하였던 친구는 누구인가?(욥32장) (   )

3. 욥기에서 특별히 한 장을 지혜에 관하여만 할애하는 ‘지혜의 장’ 혹은 ‘지혜의 노래’ 로 불리는 장은 몇 장인가? (   )

4. ‘지혜의 장’ 으로 유명한 28장에 보면, 인간이 금은보화는 찾아 캐 낼 수 있어도 지혜는 어디에 있는지 찾지 못한다고 하였다. 오직 지혜가 어디에 있는 아는 자는 누구인가?(욥28:23) (   )

5. 다음은 누가 누구에게 한 말인가? “무지한 말로 이치를 가리는 자가 누구니이까 나는 깨닫지도 못한 일을 말하였고 스스로 알 수도 없고 헤아리기도 어려운 일을 말하였나이다”(욥42:3). (   )

진위형(O,X)

1. 하나님이 등장하시기 전까지 욥의 친구인 엘리바스, 빌닷, 소발은 욥과 대략 세 차례에 걸쳐 논쟁을 벌인다. (O , X)

2. 욥기 서두에 하나님의 허락으로 사탄이 욥에게 두 번 재앙이 내리도록 한다. 나중에 욥에게 하나님이 나타나신 것도 두 번이었다. (O , X)

3. 욥기에서 욥은 하나님이 내리신 재앙에 끝까지 절대 불평하지 않는다. (O , X)

4. 욥은 자기와 왜 무고하게 고난을 받는지 알고 싶다면서 하나님께 항변한다. 결국 하나님은 나타나셔서 왜 그가 고난 받는지 그 이유를 구체적으로 밝히신다. (O , X)

5. 욥은 하나님을 만나기 전까지 자신의 무죄함을 항변하였다(욥31:1-34). (O , X)

6. 회오리바람 가운데에 나타나신 하나님을 만난 후 욥은 하나님으로부터 자신이 왜 고난 받는지에 대하여 소상히 듣고 깨닫고 회개하며 순종한다. (O , X)

7. 결론적으로 욥기는 인간의 고난이란 반드시 죄와 연관되어 나타나는 것이라 가르친다. (O , X)

8. 고난 받는 욥에게 하나님은, '네 시작은 미약하였으나 네 나중은 심히 창대하리라' 라고 위로하셨다. (O , X)

9. 엘리후는 당시 전통적 입장에 따라 "(전능자는) 사람의 행위를 따라 갚으사 각각 그의 행위대로 받게 하시나니"라고 말하였는데, 욥기는 결론적으로 이러한 사상에 과감히 반기를 드는 책이다(욥34:11). (O , X)

정 답

선택형

1.(1)(나머지 친구들은 모두 세 번씩 등장한다) 2.(2) 3.(1) 4.(4) 5.(2) 6.(2) 7.(2) 8.(3)(욥은 이유 없는 고난을 당하게 되고, 질문에 답하지 않는 하나님의 대답을 듣는다) 9.(1) 10.(3) 11.(3) 12.(4)(욥1:9-12; 2:4-5) 13.(4)(욥1:20-21; 2:10) 14.(2)(욥16장 21:7 이하; 24장; 사탄이 욥이나 하나님을 미워한 내용은 없으며, 자기 마음대로가 아니라 하나님께 꼭 허락을 맡고 욥을 친다.욥은 사탄의 말대로 하나님을 향하여 강력히 항변하며 하나님을 광포하고 정의롭지 못한 분으로 묘사한다) 15.(3)(1-14장의 첫 번째 논쟁 참조; 사탄은 1-2장에만 언급된다) 16.(4) 17.(3)(21, 10, 24장 참조) 18.(4) 19.(4) 20.(2)(하나님을 통해 자신의 무고한 고난의 이유를 듣고 이해한 것이 아니라, 하나님을 '보았다' 는 체험에 무릎을 꿇는다) 21.(3)(욥이 고난을 받게 되는 실질적 이유는 1-2장에 나타나듯 하나님과 사탄간의 일종의 내기에서 비롯되었다.하나님과 사탄 그리고 독자들은 그 사실을 알지만, 땅에 있는 욥과 그 친구들은 그 사실을 모르고 3장부터 37장까지 서로 논쟁한다) 22.(2) 23.(4) 24.(3)(렘20:14-18; 예레미야는 욥처럼 하나님을 많이 원망했던 선지자다) 25.(1) 26.(2) 27.(1)

완성형

1.전능자 2.단련, 순금

단답형

1.하나님(2:10; 42:11) 2.엘리후 3.28장 4.하나님 5.욥이 하나님에게

진위형

1.(O)(주의, 소발은 마지막 차례에선 나오지 않는다) 2.(O)(욥1-2; 38-41) 3.(X)(2장 까지만 그러하고 3장부터는 불평) 4.(X)(그 이유는 구체적으로 밝히시지 않고, 하나님의 창조주로서의 권위와 위엄을 드러내신다) 5.(O)(욥의 마지막 탄식) 6.(X)(하나님은 욥이 고난 받는 실질적 이유를 말씀하지 않으시며, 욥은 듣기만 하였던 하나님을 이제 '보았기' 때문에 순종한다) 7.(X)(이는 구약의 전통적 사상인 인과응보와 충돌하는 사상이다) 8.(X)(욥8:7; 욥의 친구 빌닷이 한 말이며, 욥의 친구들의 조언은 욥의 말같이 정당하지 못했다고 하나님께 혼난다; 욥42:7-10) 9.(O)(욥기는 전통적인 신학 사상도 하나님의 절대 주권아래 파기될 수도 있음을 보여준다.즉 신학보다 하나님의 주권이 더 절대적임을 보여주는 책이다)

16 구약편 시 편

Psalms

선택형

1. 다음 중 구약성서의 시편 속에 발견되지 않는 종류의 시는 무엇인가?
   (1) 다윗의 시 (2) 고라의 시 (3) 이사야의 시 (4) 아삽의 시

2. 시편 1편에서 말하는 복 있는 사람이 아닌 것은 무엇인가?
   (1) 악인들의 꾀를 따르지 아니한다 (2) 시냇가에 심은 나무 같다
   (3) 율법을 주야로 묵상한다 (4) 찬양을 주야로 부른다

3. 시편 11편에서 악인에게 쫓기는 이가 피하는 곳은 어디인가?
   (1) 여호와 (2) 지붕 아래 (3) 하늘 (4) 바다 아래

4. 시편 23편에서 목자이신 여호와가 하시는 일이 아닌 것은 무엇인가?
   (1) 쉴만한 물가로 인도하신다 (2) 내 영혼을 소생시키신다
   (3) 지팡이와 막대기로 안위하신다 (4) 원수를 내 앞에서 소멸시키신다

5. 시편 23:3에서 여호와가 나를 의의 길로 인도하시는 것은 무엇을 위해서인가?
   (1) 여호와의 의를 위하여 (2) 여호와의 이름을 위하여
   (3) 나의 평안을 위하여 (4) 나의 목숨을 위하여

6. 시편 27편에서 기자가 여호와께 청하였던 것이 아닌 것은 무엇인가?

(1) 평생에 여호와의 집에 살게　(2) 장수할 수 있도록

(3) 여호와의 아름다움을 바라보게　(4) 그의 성전에서 사모하게

7. "내 영혼아 네가 어찌하여 낙심하며 어찌하여 내 속에서 불안해 하는가 너는 하나님께 소망을 두라 나는 그가 나타나 도우심으로 말미암아 내 하나님을 여전히 (　　　)" 괄호 안에 맞는 말은 무엇인가? (시 42:11)

(1) 찬송하리로다　(2) 의뢰하리로다

(3) 갈급해 하는 도다　(4) 따라가리로다

8. "여호와를 경외하며 그의 길을 걷는 자마다 복이 있도다" 이 구절은 소위 지혜시라 일컬어지는 128편의 첫 구절이다. 그 다음에 나오는 복의 내용이 아닌 것은 무엇인가?

(1) 네 손이 수고한 대로 먹을 것이다

(2) 악인의 창에서 구원을 받을 것이다

(3) 네 아내는 결실한 포도나무 같을 것이다

(4) 자식들은 어린 감람나무 같을 것이다

9. "우리가 바벨론의 여러 강변 거기에 앉아서 (　　　)을/를 기억하며 울었도다" 괄호 안에 알맞은 말은 무엇인가? (시137:1)

(1) 사마리아　(2) 시온　(3) 고기와 마늘　(4)부모

10. 시편 7편은 무죄를 주장하는 탄식시이다. 이와 유사한 장르의 글이 발견되는 책은 무엇인가?

(1) 잠언　(2) 전도서　(3) 욥기　(4) 아가서

11. "하나님이 바다를 변하여 육지가 되게 하셨으므로 무리가 걸어서 강을 건너고 우리가 거기서 주로 말미암아 기뻐하였도다" 이 구절은 구약 성서 어느 사건을 떠올리게 하는가? (시66:6)

(1) 창조 (2) 출애굽 (3) 여리고성 함락 (4) 성전 봉헌

12. 다음 중 신약성서에 인용된 시편 구절은?

(1) 우리의 능력이 되시는 하나님을 향하여 기쁘게 노래하며 야곱의 하나님을 향하여 즐거이 소리칠지어다 (시81:1)

(2) 주여 신들 중에 주와 같은 자 없사오며 주의 행하심과 같은 일도 없나이다 (시86:8)

(3) 여호와께서 내 주에게 말씀하시기를 내가 네 원수들로 네 발판이 되게 하기까지 너는 내 오른쪽에 앉아 있으라 하셨도다 (시110:1)

(4) 할렐루야 그의 성소에서 하나님을 찬양하며 그의 권능의 궁창에서 그를 찬양할지어다 (시150:1)

13. "그들의 우상들은 은과 금이요 사람이 손으로 만든 것이라. 입이 있어도 말하지 못하며 눈이 있어도 보지 못하며. 귀가 있어도 듣지 못하며 코가 있어도 냄새 맡지 못하며. 손이 있어도 만지지 못하며 발이 있어도 걷지 못하며 목구멍이 있어도 작은 소리조차 내지 못하느니라" 이와 같은 시각으로 우상을 조롱하는 책은? (시115:4-7)

(1) 이사야 (2) 호세아 (3) 잠언 (4) 창세기

14. 다음 중 시편에 대한 설명으로 옳지 않은 것은 무엇인가?

(1) 시편은 모두 150편으로 구성되어 있다

(2) 시편은 일종의 노래이다

(3) 시편은 포로기 전까지의 시만 보존되어있다

(4) 다윗의 시라는 시편들이 있다

15. 시편은 성전 예배에서 불렸을 것으로 추정된다. 다음 중 예배 음악과 관련이 없는 사람은 누구인가?

(1) 다윗 (2) 히스기야 (3) 아삽 (4) 요나

16. "여호와여 주는 나의 방패시요 나의 영광이시요 ( ) 자이시니이다" 괄호 안에 알맞은 말은 무엇인가? (시3:3)

(1) 나의 손을 붙드시는 (2) 나를 수렁에서 건져주시는

(3) 나의 머리를 드시는 (4) 나의 발을 드시는

17. 다음 중 시편 구절이 아닌 것은 무엇인가?

(1) 내가 평안히 눕고 자기도 하리니 나를 안전히 살게 하시는 이는 오직 여호와이시니이다

(2) 여호와여 나의 말에 귀를 기울이사 나의 심정을 헤아려 주소서

(3) 나의 방패는 마음이 정직한 자를 구원하시는 하나님께 있도다

(4) 사람들이 사는 동안에 기뻐하며 선을 행하는 것보다 더 나은 것이 없는 줄을 내가 알았고

18. "여호와여 일어나옵소서 하나님이여 손을 드옵소서 ( )을 잊지 마옵소서. 어찌하여 악인이 하나님을 멸시하여 그의 마음에 이르기를 주는 감찰하지 아니하리라 하나이까" 괄호 안에 알맞은 말은 무엇인가? (시10:12-13)

(1) 가난한 자들 (2) 능력 있는 자들

(3) 재능 있는 자들 (4) 준수한 자들

19. 시편에서 "순결하여 흙 도가니에 일곱 번 단련한 은" 같은 것은 무엇을 표현한 것인가? (시12:6)

(1) 믿음 (2) 여호와의 말씀 (3) 여호와의 사랑 (4) 순은

20. 시편 16:8에서 기자가 "여호와를 항상 내 앞에 모신다"고 하는 데, 그럼으로써 기자에게는 어떤 영향이 있는가?

(1) 요동치 아니한다 (2) 겁날 것이 없다

(3) 길을 잃지 않는다 (4) 앞이 보이지 않는다

21. 다음 중 시편의 구절이 아닌 것은 무엇인가?

(1) 서로 불러 이르되 거룩하다 거룩하다 거룩하다 만군의 여호와여 그의 영광이 온 땅에 충만하도다 하더라

(2) 나의 반석이시요 나의 구속자이신 여호와여 내 입의 말과 마음의 묵상이 주님 앞에 열납되기를 원하나이다

(3) 그들이 주께 부르짖어 구원을 얻고 주께 의뢰하여 수치를 당하지 아니하였나이다

(4) 내 겉옷을 나누며 속옷을 제비 뽑나이다

22. 시 24편에서 "여호와의 산에 오르며 그 거룩한 곳에 설자"로서 묘사되지 않은 사람은 누구인가?

(1) 손이 깨끗한 자 (2) 천사보다 조금 못한 자

(3) 마음이 청결한 자 (4) 뜻을 허탄한데 두지 아니하는 자

23. "주의 손이 주야로 나를 누르시오니 내 진액이 빠져서 여름 가뭄에 마름 같이 되었나이다" 이 구절과 연관이 없는 것은 무엇인가? (시32:4)

(1) 내가 입을 열지 않을 때에 이렇게 되었다

(2) 허물의 사함을 받고 자신의 죄가 가려진 자는 복이 있도다

(3) 내 허물을 여호와께 자복하리라 하고 주께 내 죄를 아뢰고 내 죄악을 숨기지 아니하였더니 곧 주께서 내 죄악을 사하셨나이다

(4) 속죄를 위하여 희생을 드렸다

24. "생명을 사모하고 연수를 사랑하여 복 받기를 원하는 사람이 누구뇨" 여기에 해당되지 않는 사람은 누구인가? (시34:12)

(1) 혀를 악에서 금하는 사람　　(2) 거짓말을 금하는 사람

(3) 지혜를 사랑하는　　(4) 화평을 찾아 따르는 자

25. "또 여호와를 (　　　) 그가 네 마음의 소원을 네게 이루어 주시리로다 네 길을 여호와께 (　　　) 그를 의지하면 그가 이루시고, 네 의를 빛 같이 나타내시며 네 공의를 정오의 빛 같이 하시리로다" 괄호 안에 알맞은 말은 무엇인가? (시37:4-6)

(1) 기뻐하라, 맡기라　　(2) 즐거워하라, 던지라

(3) 감사하라, 보이라　　(4) 간구하라, 간구하라

26. 다음 중 시편의 구절이 아닌 것은 무엇인가?

(1) 여호와는 마음이 상한 자를 가까이 하시고 충심으로 통회하는 자를 구원하시는도다

(2) 악을 행하는 자들 때문에 불평하지 말며 불의를 행하는 자들을 시기하지 말지어다

(3) 죽은 자들이 그들의 죽은 자들을 장사하게 하고 너는 나를 따르라 하시니라

(4) 진실로 생명의 원천이 주께 있사오니 주의 빛 안에서 우리가 빛을 보리이다

27. "날마다 우리 (　　　)을/를 지시는 주 곧 우리의 구원이신 하나님을 찬송할지로다" 괄호 안에 알맞은 말은 무엇인가?(시68:19)

(1) 양식　　(2) 눈물　　(3) 죄악　　(4) 짐

28. 다음 중 시편의 구절이 아닌 것은 무엇인가?

(1) 하나님이여 주께서 가난한 자를 위하여 주의 은택을 준비하셨나이다

(2) 주의 멧비둘기의 생명을 들짐승에게 주지 마시며 주의 가난한 자의

목숨을 영원히 잊지 마소서

(3) 주의 궁정에서의 한 날이 다른 곳에서의 천 날보다 나은즉 악인의 장막에 사는 것보다 내 하나님의 성전 문지기로 있는 것이 좋사오니

(4) 이스라엘아 들으라 우리 하나님 여호와는 오직 유일한 여호와이시니. 너는 마음을 다하고 뜻을 다하고 힘을 다하여 네 하나님 여호와를 사랑하라

29. "이에 그들이 그들의 고통 때문에 여호와께 부르짖으매 그가 그들의 고통에서 그들을 구원하시되. 그가 그의 (　　　)을/를 보내어 그들을 고치시고 위험한 지경에서 건지시는도다" 여기에서 그가 보낸 것은 무엇인가? (시107:19-20)

(1) 사자　　(2) 천사　　(3) 군사　　(4) 말씀

완성형

1. 시편 1편의 복있는 사람에 대한 설명이다. 괄호 안에 알맞은 말은 무엇인가? "오직 여호와의 (　　　)을 즐거워하여 그의 (　　　)을 주야로 묵상하는도다"(시1:2).

2. 주의 손가락으로 만드신 주의 하늘과 주께서 베풀어 두신 달과 별들을 내가 보오니 (　　　)이 무엇이기에 주께서 그를 생각하시며 인자가 무엇이기에 주께서 그를 돌보시나이까(시8:3-4).

3. (　　　)이 하나님의 영광을 선포하고 궁창이 그의 손으로 하신 일을 나타내는도다(시19:1).

4. 여호와는 나의 (　　　)시니 내게 부족함이 없으리로다. 그가 나를 푸른 풀밭에 누이시며 쉴 만한 물 가로 인도하시는도다(시23:1-2).

5. 해 돋는 데에서부터 해 지는 데에까지 여호와의 ( )이 찬양을 받으시리로다(시113:3).

6. 여호와는 나의 빛이요 나의 구원이시니 내가 누구를 두려워하리요 여호와는 내 ( )이시니 내가 누구를 무서워하리요(시27:1).

7. 하나님이여 사슴이 ( )을 찾기에 갈급함 같이 내 영혼이 주를 찾기에 갈급하니이다(시42:1).

8. ( )로 제사를 드리는 자가 나를 영화롭게 하나니 그의 ( )를 옳게 하는 자에게 내가 하나님의 구원을 보이리라(시50:23).

9. 주께서는 ( )를 기뻐하지 아니하시나니 그렇지 아니하면 내가 드렸을 것이라 주는 번제를 기뻐하지 아니하시나이다. 하나님께서 구하시는 제사는 ( )이라 하나님이여 상하고 통회하는 마음을 주께서 멸시하지 아니하시리이다(시51:16-17).

10. 내 ( )아 여호와를 송축하라 내 속에 있는 것들아 다 그의 거룩한 ( )을 송축하라(시103:1).

11. 보라 ( )가 연합하여 동거함이 어찌 그리 선하고 아름다운고. 머리에 있는 보배로운 기름이 수염 곧 아론의 수염에 흘러서 그의 옷깃까지 내림 같고. 헐몬의 이슬이 시온의 산들에 내림 같도다 거기서 여호와께서 복을 명령하셨나니 곧 ( )이로다(시133).

12. 시편의 맨 마지막 구절이다. 괄호 안에 알맞은 말은 무엇인가?
( )이 있는 자마다 여호와를 찬양할지어다 할렐루야(시150:6).

13. 여호와 우리 주여 주의 (   )이 온 땅에 어찌 그리 아름다운지요 주의 영광이 하늘을 덮었나이다(시8:1).

14. 이스라엘의 (   ) 중에 계시는 주여 주는 거룩하시니이다(시22:3).

15. 주께서 나의 (   )이 변하여 내게 춤이 되게 하시며 나의 베옷을 벗기고 (   )으로 띠 띠우셨나이다(시30:11)

16. (   )께서 사람의 걸음을 정하시고 그의 길을 기뻐하시나니. 그는 넘어지나 아주 엎드러지지 아니함은 (   )께서 그의 손으로 붙드심이로다(시37:23-24).

17. 나의 영혼이 잠잠히 하나님만 바람이여 나의 (   )이 그에게서 나오는도다. 오직 그만이 나의 반석이시요 나의 구원이시요 나의 요새이시니 내가 크게 흔들리지 아니하리로다(시62:1-2).

18. (   )으로 그의 문에 들어가며 (   )으로 그의 궁정에 들어가서 그에게 감사하며 그의 이름을 송축할지어다(시100:4)

19. (   )이 내게 유익이라 이로 말미암아 내가 주의 율례들을 배우게 되었나이다(시119:71)

단답형

1. 시편 50편은 짐승을 잡아 제물을 드리지 말라고 말하면서 대신 무엇으로 하나님께 제사를 드리라고 하는가?(시50:9-14, 23) (   )

2. "내 평생에 (a)하심과 (b)하심이 반드시 나를 따르리니 내가 여호와의 집에 영원히 살리로다"(시23:6). "여호와께 감사하라 그는 (a)하시며 그 (b)하심이 영원함이로다"(시107:1; 118:29). a와 b는 각각 무슨 말이 들어가야 하는가? (   )

3. 다음 시 23편의 구절들을 순서대로 배열하여라.(   )
   A. 그가 나를 푸른 풀밭에 누이시며 쉴 만한 물 가로 인도하시는도다
   B. 여호와는 나의 목자시니 내게 부족함이 없으리로다
   C. 내 평생에 선하심과 인자하심이 반드시 나를 따르리니 내가 여호와의 집에 영원히 살리로다
   D. 내가 사망의 음침한 골짜기로 다닐지라도 해를 두려워하지 않을 것은 주께서 나와 함께 하심이라 주의 지팡이와 막대기가 나를 안위하시나이다

4. 뜻을 깊이 새기며 다음 구절을 한 번 써 보아라(시57:9-11).
   (

)

   "주여 내가 만민 중에서 주께 감사하오며 뭇 나라 중에서 주를 찬송하리이다. 무릇 주의 인자는 커서 하늘에 미치고 주의 진리는 궁창에 이르나이다. 하나님이여 주는 하늘 위에 높이 들리시며 주의 영광이 온 세계 위에 높아지기를 원하나이다."

진위형(O,X)

1. 시편 중에는 여호와께 자신을 살펴보시고 시험하여 자신의 뜻과 양심을 단련시켜 달라는 기도가 있다(시26:2). (O , X)

2. "하나님이여 내 속에 정한 마음을 창조하시고 내 안에 정직한 영을 새롭게 하소서" 이와 병행 되는 구절이 예레미야와 에스겔서에 발견된다(시51:10). (O , X)

3. 시편의 표제 (머릿글)는 실제 구약 성서에 있는 내용과 아무 상관이 없다. (O , X)

4. 하나님이 짐승을 제물로 받는 것을 기뻐하지 않으신다는 표현은 시편에서 시 50편에만 있다(시40편). (O , X)
5. 시편 중에는 예루살렘의 멸망을 언급하는 시는 없다(시79편). (O , X)

6. 시편 중에는 '므리바' 를 회상하는 시가 있다(시95; 81). (O , X)

7. 시편 중에는 예루살렘의 재건을 위해 기도하는 시가 있다. (O , X)

8. 시편에는 홍해를 건넜던 사건만 회상되지, 요단을 건넌 것은 기억되지 않는다(시114편). (O , X)

9. 구약성서에서 시는 시편에만 나타난다. (O , X)

10. "하나님의 도는 완전하고 여호와의 말씀은 순수하니 그는 자기에게 피하는 모든 자의 방패시로다" 이 구절은 시편에 나오는 구절이다. (O , X)

11. "온전한 사람을 살피고 정직한 자를 볼지어다 모든 화평한 자의 미래는 평안이로다." 이 구절은 시편에 나오는 구절이 아니다. (시 37:37) (O , X)

12. 시편 69: 31에서 "이것이 소 곧 뿔과 굽이 있는 황소를 드림보다 여호와를 더욱 기쁘시게 함이 될 것이라" 하는 데, 여기에서 이것은 하나님께 울며 금식하는 것을 의미한다. (O , X)

13. "여호와를 경외함이 지혜의 근본이라" 이 말은 잠언에는 나오지만 시편에는 나오지 않는다(시111:10). (O , X)

14. "건축자가 버린 돌이 집 모퉁이의 머릿돌이 되었나니" 이 말은 신약성서가 시편에서 인용한 말이다. (O , X)

정 답

선택형

1.(3) 2.(4) 3.(1) 4.(4) 5.(2) 6.(2) 7.(1) 8.(2) 9.(2) 10.(3) 11.(2) 12.(3)(마22:44; 행2:34-35; 히1:13) 13.(1)(시40:18-20; 41:6-7; 41:21-29; 42:17; 43:8-15; 44:9-20) 14.(3)(포로기와 그 이후의 배경을 지닌 시들도 있다) 15.(4)(대상15:16; 대하 29:30; 시편의 표제 중 아삽이 자주 등장) 16.(3) 17.(4)(시4:8; 5:1; 7:10; 전3:12) 18.(1) 19.(2) 20.(1) 21.(1)(사6:3; 시19:14; 22:5; 22:18) 22.(2) 23.(4) 24.(3) 25.(1) 26.(3)(시34:18; 37:1; 마8:22; 36:9) 27.(4) 28.(4)(시68:10; 74:19; 84:10; 신6:4-5) 29.(4)

완성형

1.율법 2.사람 3.하늘 4.목자 5.이름 6.생명의 능력 7.시냇물 8.감사, 행위 9.제사, 상한 심령 10.영혼, 이름 11.형제, 영생 12.호흡 13.이름 14.찬송 15.슬픔, 기쁨 16.여호와 17.구원 18.감사함, 찬송함 19.고난당한 것

단답형

1.감사 2.선, 인자 3.B-A-D-C

진위형

1.(O) 2.(O)(렘31:31-33; 겔36:26) 3.(X)(예, 시3편의 표제와 삼하15 비교, 다윗이 압살롬으로부터 도망하는 사건; 그러나 시7편의 표제는 구약성서의 내용에 발견되지 않는 것이다) 4.(X) 5.(X) 6.(O) 7.(O)(시102:14; 74; 79; 89) 8.(X) 9.(X) 10.(O)(시18:30) 11.(X) 12.(X)(노래로 하나님의 이름을 찬송하며 감사함으로 하나님을 위대하시다 하는것; 시69:30) 13.(X) 14.(O)(시118:22; 마21:42; 막12:10; 눅20:17; 행4:11; 엡2:20; 벧전2:4, 7)

17 구약편 잠 언

Proverbs

선택형

1. "지혜와 훈계를 알게 하며 명철의 말씀을 깨닫게 하며 지혜롭게, 공의롭게, 정의롭게, 정직하게 행할 일에 대하여 훈계를 받게 하며 어리석은 자를 슬기롭게 하며 젊은 자에게 지식과 근신함을 주기 위한" 목적으로 기록된 구약의 책은 무엇인가? (잠1:2-4)

   (1) 시편 (2) 잠언 (3) 전도서 (4) 신명기

2. 잠언에 언급되는 저자가 아닌 자는 누구인가?

   (1) 다윗 (2) 솔로몬
   (3) 아굴 (4) 르무엘 왕의 어머니

3. "너는 네 우물에서 물을 마시며 네 샘에서 흐르는 물을 마시라 어찌하여 네 샘물을 집밖으로 넘치게 하며 네 도랑물을 거리로 흘러가게 하겠느냐"라는 구절은 구약의 어느 책에 언급되고 있는가? (잠5:15-16)

   (1) 시편 (2) 전도서 (3) 아가 (4) 잠언

4. 여호와께서 미워하시는 것, 곧 그의 마음에 싫어하시는 것 예닐곱 가지에 속하지 않는 것은 무엇인가? (잠6:16-19)

   (1) 교만한 눈 (2) 거짓된 혀
   (3) 악한 계교를 꾀하는 마음 (4) 나태한 생각

5. “악인의 제사는 여호와께서 미워하셔도 정직한 자의 기도는 그가 기뻐하시느니라”라는 구절은 구약의 어느 책에 언급되는가? (잠15:8)
(1) 사무엘상 (2) 시편 (3) 잠언 (4) 전도서

6. 잠언에 의하면, 사람의 마음의 교만이 멸망의 선봉이라면 겸손은 무엇의 길잡이인가? (잠18:12)
(1) 부귀 (2) 영생 (3) 영화 (4) 존귀

7. “사람의 심령은 그의 병을 능히 이기려니와 심령이 상하면 그것을 누가 일으키겠느냐”라는 구절은 구약의 어느 책에 기록되고 있는가? (잠18:14)
(1) 전도서 (2) 시편 (3) 욥기 (4) 잠언

8. “다투는 여인과 함께 큰 집에서 사는 것보다 움막에서 사는 것이 나으니라”라는 구절은 구약의 어느 책에 기록되고 있는가? (잠21:9)
(1) 전도서 (2) 잠언 (3) 아가 (4) 시편

9. 잠언에 의하면 자기의 일에 능숙한 사람은 누구 앞에 서고 천한 자 앞에 서지 않게 되는가? (잠22:29)
(1) 부유한 자 (2) 존귀한 자 (3) 왕 (4) 여호와

10. 잠언에 의하면 무엇이 없을 때 백성이 방자히 행하게 되는가? (잠29:18)
(1) 찬양 (2) 기도 (3) 겸손 (4) 묵시

11. 잠언 31장에 언급되는 현숙한 여인의 모습에 포함되지 않는 것은 무엇인가?
(1) 부지런히 손으로 일하는 여인 (2) 곤고한 자에게 손을 펴는 여인
(3) 여호와를 경외하는 여인 (4) 말을 조심하는 여인

완성형

1. 여호와를 ( )하는 것이 지식의 근본이거늘 미련한 자는 지혜와 훈계를 멸시하느니라(잠1:7).

2. ( )가 길거리에서 부르며 광장에서 소리를 높이며 시끄러운 길목에서 소리를 지르며 성문 어귀와 성중에서 그 소리를 발하여 이르되 너희 어리석은 자들은 어리석음을 좋아하며 거만한 자들은 거만을 기뻐하며…(잠1:20-22).

3. 인자와 ( )가 네게서 떠나지 말게 하고 그것을 네 목에 매며 네 마음판에 새기라 그리하면 네가 하나님과 사람 앞에서 은총과 귀중히 여김을 받으리라(잠3:3-4).

4. 스스로 지혜롭게 여기지 말지어다 여호와를 경외하며 악을 떠날지어다 이것이 네 몸에 ( )이 되어 네 골수를 윤택하게 하리라(잠3:7-8).

5. 좀더 자자, 좀더 졸자, 손을 모으고 좀더 누워 있자 하면 네 ( )이 강도 같이 오며 네 곤핍이 군사 같이 이르리라(잠6:10-11).

6. 의인의 입은 생명의 샘이라도 악인의 입은 ( )을 머금었느니라(잠10:11).

7. ( )를 아끼는 자는 그의 자식을 미워함이라 자식을 사랑하는 자는 근실히 징계하느니라(잠13:24).

8. 악인의 제사는 여호와께서 미워하셔도 정직한 자의 ( )는 그가 기뻐하시느니라(잠15:8).

9. 마음의 ( )은 사람에게 있어도 말의 응답은 여호와께로부터 나오느니라(잠16:1).

10. 악을 행하는 것은 왕들이 미워할 바니 이는 그 보좌가 ( )로 말미암아 굳게 섬이라(잠16:12).

단답형

1. "내 아들아 네가 만일 나의 말을 받으며 나의 계명을 네게 간직하며 네 귀를 지혜에 기울이며 네 마음을 명철에 두며…"라는 구절이 언급되는 구약의 책은 무엇인가? (잠2:1-2) ( )

2. 잠언에 보면, 그의 오른손에는 장수가 있고 그의 왼손에는 부귀가 있고, 그 길은 즐거운 길이고 그의 지름길은 다 평강인 그는 무엇인가? (잠3:16-17) ( )

3. 두령도 없고 감독자도 없고 통치자도 없으되 먹을 것을 여름 동안에 예비하며 추수 때에 양식을 모으는 곤충은 무엇인가? (잠6:7-8) ( )

4. 잠언에 보면 누구로 말미암아 사람이 한 조각 떡만 남게 되고 그로 말미암아 귀한 생명을 사냥 당하게 되는가? (잠6:26) ( )

5. 잠언에 의하면 "여호와께서 그 조화의 시작 곧 태초에 일하시기 전에 나를 가지셨으며 만세 전부터, 태초부터, 땅이 생기기 전부터 내가 세움을 받았나니"라고 할 때 나는 무엇인가? (잠8:12, 22-23) ( )

6. 잠언에 보면 속이는 저울은 여호와께서 미워하시나 공평한 무엇을 그가 기뻐하시는가? (잠11:1) ( )

7. 잠언에 의하면, 유순한 대답은 분노를 쉬게 하여도 과격한 말은 무엇을 격동하게 되는가? (잠15:1) (　　　)

8. "사람이 마음으로 자기의 길을 계획할지라도 그의 걸음을 인도하시는 이는 여호와시니라"라는 구절은 구약의 어느 책에 기록되고 있는가? (잠16:9) (　　　)

9. 노하기를 더디하는 자는 용사보다 낫고 자기의 마음을 다스리는 자는 무엇을 빼앗는 자보다 낫다고 잠언은 기록하고 있는가? (잠16:32) (　　　)

10. 잠언에 의하면, 마음의 즐거움은 양약이라도 심령의 근심은 무엇을 마르게 하는가? (잠17:22) (　　　)

11. 잠언에 의하면, 아비를 조롱하며 어미 순종하기를 싫어하는 자의 눈은 골짜기의 무엇에게 쪼이고 독수리 새끼에게 먹히게 되는가? (잠30:17) (　　　)

진위형(O,X)

1. 잠언은 모든 지킬 만한 것 중에 더욱 '건강'을 지키라고 권유하는데 이는 생명의 근원이 이에서 나기 때문이다(잠4:23). (O , X)

2. 음녀의 입술은 꿀을 떨어뜨리며 그의 입은 기름보다 미끄러우나 나중은 쑥 같이 쓰고 두 날 가진 칼 같이 날카롭다(잠 5:3-4). (O , X)

3. 잠언에 보면 "나를 사랑하는 자들이 나의 사랑을 입으며 나를 간절히 찾는 자가 나를 만날 것이라"고 기록하고 있는데, 여기에서 나는 지혜를 뜻한다(잠8:17). (O , X)

4. 잠언에 의하면, 여호와께서 주시는 복은 사람을 부하게 하고 근심을 겸하여 주신다(잠10:22). (O , X)

5. 잠언에 의하면, 어진 여인은 그 지아비의 면류관이나 욕을 끼치는 여인은 그 지아비의 뼈가 썩음 같게 한다(잠12:4). (O , X)

6. 잠언에 의하면, 자주 노하는 자는 크게 명철하여도 마음이 조급한 자는 어리석음을 나타내게 된다(잠14:29). (O , X)

7. 제비는 사람이 뽑으나 모든 일을 작정하시는 분은 여호와시라고 전도서는 기록하고 있다(잠16:33). (O , X)

8. 잠언에 의하면, 형제는 사랑이 끊어지지 아니하고 친구는 위급한 때를 위하여 났다(잠17:17). (O , X)

9. 잠언에 의하면 솔로몬의 잠언들 중에는 히스기야 왕의 신하들이 편집한 내용들도 있다(잠25:1). (O , X)

10. "너는 내일 일을 자랑하지 말라 하루 동안에 무슨 일이 일어날는지 네가 알 수 없음이니라"라는 구절은 전도서에 기록되고 있다(잠27:1). (O , X)

11. "내가 두 가지 일을 주께 구하였사오니 내가 죽기 전에 내게 거절하지 마시옵소서 곧 헛된 것과 거짓말을 내게서 멀리 하옵시며 나를 가난하게도 마옵시고 부하게도 마옵시고 오직 필요한 양식으로 나를 먹이시옵소서"라고 기도한 자는 야게의 아들 아굴이다(잠30:7-8). (O , X)

정 답

선택형

1.(2) 2.(1) 3.(4) 4.(4) 5.(3) 6.(4) 7.(4) 8.(2) 9.(3) 10.(4) 11.(4)

완성형

1.경외 2.지혜 3.진리 4.양약 5.빈궁 6.독 7.매 8.기도 9.경영 10.공의

단답형

1.잠언 2.지혜 3.개미 4.음녀 5.지혜 6.추 7.노 8.잠언 9.성 10.뼈 11.까마귀

진위형

1.(X) 2.(O) 3.(O) 4.(X) 5.(O) 6.(X) 7.(X) 8.(X) 9.(O) 10.(X) 11.(O)

18 구약편 전도서

Ecclesiastes

선택형

1. 전도서는 책 안의 글이 누구의 말씀이라고 밝히고 있는가?
   (1) 다윗 (2) 솔로몬 (3) 전도자 (4) 아굴

2. 전도서에 어울리지 않는 말은 무엇인가?
   (1) 허무 (2) 율법준수 (3) 즐겨라 (4) 지혜

3. 전도서의 내용으로 어울리지 않는 것은 무엇인가? (전1:2-11)
   (1) 해아래 새로운 것이 없다
   (2) 모든 것은 영원히 순환한다
   (3) 모든 것이 헛되고 바람을 잡는 것이다
   (4) 여호와 외에 다른 신들을 섬기지 말라

4. 다음은 전도서의 주요 사상중 하나를 드러내는 구절이다. 괄호 안에 공통으로 들어가는 말은? "지혜자도 우매자와 함께 영원하도록 기억함을 얻지 못하나니 후일에는 모두 다 잊어버린 지 오랠 것임이라 오호라 지혜자의 ( )이/가 우매자의 ( )과/와 일반이로다"(전 2:16).
   (1) 지혜 (2) 죽음 (3) 생명 (4) 허무

5. 전도서 3:22는 "사람이 자기 일에 즐거워하는 것보다 더 나은 것이 없다"고 말한다. 무엇 때문에 그런가? (전3:16-21)

(1) 죽음 (2) 허무 (3) 사명 (4) 하나님

6. "… 이 두 가지를 하나님이 병행하게 하사 사람이 그의 장래 일을 능히 헤아려 알지 못하게 하셨느니라" 여기에서 이 두 가지란 무엇인가? (전7:14)

(1) 형통한 날에 기뻐하고 곤고한 날에 슬퍼하는 것

(2) 형통한 날에 기뻐하고 곤고한 날에 되돌아보는 것

7. 전도자는 같은 말을 다섯 번 반복하며 그의 말을 시작한다. 그 말은 무엇인가? (전1:2)

(1) 슬프다 (2) 곤고하다 (3) 피곤하다 (4)헛되다

8. 다음 중 전도서의 사상이 아닌 것은 무엇인가?

(1) 해아래 새 것이 없다

(2) 하나님의 언약은 절대 파기되지 않는다

(3) 사람이 자기 일을 즐거워하는 것 보다 더 나은 것이 없다

(4) 사랑하는 아내와 함께 즐겁게 살아라

9. 전도서에는 하나님의 이름이 몇 번 나오는가?

(1) 0 (2) 4 (3) 7 (4) 40

10. "사람이 먹고 마시며 수고하는 것보다 그의 마음을 더 기쁘게 하는 것은 없나니 내가 이것도 본즉 ( )의 손에서 나오는 것이로다."괄호 안에 알맞은 말은? (전2:24)

(1) 우매자 (2) 지혜자 (3) 인간 (4) 하나님

11. 다음 중 전도서의 주제가 아닌 것은?
(1) 율법을 경외하라 (2) 모든 것은 헛되다
(3) 인생은 헛되다 (4) 하나님을 경외하라

12. 세상의 모든 것이 늘 변함 없이 순환하는 것에 인간은 허망함을 느낀다. 이런 주제를 잘 표현한 다음 구절의 괄호 안에 알맞은 말은 무엇인가? "한 세대는 가고 한 세대는 오되 (   )은 영원히 있도다"(전1:4).
(1) 여호와 (2) 하늘 (3) 땅 (4) 지혜

13. 다음 중 전도서에서 표현하는 하나님이 아닌 것은 무엇인가? (전3:11-15)
(1) 사람에게 영원을 사모하는 마음을 주셨다
(2) 사람이 낙을 누리는 것은 하나님의 선물이다
(3) 하나님이 행하시는 것은 영원히 있을 것이다
(4) 하나님이 행하시는 모든 것을 지혜자는 측량할 수 있다

14. 전도서가 두 사람이 한 사람보다 더 낫다고 말하며 예를 든 것이 아닌 것은 무엇인가? (전4:9-12)
(1) 혹 넘어질 때 일으켜줄 사람이 있다
(2) 두 사람이 같이 누우면 따뜻하다
(3) 백지장도 맞들면 낫다
(4) 삼겹줄은 쉽게 끊어지지 않는다

15. 전도서에서 말하는 하나님이 인간에게 주신 몫이 아닌 것은 무엇인가? (전5:18-19)
(1) 먹고 마시는 것 (2) 낙을 누리는 것
(3) 하나님의 언약의 백성이 되는 것 (4) 수고함으로 즐거워하는 것

16. "바람의 길이 어떠함과 아이 밴 자의 태에서 뼈가 어떻게 자라는지를 네가 알지 못함 같이…"그 다음 이어지는 말로서 어울리는 것은 무엇인가? (전11:5)

(1) 하나님의 행사는 신묘하시다

(2) 인간의 지혜는 한계가 있다

(3) 만사를 성취하시는 하나님의 일을 인간이 알 수 없다

(4) 공부를 많이 하면 피곤하다

17. "청년이여 네 어린 때를 즐거워하며 네 청년의 날들을 마음에 기뻐하여 마음에 원하는 길들과 네 눈이 보는 대로 행하라…"그 다음 이어지는 말로서 어울리는 것은 무엇인가? (전11:9)

(1) 하나님도 이 모든 일로 말미암아 너를 기뻐하신다

(2) 하나님이 주신 날에 먹고 마시며 즐거워하라

(3) 그러나 재앙의 날이 홀연히 올 것을 염려하라

(4) 그러나 하나님이 이 모든 일로 말미암아 너를 심판하실 줄 알라

18. 전도서에서는 '바람을 잡는 것이다' 라는 표현을 자주 쓴다. 무엇을 표현 할 때 쓰는 문학적 표현인가? (전1:14)

(1) 힘든 것 (2) 헛된 것 (3) 뜨거운 것 (4) 잡히지 않는것

19. "내가 보니 지혜가 우매보다 뛰어남이 (　　)이/가 (　　)보다 뛰어남 같도다" 괄호 안에 알맞은 말은 무엇인가? (전2:13)

(1) 여우, 사자 (2) 빛, 어둠 (3) 하늘, 땅 (4) 여재, 장수

20. "사람들이 사는 동안에 (　　)보다 더 나은 것이 없는 줄을 내가 알았고" 괄호 안에 알맞은 말은 무엇인가? (전3:12)

(1) 기뻐하며 선을 행하는 것 (2) 울며 씨를 뿌리는 것

(3) 복음 들고 산을 넘는 것 (4) 기뻐하며 즐기는 것

21. 전도서 7:1-2에서 밝히는 전도자의 생각이 아닌 것은 무엇인가?

(1) 웃음이 슬픔보다 낫다

(2) 좋은 이름이 좋은 기름 보다 낫다

(3) 죽는 날이 출생하는 날보다 낫다

(4) 초상집에 가는 것이 잔칫집에 가는 것보다 낫다

22. 전도서 7장 29절에서 말하기를 하나님은 인간을 정직하게 지으셨으나 사람이 어떻게 되었다고 말하는가?

(1) 악하게 (2) 많은 꾀를 내었다

(3) 많은 거짓을 만들었다 (4) 바보

23. 전도서 8장 15절에서 전도자가 희락을 찬양하는 이유는 무엇인가?

(1) 사람을 건강하게 만들기 때문에

(2) 사람을 장수하게 하기 때문에

(3) 먹고 마시고 즐거워하는 것보다 더 나은 것이 해아래 없기 때문에

(4) 먹고 마시고 즐거워하는 것이 하나님을 찬양하는 것이기 때문에

24. 전도서의 결말에 결국 사람의 본분은 무엇이라고 가르치는가? (전 12:13)

(1) 하나님을 경외하고 그의 명령을 지키는 것

(2) 하나님을 찬양하고 기뻐하는 것

(3) 해아래 즐거워하고 기뻐하는 것

(4) 말씀을 사랑하고 계명을 지키는 것

완성형

1. (   )가 많으면 번뇌도 많으니 (   )을 더하는 자는 근심을 더하느니라(전1:18).

2. 전도서에서 주요하게 사용 되는 두 단어를, 다음 괄호 안에 넣으시오. "두 손에 가득하고 (   )하며 (   )을 잡는 것보다 한 손에만 가득하고 평온함이 더 나으니라"(전4:6).

3. 너는 청년의 때에 너의 (   )를 기억하라 곧 곤고한 날이 이르기 전에, 나는 아무 낙이 없다고 할 해들이 가깝기 전에 해와 빛과 달과 별들이 어둡기 전에, 비 뒤에 구름이 다시 일어나기 전에 그리하라(전12:1).

4. 하나님이 모든 것을 지으시되 (   )를 따라 아름답게 하셨고 또 사람들에게는 (   )을 사모하는 마음을 주셨느니라 그러나 하나님이 하시는 일의 시종을 사람으로 측량할 수 없게 하셨도다(전3:11).

5. 다음 구절의 괄호 안을 채우고, 잘 기억하라! "(   )이/가 지혜자를 우매하게 하고 (   )이/가 사람의 명철을 망하게 하느니라"(전7:7).

6. 다음 괄호에 공통적으로 들어 갈 말은? "또한 (   )들이 하는 모든 말에 네 마음을 두지 말라 그리하면 네 종이 너를 저주하는 것을 듣지 아니하리라. 너도 가끔 (   )을 저주하였다는 것을 네 마음도 알고 있느니라"(전7:21-22).

7. 주권자가 네게 분을 일으키거든 너는 네 자리를 떠나지 말라 (   )이 큰 허물을 용서 받게 하느니라(전10:4).

8. 은을 사랑하는 자는 은으로 (　　　)하지 못하고 풍요를 사랑하는 자는 소득으로 (　　　)하지 아니하나니 이것도 헛되도다(전5:10).

9. 그가 비록 천 년의 갑절을 산다 할지라도 (　　　)을 보지 못하면 마침내 다 한 곳으로 돌아가는 것뿐이 아니냐(전6:6).

단답형

1. 다음 중 전도서에서 가르치는 내용은 몇 가지가 있는가? (전9:7-12) (　　　)
   (1) 하나님이 우리 하는 일을 이미 기쁘게 받으셨기 때문에 기쁨으로 먹고 마시자
   (2) 죽고 나서 스올에 가면 할 일이 없기 때문에 열심히 일하자
   (3) 사람은 자기의 시기와 기회를 모르기 때문에 재앙의 날이 홀연히 임할 수 있다
   (4) 명철한 사람이라고 재물을 얻는 것은 아니다

2. 지혜자나 우매자에게 모두 일반인 것, 둘 모두에게 같은 운명인 것은 무엇인가? (전2:16) (　　　)

3. 전도서에 따르면 사람의 얼굴에 광채가 나게 하고 얼굴의 사나운 것을 변하게 하는 것은 사람의 무엇인가? (전8:1) (　　　)

진위형(O,X)

1. 전도서에는 우리가 구약의 다른 책들에서 배우는 것과 일치하지 않는 것처럼 보이는 내용이 많이 있다. 그 중 하나는, 인간이 하나님께서 하시는 일의 시종을 잘 알 수 없다는 것이다(전3:11; 11:5). (O , X)

2. 전도서는 슬픔이 웃음보다 더 낫다고 말한다(전7:3). (O , X)

3. 하나님을 경외하는 것이 인간의 본분이라는 사상은 잠언에는 나오지만 전도서에는 발견되지 않는 말이다(전12:13). (O , X)

4. 우매한 자의 특징 중 하나는 말을 많이 하는 것이다(전10:14). (O , X)

5. "게으른즉 서까래가 내려앉고 손을 놓은즉 집이 새느니라" (전10:18) 이와 비슷하게 근면을 강조하는 말이 잠언에도 나온다. (O , X)

6. 전도서는 하나님을 경외하는 것이나 그분의 심판과는 아랑곳없이 우선 인생을 즐기고 누리라고 결론 짓는다(전12:13-14). (O , X)

7. 전도서에 따르면 사람이 남의 일을 즐거워하는 것 보다 더 나은 것이 없다(전3:22). (O , X)

8. 전도서는 사람이 전능하시고 우리의 형편을 잘 아시는 하나님 앞에 되도록 많은 말을 하라고 권면한다(전5:2). (O , X)

9. 전도서에 따르면 지나치게 의인이 되거나 지나치게 지혜자가 되는 것은 스스로 패망하는 길이다(전7:16). (O , X)

10. 전도서 4장에서 산자보다 죽은 자 혹은 아직 출생하지 않는 자가 복되다고 표현하는 것은 이 세상의 악함 때문이다(전4:1-4). (O , X)

11. 하나님께서는 인간이 자신의 장래 일을 잘 예상하고 준비하게 하기 위하여, 인간에게 형통한 날과 곤고한 날 둘 모두를 주셨다(전7:14). (O , X)

정 답

선택형

1.(3)(전1:1, 2, 12; 7:27; 12:8, 9, 10; 그 전도자를 솔로몬으로 추정하는 것이지 전도서는 그 저자를 절대 솔로몬으로 직접 언급하지 않는다) 2.(2) 3.(4) 4.(2) 5.(1) 6.(2) 7.(4) 8.(2)(전도서에는 구약성서의 다른 부분에서 주요하게 강조되는 구속이나 계약에 대한 사상이 강조되어있지 않다; 전1:9; 3:12, 15, 22; 9:7, 9; 5:17; 8:15 참조) 9.(4) 10.(4) 11.(1) 12.(3) 13.(4) 14.(3) 15.(3) 16.(3) 17.(4) 18.(2) 19.(2) 20.(1) 21.(1) 22.(2) 23.(3) 24.(1)

완성형

1.지혜, 지식 2.수고, 바람 3.창조주 4.때, 영원 5.탐욕, 뇌물 6.사람 7.공손함 8.만족 9.행복

단답형

1.네 가지 모두 2.죽음 3.지혜

진위형

1.(O) 2.(O) 3.(X) 4.(O) 5.(O)(잠 20:4 '게으른 자는 가을에 밭 갈지 아니하나니 그러므로 거둘 때에는 구걸할지라도 얻지 못하리라') 6.(X) 7.(X)(자기일) 8.(X)(말을 적게 할 것) 9.(O) 10.(O) 11.(X)(장래 일을 헤아리지 못하게 하기 위하여)

19 구약편 아가

Song of Solomon

선택형

1. 다음 중 아가서와 어울리지 않는 단어는 무엇인가?
   (1) 사랑 (2) 솔로몬 (3) 아름다움 (4) 공의

2. 다음 중 아가서의 내용과 거리가 먼 것은 무엇인가?
   (1) 검은 피부의 아름다움 (2) 사랑하는 자를 찾는 아름다운 처녀
   (3) 어머니의 사랑 (4) 함께 도망하여 사랑을 나눈다

3. 다음 중 아가서의 내용과 거리가 먼 것은 무엇인가?
   (1) 향기를 통해 사랑의 아름다움을 찬양
   (2) 잉태의 기쁨
   (3) 사랑하는 자를 백합화와 사과나무에 비교
   (4) 훌륭한 솔로몬의 가마와 같은 사랑하는 자

4. 아가서 8장 1절에서 소녀는 사랑하는 이가 자신의 오라비 같았으면 좋겠다고 한다. 그 이유는 무엇인가?
   (1) 오라비는 누이들을 잘 보살펴 주기 때문에
   (2) 오라비는 자기와 닮았기 때문에
   (3) 밖에서 입을 맞추어도 뭐라 할 자가 없기 때문에
   (4) 밖에서 손을 잡아도 뭐라 할 자가 없기 때문에

5. 아가서 8장 2-3절에서 소녀가 사랑하는 이를 어머니의 방으로 데려가서 하고픈 것이 아닌 것은 무엇인가?

(1) 식구들과 함께 맛있는 식사

(2) 향기로운 술 곧 석류즙을 그가 마시게 한다

(3) 그의 왼팔에 머리를 고이고 그의 오른손이 자기를 안기를 바란다

(4) 그가 원하기 전에는 깨지 않기를 바란다

6. 다음 중 아가서에 자주 반복되는 주제가 아닌 것은 무엇인가?

(1) 예루살렘 딸들의 간청

(2) 내 오라비의 사랑

(3) 사랑하는 자를 밤새도록 찾음

(4) 나의 사랑하는 자는 나에게 속했고, 나는 그에게 속하였다

7. 다음에 구절의 괄호 안에 알맞은 말은 무엇인가? "예루살렘 딸들아 너희에게 내가 부탁한다 너희가 내 사랑하는 자를 만나거든 내가 사랑하므로 (　　　)"(아5:8).

(1) 외롭다고 하려무나　　(2) 병이 났다고 하려무나

(3) 떠나간다고 하려무나　　(4) 배가 고프다고 하려무나

8. 사랑하는 이의 아름다움을 문학적으로 비유한 다음 구절의 괄호 안에 알맞은 말은? "여자들 중에 내 사랑은 (　　　) 가운데 (　　　) 같도다. 남자들 중에 나의 사랑하는 자는 (　　　) 가운데 (　　　) 같구나…"(아2:2-3).

(1) 가시나무, 백합화, 수풀, 사과나무

(2) 백합화, 가시나무, 사과나무, 수풀

(3) 잡초, 꽃, 짐승, 말

(4) 꽃, 잡초, 말, 짐승

9. "몰약과 유향과 상인의 여러 가지 향품으로 향내 풍기며 연기 기둥처럼 거친 들에서 오는 자가 누구인가. 볼지어다 ( )의 가마라 이스라엘 용사 중 육십 명이 둘러쌌는데" 괄호 안에 들어갈 인물은? (아 3:6-7)

   (1) 다윗 (2) 라헬 (3) 솔로몬 (4) 메시야

10. "내가 잘지라도 마음은 깨었는데 나의 사랑하는 자의 소리가 들리는구나 문을 두드려 이르기를 나의 누이, 나의 사랑, 나의 비둘기, 나의 완전한 자야 문을 열어 다오 내 머리에는 이슬이, 내 머리털에는 밤이슬이 가득하였다 하는구나"그 다음에 일어난 상황이 아닌 것은 무엇인가? (아5:2-6)

   (1) 내 사랑하는 자가 문틈으로 손을 들이밀매 내 마음이 움직였다
   (2) 사랑하는 자를 위하여 문을 열 때 몰약이 내 손에서, 몰약의 즙이 내 손가락에서 문빗장에 떨어졌다
   (3) 내 사랑하는 자를 위하여 문을 열었으나 그는 벌써 물러갔다
   (4) 사랑하는 자가 문을 열고 들어왔으나 너무나 떨려 자는 척 하였다

11. 아가서 6장 13절에는 아가서의 사랑하는 여인이 사는 곳이 어디인지 밝혀지고 있다. 그곳은 어디인가?

   (1) 모압 (2) 예루살렘 (3) 술람미 (4) 암몬

12. 아가서 7장에서 사랑하는 여인의 아름다움을 묘사하는 대상이 아닌 것은 무엇인가?

   (1) 발 (2) 유방 (3) 현숙함 (4) 콧김

13. "예루살렘 딸들아 내가 비록 검으나 아름다우니 게달의 장막 같을지라도 ( )의 휘장과도 같구나" 괄호 안에 알맞은 말은 무엇인가? (아1:5)

   (1) 성전 (2) 솔로몬 (3) 다윗 (4) 실로

완성형

1. 내게 입맞추기를 원하니 네 (   )이 포도주보다 나음이로구나(아1:2).

2. 내 신부야 네 (   )에서는 꿀 방울이 떨어지고 네 (   ) 밑에는 꿀과 젖이 있고 네 의복의 향기는 레바논의 향기 같구나(아4:11).

3. 나는 내 사랑하는 자에게 (   ) 내 사랑하는 자는 내게 (   ) 그가 백합화 가운데에서 그 양 떼를 먹이는 도다(아6:3).

4. 다음의 유명한 아가서 구절의 괄호 안을 채우시오. "너는 나를 도장 같이 마음에 품고 도장 같이 팔에 두라 사랑은 (   ) 같이 강하고 (   )는 스올 같이 잔인하며 불길 같이 일어나니 그 기세가 여호와의 불과 같으니라. 많은 물도 이 (   )을 끄지 못하겠고 홍수라도 삼키지 못하나니 사람이 그의 온 가산을 다 주고 (   )과 바꾸려 할지라도 오히려 멸시를 받으리라"(아8:6-7).

5. 다음은 사랑하는 여인에 대한 아름다운 표현이다. 괄호 안을 채우시오. "내 누이, 내 신부는 잠근 (   )이요 덮은 (   )이요 봉한 (   )이로구나"(아4:12).

6. 아가서의 배경이 되는 곳으로 자주 등장하는 이곳은 어디인가? 괄호 안을 채우시오. "내 사랑하는 자야 우리가 함께 들로 가서 동네에서 유숙하자. 우리가 일찍이 일어나서 (   )으로 가서 포도 움이 돋았는지, 꽃술이 퍼졌는지, 석류 꽃이 피었는지 보자 거기에서 내가 내 사랑을 네게 주리라"(아7:11-12)."우리를 위하여 여우 곧 (   )을 허는 작은 여우를 잡으라 우리의 (   )에 꽃이 피었음이라"(아2:15).

7. 사랑하는 이의 애타는 마음을 표현하기 위해 아가서에 몇 번 등장하는 다음의 표현을 완성하라. "너희는 건포도로 내 힘을 돕고 사과로 나를 시원하게 하라 내가 사랑하므로 (   )이 생겼음이라"(아2:5)

단답형

1. 아가서 1:1은 이 글이 누구의 노래라고 소개하는가? (   )

2. 아가서의 표현에 죽음같이 강한 것이 무엇인가?(아8:6) (   )

진위형(O,X)

1. "내 사랑하는 자는 내게 속하였고 나는 그에게 속하였도다. 그가 백합화 가운데에서 양 떼를 먹이는구나" 여기에서 '내 사랑하는 자' 와 '나' 는 사랑하는 남녀를 가리킨다(아2:16). (O , X)

2. 아가서는 여자 육체에 대한 아름다움을 묘사는 하지만 남자 육체에 대한 아름다움의 묘사는 없다. (O , X)

3. 아가서에서 여인이 사랑하는 남자의 눈은 시냇가의 비둘기 같다고 묘사되어 있다(아5:12). (O , X)

정 답

선택형

1.(4) 2.(3)(아1:5-6; 1:7-8; 4:8-11; 7:11-13; 아가서는 남녀 간의 사랑을 노래한다) 3.(2)(아1:12-14; 2:1-3; 3:6-11) 4.(3) 5.(1) 6.(2)(아2:7; 3:5; 5:8; 8:4/3:1-5; 5:2-8/2:16; 6:3) 7.(2) 8.(1) 9.(3) 10.(4) 11.(3) 12.(3) 13.(2)

완성형

1.사랑 2.입술, 혀 3.속하였고, 속하였으며 4.죽음, 질투, 사랑, 사랑 5.동산, 우물, 샘 6.포도원 7.병(아5:8)

단답형

1.솔로몬 2.사랑

진위형

1.(O) 2.(X)(여자, 아4:1-7; 6:4-7/남자, 아5:9-16) 3.(O)

20 구약편 이사야

Isaiah

선택형

1. 다음 중 이사야가 예언하던 시대의 왕이 아닌 사람은 누구인가?
   (1) 웃시야　(2) 요담　(3)아하스　(4) 므낫세

2. 이사야서는 총 몇 장으로 구성되어 있는가?
   (1) 45장　(2) 55장　(3) 65장　(4) 66장

3. "소는 그 임자를 알고 나귀는 그 주인의 구유를 알건마는 이스라엘은 알지 못하고 나의 백성은 깨닫지 못하는도다"라고 예언한 사람은 누구인가?
   (1) 이사야　(2) 예레미야　(3) 아모스　(4) 에스겔

4. "헛된 제물을 다시 가져오지 말라 분향은 내가 가증히 여기는 바요 월삭과 안식일과 대회로 모이는 것도 그러하니 성회와 아울러 악을 행하는 것을 내가 견디지 못하겠노라"고 예언한 사람은 누구인가?
   (1) 이사야　(2) 아모스　(3) 호세아　(4) 말라기

5. "시온은 정의로 구속함을 받고 그 돌아온 자들은 공의로 구속함을 받으리라"고 예언한 사람은 누구인가?
   (1) 에스겔　(2) 예레미야　(3) 스가랴　(4) 이사야

6. 이사야 5장의 포도원의 노래의 주제는 무엇인가?

(1) 인내 (2) 소망 (3) 정의 (4) 믿음

7. 선지자 이사야는 언제 소명을 받았는가?

(1) 요시야 개혁 때 (2) 웃시야 죽던 때

(3)히스기야가 병들었을 때 (4) 예루살렘 멸망 때

8. 임마누엘 예언을 한 선지자는 누구인가?

(1) 다니엘 (2) 호세아 (3) 이사야 (4) 미가

9. 주전 734년 시리아-에브라임 위기 때에 예언을 한 선지자는 누구인가?

(1) 아모스 (2) 호세아 (3) 이사야 (4) 예레미야

10. 아하스왕의 믿음을 견고하게 하기 위해 이사야가 준 표적은 무엇인가?

(1) 해시계 (2) 석류나무

(3) 임마누엘 아기 (4) 마할살렐하스바스

11. "그 때에 이리가 어린 양과 함께 살며 표범이 어린 염소와 함께 누우며 송아지와 어린 사자와 살진 짐승이 함께 있어 어린 아이에게 끌리며"라고 예언한 사람은 누구인가?

(1) 이사야 (2) 예레미야 (3) 에스겔 (4) 스바냐

12. "너 아침의 아들 계명성이여 어찌 그리 하늘에서 떨어졌으며 너 열국을 엎은 자여 어찌 그리 땅에 찍혔는고"라는 예언은 어느 나라를 가리키는가?

(1) 유다 (2) 앗수르 (3) 바벨론 (4) 이스라엘

13. "네가 여기와 무슨 관계가 있느냐 여기에 누가 있기에 너를 위하여 묘실을 팠느냐 높은 곳에 자기를 위하여 묘실을 팠고 자기를 위하여 처소를 쪼아내었도다"란 예언은 누구를 향해 외친 말씀인가?

(1) 사반 (2) 여호사밧 (3) 셉나 (4) 여호야다

14. 이사야 29:1에서 "슬프다 아리엘이여 아리엘이여 다윗이 진 친 성읍이여"란 말씀에서 "아리엘"은 어느 성읍을 가리키는가?

(1) 아이 (2) 헤브론 (3) 예루살렘 (4) 베들레헴

15. 주전 701년 앗수르 왕 산헤립이 침공하여 유다 성읍을 파괴하고 예루살렘 성을 포위하던 시절의 유다 왕은 누구인가?

(1) 아하스 (2) 히스기야 (3) 므낫세 (4) 요시야

16. 산헤립의 신하로서 "혹시 네가 내게 이르기를 우리는 우리 하나님 여호와를 신뢰하노라 하리라마는 그는 그의 산당과 제단을 히스기야가 제하여 버리고 유다와 예루살렘에 명령하기를 너희는 이 제단 앞에서만 예배하라 하던 그 신이 아니냐"고 말한 사람은 누구인가?

(1) 므로닥발라단 (2) 랍사게

(3) 셉나 (4) 모르드개

17. 유다의 신하로서 여호와를 업신여기는 말을 하는 랍사게에게 유다방언으로 하지 말고 아람 방언으로 해달라고 청한 사람이 아닌 사람은?

(1) 엘리아김 (2) 셉나 (3) 요아 (4) 사반

18. 병들어 죽게 된 히스기야가 기도하여 나을 징조로 아하스의 해시계가 뒤로 몇 도 물러갔는가?

(1) 10도 (2) 15도 (3) 20도 (4) 5도

19. 포로로 잡혀간 유다 사람들을 고국으로 돌아가서 성전을 중건하도록 허락할 여호와의 기름부음 받은 자는 누구인가?
   (1) 이사야 (2) 고레스 (3) 여호야긴 (4) 느헤미야

20. "일어나라 빛을 발하라 이는 네 빛이 이르렀고 여호와의 영광이 네 위에 임하였음이니라"는 말씀이 기록된 예언서는 무엇인가?
   (1) 에스겔 (2) 예레미야 (3) 이사야 (4) 나훔

완성형

1. 여호와께서 말씀하시되 오라 우리가 서로 ( )하자 너희의 죄가 주홍같을지라도 눈과 같이 희어질 것이요 진홍같이 붉을지라도 양털같이 희게 되리라(사1:18).

2. 무릇 만군의 여호와의 포도원은 이스라엘 족속이요 그가 기뻐하시는 나무는 유다 사람이라 그들에게 ( )를 바라셨더니 도리어 포학이요 그들에게 공의를 바라셨더니 도리어 부르짖음이었도다(사5:7).

3. 에브라임의 머리는 사마리아요 사마리아의 머리는 르말리야의 아들이니라 만일 너희가 굳게 ( ) 아니하면 너희는 굳게 서지 못하리라 하시니라(사7:9).

4. 이 백성이 천천히 흐르는 ( ) 물을 버리고 르신과 르말리야의 아들을 기뻐하느니라(사8:6).

5. 이는 한 아기가 우리에게 났고 한 아들을 우리에게 주신 바 되었는데 그의 어깨에는 정사를 메었고 그의 이름은 기묘자라, 모사라, ( )하신 하나님이라, 영존하시는 아버지라, 평강의 왕이라 할 것임이니라(사9:6).

6. ( )의 술 취한 자들의 교만한 면류관은 화 있을진저 술에 빠진 자의 성 곧 영화로운 관 같이 기름진 골짜기 꼭대기에 세운 성이여 쇠잔해 가는 꽃같으니 화 있을진저(사28:1).

7. 그러므로 주 여호와께서 이같이 이르시되 보라 내가 한 돌을 시온에 두어 기초를 삼았노니 곧 ( ) 돌이요 귀하고 견고한 기촛돌이라 그것을 믿는 이는 다급하게 되지 아니하리로다(사28:16).

8. 보라 ( )의 해시계에 나아갔던 해 그림자를 십 도를 물러가게 하리라(사38:8).

9. 너희의 하나님이 이르시되 너희는 ( )하라 내 백성을 ( )하라(사40:1).

10. 풀은 마르고 꽃은 시드나 우리 하나님의 ( )은 영원히 서리라(사40:8).

11. 야곱아 어찌하여 네가 말하며 이스라엘아 네가 이르기를 내 길은 여호와께 숨겨졌으며 내 ( )는 내 하나님에게서 벗어난다 하느냐(사40:27).

12. 두려워하지 말라 내가 너와 함께 함이라 놀라지 말라 나는 네 ( )이 됨이라 내가 너를 굳세게 하리라 참으로 너를 도와주리라 참으로 나의 의로운 오른손으로 너를 붙들리라(사41:10).

13. 대저 나는 여호와 네 하나님이요 이스라엘의 거룩한 이요 네 ( )임이라 내가 애굽을 너의 속량물로, 구스와 스바를 너를 대신하여 주었노라(사43:3).

14. 이 백성은 내가 나를 위하여 지었나니 나를 ( )하게 하려 함이니라(사43:21).

15. 그는 실로 우리의 ( )를 지고 우리의 슬픔을 당하였거늘 우리는 생각하기를 그는 징벌을 받아 하나님께 맞으며 고난을 당한다 하였노라(사53:4).

16. 그가 찔림은 우리의 허물 때문이요 그가 상함은 우리의 ( ) 때문이라 그가 징계를 받음으로 우리는 평화를 누리고 그가 채찍에 맞으므로 우리는 나음을 받았도다(사53:5).

17. ( )이 죽을지라도 마음에 두는 자가 없고 진실한 이들이 거두어 감을 당할지라도 깨닫는 자가 없도다(사57:1).

18. 내가 기뻐하는 ( )은 흉악의 결박을 풀어주며 멍에의 줄을 끌러 주며 압제 당하는 자를 자유하게 하며 모든 멍에를 꺾는 것이 아니겠느냐사(58:6).

19. 주 여호와의 ( )이 내게 내리셨으니 이는 여호와께서 내게 기름을 부으사 가난한 자에게 아름다운 소식을 전하게 하려 하심이라 나를 보내사 마음이 상한 자를 고치며 포로된 자에게 자유를, 갇힌 자에게 놓임을 선포하며(사61:1).

20. 여호와께서 이와 같이 말씀하시되 하늘은 나의 보좌요 땅은 나의 발판이니 너희가 나를 위하여 무슨 ( )을 지으랴 내가 안식할 처소가 어디랴(사66:1).

단답형

1. 이사야서는 총 몇 장으로 구성되어 있는가?(　　　)

2. 주전 8세기에 남 유다 왕국의 왕실에서 예언활동을 한 선지자는 누구인가? (　　　)

3. 주전 8세기 유다의 믿음 없는 아하스 왕에게 하나님이 준 징조는 무엇인가? (7:14) (　　　)

4. 아하스 왕 당시에 북쪽에서 쳐들어온 동맹은 어느 나라들 사이의 연합이었는가? (사7장) (　　　)

5. 아하스 왕은 동맹국의 위협 앞에 어떤 선택을 하였는가? (왕하16:7) (　　　)

6. 이사야서에서 이사야가 아하스왕과 히스기야 왕을 만난 곳이 동일하다. 어디인가? (　　　)

7. 아하스 왕을 만나러 갈 때 이사야가 데리고 간 자기 아들의 이름은 무엇인가? (　　　)

8. 마헬살랄하스바스라는 이사야 아들의 이름의 뜻은 무엇인가? (　　　)

9. 이사야가 말하는 "하나님의 진노의 막대기요 그 손의 몽둥이"는 어느 나라를 지칭하는가? (　　　)

10. 주전 8세기 말 유다의 병든 히스기야 왕의 기도에 하나님이 준 징조는 무엇인가? (　　　)

11. 이사야서에 등장하는 '아리엘' 이란 유다 땅은 어느 도시를 말하는가? ( )

12. 이사야 14:12에서 말하는 "아침의 아들 계명성"은 역사적으로 어떤 인물을 지칭하는가? ( )

13. '기르, 바잇, 디본, 느보, 아르논, 메드바' 와 같은 성읍이 있는 나라는 어디인가? ( )

14. '소안, 놉' 과 같은 성읍이 있는 나라는 어디인가? ( )

15. '드단, 데마, 게달' 과 같은 성읍이 있는 나라는 어디인가? ( )

16. '아스돗, 가드, 아스글론' 과 같은 성읍이 있는 나라는 어디인가? ( )

17. 이사야 소묵시 혹은 이사야 묵시록으로 불리는 곳은 이사야서의 어느 단락인가? ( )

18. 히스기야 왕 시절 예루살렘 성을 포위하고 랍사게를 보내어 여호와를 모독한 앗수르 왕은 누구인가? ( )

19. 이사야 45장에서 여호와의 기름부음을 받은 자는 누구인가? ( )

20. "고난 받는 종"의 노래로 메시야의 도래를 예언한 예언서는 무엇인가? ( )

21. 유다가 바벨론의 포로생활을 하는 경험을 기초로 전개되는 예언을 담고 있는 이사야서는 어느 단락인가? ( )

22. "보라 내가 새 하늘과 새 땅을 창조하나니 이전 것은 기억되거나 마음에 생각나지 아니할 것이라는 예언을 담고 있는 예언서"는 무엇인가? (　　　)

23. "하늘은 나의 보좌요 땅은 나의 발판이니 너희가 나를 위하여 무슨 집을 지으랴 나의 처소가 어디랴"는 말씀이 담겨 있는 곳은 이사야서 어느 장인가? (　　　)

24. "좋은 소식을 전하며 평화를 공포하며 복된 좋은 소식을 가져오며 구원을 공포하며 시온을 향하여 이르기를 네 하나님이 통치하신다 하는 자의 산을 넘는 발이 어찌 그리 아름다운가"란 말씀이 담겨 있는 곳은 이사야서의 어느 장인가? (　　　)

25. "우리는 다 양같아서 그릇 행하여 각기 제 길로 갔거늘 여호와께서는 우리 모두의 죄악을 그에게 담당시키셨도다"는 말씀이 담겨 있는 곳은 이사야서 어느 장인가? (　　　)

진위형(O,X)

1. 이사야는 요시야 시대의 예언자이다. (O , X)

2. 이사야서는 총 66장으로 구성되어 있다. (O , X)

3. 이사야서의 종의 노래는 이사야 40-55장 가운데 등장한다. (O , X)

4. 이사야는 웃시야 왕이 죽던 해에 성전에서 소명을 체험했다. (O , X)

5. 주전 734년 시리아-에브라임 위기 때 아하스 왕에게 준 이사야의 표적은 임마누엘 아기 이름이다. (O , X)

6. 주전 734년 시리아-에브라임 위기란 북 왕국 베가(르말리야의 아들)와 시리아 르신 연합군이 예루살렘을 위협한 사건을 가리킨다. (O , X)

7. 주전 734년 시리아-에브라임 위기 때 이사야의 예언은 앗수르에게 지원을 요청하라는 것이었다. (O , X)

8. 주전 734년 시리아-에브라임 위기 때 유다의 아하스 왕은 이 동맹에 가담했다. (O , X)

9. 주전 734년 시리아-에브라임 위기 때 유다의 아하스 왕은 여호와를 전적으로 믿고 찾았다. (O , X)

10.주전 701년 유다를 초토화시키고 예루살렘을 포위 공격한 앗수르 왕은 에살핫돈이다. (O , X)

11. 주전 701년 예루살렘이 앗수르에게 포위 공격을 당할 때 히스기야 왕은 이에 맞서 싸웠다. (O , X)

12. 히스기야 왕 때 바벨론의 사절 므로닥발라단의 사신에게 성전과 왕궁의 곳간을 전부 보여주었는데 이로 인해 이사야에게 바벨론 포로가 되리라는 예언을 들었다. (O , X)

13. 바벨론을 멸망시키고 유다 포로를 고국으로 귀환하도록 허락한 나라는 바사이다. (O , X)

14. 바벨론을 멸망시키고 유다 포로를 고국으로 귀환하는 칙령을 내린 바사 왕은 다리오다. (O , X)

15. "너희는 위로하라 내 백성을 위로하라"는 말씀은 예레미야가 한 예언이다. (O , X)

16. 고난 받는 종으로서 메시아에 관한 예언을 한 예언자는 이사야다. (O , X)

17. 이사야 24-27장은 이사야묵시로서 이름 모를 성읍의 심판과 회복에 관한 말씀을 담고 있다. (O , X)

18. 이사야 13-23장은 여러 민족들에 관한 심판 신탁을 담고 있다. (O , X)

19. 이사야서는 예루살렘의 운명에 관한 예언의 말씀들이 담겨 있다. (O , X)

20. 이사야서 40-55장은 바사 왕 고레스의 등장을 유다 포로민이 고향으로 귀국할 역사적 단초로 기대한 내용을 담고 있다. (O , X)

정 답

선택형

1.(4) 2.(4) 3.(1) 4.(1) 5.(4) 6.(3) 7.(2) 8.(3) 9.(3) 10.(3) 11.(1) 12.(3) 13.(3) 14.(3) 15.(2) 16.(2) 17.(4) 18.(1) 19.(2) 20.(3)

완성형

1.변론 2.정의 3.믿지 4.실로아 5.전능 6.에브라임 7.시험한 8.아하스 9.위로 10.말씀 11.송사 12.하나님 13.구원자 14.찬송 15.질고 16.죄악 17.의인 18.금식 19.영 20.집

단답형

1.66장 2.이사야 3.임마누엘 아기 4.아람과 북 이스라엘 5.앗수르 지원요청 6.윗못 수도 끝 세탁자의 밭 큰 길 7.스알야숩 8.노략이 속히 이루어짐 9.앗수르 10.아하스 일영표 그림자가 뒤로 물러감 11.예루살렘 12.바벨론왕 느부갓네살 13.모압 14.애굽 15.아라비아 16.블레셋 17.이사야 24-27장 18.산헤립 19.고레스 20.이사야서 21.이사야 40-55장 22.이사야서 23.66장 24.52장 25.53장

진위형

1.(X) 2.(O) 3.(O) 4.(O) 5.(O) 6.(O) 7.(X) 8.(X) 9.(X) 10.(X) 11.(X) 12.(O) 13.(O) 14.(X) 15.(X) 16.(O) 17.(O) 18.(O) 19.(O) 20.(O)

21 구약편 예레미야

Jeremiah

선택형

1. "힐기야의 아들, 살구나무 가지, 토기장이의 그릇, 바룩, 하나냐" 등과 관련이 있는 책은 무엇인가?

   (1) 이사야　(2) 예레미야　(3) 에스겔　(4) 다니엘

2. 예레미야가 속한 지파는 무엇이며 고향은 어디인가? (렘1:1)

   (1) 베냐민, 아나돗　(2) 베냐민, 예루살렘
   (3) 유다, 모레셋　(4) 레위, 그발

3. 예레미야는 유다 백성이 저지른 우상 숭배를 무엇에 비유했는가? (렘3:8)

   (1) 도둑질　(2) 살인　(3) 행음　(4) 교만

4. "너희는 이것이 여호와의 성전이라, 여호와의 성전이라, 여호와의 성전이라 하는 거짓말을 믿지 말라"라고 외친 선지자는 누구인가? (렘7:4)

   (1) 이사야　(2) 예레미야　(3) 에스겔　(4) 아모스

5. 하나님께서 명령하신대로, 베 띠를 사서 유브라데 물 가에 감추어 두었다가 그것이 썩자 유다의 교만과 예루살렘의 큰 교만도 이와 같이 썩게 된다고 예언한 선지자는 누구인가? (렘13:1-10)

   (1) 이사야　(2) 호세아　(3) 예레미야　(4) 에스겔

6. 예레미야가 사용한 비유가 아닌 것은 무엇인가? (렘13장, 19장)

(1) 썩은 허리띠　　(2) 포도주 가죽부대

(3) 깨진 옹기　　(4) 마른 뼈 골짜기 환상

7. 유다의 멸망을 예언하는 예레미야를 성전에 가두고 목에 나무 고랑을 채웠던 제사장이자 성전의 총감독은 누구인가? (렘20:1-2)

(1) 하나냐　　(2) 바스훌　　(3) 바락　　(4) 여호야긴

8. 예레미야는 유다 백성들이 바벨론에서 몇 년 동안 포로 생활을 하게 된다고 예언했는가? (렘25:12)

(1) 40년　　(2) 60년　　(3) 70년　　(4) 80년

9. 줄과 멍에를 목에 걸고 다니면서 유다와 에돔과 모압과 암몬과 두로와 시돈 등이 바벨론의 멍에를 지게 될 것을 예언한 자는 누구인가? (렘28장)

(1) 이사야　　(2) 예레미야　　(3) 에스겔　　(4) 다니엘

10. 예레미야 때에, 선조 요나답의 명령에 순종하여 영원히 포도주를 마시지 않아서 후손들이 영원히 끊어지지 않게 될 것을 약속받게 된 사람들은 누구인가?(렘35장)

(1) 레갑 사람들　　(2) 레위인들　　(3) 시므온 지파　　(4) 유다 지파

11. 유다가 바벨론에 패망하고 난 후에 예레미야는 요하난과 모든 군 지휘관과 남자, 여자, 유아, 왕의 딸들과 바룩과 함께 어디로 가서 활동을 했는가? (렘43:5-7)

(1) 바사　　(2) 앗수르　　(3) 애굽　　(4) 헬라

12. 예레미야서에 보면 여호와의 철퇴라고 불린 나라는 어디인가? (렘 51:20)

(1) 앗수르　　(2) 시리아　　(3) 블레셋　　(4) 바벨론

완성형

1. "내가 너를 모태에 짓기 전에 너를 알았고 네가 배에서 나오기 전에 너를 성별하였고 너를 여러 나라의 선지자로 세웠노라"라는 말씀은 여호와께서 (　　　)에게 주신 말씀이다(렘1:5).

2. 유다 백성들이 섬기는 신들이 그들의 성읍 수와 같다고 지적하며 하나님의 심판을 선포한 선지자는 (　　　)이다(렘2:28).

3. 공중의 (　　　)은 그 정한 시기를 알고 산비둘기와 제비와 두루미는 그들이 올 때를 지키거늘 내 백성은 여호와의 규례를 알지 못하도다(렘8:7).

4. 나라의 멸망을 예언하는 예레미야에게 "너는 여호와의 이름으로 예언하지 말라 두렵건대 우리 손에 죽을까 하노라"라고 엄포를 놓은 자들은 예레미야의 고향인 (　　　) 사람들이다(렘11:21).

5. "선지자들이 내 이름으로 거짓 예언을 하도다 나는 그들을 보내지 아니하였고 그들에게 명령하거나 이르지 아니하였거늘 그들이 거짓 계시와 점술과 헛된 것과 자기 마음의 거짓으로 너희에게 예언하는도다"라는 말씀은 하나님께서 (　　　)를 통해 전하셨다(렘14:14).

6. 불의로 치부하는 자는 (　　　)가 낳지 아니한 알을 품음 같아서 그의 중년에 그것이 떠나겠고 마침내 어리석은 자가 되리라(렘17:11).

7. "내가 다시는 여호와를 선포하지 아니하며 그의 이름으로 말하지 아니하리라 하면 나의 마음이 불붙는 것 같아서 골수에 사무치니 답답하여 견딜 수 없나이다"라고 고백한 선지자는 (　　　)이다(렘20:9).

8. 나의 삶으로 맹세하노니 유다 왕 여호야김의 아들 (　　　)가 나의 오른손의 인장반지라 할지라도 내가 빼어 네 생명을 찾는 자의 손과 네가 두려워하는 자의 손 곧 바벨론의 왕 느부갓네살이 손과 갈대아인의 손에 줄 것이라(렘22:24-25).

9. 내가 (　　　) 선지자들 가운데도 가증한 일을 보았나니 그들은 간음을 행하며 거짓을 말하며 악을 행하는 자의 손을 강하게 하여 사람으로 그 악에서 돌이킴이 없게 하였은즉 그들은 다 내 앞에서 소돔과 다름이 없고 그 주민은 고모라와 다름이 없느니라(렘23:14).

10. 바벨론이 예루살렘을 포위하여 나라가 패망하려는 시점에 숙부의 아들 하나멜의 제안에 따라 아나돗에 있는 땅을 은 칠십 세겔에 사기로 계약을 함으로써, 하나님께서 이루어주실 나라의 회복을 상징적으로 보여준 선지자는 (　　　)이다(렘32:8).

11. 바벨론의 느부갓네살 왕이 유다 백성들을 포로로 데려가면서, 유다에 남아 있는 빈민들을 다스리도록 아히감의 아들 (　　　)를 총독으로 세웠다(렘40:7).

12. 내 백성이 두 가지 악을 행하였나니 곧 그들이 (　　　)의 근원되는 나를 버린 것과 스스로 웅덩이를 판 것인데 그것은 그 물을 가두지 못할 터진 웅덩이들이니라(렘2:13).

13. 유다인과 예루살렘 주민들아 너희는 스스로 할례를 행하여 너희 (　　　) 가죽을 베고 나 여호와께 속하라 그리하지 아니하면 너희 악행으로 말미암아 나의 분노가 불 같이 일어나 사르리니 그것을 끌 자가 없으리라(렘4:4).

14. 내 백성은 나를 알지 못하는 어리석은 자요 지각이 없는 미련한 자식이라 악을 행하기에는 지각이 있으나 (　　　)을 행하기에는 무지하도다(렘4:22).

15. 구스인이 그의 피부를, (　　　)이 그의 반점을 변하게 할 수 있으냐 할 수 있을 진대 악에 익숙한 너희도 선을 행할 수 있으리라(렘13:23).

단답형

1. 하나님의 부르심에 대해 "슬프도소이다 주 여호와여 보소서 나는 아이라 말할 줄을 알지 못하나이다"라고 답한 자는 누구인가? (렘1:6) (　　　)

2. "이 땅에 놀라운 일이 있도다 선지자들은 거짓을 예언하며 제사장들은 자기 권력으로 다스리며 내 백성은 그것을 좋게 여기니 마지막에는 너희가 어찌하려느냐"라는 말씀을 전한 선지자는 누구인가? (렘5:30-31) (　　　)

3. "그들이 내 백성의 상처를 가볍게 여기면서 말하기를 평강하다 평강하다 하나 평강이 없도다"라는 말은 어느 선지자가 한 말인가? (렘6:14) (　　　)

4. "만일 네가 보행자와 함께 달려도 피곤하면 어찌 능히 말과 경주하겠느냐 네가 평안한 땅에서는 무사하려니와 요단 강 물이 넘칠 때에는 어찌하겠느냐?"라는 말씀은 하나님께서 누구에게 주신 말씀인가? (렘12:5) (　　　)

5. 여호와께서 내게(예레미야) 이르시되 모세와 (　　　)이 내 앞에 섰다 할지라도 내 마음은 이 백성을 향할 수 없나니 그들을 내 앞에서 쫓아 내보내라(렘15:1). (　　　)

6. "이스라엘 족속아 이 토기장이가 하는 것 같이 내가 능히 너희에게 행하지 못하겠느냐 이스라엘 족속아 진흙이 토기장이의 손에 있음 같이 너희가 내 손에 있느니라"라는 여호와의 말씀을 외친 선지자는 누구인가? (렘18:6) (　　　)

7. "여호와여 주께서 나를 권유하시므로 내가 그 권유를 받았사오며 주께서 나보다 강하사 이기셨으므로 내가 조롱 거리가 되니 사람마다 종일토록 나를 조롱하나이다"라고 말한 자는 누구인가? (렘20:7) (　　　)

8. 앗술의 아들로서, 예레미야가 목에 멍에를 매고 있는 것을 끊어버리면서 유다가 바벨론의 속박에서 속히 벗어나게 될 것이라고 외친 선지자는 누구인가? (렘28:12) (　　　)

9. "너희가 내게 부르짖으며 내게 와서 기도하면 내가 너희들의 기도를 들을 것이요 너희가 온 마음으로 나를 구하면 나를 찾을 것이요 나를 만나리라"라는 구절이 포함된 구약의 책은 무엇인가? (렘29:12) (　　　)

10. 바벨론에 포로로 잡혀가게 된 유다 백성들에게 "오래 지내야 하리니 너희는 집을 짓고 살며 밭을 일구고 그 열매를 먹으라"라고 외친 선지자는 누구인가? (렘29:28) (　　　)

11. 예레미야를 대신하여 성전에서 하나님의 말씀을 낭독한 자는 누구인가? (렘36:8) (　　　)

12. 예레미야가 보낸 두루마리를 면도칼로 베어 화로 불에 던져서 태워버린 유다의 왕은 누구인가? (렘36:23) (　　　)

13. "너는 아이라 말하지 말고 내가 너를 누구에게 보내든지 너는 가며 네가 네게 무엇을 명령하든지 너는 말할지니라"라는 말씀은 여호와께서 누구에게 하신 말씀인가? (렘1:7) (　　　)

진위형(O,X)

1. 살구나무 가지 환상과 끓는 가마 환상을 보며 하나님의 소명을 받은 선지자는 에스겔이다(렘1:11-19). (O , X)

2. 예레미야가 본 끓는 가마 환상은 북쪽으로부터 앗수르가 쳐들어 올 것을 암시한 것이다(렘 1:13). (O , X)

3. "너희는 예루살렘 거리로 빨리 다니며 그 넓은 거리에서 찾아보고 알라 너희가 만일 정의를 행하며 진리를 구하는 자를 한 사람이라도 찾으면 내가 이 성읍을 용서하리라"라는 말씀은 하나님께서 예레미야를 통해 하신 말씀이다(렘5:1). (O , X)

4. "지혜로운 자는 그의 지혜를 자랑하지 말라 용사는 그의 용맹을 자랑하지 말라 부자는 그의 부함을 자랑하지 말라 자랑하는 자는 이것으로 자랑할지니 곧 명철하여 나를 아는 것과 나 여호와는 사랑과 정의와 공의를 땅에 행하는 자인 줄 깨닫는 것이라"라고 외친 선지자는 미가이다(렘9:23-24). (O , X)

5. "만물보다 거짓되고 심히 부패한 것은 마음이라 누가 능히 이를 알리요마는 나 여호와는 심장을 살피며 폐부를 시험하고 각각 그의 행위와 그의 행실대로 보응하리니"라고 외친 선지자는 예레미야이다(렘17:9). (O , X)

6. 예레미야가 힌놈의 아들의 골짜기에서 토기장이의 옹기를 깨뜨린 것은 바벨론이 멸망하게 될 것을 예언한 것이다(렘19장). (O , X)

7. "내 생일이 저주를 받았더면, 나의 어머니가 나를 낳던 날이 복이 없었더면, 나의 아버지에게 소식을 전하여 이르기를 당신이 득남하였다 하여 아버지를 즐겁게 하던 자가 저주를 받았더면…"이라는 구절은 욥기에 나온다(렘20:14-15). (O , X)

8. 시드기야 왕 때 예루살렘을 포위한 바벨론의 왕은 느부갓네살이다(렘34:1). (O , X)

9. "너희는 죽은 자를 위하여 울지 말며 그를 위하여 애통하지 말고 잡혀간 자를 위하여 슬피 울라 그는 다시 돌아와 그 고국을 보지 못할 것임이라"라는 예레미야의 예언에서 잡혀간 자는 살룸(여호아하스)을 뜻한다(렘22:10-11). (O , X)

10. "내가 나의 법을 그들의 속에 두며 그들의 마음에 기록하여 나는 그들의 하나님이 되고 그들은 내 백성이 될 것이라"라는 구절은 예레미야서에 있다(렘31:33). (O , X)

11. 유다에 임할 칼과 기근과 전염병에 관해 예언하다가 왕궁 감옥 뜰에 있는 구덩이에 던져진 예레미야를 건져내는데 도운 자는 왕궁 내시 구스인 에벳멜렉이다(렘38:7). (O , X)

12. 눈이 뽑힌 채 바벨론에 포로로 잡혀간 유다의 왕은 여호야김이다(렘39:7). (O , X)

13. "너는 내게 부르짖으라 내가 네게 응답하겠고 네가 알지 못하는 크고 은밀한 일을 네게 보이리라"라는 말씀은 예레미야서에 언급된다(렘33:3). (O , X)

정 답

선택형

1.(2) 2.(1) 3.(3) 4.(2) 5.(3) 6.(4) 7.(2) 8.(3) 9.(2) 10.(1) 11.(3) 12.(4)

완성형

1.예레미야 2.예레미야 3.학 4.아나돗 5.예레미야 6.자고새 7.예레미야 8.고니야(여호야긴) 9.예루살렘 10.예레미야 11.그다랴(그달리야) 12.생수 13.마음 14.선 15.표범

단답형

1.예레미야 2.예레미야 3.예레미야 4.예레미야 5.사무엘 6.예레미야 7.예레미야 8.하나냐 9.예레미야 10.예레미야 11.바룩 12.여호야김 13.예레미야

진위형

1.(X) 2.(X) 3.(O) 4.(X) 5.(O) 6.(X) 7.(X) 8.(O) 9.(O) 10.(O) 11.(O) 12.(X) 13.(O)

22 구약편 예레미야애가

Lamentations

선택형

1. "슬프다 이 성이여 전에는 사람들이 많더니 이제는 어찌 그리 적막하게 앉았는고 전에는 열국 중에 크던 자가 이제는 과부 같이 되었고 전에는 열방 중에 공주였던 자가 이제는 강제 노동을 하는 자가 되었도다"라는 구절로 시작되는 책은 무엇인가? (애1:1)

   (1) 예레미야　　(2) 예레미야애가
   (3) 나훔　　(4) 하박국

2. "사람이 여호와의 구원을 바라고 잠잠히 기다림이 좋도다"라는 구절이 언급되는 구약의 책은 무엇인가? (애3:26)

   (1) 시편　　(2) 잠언　　(3) 전도서　　(4) 예레미야애가

3. "딸 예루살렘이여 내가 무엇으로 네게 증거하며 무엇으로 네게 비유할까 처녀 딸 시온이여 내가 무엇으로 네게 비교하여 너를 위로할까 너의 파괴됨이 바다 같이 크니 누가 너를 고쳐 줄소냐"라며 예루살렘의 멸망을 탄식하는 구약의 책은 무엇인가? (애2:13)

   (1) 예레미야　　(2) 예레미야애가　　(3) 에스겔　　(4) 시편

완성형

1. 예레미야애가는 유다의 수도 (　　　)이 바벨론에 의해 함락되고 백성들이 포로로 잡혀간 것을 회고하며 그 백성들이 하나님 앞에서 죄를 회개하고 하나님의 자비와 용서를 간구하는 내용을 다룬 책이다.

2. 여호와의 인자와 (　　　)이 무궁하시므로 우리가 진멸되지 아니함이니이다 이것들이 아침마다 새로우니 주의 성실하심이 크시도소이다(애3:22-23).

3. 여호와의 인자와 긍휼이 무궁하시므로 우리가 진멸되지 아니함이니이다 이것들이 아침마다 새로우니 주의 (　　　)하심이 크시도소이다(애3:22-23).

단답형

1. "여호와여 보시옵소서 주께서 누구에게 이같이 행하셨는지요 여인들이 어찌 자기 열매 곧 그들이 낳은 아이들을 먹으오며 제사장들과 선지자들이 어찌 주의 성소에서 죽임을 당하오리이까"라는 구절이 포함된 구약의 책은 무엇인가? (애2:20) (　　　)

2. "주께서 인생으로 고생하게 하시며 근심하게 하심은 본심이 아니시로다"라는 구절이 언급되는 구약의 책은 무엇인가? (애3:33) (　　　)

3. "우리가 스스로 우리의 행위들을 조사하고 여호와께로 돌아가자 우리의 마음과 손을 아울러 하늘에 계신 하나님께 들자"라는 구절이 언급되는 구약의 책은 무엇인가? (애3:40-41) (　　　)

진위형(O,X)

1. “여호와의 분노의 매로 말미암아 고난 당한 자는 나로다 나를 이끌어 어둠 안에서 걸어가게 하시고 빛 안에서 걸어가지 못하게 하셨으며 종일토록 손을 들어 자주자주 나를 치시는도다”라는 구절은 욥기에 언급된다(애3:1-3). (O , X)

2. “여호와여 우리를 주께로 돌이키소서 그리하시면 우리가 주께로 돌아가겠사오니 우리의 날들을 다시 새롭게 하사 옛적 같게 하옵소서”라는 기도가 포함된 책은 예레미야애가이다(애5:21). (O , X)

3. “딸 내 백성이 멸망할 때에 자비로운 부녀들이 자기들의 손으로 자기들의 자녀들을 삶아 먹었도다”라고 탄식하며 패망한 유다 백성들이 경험한 극심한 가난을 표현하고 있는 구약의 책은 예레미야이다(애4:10). (O , X)

정 답

선택형

1.(2) 2.(4) 3.(2)

완성형

1.예루살렘 2.긍휼 3.성실

단답형

1.예레미야애가 2.예레미야애가 3.예레미야애가

진위형

1.(X) 2.(O) 3.(X)

23 구약편 에스겔

Ezekiel

선택형

1. 다음 중 에스겔에 대한 설명으로 옳지 않은 것은 무엇인가?
   (1) 그는 제사장이다
   (2) 그는 포로기 때에 활약한 선지자다
   (3) 그는 바벨론에서 이스라엘 유배인들을 상대로 활약하였다
   (4) '임마누엘' 이란 이름을 가진 아이의 탄생을 예고한 선지자다

2. 다음 중 에스겔서에 대한 설명으로 옳지 않은 것은 무엇인가?
   (1) 미래의 성전에 대한 묘사를 기록하고 있다
   (2) 이스라엘에 대한 형벌과 심판에 대한 기록이 있다
   (3) 이방 민족에 대한 경고의 말씀이 있다
   (4) 에스겔이 소명 받는 사건에 대한 기록이 없다

3. 다음 중 에스겔서와 가장 관련이 없는 것은 무엇인가?
   (1) 환상 (2) 영 (3) 마른 뼈 (4) 아닥사스

4. 에스겔이 목격한 환상들의 내용이 아닌 것은 무엇인가?
   (1) 스랍들이 '거룩, 거룩, 거룩' 을 부르다
   (2) 성전에서 이방 신들을 숭배
   (3) 네 개의 얼굴을 가진, 네 발 달린 네 생물의 형상
   (4) 하나님의 영광이 성전을 떠남

5. 에스겔서의 내용과 거리가 먼 것은 무엇인가?
   (1) 하나님은 이스라엘을 사랑으로 돌보셨지만 이스라엘은 다른 신들에게 향하였다
   (2) 에스겔은 파수꾼으로서의 책임감을 가지고 말씀을 선포한다
   (3) 옛적부터 항상 계신이 앞에 괴수가 죽임을 당한다
   (4) 유다와 이스라엘이 다시 한 국가로 연합한다

6. 다음 중 에스겔서처럼 소명을 받는 내용이 처음에 나오는 책은 무엇인가?
   (1) 예레미야 (2) 이사야 (3) 다니엘 (4) 학개

7. 다음 중 에스겔서의 첫 환상 속에 나오는 내용이 아닌 것은 무엇인가?
   (1) 눈이 가득한 네 개의 바퀴
   (2) 불의 보좌
   (3) 벽에 써진 글
   (4) 네 개의 얼굴을 가진, 네 발 달린 네 생물의 형상

8. 에스겔 2장에서 에스겔이 하나님으로부터 받은 선지자로서의 임무는 무엇인가?
   (1) 패역한 백성에게 하나님의 말씀을 전하는 것
   (2) 예루살렘의 멸망을 예고하는 것

(3) 예루살렘 성전 재건을 촉구하는 것

(4) 이집트와의 연합을 촉구하는 것

9. 다음 중 에스겔에게 벌어진 일이 아닌 것은 무엇인가?

(1) 두루마리를 삼킴

(2) 영이 에스겔을 이끌어 데려감

(3) 벙어리가 되다

(4) 벌거벗고 예루살렘 거리를 뛰어다니다

10. 다음 중 하나님이 에스겔에게 말씀하신 소위 '파수꾼의 임무' 란 무엇을 뜻하는 것인가? (겔3:1-27)

(1) 파수꾼처럼 늘 경계를 하며 살아야 한다

(2) 파수꾼처럼 부지런하고 깨어있어 말씀을 전해야 한다

(3) 에스겔이 예언자로서 하나님의 뜻을 미리 경고하지 않으면 문책을 당할 것이다

(4) 성읍의 문을 철저히 지켜야 한다

11. 에스겔이 머리털과 수염을 깎고, 머리털을 셋으로 나눈 후 1/3은 태우고 1/3은 자르고 1/3은 바람에 날려버린 것의 의미는 무엇인가? (겔5:1-17)

(1) 성결할 것을 명령하는 표징

(2) 예루살렘 주민의 운명에 대한 표징

(3) 포로된 이들을 위한 위생 교육

(4) 바벨론 민족의 운명에 대한 표징

12. 하나님은 메시지를 더 효과적으로 전달하시기 위해 예언자들로 하여금 일종의 '상징적 행위'를 하도록 하신다. 다음 중 예언자와 그 상징적 행위가 서로 일치되지 않는 것은 무엇인가? (겔4:12-17)

(1) 예레미야-소의 멍에를 지고 다녀라

(2) 호세아-음란한 여자와 결혼하여 음란한 자식을 낳아라

(3) 에스겔-390일 동안 왼쪽으로 눕고, 40일 간은 오른 쪽으로 누우며 줄로 결박당하라

(4) 아모스-인분 물에 떡을 구어라

13. 이스라엘 심판에 대하여 기록된 6-7장의 내용이 아닌 것은 무엇인가?

(1) 이스라엘 산위에 있는 산당들의 파괴

(2) 흩어진 자들 중 남은 자들의 귀환

(3) 예루살렘 성전 재건이 방해받을 것이다

(4) 손뼉을 치고 발을 구르며 말한다

14. 에스겔 8-11장에는 에스겔의 환상 및 황홀경의 경험이 나온다. 여기에 나오는 내용이 아닌 것은 무엇인가? (겔11장)

(1) 성전안에서 행하는 우상 숭배

(2) 예루살렘 주민들을 죽이기 위해 검을 든 5명의 남자

(3) 하나님의 영광이 성전을 떠남

(4) 이스라엘 사람들의 추방을 슬퍼하는 예루살렘 주민들

15. 에스겔이 포로의 행장을 꾸리고 자신의 집에 구멍을 뚫는 것은 무엇을 상징하는 행위인가?

(1) 예루살렘 거민들은 모두 포로가 되어 집에 갇힐 것이다

(2) 왕이 성벽의 구멍을 통해 도망갈 것이다

(3) 왕이 집을 뚫고 들어와 주민들을 잡아 포로로 넘길 것이다

(4) 포로들이 자신의 집으로 돌아 올 것이다

16. 유다의 타락에 대하여 14:13-14는 다음과 같이 말한다. "인자야 가령 어떤 나라가 불법을 행하여 내게 범죄하므로 내가 손을 그 위에 펴서 그 의지하는 양식을 끊어 기근을 내려 사람과 짐승을 그 나라에서 끊는다 하자. 비록 (　　), (　　), (　　), 이 세 사람이 거기에 있을지라도 그들은 자기의 공의로 자기의 생명만 건지리라 나 주 여호와의 말이니라" 괄호 안에 들어갈 세 인물이 아닌 사람은 누구인가?

(1) 노아　(2) 다니엘(단엘)　(3) 욥　(4) 아브라함

17. 에스겔 15장에서 예루살렘은 포도나무의 나무로 비유되었다. 그 의미는 무엇인가?

(1) 귀중하다　(2) 쓸모없다　(3) 풍성하다　(4) 아름답다

18. 에스겔 16장에서 피투성이 아이로 비유 된 예루살렘이 성장하여 어떻게 되었는가?

(1) 도둑　(2) 음란　(3) 거룩　(4) 풍요

19. 에스겔 17장의 독수리와 포도나무 비유에서, 북쪽에서 온 독수리가 이스라엘에 포도나무를 심는데, 이 포도나무가 두 번째 독수리에게 향한다. 그 다음 어떤 일이 벌어지는가?

(1) 두 번째 독수리가 포도나무를 뽑아 버린다

(2) 첫 번째 독수리가 그 포도나무를 뽑아버린다

(3) 포도나무가 세 번째 독수리를 향한다

(4) 첫 번째 독수리가 두 번째 독수리를 죽인다

20. 고대 이스라엘에 "여호와는 질투하는 하나님인즉 나를 미워하는 자의 죄를 갚되 아버지로부터 아들에게로 삼사 대까지 이르게 한다"는 전승이 있다. 이 믿음에 대한 에스겔의 반응은 무엇인가? (출20:5; 34:7; 신5:9; 민14:18)

(1) 그래서 우리가 바벨론에 포로로 잡혀와 있고 많은 시간이 지나야 해방된다

(2) 그러나 하나님은 사랑이시기 때문에 이대 까지만 벌하신다

(3) 그러니 회개하고 자숙해야 한다

(4) 죄를 짓는 사람까지만 벌을 받는다고 말하며 이 믿음에 반대한다

21. 에스겔 22장에서 예루살렘을 고발하는 이유가 아닌 것은 무엇인가? (겔18:1-32)

(1) 부모 멸시 (2) 외국인(나그네) 착취

(3) 뇌물 (4) 금기한 고기를 먹음

22. 음행하는 두 자매 오홀라와 오홀리바는 각각 누구를 상징하는가? (겔23:1-49)

(1) 사마리아(북이스라엘)와 예루살렘(남 유다)

(2) 사마리아와 애굽

(3) 예루살렘과 앗수르

(4) 레아와 라헬

23. 에스겔 25장에는 암몬과 모압, 에돔, 블레셋에 대한 경고의 말씀이 나온다. 그들을 경고한 이유로 올바른 것은 무엇인가?

(1) 여호와를 섬기지 않으므로

(2) 나그네를 홀대하여서

(3) 유다에게 행한 잔인한 복수로 인하여

(4) 애굽과 연합하였기 때문에

24. 에스겔 26장에 따르면 두로는 누가 멸망시킬 것으로 말하는가?

(1) 이스라엘 (2) 느부갓네살 (3) 고레스 (4) 애굽

25. "또 새 영을 너희 속에 두고 새 마음을 너희에게 주되 너희 육신에서 굳은 마음을 제거하고 부드러운 마음을 줄 것이며" 이 구절과 같은 뜻의 말을 하였던 선지자는 누구인가?(겔36:26)

(1) 예레미야 (2) 엘리야 (3) 미가야 (4) 요나

26. 에스겔 37장 환상 속에서 다시 살아나는 '마른 뼈'는 누구를 상징하는가? (겔37:11)

(1) 애굽 (2) 이스라엘 (3) 다윗 (4) 메시야

27. 에스겔에 담겨있는 내용이 아닌 것은 무엇인가?

(1) 악한 목자와 선한 목자 (2) 새 영과 새 마음

(3) 살아나는 마른 뼈 (4) 만민이 기도하는 집

28. 에스겔 38장에서 하나님이 갈고리로 아가리를 꿰어 끌고 가는 것은 누구인가?

(1) 이스라엘 백성 (2) 마곡 땅의 곡

(3) 두로의 왕 (4) 악어

29. 에스겔이 환상 속에 보았던 새 예루살렘에 대한 묘사로 틀린 것은 무엇인가?

(1) 멀리서 그 윤각만 대략 보았다

(2) 구체적으로 보고 정확한 치수까지도 알 수 있었다

(3) 하나님의 영광이 성전을 가득 채웠다

(4) 어떤 외국인도 성전지역에 들어올 수 없다

완성형

1. 너는 그들에게 말하라 주 여호와의 말씀이니라 나의 삶을 두고 맹세하노니 나는 (   )이 죽는 것을 기뻐하지 아니하고 (   )이 그의 길에서 돌이켜 떠나 사는 것을 기뻐하노라 이스라엘 족속아 돌이키고 돌이키라 너희 악한 길에서 떠나라 어찌 죽고자 하느냐 하셨다 하라(겔33:11).

2. 이스라엘 백성을 꾸짖는 것에 대한 다음 구절의 괄호 안을 채우시오. "그들이 이른바 그 여러 나라에서 내 거룩한 (   )이 그들로 말미암아 더러워졌나니 곧 사람들이 그들을 가리켜 이르기를 이들은 여호와의 백성이라도 여호와의 땅에서 떠난 자라 하였음이라"(겔36:20).

3. 또 새 (   )을 너희 속에 두고 새 (   )을 너희에게 주되 너희 육신에서 굳은 마음을 제거하고 부드러운 마음을 줄 것이며(겔36:26).

4. 다음은 에스겔의 중요한 신학적 입장을 밝힌 구절이다. 괄호 안을 채우시오. "아들은 (   )의 죄악을 담당하지 아니할 것이요 아버지는 (   )의 죄악을 담당하지 아니하리니 의인의 공의도 자기에게로 돌아가고 악인의 악도 자기에게로 돌아가리라"(겔18:20).

단답형

1. 16장에서 하나님은 예루살렘을 사랑하는 남자로, 예루살렘은 이를 저버리고 우상을 쫓는 음란한 여인으로 비유된다. 이 내용과 가장 가까운 메시지를 전달하였던 선지자는 누구인가? (   )

2. 에스겔서의 유명한 파수꾼 비유는 어떤 직무의 책임감에 대하여 말하는 비유인가? (   )

3. 에스겔 34장의 선한 목자와 악한 목자의 비유에서 누구의 자손이 한 유일한 목자로 임명되고 평화가 오는가? (겔34:23-31) (　　)

4. 새 예루살렘에 대한 환상에서, 새 성전은 그릇 행하여 하나님을 떠났던 레위인들이 아니라 누구의 자손 레위인들이 제사를 지낼 수 있도록 허락되었는가? (겔44:4-16) (　　)

5. 47장에서 만물을 생기 있게 만드는 물은 어디에서 나오는가? (　　)

진위형(O,X)

1. 에스겔은 예루살렘 성전의 재건을 꿈꾸는 포로기 이후 이스라엘 귀환 사회 시대에 활약하던 선지자다. (O , X)

2. 에스겔은 바벨론에서 활약하지만 예루살렘의 상황에 대하여 잘 보고하고 있다. 이는 예루살렘에 있는 그의 제자들이 에스겔에게 그 곳의 상황을 알려주기 때문에 가능하였다. (O , X)

3. 에스겔은 자신을 제사장으로 소개한다(겔1:3). (O , X)

4. 에스겔은 예루살렘을 무너뜨린 바벨론에 대항하여 강력한 독립 정신을 고취시킨다. (O , X)

5. 에스겔서는 미래에 다가올 소망 보다는 유다와 이스라엘, 그 외 여러 민족들의 과오를 밝히는 말씀들이 주요 내용이다. (O , X)

6. 하나님은 에스겔로 하여금 390일 동안 왼쪽으로 눕고, 40일 간은 오른 쪽으로 누우며 줄로 결박당하도록 하신다. 여기의 일수는 각각 이스라엘과 유다가 범죄를 저지른 햇수를 의미한다(겔5:1-17). (O , X)

7. 11장의 환상에서 예루살렘 멸망에 책임 있는 25명은 이방인들의 폭력에 넘겨질 것을 말한다. (O , X)

8. 13장에서 거짓 예언자들이 우상 신으로부터 받은 예언을 말하는 것을 질타 받는다(겔13:3). (O , X)

9. 16장에서 피투성이로 버려진 아이로 비유된 예루살렘이 성장하여 음란해졌다는 것은 자신을 키우고 사랑한 여호와를 버리고 다른 신들을 따랐다는 것을 의미한다. (O , X)

10. "아버지가 신 포도를 먹었으므로 그의 아들의 이가 시다"는 속담을 이용하여 에스겔은 우리의 조상이 가나안 땅에서 하나님을 올바르게 섬기지 못한 죄의 대가를 우리가 치룰 수밖에 없다고 설명한다(겔18:1-32). (O , X)

11. 에스겔서에는 하나님의 백성이 이방 땅에서 포로 생활하다 풀려나게 될 것을 예언하고 있다(겔20:33-34). (O , X)

12. 22장에서 예루살렘을 고발할 때에 지도자들, 제사장들, 고관들, 예언자들이 범죄자로 지목되었으나 일반 백성들은 언급되지 않았다(겔22:29). (O , X)

13. 28장에 따르면 두로 왕이 벌을 받는 것은 그가 교만하여졌기 때문이다(겔28:17). (O , X)

14. 30장에서 느부갓네살은 하나님의 도구로서 애굽의 바로에 대항한다. (O , X)

15. 34장의 선한 목자와 악한 목자의 비유에서 하나님 자신이 선한 목자가 된다(겔34:11-22). (O , X)

16. 35장에서 에돔은 유다의 멸망을 기뻐한 것과 많은 약탈을 행한 것 때문에 멸망이 예고된다. (O , X)

17. 에스겔은 이스라엘과 유다가 다시 통일되어 한 왕의 통치아래 한 민족이 되는 것이 현실적으로 불가능하다고 보았다(겔37:15-28). (O , X)

18. 에스겔서는 미래의 성전에 대한 환상으로 시작한다. (O , X)

19. 에스겔은 하나님의 권능이 임하여 환상 속에 새 예루살렘을 볼 수 있었다(겔40:1-4). (O , X)

20. 출애굽기 12장에서 하나님이 애굽의 모든 처음 난 것을 치실 때에 이를 피하기 위해 문설주에 피를 발랐다. 이를 연상시키는 이야기가 에스겔서에도 나온다(겔9:4). (O , X)

21. 에스겔서는 성전을 떠난 하나님의 영광이 다시 새 성전으로 돌아오는 것을 보여주고 있다. (O , X)

22. "인자야 이스라엘 땅에서 이르기를 날이 더디고 모든 묵시가 사라지리라 하는 너희의 이 속담이 어찌 됨이냐"이 구절이 말해 주는 것처럼 에스겔서에는 예언이 이루어 않는 것에 대하여 고민하는 흔적이 있으며, 이와 같은 고민이 드러나는 문서 선지자는 에스겔이 유일하다(겔21:22). (O , X)

정 답

선택형

1.(4)(임마누엘은 이사야와 관련; 사7) 2.(4)(겔40-48장; 6-7장; 25-32장) 3.(4)(묵시문학의 아버지라 불리는 에스겔은 환상을 많이 보고하고 있으며, 에스겔은 문서선지자 중 가장 '영"과 친밀한 모습을 보여준다.그의 유명한 환상 중 하나는 마른 뼈가 살아나는 환상이다) 4.(1)(사6; 겔8:5-18; 1:4-28; 10:1-22) 5.(3)(단7; 겔20; 33:1-9; 37:15-28) 6.(1)(이사야는 6장에 기록되어있고, 다니엘서와 학개는 고유한 "소명설화"가 없다) 7.3(겔1장 참조) 8.(1) 9.(4)(4번은 이사야에게 있었던 일) 10.(3) 11.(2) 12.(4) 13.(3) 14.(4)(이스라엘이 추방을 기뻐하였다) 15.(2)(겔12:1-16; 왕상 25:4-7) 16.(4) 17.(2) 18.(2) 19.(2) 20.(4) 21.(4) 22.(1) 23.(3) 24.(2) 25.(1)("그러나 그 날 후에 내가 이스라엘 집과 맺을 언약은 이러하니 곧 내가 나의 법을 그들의 속에 두며 그들의 마음에 기록하여 나는 그들의 하나님이 되고 그들은 내 백성이 될 것이라 여호와의 말씀이니라", 렘31:33) 26.(2) 27.(4)(겔34장; 36:16-38; 37:1-14; 사56:7) 28.(2) 29.(1)(그 묘사가 매우 구체적이었다; 겔43:1-2; 44:4-16)

완성형

1.악인 2.이름 3.영, 마음 4.아버지, 아들

단답형

1.호세아 2.예언자/선지자 3.다윗 4.사독 5.성전

진위형

1.(X)(귀환 사회 이전 포로기 때 활약) 2.(X)(에스겔이 주의 영에 이끌리어 예루살렘을 보고 온다; 8:1-5) 3.(O) 4.(X)(예레미야와 마찬가지로 바벨론에 예속되는 것을 받아들인다; 겔17:15; 30:25) 5.(X)(1-32장까지는 그러하지만, 33-48장까지는 구원과 미래의 성전을 보여주는 등 바벨론 유배인들에게 소망을 주는 메시지이다) 6.(O) 7.(O) 8.(X)(주 여호와의 말씀에 본 것이 없이 자기 심령을 따라 예언하는 어리석은 선지자에게 화가 있을진저) 9.(O) 10.(X)(이 속담을 부정하며 그 반대를 말한다) 11.(O) 12.(X) 13.(O) 14.(O) 15.(O) 16.(O) 17.(X) 18.(X)(에스겔서 마지막에 있다) 19.(O) 20.(O) 21.(O)(10장과 43장 참조) 22.(X)(렘17:15)

24 구약편 다니엘

Daniel

선택형

1. "느부갓네살, 하나냐, 미사엘, 아사랴, 다리오, 사자 굴" 등과 관련이 있는 책은 무엇인가?

(1) 에스겔　(2) 다니엘　(3) 스가랴　(4) 학개

2. 바벨론의 왕궁에 있으면서 뜻을 정하여 왕의 음식과 그가 마시는 포도주로 자기를 더럽히지 아니하리라고 작정한 자들이 아닌 자는 누구인가? (단1장)

(1) 다니엘　(2) 하나냐　(3) 미가　(4) 아사랴

3. 다니엘 2장에 의하면 느부갓네살 왕의 꿈에 나타난 큰 신상에 대한 설명이 틀린 것은 무엇인가?

(1) 머리-순금　(2) 가슴과 두 팔-은

(3) 배와 넓적다리-놋　(4) 종아리-흙

4. "왕이여 우리가 섬기는 하나님이 계시다면 우리를 맹렬히 타는 풀무불 가운데에서 능히 건져내시겠고 왕의 손에서도 건져내시리이다 그렇게 하지 아니하실지라도 왕이여 우리가 왕의 신들을 섬기지도 아니하고 왕이 세우신 금 신상에게 절하지도 아니할 줄을 아옵소서"라고 고백하지 않은 자는 누구인가? (단3:17-18)

(1) 하나냐　(2) 미사엘　(3) 다니엘　(4) 아사랴

5. "다니엘의 하나님 앞에서 떨며 두려워할지니 그는 살아 계시는 하나님이시오 영원히 변하지 않으실 이시며 그의 나라는 멸망하지 아니할 것이요 그의 권세는 무궁할 것이며 그는 구원도 하시며 건져내기도 하시며 하늘에서든지 땅에서든지 이적과 기사를 행하시는 이로서 다니엘을 구원하여 사자의 입에서 벗어나게 하셨음이라"고 말한 왕은 누구인가? (단6:26-27)

(1) 느부갓네살 (2) 벨사살 (3) 다리오 (4) 고레스

6. 다니엘 7장에 다니엘이 꾼 꿈에 나타나지 않는 짐승은 무엇인가?

(1) 사자 (2) 곰 (3) 표범 (4) 늑대

완성형

1. 사드락의 유대식 이름은 하나냐, 메삭의 유대식 이름은 미사엘이고, 아벳느고의 유대식 이름은 ( )이다(단1:7).

2. 다니엘과 그 세 친구들이 왕궁에서 먹은 음식은 ( )이다(단1:12).

3. "왕이 사람에게서 쫓겨나서 들짐승과 함께 살며 소처럼 풀을 먹으며 하늘 이슬에 젖을 것이요 이와 같이 일곱 때를 지낼 것이라 그 때에 지극히 높으신 이가 사람의 나라를 다스리시며 자기의 뜻대로 그것을 누구에게든지 주시는 줄을 아시리이다"라고 다니엘이 꿈을 해석했을 때 이 왕은 ( )을 가리킨다(단4:25).

4. "나라와 권세와 온 천하 나라들의 위세가 지극히 높으신 이의 거룩한 백성에게 붙인 바 되리니 그의 나라는 영원한 나라이라 모든 권세 있는 자들이 다 그를 섬기며 복종하리라"라는 구절이 언급되는 구약의

책은 (　　　)이다(단7:27).

5. 다니엘서에 언급되는 두 천사들로서 하나님께서 유다 백성들에게 주신 환상을 깨닫게 한 자들은 가브리엘과 (　　　)이다(단9:21; 12:1).

6. "땅의 티끌 가운데에서 자는 자 중에서 많은 사람이 깨어나 영생을 받는 자도 있겠고 수치를 당하여서 영원히 부끄러움을 당할 자도 있을 것이며"라는 구절이 언급되는 구약의 책은 (　　　)이다(단12:2).

7. 지혜 있는 자는 궁창의 빛과 같이 빛날 것이요 많은 사람을 옳은 대로 돌아오게 한 자는 (　　　)과 같이 영원토록 빛나리라(단12:3).

8. 내가 또 밤 환상 중에 보니 (　　　) 같은 이가 하늘 구름을 타고 와서 옛적부터 항상 계신 이에게 나아가 그 앞으로 인도되매 그에게 권세와 영광과 나라를 주고 모든 백성과 나라들과 다른 언어를 말하는 모든 자들이 그를 섬기게 하였다(단7:13-14).

단답형

1. 바벨론의 왕궁에 있었던 다니엘은 누가 꾼 큰 신상의 꿈을 해몽해 주었는가? (단2장) (　　　)

2. "오직 은밀한 것을 나타내실 이는 하늘에 계신 하나님이시라 그가 느부갓네살 왕에게 후일에 될 일을 알게 하셨나이다"라고 말한 자는 누구인가? (단2:28) (　　　)

3. "나는 하늘의 왕을 찬양하며 칭송하며 경배하노니 그의 일이 다 진실하고 그의 행하심이 의로우시므로 교만하게 행하는 자를 그가 능히 낮추심이라"라고 고백한 바벨론의 왕은 누구인가? (단4:37) (　　)

4. 다니엘은 예루살렘을 향하여 하루에 몇 번씩 기도했는가? (단6:10) (　　)

5. 숫양과 숫염소의 환상을 통해 메대, 바사, 그리고 헬라 제국의 운명을 예언하고 있는 구약의 책은 무엇인가? (단8장) (　　)

6. 다니엘서 12장에 언급되는바 유다 백성들을 호위하는 천사의 이름은 무엇인가? (　　)

진위형(O,X)

1. 벨드사살은 다니엘의 바벨론식 이름이다(단 1:6-7). (O , X)

2. 벨사살 왕이 잔치를 벌이고 있을 때 사람의 손가락들이 나타나서 석회벽에 글자를 썼는데, 그 내용은 '메네 메네 데겔 우바르신' 으로 '왕을 저울에 달아 보니 부족함이 보여서 왕의 시대를 끝내고 왕의 나라를 왕의 후손들에게 넘기겠다' 는 뜻이다(단5:25-28). (O , X)

3. "마지막 때까지 이 말을 간수하고 이 글을 봉합하라 많은 사람이 빨리 왕래하며 지식이 더하리라"는 명령은 말라기에게 전해졌다(단 12:4). (O , X)

4. 다니엘서에 나오는 느부갓네살 왕의 금 신상에 절하지 않은 자에게 주어진 형벌은 사자 굴에 던지는 것이었다(단3: 11). (O , X)

정 답

선택형

1.(2) 2.(3) 3.(4) 4.(3) 5.(3) 6.(4)

완성형

1.아사랴 2.채식 3.느부갓네살 4.다니엘(서) 5.미가엘 6.다니엘(서) 7.별 8.인자

단답형

1.느부갓네살 2.다니엘 3.느부갓네살 4.세 번 5.다니엘(서) 6.미가엘

진위형

1.(O) 2.(X) 3.(X) 4.(X)

25 구약편 열두 예언서

선택형

1. 12예언서 중에서 맨 처음 나오는 예언서는 무엇인가?
   (1) 다니엘　(2) 호세아　(3) 요엘　(4) 아모스

2. 12예언서 중에서 맨 마지막 예언서는 무엇인가?
   (1) 나훔　(2) 학개　(3) 스가랴　(4) 말라기

3. 12예언서 중에서 가장 짧은 예언서는 무엇인가?
   (1) 나훔　(2) 학개　(3) 오바댜　(4) 요엘

4. 다음 12예언서 중에서 8세기 예언서가 아닌 것은 무엇인가?
   (1) 아모스　(2) 호세아　(3) 미가　(4) 스바냐

5. 다음 12예언서 중에서 7세기 예언서는 무엇인가?
   (1) 아모스　(2) 말라기　(3) 스바냐　(3) 학개

6. 다음 12예언서 중에서 포로후기 예언서는 무엇인가?
   (1) 아모스　(2) 하박국　(3) 스가랴　(4) 미가

7. 다음 12예언서 중에서 북 왕국에서 예언활동을 한 선지자의 예언서는 무엇인가?

(1) 아모스　(2) 하박국　(3) 스바냐　(4) 학개

8. 다음 12예언서 중에서 남 왕국에서 활동한 선지자의 예언서가 아닌 것은?

(1) 스바냐　(2) 하박국　(3) 미가　(4) 스가랴

9. 다음 12예언서 중에서 바벨론에 관한 예언서는 무엇인가?

(1) 나훔　(2) 하박국　(3) 미가　(4) 호세아

10. 다음 12예언서 중에서 앗수르에 관하여 예언한 내용이 없는 예언서는 무엇인가?

(1) 요나　(2) 미가　(3) 말라기　(4)호세아

11. "나는 인애를 원하고 제사를 원하지 아니하며 번제보다 하나님을 아는 것을 원하노라"고 말씀하는 예언자는 누구인가?

(1) 아모스　(2) 호세아　(3) 미가　(4) 요엘

12. "너희는 옷을 찢지 말고 마음을 찢고 너희 하나님 여호와께 돌아올지어다"고 말씀한 예언자는 누구인가?

(1) 요나　(2) 오바댜　(3) 요엘　(4) 미가

13. "내가 기근을 땅에 보내리니 양식이 없어 주림이 아니며 물이 없어 갈함이 아니요 여호와의 말씀을 듣지 못한 기갈이라"고 말씀한 예언자는 누구인가?

(1) 호세아　(2) 미가　(3) 아모스　(4) 요엘

14. "여호와께서 네게 구하시는 것은 오직 정의를 행하며 인자를 사랑하며 겸손하게 네 하나님과 함께 행하는 것이 아니냐"고 말씀한 예언자는 누구인가?

(1) 아모스 (2) 호세아 (3) 하박국 (4) 미가

15. "여호와는 질투하시며 보복하시는 하나님이시라"고 말씀한 예언자는 누구인가?

(1) 나훔 (2) 하박국 (3) 스바냐 (4) 미가

16. "여호와여 내가 부르짖어도 주께서 듣지 아니하시니 어느 때까지리이까"는 질문으로 예언서를 시작하는 예언자는 누구인가?

(1) 요엘 (2) 요나 (3) 하박국 (4) 나훔

17. "너의 하나님 여호와가 너의 가운데 계시니 그는 구원을 베푸실 전능자이시라"고 말씀하는 예언자는 누구인가?

(1) 미가 (2) 아모스 (3) 학개 (4) 스바냐

18. "은도 내 것이요 금도 내 것이니라"고 말씀하는 예언서는 무엇인가?

(1) 학개 (2) 스가랴 (3) 말라기 (4) 호세아

19. "이는 힘으로 되지 아니하며 능력으로 되지 아니하고 오직 나의 영으로 되느니라"고 말씀하는 예언서는 무엇인가?

(1) 학개 (2) 스가랴 (3) 말라기 (4) 미가

20. "내 이름을 경외하는 너희에게는 공의로운 해가 떠올라서 치료하는 광선을 비추리니"라고 말씀하는 예언서는 무엇인가?

(1) 하박국 (2) 학개 (3) 미가 (4) 말라기

완성형

1. 내 백성이 (　　　)이 없으므로 망하는도다(호4:6).

2. 나는 (　　　)를 원하고 제사를 원하지 아니하며 번제보다 하나님을 아는 것을 원하노라(호6:6).

3. 내가 나의 맹렬한 진노를 나타내지 아니하며 내가 다시는 에브라임을 멸하지 아니하리니 이는 내가 하나님이요 (　　　)이 아님이라(호11:9).

4. 그런즉 너의 하나님께로 돌아와서 인애와 (　　　)를 지키며 항상 너의 하나님을 바랄지니라(호12:6).

5. 너희는 옷을 찢지 말고 (　　　)을 찢고 너희 하나님 여호와께 돌아올지어다(욜2:13).

6. 그 후에 내가 내 (　　　)을 만민에게 부어 주리니 너희 자녀들이 장래 일을 말할 것이며 너희 늙은이는 꿈을 꾸며 너희 젊은이는 이상을 볼 것이며(욜2:28).

7. 여호와께서 시온에서 부르짖고 (　　　)에서 목소리를 내시리니 하늘과 땅이 진동하리로다(욜3:16).

8. 사자가 부르짖은즉 누가 두려워하지 아니하겠느냐 주 여호와께서 말씀하신즉 누가 (　　　)하지 아니하겠느냐(암3:8).

9. 여호와의 (　　　)은 빛 없는 어둠이 아니며 빛남 없는 캄캄함이 아니냐(암5:20).

10. 오직 정의를 물 같이 ( )를 마르지 않는 강 같이 흐르게 할지어다 (암5:27).

11. 보라 날이 이를지라 내가 기근을 땅에 보내리니 양식이 없어 주림이 아니며 물이 없어 갈함이 아니요 여호와의 ( )을 듣지 못한 기갈이라(암8:11).

12. 나는 감사하는 목소리로 주께 제사를 드리며 나의 서원을 주께 갚겠나이다 ( )은 여호와께 속하였나이다(욘2:9).

13. 오직 나는 여호와의 영으로 말미암아 능력과 정의와 ( )로 충만해져서 야곱의 허물과 이스라엘의 죄를 그들에게 보이리라(미3:8).

14. 여호와께서 네게 구하시는 것은 오직 정의를 행하며 인자를 사랑하며 ( )하게 네 하나님과 함께 행하는 것이 아니냐(미6:8).

15. 여호와는 질투하시며 ( )하시는 하나님이시라(나1:2).

16. 볼지어다 아름다운 소식을 알리고 ( )을 전하는 자의 발이 산 위에 있도다(나 1:15).

17. 여호와여 내가 부르짖어도 주께서 듣지 아니하시리니 어느 때까지리이까 내가 ( )로 말미암아 외쳐도 주께서 구원하지 아니하시나이다(합1:2).

18. 보라 그의 마음은 교만하며 그 속에서 정직하지 못하나 의인은 그의 ( )으로 말미암아 살리라(합2:4).

19. 너의 하나님 여호와가 너의 가운데 계시니 그는 구원을 베푸실 (　　　)이시라 그가 너로 말미암아 기쁨을 이기지 못하시며 너를 잠잠히 사랑하시며 너로 말미암아 즐거이 부르며 기뻐하시리라(습3:17).

20. 스알디엘의 아들 내 종 스룹바벨아 여호와가 말하노라 그 날에 내가 너를 세우고 너를 (　　　)으로 삼으리니 이는 내가 너를 택하였음이니라(학2:23).

21. 만군의 여호와께서 말씀하시되 이는 힘으로 되지 아니하며 능력으로 되지 아니하고 오직 나의 (　　　)으로 되느니라(슥4:6).

22. 보라 네 왕이 네게 임하시나니 그는 공의로우시며 (　　　)을 베푸시며 겸손하여서 나귀를 타시나니 나귀의 작은 것 곧 나귀 새끼니라(슥9:9).

23. 내가 잡혀 죽을 양 떼를 먹이니 참으로 가련한 양들이라 내가 막대기 둘을 취하여 하나는 은총이라 하며 하나는 (　　　)이라 하고 양 떼를 먹일새(슥11:7).

24. 레위와 세운 나의 언약은 생명과 (　　　)의 언약이라 내가 이것을 그에게 준 것은 그로 경외하게 하려 함이라(말2:5).

25. 만군의 여호와가 이르노라 보라 내가 내 (　　　)를 보내리니 그가 내 앞에서 길을 준비할 것이요(말3:1).

26. 내 이름을 경외하는 너희에게는 공의로운 해가 떠올라서 (　　　)하는 광선을 비추리니 너희가 나가서 외양간에서 나온 송아지 같이 뛰리라(말4:2).

단답형

1. 음란한 여인 고멜과 결혼하여 하나님의 말씀을 전한 예언자는 누구인가? (　　　)

2. 팥중이, 메뚜기, 느치, 황충을 언급한 예언자는 누구인가? (　　　)

3. 유다 땅 드고아의 목자요 뽕나무를 재배하던 사람으로서 북 왕국에 가서 예언한 사람은 누구인가? (　　　)

4. 12예언서 중에서 "여호와의 날"을 심판의 날로 처음 선포한 예언서는 무엇인가? (　　　)

5. 에돔에 관한 심판의 말씀을 전하는 예언서는 무엇인가? (　　　)

6. 하나님의 인자하심과 구원베푸심을 오해하여 니느웨 선교의 사명을 거부하다 마지못해 예언 활동을 한 예언자는 누구인가? (　　　)

7. 유다 땅 모레셋의 장로로서 시온의 멸망을 예언한 사람은 누구인가? (　　　)

8. 메시야가 유다 땅 베들레헴에서 태어날 것을 예언한 사람은 누구인가? (　　　)

9. 앗수르의 도성 니느웨의 멸망을 하나님의 보복으로 간주하고 노래한 예언서는 무엇인가? (　　　)

10. 세상 역사에 대한 하나님의 신정통치에 대한 질문으로 시작하는 예언서는 무엇인가? (　　　)

11. 히스기야의 현손이요 아마랴의 증손이며 그다랴의 손자요 구시의 아들로서 요시야 시대에 예언을 한 사람은 누구인가? (   )

12. 성전 재건축을 촉구한 포로후기 예언자는 누구인가? (   )

13. 여호와 하나님이 학개를 통하여 말씀을 전한 사람은 스룹바벨과 또 누구인가? (   )

14. 잇도의 손자요 베레가의 아들로 포로후기에 예언을 한 사람은 누구인가? (   )

15. 메시야가 겸손하게 나귀를 타고 올 것이라고 말한 예언자는 누구인가? (   )

16. 헬라 사람들에 대한 예언이 담긴 예언서는 무엇인가? (   )

17. 스가랴 11장에 두 막대기에 대한 예언이 담겨 있다. 두 막대기가 의미하는 바는 무엇인가? (   )

18. 12예언서 중에서 가장 짧은 예언서는 무엇인가? (   )

19. 온전한 십일조를 드리라고 촉구한 예언서는 무엇인가? (   )

20. 말라기서에서 여호와의 크고 두려운 날이 이르기 전에 보내시겠다고 약속한 사람은 누구인가? (   )

진위형(O,X)

1. 아모스에게 벧엘을 떠나 유다 땅으로 가서 예언하라고 예언을 방해한 사람은 하나냐이다. (O , X)

2. 호세아는 북 왕국 이스라엘을 특징적으로 "에브라임"이라고 불렀다. (O , X)

3. "오라 우리가 여호와께로 돌아가자 여호와께서 우리를 찢으셨으나 도로 낫게 하실 것이요 우리를 치셨으나 싸매어 주실 것이라"고 예언한 사람은 호세아이다. (O , X)

4. "그러나 너희가 나실 사람으로 포도주를 마시게 하며 또 선지자에게 명령하여 예언하지 말라 하였느니라"고 예언한 사람은 호세아이다. (O , X)

5. "대접으로 포도주를 마시며 귀한 기름을 몸에 바르면서 요셉의 환난에 대하여는 근심하지 아니하는 자로다"로 예언한 사람은 미가이다. (O , X)

6. 오바댜서는 모압의 멸망에 관한 묵시이다. (O , X)

7. 요나는 물고기 뱃속에 나온 뒤 니느웨 성을 사흘 동안 두루 다니면서 회개를 외쳤다. (O , X)

8. "야곱의 우두머리들과 이스라엘 족속의 통치자들아 들으라 정의를 아는 것이 너희의 본분이 아니냐"고 책망한 예언자는 미가이다. (O , X)

9. 베들레헴에서 메시야가 올 것을 예언한 사람은 스가랴이다. (O , X)

10. 앗수르의 도성 니느웨가 멸망하는 장면을 생생하게 보도하며 예언한 사람은 나훔이다. (O , X)

11. "오직 의인은 그의 믿음으로 말미암아 살리라"고 예언한 사람은 하박국이다. (O , X)

12. 12예언서 중에서 겸손과 공의를 강조한 예언서는 스바냐서이다. (O , X)

13. 12예언서 중에서 성전 재건을 촉구하는 예언서는 말라기서이다. (O , X)

14. 12예언서 중에서 온전한 십일조를 강조하는 예언서는 말라기서이다. (O , X)

15. 12예언서 중에서 여호와 하나님이 이른 비와 늦은 비를 적당하게 주실 것을 예언한 책은 요엘서이다. (O , X)

정 답

선택형

1.(2) 2.(4) 3.(3) 4.(4) 5.(3) 6.(3) 7.(1) 8.(4) 9.(2) 10.(3) 11.(2) 12.(3) 13.(3) 14.(4) 15.(1) 16.(3) 17.(4) 18.(1) 19.(2) 20.(4)

완성형

1.지식 2.인애 3.사람 4.정의 5.마음 6.영 7.예루살렘 8.예언 9.날 10.공의 11.말씀 12.구원 13.용기 14.겸손 15.보복 16.화평 17.강포 18.믿음 19.전능자 20.인장 21.영 22.구원 23.연합 24.평강 25.사자 26.치료

단답형

1.호세아 2.요엘 3.아모스 4.아모스 5.오바댜 6.요나 7.미가 8.미가 9.나훔 10.하박국 11.스바냐 12.학개 13.대제사장 여호수아 14.스가랴 15.스가랴 16.스가랴 17.은총과 연합 18.오바댜 19.말라기 20.엘리야

진위형

1.(X) 2.(O) 3.(O) 4.(X) 5.(X) 6.(X) 7.(X) 8.(O) 9.(X) 10.(O) 11.(O) 12.(O) 13.(X) 14.(O) 15.(O)

T.h.e. N.e.w. T.e.s.t.a.m.e.n.t.

신약

01 신약편 마태복음

Matthew

선택형

1. 예수님의 족보에 들지 않은 사람은 누구인가? (마1장)

   (1) 라합　(2) 다말　(3) 마리아　(4) 안나

2. 요셉이 아기 예수와 그의 모친을 데리고 이스라엘 땅으로 돌아왔을 때 유대의 임금은 누구였는가? (마2장)

   (1) 안티파스　(2) 아켈라오　(3) 빌립　(4) 안드레

3. 침례요한에게 나아와 침례를 받은 사람들의 출신 지역이 아닌 것은 무엇인가? (마3장)

   (1) 예루살렘　(2) 사마리아　(3) 온 유대　(4) 요단강 사방

4. 예수님이 마귀의 시험에 대답하여 사용한 말씀은 구약성경 어디에 나오는 말씀인가?

   (1) 창세기　(2) 사사기　(3) 신명기　(4) 레위기

5. 산상강화에 나오는 팔복에서 언급되지 않은 사람은 누구인가? (마5장)

   (1) 긍휼히 여기는 자　(2) 마음이 부요한 자
   (3) 마음이 청결한 자　(4) 화평케 하는 자

6. 마태복음 6장에서 예수님이 가르쳐주신 기도의 내용에 들어 있지 않은 것은 무엇인가? (마6장)

(1) 일용할 양식 (2) 죄사함 (3) 악으로부터 구원 (4) 금식

7. 마태복음 7장에 나오는 예수님의 교훈에서 다루어지지 않은 주제는 무엇인가? (마7장)

(1) 좁은 문과 넓은 문 (2) 천국의 비유
(3) 양의 옷을 입은 이리 (4) 반석 위에 세운 집

8. 마태복음 8장에 나오지 않는 사건은 무엇인가? (마8장)

(1) 산상강화 (2) 문둥병자 치유
(3) 베드로 장모의 치유 (4) 가다라 지방의 귀신들린 자

9. 마태복음 9장에서 예수님이 유대교 지도자들과 논쟁하신 주제가 아닌 것은? (마9장)

(1) 죄사함 (2) 식탁교제 (3) 금식 (4) 안식일

10. 제자들의 전도 여행 시 금지된 물품이 아닌 것은 무엇인가? (마9장)

(1) 금, 은, 동 (2) 주머니 혹은 두벌 옷
(3) 추천서 (4) 신과 지팡이

11. 예수께서 요한의 제자들에게 전한 것으로서 메시야의 사역의 대상에 포함되지 않은 사람은 누구인가? (마11장)

(1) 중풍병자 (2) 앉은뱅이 (3) 문둥이 (4) 귀머거리

12. 요나의 표적에 관한 교훈에 들어 있지 않은 것은 무엇인가? (마12장)

(1) 밤낮 사흘 (2) 바알세불 (3) 물고기 뱃속 (4) 니느웨 사람들

13. 천국 비유의 소재로 사용되지 않은 것은 무엇인가? (마13장)

(1) 겨자씨 (2) 가라지 (3) 소금 (4) 진주

14. 오병이어 사건에서 예수가 떡과 물고기를 나누어준 행위에서 사용된 동사가 아닌 것은 무엇인가? (마14장)

(1) 가지다 (2) 축사하다 (3) 주다 (4) 받다

15. 사람의 입에서 나오는 것으로서 사람을 더럽게 하는 구체적인 행위에 포함되지 않은 것은 무엇인가? (마15장)

(1) 악한 생각 (2) 살인과 간음
(3) 음란과 도적질 (4) 거짓 증거와 훼방

16. 사람들이 예수님의 정체에 관하여 생각했던 인물이 아닌 사람은 누구인가? (마16장)

(1) 침례 요한 (2) 모세 (3) 엘리야 (4) 예레미야

17. 베드로의 고백 엿새 후에 예수님이 높은 산에 올라가셨을 때 동행한 제자에 포함되지 않은 사람은 누구인가? (마17장)

(1) 베드로 (2) 야고보 (3) 바울 (4) 요한

18. 범죄한 형제를 다루는 일과 관계된 교훈이 아닌 것은 무엇인가? (마18장)

(1) 매고 푸는 것 (2) 합심하여 기도
(3) 주님의 이름으로 모임 (4) 양 일백 마리

19. 생명에 들어가기 위해 지켜야 할 계명에 포함되지 않은 것은 무엇인가? (마19장)

(1) 친구를 존경하라 (2) 간음하지 말라
(3) 도둑질 하지 말라 (4) 살인하지 말라

20. 인자의 수난에 관한 예수님의 세 번째 말씀에서 인자의 수난에 관계된 사람들에 포함되지 않은 사람들은 누구인가? (마20장)

(1) 대제사장들 (2) 서기관들 (3) 무리들 (4) 이방인들

21. 마태복음 21장에 나오는 내용이 아닌 것은 무엇인가? (마21장)

(1) 중풍병자 치유 (2) 성전 정화
(3) 권위에 대한 논쟁 (4) 포도원 농부의 비유

22. 예수님이 예루살렘에서 유대교 지도자들과 논쟁한 주제가 아닌 것은 무엇인가? (마22장)

(1) 가이사에게 바치는 세금 (2) 부활
(3) 가장 큰 계명 (4) 종말

23. 예수의 제자들의 공동체에서 사용되지 말아야 하는 지도자들에 대한 칭호가 아닌 것은 무엇인가? (마23장)

(1) 랍비 (2) 아버지 (3) 친구 (4) 지도자

24. 예수님의 종말 강화에서 종말의 과정에 일어날 것으로 언급된 것이 아닌 것은 무엇인가? (마24장)

(1) 난리와 난리 소문 (2) 대적하는 일
(3) 경제 성장 (4) 천국 복음 전파

25. 마태복음 25장에 포함되지 않은 비유는 무엇인가? (마25장)

(1) 잃은 아들 (2) 열 처녀 (3) 달란트 (4) 양과 염소

26. 예수님이 그의 제자들과 함께 최후의 만찬을 가진 때는 유대교의 어느 명절에 가까운 시기였나? (마26장)

(1) 오순절 (2) 초막절 (3) 수전절 (4) 유월절

27. 유대교 지도자들이 예수님을 결박하여 넘겨준 로마 총독의 이름은 누구인가? (마27장)

(1) 베스도　　(2) 빌라도　　(3) 벨릭스　　(4) 서기오 바울

28. 예수님이 십자가에서 운명하셨을 때 일어난 일이 아닌 것은 무엇인가? (마28장)

(1) 연기가 피어오름　　(2) 땅이 진동함
(3) 바위가 터짐　　(4) 무덤들이 열림

완성형

1. 보라 처녀가 잉태하여 아들을 낳을 것이요 그의 이름은 (　　　)이라 하리라 하셨으니 이를 번역한즉 하나님이 우리와 함께 계시다 함이라(마1:23).

2. 또 유대 땅 베들레헴아 너는 유대 고을 중에서 가장 작지 아니하도다 네게서 한 다스리는 자가 나와서 내 백성 (　　　)의 목자가 되리라 하였음이니이다(마2:6).

3. 손에 키를 들고 자기의 (　　　)을 정하게 하사 알곡은 모아 곳간에 들이고 쭉정이는 꺼지지 않는 불에 태우시리라(마3:12).

4. 예수께서 온 갈릴리에 두루 다니사 그들의 회당에서 가르치시며 (　　　)을 전파하시며 백성 중의 모든 병과 모든 약한 것을 고치시니(마4:23).

5. 내가 (　　　)이나 (　　　)를 폐하러 온 줄로 생각하지 말라 폐하러 온 것이 아니요 완전하게 하려 함이라(마5:17).

6. 그런즉 너희는 먼저 그의 (　　　)와 그의 (　　　)를 구하라 그리하면 이 모든 것을 너희에게 더하시리라(마6:33).

7. 그들의 (　　　)로 그들을 알지니 (　　　)에서 포도를, 또는 엉겅퀴에서 무화과를 따겠느냐(마7:16).

8. 예수께서 이르시되 (　　　)도 굴이 있고 공중의 새도 거처가 있으되 (　　　)는 머리 둘 곳이 없다 하시더라(마8:20).

9. 예수께서 모든 도시와 마을에 두루 다니사 그들의 (　　　)에서 가르치시며 천국 (　　　)을 전파하시며 모든 병과 모든 약한 것을 고치시니라(마9:35).

10. 누구든지 사람 앞에서 나를 부인하면 나도 (　　　)에 계신 내 (　　　) 앞에서 그를 부인하리라(마10:33).

11. 나는 마음이 (　　　)하고 (　　　)하니 나의 멍에를 메고 내게 배우라 그리하면 너희 마음이 쉼을 얻으리니(마11:29).

12. (　　　)가 밤낮 사흘 동안 큰 물고기 뱃속에 있었던 것 같이 (　　　)도 밤낮 사흘 동안 땅 속에 있으리라(마12:40).

13. 가시떨기에 뿌려졌다는 것은 (　　　)을 들으나 세상의 염려와 (　　　)의 유혹에 말씀이 막혀 결실하지 못하는 자요(마13:22).

14. 제자들이 그가 (　　　) 위로 걸어오심을 보고 놀라 (　　　)이라 하며 무서워하여 소리 지르거늘(마14:26).

15. (　　　)에서 나오는 것들은 (　　　)에서 나오나니 이것이야말로 사람을 더럽게 하느니라(마15:18).

16. 또 내가 네게 이르노니 너는 베드로라 내가 이 (　　　) 위에 내 (　　　)를 세우리니 음부의 권세가 이기지 못하리라(마16:18).

17. 그들 앞에서 변형되사 그 (　　　)이 해 같이 빛나며 (　　　)이 빛과 같이 희어졌더라(마17:2).

18. 그러므로 누구든지 이 (　　　)와 같이 자기를 낮추는 사람이 (　　　)에서 큰 자니라(마18:4).

19. 또 내 (　　　)을 위하여 집이나 형제나 자매나 부모나 자식이나 전토를 버린 자마다 여러 배를 받고 또 (　　　)을 상속하리라(마19:29).

20. 인자가 온 것은 섬김을 받으려 함이 아니라 도리어 섬기려 하고 자기 (　　　)을 많은 사람의 (　　　)로 주려 함이니라(마20:28).

21. 그러므로 내가 너희에게 이르노니 하나님의 (　　　)를 너희는 빼앗기고 그 나라의 (　　　) 맺는 백성이 받으리라(마21:43).

22. 예수께서 이르시되 네 (　　　)을 다하고 목숨을 다하고 뜻을 다하여 주 너의 (　　　)을 사랑하라 하셨으니(마22:37).

23. 눈 먼 바리새인이여 너는 먼저 (　　　)을 깨끗이 하라 그리하면 (　　　)도 깨끗하리라(마23:26).

24. 이는 그 때에 큰 (　　　)이 있겠음이라 (　　　)로부터 지금까지 이런 환난이 없었고 후에도 없으리라(마24:21).

25. 그들이 사러 간 사이에 (　　　)이 오므로 준비하였던 자들은 함께 (　　　)에 들어가고 문은 닫힌지라(마25:10).

26. 이것은 (　　　)을 얻게 하려고 많은 사람을 위하여 흘리는 바 나의 피 곧 (　　　)의 피니라(마26:28).

27. 이르되 (　　　)을 헐고 사흘에 짓는 자여 네가 만일 하나님의 아들이어든 자기를 구원하고 (　　　)에서 내려오라 하며(마27:40).

28. 그러므로 너희는 가서 모든 민족을 (　　　)로 삼아 아버지와 아들과 성령의 (　　　)으로 침례를 베풀고(마28:19).

단답형

1. 예수 그리스도는 그의 어머니 마리아가 요셉과 약혼하고 동거하기 전에 무엇에 의해 잉태되었나? (마1장) (　　　)

2. 헤롯이 베들레헴의 두 살 이하 남자아이를 죽인 것은 어느 예언자의 예언이 성취된 것인가? (마2장) (　　　)

3. 요한은 자기 뒤에 오시는 분이 무엇으로 침례를 줄 것이라고 예고했는가? (마3장) (　　　)

4. 예수님은 그의 공생애 사역을 시작하기 전에 나사렛을 떠나 어느 도시에 가서 사셨는가? (마4장) (　　　)

5. 마태복음 5장에서 예수님은 제자들의 정체성에 관하여 가르치기 위하여 어떤 비유어 두 개를 사용하셨는가? (마5장) (　　　)

6. 마태복음 6장에서 예수님은 그의 제자들이 보물을 땅에 쌓아두지 말고 어디에 쌓아두라고 교훈하시는가? (마6장) (　　　)

7. 마태복음 7장에서 예수님은 무엇에로 인도하는 문이 좁고 협착해서 찾는 이가 적다고 하셨는가? (마7장) (   )

8. 예수님이 산상강화를 전하시고 산에서 내려오셨을 때 첫 번째 만난 사람은 누구인가? (마8장) (   )

9. 마태복음 9장에서 예수님을 따라온 두 사람의 소경이 예수님에 대하여 사용한 칭호는 무엇인가? (마9장) (   )

10. 예수의 제자들은 보내심을 받고 가서 무엇이 가까웠다는 것을 전파해야 하는가? (마10장) (   )

11. 예수는 모든 선지자와 및 율법의 예언한 것이 누구까지라고 하셨는가? (마11장) (   )

12. 바리새인들은 예수의 귀신축출 사역을 보고 누구를 힘입어 귀신을 쫓아낸다고 비방했는가? (마12장) (   )

13. 알곡과 가라지 비유의 해석에서 가라지를 심은 원수는 누구인가? (마13장) (   )

14. 오병이어 사건에서 다 배불리 먹고 남은 조각 몇 바구니를 거두었나? (마14장) (   )

15. 두 번째 급식이적 사건에서 떡과 물고기를 먹은 사람의 숫자는 여자와 아이 외에 몇 명이었나? (마15장) (   )

16. 예수님이 "오직 바리새인들과 사두개인들의 누룩을 주의하라"고 말씀하셨을 때, 누룩은 무엇을 의미하는 비유어였는가? (마16장) (   )

17. 예수님이 높은 산에서 변형되셨을 때 함께 말씀을 나눈 사람들은 모세와 함께 누구였는가? (마17장) (　　　)

18. 범죄한 형제를 용서하는 일에 관한 질문에서 베드로는 몇 번까지 용서해야한다고 생각했는가? (마18장) (　　　)

19. 고자에 관한 예수님의 말씀에는 무엇을 위해 스스로 된 고자가 포함되어 있는가? (마19장) (　　　)

20. 포도원 품군들의 비유에서 포도원 주인이 약속한 일당이 얼마였는가? (마20장) (　　　)

21. 포도원 농부의 비유에서 예수님은 건축자들의 버린 돌이 모퉁이의 무엇이 되었다는 말씀을 인용하셨는가? (마21장) (　　　)

22. 예수님이 예루살렘에 가셨을 때 부활에 관하여 질문해온 사람들은 누구였는가? (마22장) (　　　)

23. 예수님은 서기관들과 바리새인들이 누구의 자리에 앉았다고 비판하셨는가? (마23장) (　　　)

24. 종말의 때 구름을 타고 능력과 큰 영광으로 오시는 분은 누구인가? (마24장) (　　　)

25. 마태복음 25장의 한 비유에서 영원한 벌을 받을 사람들로 판정을 받는 사람들은 어떤 짐승으로 비유된 사람들인가? (마25장) (　　　)

26. 예수님이 체포되기 직전까지 기도하신 장소는 어디인가? (마26장) (　　　)

27. 빌라도에게 예수님의 시체를 달라하여 자기의 새 무덤에 장사한 아리마대 부자의 이름은 무엇인가? (마27장) (　　　)

28. 안식 후 첫날 예수님이 장사되었던 무덤에 찾아간 사람 중 첫 번째로 언급된 여성의 이름은 무엇인가? (마28장) (　　　)

진위형(O,X)

1. 예수 그리스도의 계보에는 모압 여자인 룻이 포함되었다(마1장). (O , X)

2. 예수의 부모는 헤롯이 죽은 후에 이스라엘에 돌아와서 사마리아에 정착하게 되었다(마2장). (O , X)

3. 요한은 예수님이 자기에게 침례를 받으러 왔을 때 자기가 예수님에게 침례를 받아야 한다고 주장했었다(마3장). (O , X)

4. 마태복음 4장에 따르면, 예수님이 처음 부르신 제자들은 베드로와 안드레 그리고 야고보와 바울이었다(마4장). (O , X)

5. 예수님의 산상강화 교훈 중에는 원수를 사랑하며 핍박하는 자를 위해 기도하라는 교훈이 포함되어 있다(마5장). (O , X)

6. 마태복음 6장의 산상강화에는 구제, 기도, 금식, 그리고 보물에 관한 교훈이 나온다(마6장). (O , X)

7. 마태복음 7장에는 예수님을 향해 주여 주여 부르는 사람들이 다 천국에 들어갈 것이라는 말씀이 나온다(마7장). (O , X)

8. 예수님이 산상강화를 전하시고 산에서 내려와 첫 번째로 하신 일은 베드로의 장모를 치유하신 일이었다(마8장). (O , X)

9. 마태복음 9장에서 예수님이 한 관리의 딸을 치유하러 가다가 만난 여인은 혈루병을 앓던 사람이었다(마9장). (O , X)

10. 예수의 제자들이 전도 여행 시 가지고 가지 말라는 품목 속에는 신이나 지팡이가 포함되었다(마10장). (O , X)

11. 예수는 침례 요한이 여자가 낳은 자 중에 가장 큰 자이기 때문에 요한은 천국에서도 가장 큰 자라고 하셨다(마11장). (O , X)

12. 예수는 안식일 논쟁에서 다윗과 그의 동행자들이 성소에서 행한 것을 예로 들어 그의 제자들을 변호했다(마12장). (O , X)

13. 천국 비유 중 그물 비유에서 내어버림을 받을 못된 물고기는 풀무 불에 던짐을 받을 악인을 가리킨다(마13장). (O , X)

14. 오병이어 사건 후에 예수는 제자들과 함께 기도하시러 산으로 올라가셨다(마14장). (O , X)

15. 예수께서 두로와 시돈 지방에 가셨을 때 가나안 여자가 예수님을 향해 부른 칭호는 다윗의 자손이었다(마15장). (O , X)

16. 예수님이 베드로에게 주신 천국 열쇠는 땅과 바다에서 매고 푸는 권세에 관한 것이다(마16장). (O , X)

17. 예수님이 변형되셨던 높은 산에서 내려와서 하신 일은 간질로 고생하던 아이를 치유한 일이었다(마17장). (O , X)

18. 범죄한 형제의 문제를 해결하기 위한 첫 번째 일은 두 세 증인을 데리고 가서 증언하게 하는 일이다(마18장). (O , X)

19. 마태복음 19장에서 예수님께 와서 영생을 얻는 길에 관하여 질문한 사람은 청년이었다(마19장). (O , X)

20. 예수께 자기의 두 아들을 하나는 주의 우편에 하나는 주의 좌편에 앉게 해달라고 부탁한 사람은 세배대의 어머니였다(마20장). (O , X)

21. 마태복음 21장에서 예수님은 예루살렘에 들어가실 때에 나귀와 나귀 새끼를 타고 들어가셨다(마21장). (O , X)

22. 혼인 잔치를 베푼 어떤 임금의 비유에서 바깥 어두움에 내어던짐을 당한 사람은 예복을 입지 않았기 때문이었다(마22장). (O , X)

23. 마태복음 23장에서 예수님은 외식하는 사두개인들을 향하여 비판하는 말씀을 하셨다(마23장). (O , X)

24. 마태복음 24장에서 예수님은 종말의 과정에서 제자들이 유의해야 할 일은 깨어 있는 것은 물론 예비하는 일인 것을 말씀하셨다(마24장). (O , X)

25. 마태복음 25장의 달란트 비유에서 다섯 개 받아 다섯 개 남긴 사람에 대한 상급과 두 개 받아 두 개 남긴 사람에 대한 상급이 다르게 부여되었다(마25장). (O , X)

26. 예수님을 체포하기 위하여 무리를 이끌고 온 사람은 열 둘 중 한 사람인 도마였다(마26장). (O , X)

27. 예수님이 십자가에서 운명하셨을 때 성소 휘장이 위로부터 아래까지 찢어져 둘이 되었다(마27장). (O , X)

28. 마태복음 28장에서 부활의 예수님은 빈무덤을 방문했던 여자들에게 제자들이 예루살렘에서 예수님을 보게될 것을 말씀하셨다(마28장). (O , X)

정 답

선택형

1.(4) 2.(2) 3.(2) 4.(3) 5.(2) 6.(4) 7.(2) 8.(1) 9.(4) 10.(3) 11.(1) 12.(2) 13.(3) 14.(4) 15.(1) 16.(2) 17.(3) 18.(4) 19.(1) 20.(3) 21.(1) 22.(4) 23.(3) 24.(3) 25.(1) 26.(4) 27.(2) 28.(1)

완성형

1.임마누엘 2.이스라엘 3.타작마당 4.천국 복음 5.율법, 선지자 6.나라, 의 7.열매, 가시나무 8.여우, 인자 9.회당, 복음 10.하늘, 아버지 11.온유, 겸손 12.요나, 인자 13.말씀, 재물 14.바다, 유령 15.입, 마음 16.반석, 교회 17.얼굴, 옷 18.어린 아이, 천국 19.이름, 영생 20.목숨, 대속물 21.나라, 열매 22.마음, 하나님 23.안, 겉 24.환난, 창세 25.신랑, 혼인 잔치 26.죄 사함, 언약 27.성전, 십자가 28.제자, 이름

단답형

1.성령 2.예레미야 3.성령과 불 4.가버나움 5.소금, 빛 6.하늘 7.생명 8.나병환자 9.다윗의 자손 10.천국 11.요한 12.바알세불 13.마귀 14.열둘(12) 15.사천(4000) 16.교훈 17.엘리야 18.일곱번 19.천국 20.한 데나리온 21.머릿돌 22.사두개인 23.모세 24.인자, 사람의 아들 25.염소 26.겟세마네 27.요셉 28.막달라 마리아

진위형

1.(0) 2.(X) 3.(0) 4.(X) 5.(0) 6.(0) 7.(X) 8.(X) 9.(0) 10.(0) 11.(X) 12.(0) 13.(0) 14.(X) 15.(0) 16.(X) 17.(0) 18.(X) 19.(0) 20.(X) 21.(0) 22.(0) 23.(X) 24.(0) 25.(X) 26.(X) 27.(0) 28.(X)

02 신약편 마가복음

Mark

선택형

1. 마가복음 1장에서 '선지자 이사야의 글'을 인용한 것으로 된 구절은 실제로는 이사야와 어떤 성경을 인용한 구절인가?
   (1) 말라기 (2) 스가랴 (3) 요엘 (4) 하박국

2. "성령이 곧 예수를 광야로 몰아내신지라 광야에서 사십일을 계시면서 사탄에게 시험을 받으시며 들짐승과 함께 계시니 천사들이 수종들더라"라는 독특한 내용이 나오는 복음서는 무엇인가?
   (1) 마태복음 (2) 마가복음 (3) 누가복음 (4) 요한복음

3. '곧,' '즉시' 같은 말을 사용해서 긴박한 이야기의 흐름을 보여주는 복음서는 무엇인가?
   (1) 마태복음 (2) 마가복음 (3) 누가복음 (4) 요한복음

4. 마가복음에서 예수님이 행하신 첫 번째 기적은 무엇인가?
   (1) 물 위로 걸으심 (2) 더러운 귀신을 쫓아내심
   (3) 손마른 자를 고치심 (4) 오병이어

5. 마가복음에서 예수님이 첫 번째 선포하신 것은 무엇인가?
   (1) 축복 (2) 교회 (3) 종말 (4) 하나님 나라

6. 마가복음에서 예수님은 시몬의 장모의 열병을 어떻게 고치셨는가?

(1) 열병을 꾸짖으심 (2) 손을 만지심

(3) 손을 잡아 일으키심 (4) 침을 바르심

7. 복음서 중에서 '온 동네,' '온 갈릴리' 라는 표현을 사용해서 예수님 사역의 영향을 강조한 곳은 무엇인가?

(1) 마태복음 (2) 마가복음 (3) 누가복음 (4) 요한복음

8. 마가복음에서 예수님은 자신을 가리키실 때(예컨대, 자신이 안식일의 주인이라고 하시면서, 막2:28) 무슨 호칭을 사용하셨는가?

(1) 인자 (2) 하나님의 아들

(3) 다윗의 자손 (4) 그리스도

9. 복음서 중에서 침례요한의 사건으로 시작하는 복음서는 무엇인가?

(1) 마태복음 (2) 마가복음 (3) 누가복음 (4) 요한복음

10. 예수님께서 죄를 사하시는 권세를 갖고 계시다는 것을 나타낸 사건은 무엇인가?

(1) 침례를 주심 (2) 문둥병자를 치유하심

(3) 물 위를 걸으심 (4) 중풍병자를 고치심

11. 마가복음 2장에서 다윗이 아비아달 대제사장 때에 진설병을 먹었다고 기록하고 있는데, 본래는 아비아달이 아니라 어느 제사장인가?

(1) 사독 (2) 아비멜렉 (3) 아히멜렉 (4) 아비야

12. 예수님께서 손 마른 자를 고쳐주실 때 그곳에 있던 사람들의 완악함을 보시고 어떤 마음으로 그들을 둘러보셨는가?

(1) 노하심으로 (2) 답답해하심으로
(3) 슬퍼하심으로 (4) 안타까움으로

13. 예수님은 더러운 귀신들린 자들이 자기를 '하나님의 아들' 이라고 알아 볼 때 어떻게 하셨는가?
(1) 나타내지 말라고 경계하심 (2) 칭찬하심
(3) 무시하심 (4) 엄히 꾸짖고 책망하심

14. 예수님이 열 두 제자를 세우신 첫 번째 목적은 무엇인가?
(1) 귀신을 내쫓는 권세를 주시려고
(2) 전도의 일을 시키시려고
(3) 자기와 함께 있게 하시려고
(4) 사람들을 통제하시려고

15. 예수님이 열 두 제자를 세우신 세 가지 목적에 속하지 않는 것은 무엇인가?
(1) 자기와 함께 있게 하시려고
(2) 전도의 일을 하게 하시려고
(3) 귀신을 내쫓는 권세를 주시려고
(4) 구제의 일을 하게 하시려고

16. 마가복음 3장에서 예수님의 친족들이 예수님을 붙들러 온 이유는 무엇인가?
(1) 예수님을 구하려고 (2) 예수님이 미쳤다는 말을 듣고
(3) 예수님을 도우려고 (4) 예수님을 숨겨드리려고

17. 예수님은 자신을 더러운 귀신들렸다고 비난하는 자들이 결국 어떤 죄를 짓는 것이라고 말씀하시는가?

(1) 거짓말하는 죄 (2) 성령을 모독하는 죄

(3) 복음을 훼방하는 죄 (4) 살인죄

18. 마가복음의 "자라나는 씨 비유"(막4:26-29)의 주제는 무엇인가?

(1) 하나님의 나라 (2) 재물

(3) 성령 (4) 은사

19. 마가복음에서 제자들은 갈릴리 바다에서 큰 광풍이 일어나 배가 위태할 때 예수님에게 무엇이라 말했는가?

(1) 주여 구원하소서

(2) 주여 우리가 죽겠나이다

(3) 선생님이여 우리가 죽게 된 것을 돌보지 아니하시나이까

(4) 선생님 구원하소서

20. 마가복음에서 예수님께서 더러운 귀신과 더불어서 꾸짖으신 대상은 무엇인가?

(1) 무리들 (2) 바다 (3) 바리새인들 (4) 바람

21. 거라사인의 지방에 있던 군대 귀신들린 자의 행동이 아닌 것은 무엇인가?

(1) 밤낮 무덤 사이에서나 산에서 소리지름

(2) 돌로 제 몸을 상하게 함

(3) 쇠사슬이나 고랑을 끊어버림

(4) 무덤 사이에서 웅크리고 있음

22. 군대 귀신들린 자가 예수님에게 간구한 것은 무엇인가?
   (1) 자기를 그 지방에서 내보내지 말도록
   (2) 무저갱에 보내지 말도록
   (3) 자기를 결박하지 말도록
   (4) 돼지에게 들어가지 말도록

23. 군대 귀신이 나간 자의 모습으로 옳지 않은 것은 무엇인가?
   (1) 옷을 입고 있다 (2) 정신이 온전해졌다
   (3) 바닥에 누워있다 (4) 앉아 있다

24. 예수님이 군대 귀신 들렸던 자에게 "주께서 네게 어떻게 큰 일을 행하사 너를 불쌍히 여기신 것을" 누구에게 알리라고 했는가?
   (1) 서기관 (2) 제사장 (3) 바리새인 (4) 가족

25. 열 두 해를 혈루증으로 앓던 여인의 상태가 아닌 것은 무엇인가?
   (1) 많은 의사에게 많은 괴로움을 받음
   (2) 가진 것을 다 허비 함
   (3) 병이 더 심해짐
   (4) 가족들과 함께 살고 있었음

26. 딸이 죽었다는 소식을 들은 야이로에게 예수님은 무어라 말씀하셨는가?
   (1) 두려워 말고 믿기만 하라
   (2) 믿는 자에게는 능치 못할 일이 없다
   (3) 네 믿음대로 될 것이다
   (4) 어찌하여 두려워하느냐

27. 마가복음에서 예수님은 야이로의 집에 가실 때 누구를 데리고 가셨는가?

(1) 베드로와 세베대의 아들 야고보와 요한

(2) 베드로와 세베대의 아들 요한과 안드레

(3) 베드로와 알패오의 아들 야고보와 요한

(4) 베드로와 안드레와 야고보

28. 다음 중 해당 숫자가 나머지와 다른 것은 무엇인가?

(1) 예수님의 제자의 수

(2) 혈루증을 앓는 여인이 고생한 횟수

(3) 야이로의 딸의 나이

(4) 마가복음의 마지막 장

29. 마가복음에서 예수님이 선지자가 존경받지 못하는 곳으로 언급하지 않은 것은 무엇인가?

(1) 자기 집 (2) 자기 친척 (3) 자기 고향 (4) 자기 동료

30. 마가복음에서 예수님이 제자들을 전도여행 보내시면서 휴대를 허용하신 유일한 물건은 무엇인가?

(1) 양식 (2) 전대 (3) 지팡이 (4) 배낭

31. 마가복음에서 헤롯은 누구를 위해서 침례요한을 감옥에 가두었는가?(막6:17)

(1) 자기 자신 (2) 헤로디아 (3) 살로메 (4) 빌립

32. 마가복음에서 헤로디아가 침례요한을 죽이고 싶었으나 죽이지 못한 이유가 아닌 것은 무엇인가?

(1) 헤롯이 요한을 의롭고 거룩한 사람으로 알았기 때문

(2) 헤롯이 요한을 두려워하여 보호했기 때문

(3) 헤롯이 요한의 말을 들을 때에 달갑게 들었기 때문

(4) 헤롯이 백성들을 두려워했기 때문

33. 예수님께서 바다 위를 걸어서 제자들에게 오기 직전의 상황이 아닌 것은 무엇인가?

(1) 때가 저물었음 (2) 배가 바다 가운데 있음

(3) 바람이 배를 거스림 (4) 제자들이 잠이 듦

34. 예수님께서 바다 위를 걸어오셔서 배에 오르시자 바람이 그쳤고 제자들은 심히 놀랐었다. 이때 예수님께서 하신 말씀은 무엇인가?

(1) 믿음이 없는 자들아 회개하라

(2) 믿음이 없는 자들아 두려워하지 말라

(3) 안심하라 내니 두려워 말라

(4) 안심하라 믿고 기도하라

35. 마가복음 7장에 나오는 '부정한 손' 은 무엇을 가리키는 것인가?

(1) 피를 흘린 손 (2) 우상을 만진 손

(3) 씻지 않은 손 (4) 회개하지 않은 손

36. 마가복음에 나오는 장로들의 전통에 속하지 않는 것은 무엇인가?

(1) 식사 전에 손을 씻음

(2) 시장에서 돌아와서 몸에 물을 뿌리고 식사함

(3) 잔과 주발과 놋그릇을 씻음

(4) 식사 전에 경건하게 기도를 함

37. 사람들은 예수님을 여러 인물로 이해했다. 다음 중 사람들의 생각이 아닌 것은 무엇인가?

(1) 침례 요한 (2) 엘리야 (3) 에녹 (4) 선지자

38. 예수님이 자신의 정체를 드러내는 전환점이 마가복음 8장에서, 베드로는 예수님에 대해서 무엇이라고 고백하는가?

(1) 주는 그리스도십니다

(2) 주는 살아계신 하나님의 아들이십니다

(3) 주는 하나님의 그리스도십니다

(4) 주는 그리스도시오 살아계신 하나님의 아들이십니다

39. 베드로는 빌립보 가이사랴에서 신앙고백 직후에 무슨 책망을 받았는가?

(1) 믿음이 적은 자여 (2) 사탄아 내 뒤로 물러가라

(3) 왜 의심하였느냐 (4) 아직도 깨닫지 못하였느냐

40. 예수님은 빌립보 가이사랴에서 베드로를 책망하신 이후에 이 세대에 대해서 어떻게 표현하셨는가?

(1) 악하고 게으른 세대 (2) 악하고 어리석은 세대

(3) 음란하고 죄 많은 세대 (4) 음란하고 어리석은 세대

41. 마가는 변화산에서 변형되신 예수님의 광채가 나는 옷을 무엇에 비유했는가?

(1) 햇빛 (2) 흰 빨래 (3) 영광 (4) 권능

42. 다음 중 변화산에 있지 않았던 사람은 누구인가?

(1) 엘리야 (2) 모세 (3) 베드로 (4) 요셉

43. 벙어리 귀신들린 아이가 있던 현장에서 제자들과 변론하던 자들은 누구인가?

(1) 제사장들 (2) 서기관들 (3) 레위인들 (4) 사두개인들

44. 벙어리 귀신을 못 쫓아내는 것을 보고 예수님께서 무엇이라고 탄식하셨는가?

(1) 악하고 패역한 세대 (2) 사랑이 없는 세대
(3) 믿음이 없는 세대 (4) 패역한 세대

45. 벙어리 귀신으로 인해서 아이에게 발생한 현상이 아닌 것은 무엇인가?

(1) 파리해져 감 (2) 거꾸러져 거품을 흘림
(3) 이를 갊 (4) 무덤 사이에 거함

46. 이혼에 대해서 묻는 바리새인들에게 예수님은 어느 성경을 근거로 대답하시는가?

(1) 창세기 (2) 출애굽기 (3) 레위기 (4) 신명기

47. 예수님은 모세가 이혼증서를 허락한 이유에 대해서 바리새인들에게 어떻게 설명하시는가?

(1) 합리적인 이유로
(2) 너희 마음의 완악함을 인하여
(3) 전통적인 가치를 보호하기 위해서
(4) 남자들의 권리를 위해서

48. 예수님과 복음을 위해서 모든 것을 버린 사람은 현세에 모든 것을 100배나 받되 무엇을 겸하여 받는다고 하셨는가?

(1) 축복 (2) 박해 (3) 시험 (4) 은혜

49. 예수님이 자신의 세 번째 수난예고를 한 직후에, 그에게 와서 자기들의 원하는 것을 이루어 달라고 구한 사람은 누구인가?

(1) 요한과 마가 (2) 알패오의 아들 야고보
(3) 세베대의 아들들 (4) 요한과 베드로

50. 바디매오는 예수님을 어떻게 불렀는가?

(1) 주 예수여 (2) 다윗의 자손 예수여
(3) 그리스도시여 (4) 하나님의 아들 예수여

51. 바디매오는 눈을 뜨게 된 후 어떻게 했는가?

(1) 예수님을 좇아갔다 (2) 찬양하며 뛰어갔다
(3) 예수님을 증거했다 (4) 집으로 돌아갔다

52. 예수님이 감람산에서 성전을 마주 대하여 앉으셨을 때 종말의 징조에 대하여 묻던 제자가 아닌 사람은 누구인가?

(1) 베드로 (2) 안드레 (3) 요한 (4) 빌립

53. 마가복음에서 묵시문학적 성격을 보여주는 장은 몇 장인가?

(1) 11장 (2) 12장 (3) 13장 (4) 14장

54. "그가(　　　)와서 너희가 자는 것을 보지 않도록 하라"(막13:36)에서 괄호 안에 들어갈 말은 무엇인가?

(1) 말세에 (2) 때마침 (3) 예고한대로 (4) 홀연히

55. 예수님은 마가복음 13장에서 우리가 깨어있어야 하는 것을 강조하시면서 무슨 비유를 사용하셨는가?

(1) 열 처녀 비유 (2) 문지기의 비유
(3) 도둑의 비유 (4) 무화과나무의 비유

56. "이틀이 지나면(　　　)과 (　　　)이라. 대제사장과 서기관들이 예수를 흉계로 잡아 죽일 방도를 구하며"에서 괄호 안에 들어갈 절기로 맞는 것은 무엇인가? (막14:1)

(1) 유월절과 오순절　(2) 유월절과 칠칠절
(3) 유월절과 무교절　(4) 유월절과 초막절

57. 신약성경에 나오는 사건 중 다락방에서 일어난 사건이 아닌 것은 무엇인가?

(1) 마지막 만찬　(2) 제자들의 발을 씻기 심
(3) 성령강림　(4) 베드로의 환상

58. 마가복음에 나오는 마지막 만찬과 상관없는 것은 무엇인가?

(1) 물 한동이를 가지고 가는 사람　(2) 큰 다락방　(3) 떡　(4) 수건

59. 제자들이 예수님을 버릴 것을 예고하시면서 인용하신 구약의 말씀은 어디에 있는 것인가? (막14:27)

(1) 스가랴　(2) 말라기　(3) 스바냐　(4) 이사야

60. 마가복음에서 예수님은 겟세마네 기도에서 하나님을 어떻게 부르는가?

(1) 전능하신 아버지여　(2) 하늘에 계신 아버지여
(3) 내 아버지여　(4) 아빠 아버지여

61. 예수님을 잡으러 온 무리를 파송한 자들과 관련되지 않는 집단은 무엇인가?

(1) 바리새인들　(2) 사두개인들　(3) 열심당　(4) 서기관들

62. 예수님을 붙잡는 현장에서 가룟 유다가 한 말 중에 마가복음에만 나오는 "그를 잡아 ( )끌어가라"에서 괄호 안에 들어갈 말은 무엇인가?

(1) 단단히 (2) 재빨리 (3) 은밀하게 (4) 주저하지 말고

63. 마가복음에 의하면 예수님이 대제사장 앞에 끌려갔을 때에 예수님을 손바닥으로 친 자들은 누구인가?

(1) 서기관들 (2) 바리새인들 (3) 군병들 (4) 하속들

64. 대제사장 앞에서 거짓 증인들이 한 말이 아닌 것은 무엇인가?

(1) 성전을 허물겠다고 함

(2) 손으로 짓지 않은 다른 성전을 짓겠다고 함

(3) 사흘만에 다시 성전을 세우겠다고 함

(4) 자기가 하나님의 아들이라고 함

65. 마가복음에서 대제사장은 예수님에게 무엇을 물었는가?

(1) 네가 찬송받을 이의 아들 그리스도냐

(2) 네가 하나님의 아들 그리스도냐

(3) 네가 다윗의 자손 그리스도냐

(4) 네가 그리스도냐

66. 빌라도는 제일 먼저 예수님에게 무엇을 물었는가?

(1) 네가 유대인의 왕이냐 (2) 네가 유대인의 그리스도냐

(3) 네가 이스라엘의 메시야냐 (4) 네가 하나님의 아들이냐

67. 로마 군병들이 예수님을 브라이도리온에서 핍박한 내용이 아닌 것은 무엇인가?

(1) 침을 뱉음　(2) 검은 옷을 입힘
(3) 머리를 침　(4) 가시관을 씌움

68. 예수님 대신 십자가를 진 시몬에 대한 설명 중 틀린 것은 무엇인가?

(1) 알렉산더의 아버지　(2) 루포의 아버지
(3) 구레네 사람　(4) 헬라인

69. 예수님을 십자가에 못 박은 시각은 언제인가?

(1) 제 삼시　(2) 제 육시　(3) 제 구시　(4) 정오

70. 마가복음에 나오는 예수님의 십자가 사건 당시의 상황이 아닌 것은 무엇인가?

(1) 성전 휘장이 갈라짐　(2) 온 땅이 어두워짐
(3) 신포도주를 마시움　(4) 땅이 진동함

71. 예수님이 운명하시던 당시 근처에 있던 여인 중에 마가복음에 나오지 않는 사람은 누구인가?

(1) 살로메　(2) 막달라 마리아
(3) 작은 야고보의 어머니　(4) 세베대의 아들들의 어머니

72. 예수님의 수난 사건 중에서 마가복음에 나오지 않는 것은 무엇인가?

(1) 베드로의 부인　(2) 가룟 유다의 자살
(3) 제자들의 흩어짐　(4) 성전 휘장의 찢어짐

73. 아리마대 사람 요셉에 대한 설명 중 마가복음에 나오지 않는 것은 무엇인가?

(1) 당돌히 빌라도에게 예수의 시체를 달라함

(2) 존경받는 공회원

(3) 하나님의 나라를 기다리는 자

(4) 백부장의 친구

74. 예수님을 돌무덤에 안장하던 때에 그 자리에 있지 않은 사람은 누구인가?

(1) 아리마대 요셉　(2) 막달라 마리아

(3) 요세의 어머니　(4) 예수님의 어머니

75. 안식 후 첫날 예수님의 무덤에 찾아간 사람이 아닌 것은 누구인가?

(1) 막달라 마리아　(2) 살로메

(3) 야고보의 어머니 마리아　(4) 예수님의 어머니

76. 마가복음에 의하면 예수님의 무덤에 찾아간 사람들은 누구를 만나게 되는가?

(1) 천사　(2) 찬란한 옷을 입은 두 사람

(3) 흰옷을 입은 청년　(4) 힘센 천사

77. 마가복음에서 예수님이 말씀하신 믿는 자들에게 따르는 표적이 아닌 것은 무엇인가?

(1) 병든 자를 고침　(2) 귀신을 쫓아냄

(3) 새 방언을 말함　(4) 중언부언

완성형

1. 하나님의 아들 예수 그리스도의 (   )의 시작이라(막1:1).

2. 때가 찼고 하나님의 나라가 가까이 왔으니 회개하고 (   )을 믿으라 하시더라(막1:15).

3. 곧 부르시니 그 아버지 세베대를 (   )과 함께 배에 버려 두고 예수를 따라가니라(막1:20).

4. 뭇 사람이 그의 교훈에 놀라니 이는 그가 가르치시는 것이 권위 있는 자와 같고 (   )과 같지 아니함일러라(막1:22).

5. 다 놀라 서로 물어 이르되 이는 어찜이냐 권위 있는 (   )이로다(막1:27).

6. 우리가 다른 가까운 마을들로 가자 거기서도 (   ) 하리니 내가 이를 위하여 왔노라 하시고(막1:38).

7. 많은 사람이 모여서 문 앞까지도 들어설 자리가 없게 되었는데 예수께서 그들에게 (   )를 말씀하시더니(막2:2).

8. 안식일이 (   )을 위하여 있는 것이요 (   )이 안식일을 위하여 있는 것이 아니니(막2:27).

9. 예루살렘에서 내려온 서기관들은 그가 (   )이 지폈다 하며(막3:22).

10. 누구든지 성령을 (   )하는 자는 영원히 사하심을 얻지 못하고 영원한 죄가 되느니라(막3:29).

11. 그들이 심히 두려워하여 서로 말하되 그가 누구이기에 바람과 바다도 (　　　)하는가 하였더라(막4:41).

12. 예수께서 이르시되 딸아 네 (　　　)이 너를 구원하였으니 평안히 가라(막5:34).

13. 너희가 어찌하여 떠들며 우느냐 이 아이가 죽은 것이 아니라 (　　　) 하시니(막5:39).

14. 그 머리를 소반에 얹어다가 (　　　)에게 주니 (　　　)가 이것을 그 어머니에게 주니라(막6:28).

15. 예수께서 나오사 큰 무리를 보시고 그 목자 없는 (　　　)같음으로 인하여 불쌍히 여기사 이에 여러 가지로 가르치시더라(막6:34).

16. 너희가 하나님의 (　　　)은 버리고 사람의 전통을 지키느니라(막7:8).

17. 예수께서 경고하여 이르시되 삼가 바리새인들의(　　　)과 헤롯의 (　　　)을 주의 하라 하시니(막8:15).

18. 누구든지 나를 따라오려거든 자기를 부인하고 자기 (　　　)를 지고 나를 따를 것이니라(막8:34).

19. 누구든지 자기 목숨을 구원하고자 하면 잃을 것이요 누구든지 나와 (　　　)을 위하여 자기 목숨을 잃으면 구원하리라(막8:35).

20. 내가 진실로 너희에게 이르노니 여기 서 있는 사람 중에는 죽기 전에 하나님의 나라가 (　　　)으로 임하는 것을 볼 자들도 있느니라 하시니라(막9:1).

21. 예수께서 이르시되 할 수 있거든이 무슨 말이냐 (　　　)에게는 능히 하지 못 할 일이 없느니라(막9:23).

22. 집에 들어가시매 제자들이 조용히 묻자오되 우리는 어찌하여 능히 그 귀신을 쫓아내지 못하였나이까 이르시되 (　　　)외에는 다른 것으로는 이런 종류가 나갈 수 없느니라(막9:28-29).

23. 누구든지 첫째가 되고자 하면 뭇 사람의 (　　　)이 되며 뭇 사람을 섬기는 자가 되어야 하리라(막9:35).

24. 너희 속에 소금을 두고 서로 (　　　)하라(막9:50).

25. 이르시되 누구든지 그 아내를 버리고 다른 데에 장가 드는 자는 본처에게 (　　　)을 행함이요(막10:11).

26. 인자가 온 것은 섬김을 받으려 함이 아니라 도리어 섬기려 하고 자기 목숨을 많은 사람의 (　　　)로 주려 함이니라(막10:45).

27. 기록된 바 내 집은 (　　　)이 기도하는 집이라 칭함을 받으리라고 하지 아니하였느냐(막11:17).

28. 서서 기도할 때에 아무에게나 혐의가 있거든 용서하라 그리하여야 하늘에 계신 너희 아버지께서도 너희 (　　　)을 사하여 주시리라 하시니라(막11:25).

29. 나로 말미암아 너희가 권력자들과 임금들 앞에 서리니 이는 그들에게 (　　　)가 되려 함이라(막13:9).

30. 사람들이 너희를 끌어다가 넘겨 줄 때에 무슨 말을 할까 미리 염려하지 말고 무엇이든지 그 때에 너희에게 주시는 그 말을 하라 말하는 이는 너희가 아니요 (　　　)이시니라(막13:11).

31. 또 너희가 내 (　　　)으로 말미암아 모든 사람에게 미움을 받을 것이나 끝까지 견디는 자는 구원을 받으리라(막13:13).

32. 그러나 내가 살아난 후에 너희보다 먼저 (　　　)로 가리라(막14:28).

33. 한 청년이 벗은 몸에 (　　　)을 두르고 예수를 따라가다가 무리에게 잡히매 (　　　)을 버리고 벗은 몸으로 도망하니라(막14:51-52).

34. 빌라도가 무리에게 (　　　)을 주고자 하여 바라바는 놓아 주고 예수는 채찍질하고 십자가에 못 박히게 넘겨 주니라(막15:15).

35. 너희는 온 천하에 다니며 (　　　)에게 복음을 전파하라(막16:15).

36. 제자들이 나가 두루 전파할새 주께서 함께 역사하사 그 따르는 (　　　)으로 말씀을 확실히 증언하시니라(막16:20).

단답형

1. 야고보와 요한 형제의 아버지의 이름은 무엇인가? (　　　)

2. 마가복음에서 예수님이 첫 번째 기적을 행한 장소는 어디인가? (　　　)

3. 세관에 앉아있던 레위는 누구의 아들인가? (　　　)

4. 마가복음에서 레위의 집에서 예수님이 세리와 죄인들과 식사하실 때에 시비한 자들은 누구인가? (　　　)

5. 중풍병자를 네 사람이 메워서 예수님 계신 곳의 지붕을 뜯고 고침을 받게 한 사건이 일어난 곳은 어디인가? (　　　)

6. 제자들이 안식일에 잘라 먹은 곡식은 무엇인가? (　　　)

7. 예수님이 손 마른 자를 고치신 직후에 바리새인들은 누구와 예수를 죽일 의논을 하는가? (　　　)

8. 예수님이 시몬에게 더해주신 이름은 무엇인가? (　　　)

9. 세베데의 아들들에게 더하신 이름은 무엇인가? (　　　)

10. 보아너게의 뜻은 무엇인가? (　　　)

11. 예수님은 어떤 사람이 예수님의 형제요 자매요 어머니라고 말씀하셨는가? (　　　)

12. 씨뿌리는 자의 비유에서 예수님은 씨를 뿌리는 자는 무엇을 뿌리는 것이라고 하셨는가? (　　　)

13. 큰 광풍이 일었을 때 예수님은 배의 어디에서 주무시고 계셨는가? (　　　)

14. 군대 귀신이 들어가 바다에서 몰사한 돼지 떼는 약 몇 마리인가? (　　　)

15. 거라사인들은 군대 귀신들린 자가 온전해진 것을 보고 예수님에게 무엇을 간구했는가? (　　　)

16. 예수님께서 누구에게 “주께서 네게 어떻게 큰 일을 행하사 너를 불쌍히 여기신 것을 네 가족에게 알리라”고 하셨는가? (　　　)

17. 예수님은 야이로의 딸을 살리시면서 무어라 말씀하셨는가? (　　　)

18. 야이로의 딸은 몇 살이었는가? (　　　)

19. 예수님은 제자들을 전도여행 보내면서 몇 명 씩 짝을 지어보내셨는가? (　　　)

20. 오병이어의 기적에 앞서서 제자들은 얼마의 떡이 필요하다고 보았는가? (　　　)

21. 오병이어의 기적에서 남은 떡 조각과 물고기를 몇 바구니에 차게 거두었는가? (　　　)

22. '고르반' 의 뜻은 무엇인가? (　　　)

23. 수로보니게 여인을 만난 지역의 이름은 무엇인가? (　　　)

24. 예수님이 귀먹고 어눌한 자를 고치시기 전에 하늘을 우러러 탄식하신 말씀은 무엇인가? (　　　)

25. '에바다' 의 뜻은 무엇인가? (　　　)

26. 사천명을 먹이시고 몇 광주리가 남았는가? (　　　)

27. 사천명을 먹이시고 배를 타고 가신 지방의 이름은 무엇인가? (　　　)

28. 달마누다 지방에서 바리새인들이 예수님을 시험하여 요구한 것은 무엇인가? (　　　)

29. 벳새다에서 예수님은 소경을 고치시기 전에 어디로 데리고 가셨는가? (　　　)

30. 예수님이 변화산에 가실 때 함께 간 세 사람은 누구인가? (　　　)

31. 변화산에 나타난 구약을 대표하는 인물 두 사람은 누구인가? (　　　)

32. 예수님이 여리고를 지나실 때 예수님께 고침받은 소경의 이름은 무엇인가? (　　　)

33. 두 렙돈은 몇 고드란트인가? (　　　)

34. 마가복음의 의하면 베드로는 닭이 몇 번 울기 전에 주님을 세 번 부인하는가? (　　　)

35. 군병들이 예수님에게 가시 면류관을 씌우고 핍박한 곳의 이름은 무엇인가? (　　　)

36. 골고다를 번역하면 무슨 뜻인가? (　　　)

37. 마가복음에서 예수님이 십자가에 못 박혔을 때 성소 휘장이 찢어진 방향은? (　　　)

38. 마가복음에 의하면 죄패에 무엇이라 썼는가? (　　　)

39. 온 땅에 어둠이 임한 시각은 언제인가? (　　　)

40. 예수님께서 제 구시에 크게 소리 지르신 내용은 무엇인가? (　　　)

41. 예수님께서 숨지시는 것을 보고 "이 사람은 진실로 하나님의 아들이었도다"라고 말한 사람은 누구인가? (　　　)

42. '준비일' 이라는 것은 언제를 가리키는 것인가? (　　　)

진위형(O,X)

1. 마가복음에서 예수님이 첫 번째 기적을 행한 곳은 가버나움이다. (O, X)

2. 야고보와 요한이 예수님을 만날 때 그들은 그물을 씻고 있었다. (O, X)

3. 레위의 직업은 세리였다. (O, X)

4. 안식일의 주인은 인자이다. (O, X)

5. 예수님은 손 마른 자를 안수해서 고치셨다. (O, X)

6. 더러운 귀신들린 자들은 예수를 보면 욕하고 비난했다. (O, X)

7. 예수님의 열두 제자 중에 시몬이라는 이름을 가진 사람은 1명이다. (O, X)

8. 예수님의 열두 제자 중에 야고보라는 이름을 가진 사람은 2명이다. (O, X)

9. 큰 광풍이 불 때 예수님은 바다를 꾸짖으셨다. (O, X)

10. 군대 귀신이 나가자 마을 사람들은 기뻐했다. (O, X)

11. 군대 귀신이 나간 사람은 예수님을 따라 갔다. (O , X)

12. 달리다굼의 뜻은 "소녀야 살아나라"이다. (O , X)

13. 마가복음에서 제자들은 전도여행 하면서 병자들에게 기름을 발라 고쳤다. (O , X)

14. 헤롯의 생일잔치에 대제사장들도 참석했다. (O , X)

15. 마가복음은 헤로디아의 딸의 이름을 살로메라고 말한다. (O , X)

16. 식사하기 전에 손을 씻지 않는 것은 구약의 율법을 범하는 것이다. (O , X)

17. 사람을 더럽히는 것은 사람의 마음에서 나오는 악한 것들이다. (O , X)

18. 수로보니게 여인은 유대인이다. (O , X)

19. 사천명을 먹이신 지역은 이방인 지역이다. (O , X)

20. 달마누다 지방에서 예수님에게 하늘로서 오는 표적을 요구한 자들은 이방인들이다. (O , X)

21. 예수님은 벳새다의 소경을 단 한 번의 안수로 고치셨다. (O , X)

22. 베드로가 변화산에서 초막 셋을 짓겠다는 말은 너무 무섭고 당황해서 한 말이었다. (O , X)

23. 제자들은 예수님의 죽음에 대한 예고의 말씀을 깨닫지도 못하고 묻기도 무서워했다. (O , X)

24. 모세가 이혼증서를 써주라고 한 것은 여성들의 인권을 위해서이다. (O, X)

25. 예수님은 하나님의 나라를 어린아이들처럼 받들지 않으면 하나님의 나라에 들어갈 수 없다고 말씀하셨다. (O, X)

26. 마가복음에서 예수님은 바디매오의 눈을 안수해서 고치셨다. (O, X)

27. 예수님은 성전청결 사건에서 아무나 물건을 가지고 성전을 지나다니는 것을 허락하지 않으셨다. (O, X)

28. 예수님은 무화과의 때가 아닌데도 열매가 없음을 보시고 무화과나무를 저주하셨다. (O, X)

29. 예수님이 베다니 문둥이 시몬의 집에 계실 때 어느 여인이 깨뜨린 향유의 값어치는 삼백 달란트였다. (O, X)

30. 겟세마네에서 예수님이 세 번 제자들에게 왔었지만, 세 번 모두 제자들은 잠들어 있었다. (O, X)

31. 베드로는 대제사장 집의 뜰에서 예수님이 그리스도이심을 부인했다. (O, X)

32. 네가 유대인의 왕이냐고 묻는 빌라도의 질문에 예수님은 침묵하셨다. (O, X)

33. 마가복음에는 예수님이 골고다에서 몰약을 탄 포도주를 드셨다고 기록되어 있다. (O, X)

34. 군병들은 몰약을 탄 포도주를 십자가에 못 박기 전에 예수님에게 주었다. (O, X)

35. 마가복음에서 예수님의 좌편과 우편에 있던 강도 모두 예수님을 욕했다. (O , X)

36. 마가복음에서 예수님의 무덤을 보고 온 여인들은 아무 말도 하지 못했다. (O , X)

37. 마가복음에서 예수님이 가장 먼저 만난 사람은 막달라 마리아이다. (O , X)

38. 제자들은 막달라 마리아의 부활 증언과 시골로 가던 두 제자의 증언을 믿었다. (O , X)

정 답

선택형

1.(1) 2.(2) 3.(2) 4.(2) 5.(4) 6.(3) 7.(2) 8.(1) 9.(2) 10.(4) 11.(3) 12.(1) 13.(1) 14.(3) 15.(4) 16.(2) 17.(2) 18.(1) 19.(3) 20.(4) 21.(4) 22.(1) 23.(3) 24.(4) 25.(4) 26.(1) 27.(1) 28.(4) 29.(4) 30.(3) 31.(2) 32.(4) 33.(4) 34.(3) 35.(3) 36.(4) 37.(3) 38.(1) 39.(2) 40.(3) 41.(2) 42.(4) 43.(2) 44.(3) 45.(4) 46.(4) 47.(2) 48.(2) 49.(3) 50.(2) 51.(1) 52.(4) 53.(3) 54.(4) 55.(2) 56.(3) 57.(4) 58.(4) 59.(1) 60.(4) 61.(3) 62.(1) 63.(4) 64.(4) 65.(1) 66.(1) 67.(2) 68.(4) 69.(1) 70.(4) 71.(4) 72.(2) 73.(4) 74.(4) 75.(4) 76.(3) 77.(4)

완성형

1.복음 2.복음 3.품꾼들 4.서기관들 5.새 교훈 6.전도 7.도 8.사람 9.바알세불 10.모독 11.순종 12.믿음 13.잔다 14.소녀 15.양 16.계명 17.누룩 18.십자가 19.복음 20.권능 21.믿는 자 22.기도 23.끝 24.화목 25.간음 26.대속물 27.만민 28.허물 29.증거 30.성령 31.이름 32.갈릴리 33.베옽이불 34.만족 35.만민 36.표적

단답형

1.세베대 2.가버나움의 회당 3.알패오 4.바리새인의 서기관들 5.가버나움 6.밀 7.헤롯당 8.베드로 9.보아너게 10.우레의 아들 11.하나님의 뜻대로 행하는 자 12.말씀 13.고물 14.약 2,000마리 15.떠나시기를 간구함 16.군대귀신 들렸던 자 17.달리다굼 18.열 두 살 19.둘 씩 20.이백 데나리온 21.열두 바구니 22.하나님께 드림이 되었다 23.두로 24.에바다 25.열리라 26.일곱 광주리 27.달마누다 28.하늘로서 오는 표적 29.마을 밖 30.베드로, 야고보, 요한 31.모세와 엘리야 32.바디매오 33.한 고드란트 34.두 번 35.브라이도리온 36.해골의 곳 37.위로부터 아래로 38.유대인의 왕 39.제 육시 40.엘리 엘리 라마 사박다니 41.백부장 42.안식일 전날

진위형

1.(O) 2.(X) 3.(O) 4.(O) 5.(X) 6.(X) 7.(X) 8.(O) 9.(X) 10.(X) 11.(X) 12.(X) 13.(O) 14.(X) 15.(X) 16.(X) 17.(O) 18.(X) 19.(O) 20.(X) 21.(X) 22.(O) 23.(O) 24.(X) 25.(O) 26.(X) 27.(O) 28.(O) 29.(X) 30.(O) 31.(X) 32.(X) 33.(X) 34.(O) 35.(O) 36.(O) 37.(O) 38.(X)

03 신약편 누가복음

Luke

선택형

1. 누가복음에만 나오는 내용이 아닌 것은 무엇인가?
   (1) 예수와 삭개오 (2) 열 처녀의 비유
   (3) 70인 제자 파송 (4) 부자와 나사로

2. 다음 중 누가복음에 나오는 비유가 아닌 것은 무엇인가?
   (1) 감춰진 보화 비유 (2) 어리석은 부자 비유
   (3) 과부와 재판관 비유 (4) 선한 사마리아인의 비유

3. 누가복음의 특징에 속하지 않는 것은 무엇인가?
   (1) 기도에 대한 관심 (2) 율법에 대한 관심
   (3) 성령에 대한 관심 (4) 찬양에 대한 관심

4. 누가복음에 언급된 족보는 누구에서부터 누구까지인가? (눅3:23-38)
   (1) 아브라함에서 요셉까지 (2) 요셉에서 아브라함까지
   (3) 하나님에서 요셉까지 (4) 요셉에서 하나님까지

5. 예수 탄생시 마리아를 찾아온 천사는 누구인가? (눅1:26-27)
   (1) 미가엘 (2) 루시퍼 (3) 가브리엘 (4) 멜기세덱

6. 엠마오 도상에서의 예수의 부활현현을 기록한 복음서는 무엇인가?
   (1) 마태복음 (2) 마가복음 (3) 누가복음 (4) 요한복음

7. 가브리엘 천사가 제사장 사가랴에게 침례요한에 대하여 말한 내용이 아닌 것은 무엇인가?
   (1) 큰 자가 된다
   (2) 이스라엘 자손을 하나님께로 많이 돌아오게 한다
   (3) 요단강에서 침례 때에 성령 충만을 받는다
   (4) 포도주나 소주를 마시지 않는다

8. "능하신 이가 큰일을 내게 행하셨으니 그 이름이 거룩하시며 긍휼하심이 두려워하는 자에게 대대로 이르는도다"라고 찬송한 사람은 누구인가? (눅1:49-50)
   (1) 사가랴 (2) 엘리사벳 (3) 마리아 (4) 가브리엘

9. 아기 예수를 제일 먼저 경배한 이들은 누구인가? (눅2:15-20)
   (1) 헤롯 왕 (2) 제사장들 (3) 동방박사들 (4) 목자들

10. 시므온이 아기 예수를 보고 부른 찬송의 내용이 아닌 것은 무엇인가? (눅2:29-32)
   (1) 내 눈이 주의 구원을 보았다 (2) 종을 평안히 놓아 주신다
   (3) 이방을 비추는 빛이다 (4) 이스라엘 앞에 예비하신 것이다

11. "그러므로 회개에 합당한 열매를 맺고 속으로 아브라함이 우리 조상이라 말하지 말라 내가 너희에게 이르노니 하나님이 능히 이 돌들로도 (　　　)의 자손이 되게 하시리라(눅3:8)에서 괄호 안에 들어갈 말은 무엇인가?
   (1) 아브라함 (2) 이삭 (3) 야곱 (4) 다윗

12. 누가복음에서 예수님의 족보는 몇 장에 기록되어 있는가?
    (1) 1 장 (2) 2장 (3) 3장 (4) 4장

13. "선생님 우리들이 밤이 새도록 수고하였으되 잡은 것이 없지마는 말씀에 의지하여 내가 그물을 내리리이다"라고 말한 사람은 누구인가? (눅5:5)
    (1) 안드레 (2)야고보 (3) 시몬 (4) 요한

14. 예수께서 어떤 종류의 병을 고치시고 "아무에게도 이르지 말고 가서"라고 말씀하셨는가? (눅5:14)
    (1) 열병 (2) 나병 (3) 중풍병 (4)혈루증

15. 하나님의 전에 들어가서 제사장 외에는 먹지 못하는 진설병을 집어 먹고 함께한 자들에게 나누어 준 사람은 누구인가? (눅6:3-4)
    (1) 아브라함 (2) 이삭 (3) 사울 (4) 다윗

16. 예수님께 안식일의 주인은 누구라고 말씀하셨나? (눅6:5)
    (1) 그리스도 (2) 인자 (3) 하나님 (4) 메시야

17. 예수님의 제자 중 셀롯 당원(열심 당원)이었던 사람은 누구인가? (눅6:15)
    (1) 빌립 (2) 시몬 (3) 바돌로매 (4) 도마

18. 마태복음의 산상설교와 비슷한 말씀이 누가복음에는 몇 장에 기록되어 있는가?
    (1) 5장 (2) 6장 (3) 7장 (4) 8장

19. 예수께서 "성문에 가까이 이르실 때에 사람들이 한 죽은 자를 메고 나오니 이는 한 어머니의 독자요 그 어머니는 과부라 그 성의 많은 사람도 그와 함께 나오거늘 주께서 과부를 보시고 불쌍히 여기사 울지말라 하시고" 그 아들을 살려주셨는데, 그 과부가 살던 곳은 어디인가? (눅7:11-15)

(1) 여리고성 (2) 가버나움 (3) 나인성 (4) 나사렛

20. 예수께서 나인성 과부의 아들을 살리시는 기적을 본 사람들의 반응이 아닌 것은 무엇인가? (눅7:16)

(1) 두려워하며 하나님께 영광을 돌렸다

(2) 큰 선지자가 우리 가운데 일어나셨다

(3) 엘리야가 다시 오셨다

(4) 하나님께서 자기 백성을 돌보셨다

21. 예수님께서 자신에게 보내진 침례요한의 제자들에게 "너희는 가서 보고 들은 것을 요한에게 알리라"라고 하신 내용들 중 아닌 것은 무엇인가? (눅7:22)

(1) 맹인이 본다 (2) 못 걷는 사람이 걷는다

(3) 중풍병자가 일어선다 (4) 가난한 자에게 복음이 전파된다

22. 광풍으로 인하여 제자들이 죽겠나이다 한 대 예수께서 잠을 깨사 바람과 물결을 꾸짖어 잔잔하게 하시고 제자들에게 무엇이라 말씀하였는가? (눅8:22-25)

(1) 너희 믿음이 어디 있느냐

(2) 기도 외에 이런 유가 나갈 수 없느니라

(3) 두려워 말라

(4) 믿는 자에게는 능치 못함이 없느니라

23. 자신의 외동딸이 죽어감으로 예수님의 발아래 엎드려 자기 집에 오시기를 간구한 사람은 누구인가? (눅8:41-42)

(1) 백부장 (2) 야이로 (3) 나인성 과부 (4) 천부장

24. 열 두 제자들이 나가 각 촌에 두루 다니며 복음을 전하게 하시며 가지지 말아야할 것을 말씀하셨는데 그 중에 해당되지 않는 것은 무엇인가? (눅9:3)

(1) 지팡이 (2) 두 벌 옷 (3) 물 (4) 배낭

25. 누가복음에서 예수님의 첫 번째 수난 예고는 몇 장에 기록되어 있는가?

(1) 8장 (2) 9장 (3) 10장 (4) 11장

26. 예수님께서 "인자가 많은 고난을 받고 ( )에게 버린 바 되어 죽임을 당하고 제삼일에 살아나야 하리라"라고 말씀하셨는데, 괄호 안에 들어가지 않는 것은 무엇인가? (눅9:22)

(1) 장로들 (2) 바리새인들 (3) 서기관들 (4) 대제사장들

27. 예수님의 용모가 변화되고 그 옷이 희어져 광채가 났던 산에 오르지 않은 사람은 누구인가? (눅9:28-29)

(1) 요한 (2) 야고보 (3) 베드로 (4) 안드레

28. 누가복음에 의하면 예수께서 예루살렘을 향하여 올라가시기로 굳게 결심하신 이유는 무엇인가? (눅9:51)

(1) 십자가에 죽음심이 가까이 와서 (2) 하나님의 때가 가까이 와서

(3) 백성들의 요구로 인하여 (4) 승천하실 기약이 차서

29. 예수께서 예루살렘을 향하여 가실 때 사마리아의 한 마을에 들어가셨지만 그들이 받아들이지 않아 불을 내려 멸하기를 요구한 제자 두 사람은 누구인가? (눅9:54)

(1) 베드로와 안드레　　(2) 야고보와 요한

(3) 도마와 마태　　(4) 빌립과 바돌로매

30. 누가복음 10장에 나오는 선한 사마리아인의 비유에서 강도만난 사람을 본 사람이 아닌 것은? (눅10:31-33)

(1) 제사장　　(2) 레위인　　(3) 율법사　　(4) 사마리아인

31. 예수께서 "너희가 악할지라도 좋은 것을 자식에게 줄 줄 알거든 하물며 너희 하늘 아버지께서 구하는 자에게 (　　　)을 주시지 않겠느냐" 라고 말씀하실 때, 밑줄 친 부분에 들어가는 말은 무엇인가? (눅11:13)

(1) 영생　　(2) 평강　　(3) 복　　(4) 성령

32. 예수께서 바리새인들을 향하여 하신 세 가지 화 선언의 이유에 속하지 않는 것은 무엇인가? (눅11:37-44)

(1) 어려운 짐을 사람에게 지우고 너희는 한 손가락도 이 짐에 대지 않는다

(2) 너희는 평토장한 무덤 같아서 그 위를 밟는 사람이 알지 못한다

(3) 너희가 회당의 높은 자리와 시장에서 문안 받는 것을 기뻐하였다

(4) 박하와 운향과 모든 채소의 십일조는 드리되 공의와 하나님께 대한 사랑은 버렸다

33. 예수께서 율법사들을 향하여 하신 세 가지 화 선언의 이유에 속하지 않는 것은 무엇인가? (눅11:45-52)

(1) 어려운 짐을 사람에게 지우고 너희는 한 손가락도 이 짐에 대지 않는다

(2) 너희는 선지자들의 무덤을 만드는도다 그들을 죽인 자도 너희 조상들이다

(3) 너희가 지식의 열쇠를 가져가서 너희도 들어가지 않고 또 들어가고 자 하는 자도 막는다

(4) 너희가 회당의 높은 자리와 시장에서 문안 받는 것을 기뻐하였다

34. 누가복음 19:1-2에 의하면 여리고에 사는 키가 작은 사람으로 세리장 이며 부자인 이는 누구인가?

(1) 야이로 (2) 삭개오 (3) 나사로 (4) 니고데모

35. 바리새인들이 무엇을 좋아하는 자라고 성경은 말하고 있는가? (눅 16:14)

(1) 권세 (2) 지식 (3) 명예 (4) 돈

36. 누가복음 19:42에 의하면 예수께서 예루살렘 성을 보시고 우신 까닭 은 무엇인가?

(1) 죄가 가득했기 때문에

(2) 하나님을 믿지 않았기 때문에

(3) 회개하지 않았기 때문에

(4) 평화에 관한 일을 알지 못했기 때문에

37. 누가복음 19:45-46에 의하면 예수께서 성전을 청결하게 하시고 장사 하는 사람들을 내어 쫓으시며 내 집은 무엇을 하는 집이라고 말씀하 셨는가?

(1) 예배 (2) 찬송 (3) 기도 (4)봉사

38. 예수님 당시에 부활이 없다고 주장하던 사람들은 누구인가? (눅 20:27)

(1) 사두개인 (2) 바리새인 (3) 율법사 (4) 서기관

완성형

1. 보라 네가 잉태하여 아들을 낳으리니 그 이름을 예수라 하라 그가 큰 자가 되고 지극히 높으신 이의 아들이라 일컬어질 것이요 주 하나님께서 그 조상 (　　)의 왕위를 그에게 주시리니 영원히 (　　)의 집을 왕으로 다스리실 것이며 그 나라가 무궁하리라(눅1:31-33).

2. 찬송하리로다 주 이스라엘의 하나님이여 그 백성을 돌보사 (　　)하시며 우리를 위하여 (　　)의 뿔을 그 종 다윗의 집에서 일으키셨으니(눅1:68-69).

3. 오늘날 다윗의 동네에 너희를 위하여 구주가 나셨으니 곧 (　　) 주시니라(눅2:11).

4. 지극히 높은 곳에서는 하나님께 (　　)이요 땅에서는 하나님이 기뻐하신 사람들 중에 (　　)로다(눅2:14).

5. 시므온이 아기를 안고 하나님을 찬송하여 이르되 주재여 이제는 말씀하신대로 종을 평안히 놓아 주시는도다 내 눈이 주의 (　　)을 보았사오니 이는 만민 앞에 예비하신 것이요 이방을 비추는 빛이요 주의 백성 이스라엘의 (　　)이니이다(눅2:28-32).

6. 주의 (　　)을 따라 모든 일을 마치고 갈릴리로 돌아가 본 동네 나사렛에 이르니라 아기가 자라며 강하여지고 지혜가 충만하며 하나님의 (　　)가 그의 위에 있더라(눅2:39-40).

7. 요한이 모든 사람에게 대답하여 이르되 나는 물로 너희에게 침례를 베풀거니와 나보다 능력이 많으신 이가 오시나니 나는 그의 신발 끈을 풀기도 감당하지 못하겠노라 그는 (　　)과 (　　)로 너희에게 침례를 베푸실 것이요(눅3:16).

8. 백성이 다 침례를 받을새 예수도 침례를 받으시고 기도하실 때에 하늘이 열리며 (   )이 비둘기 같은 형체로 그의 위에 강림하시더니 하늘로부터 소리가 나기를 너는 내 사랑하는 (   )이라 내가 너를 기뻐하노라 하시니라(눅3:21-22).

9. 예수께서 (   )의 충만함을 입어 요단 강에서 돌아오사 광야에서 사십일 동안 (   )에게 이끌리시며 마귀에게 시험을 받으시더라 이 모든 날에 아무 것도 잡수시지 아니하시니 날 수가 다하매 주리신지라(눅4:1-2).

10. 주의 성령이 내게 임하셨으니 이는 가난한 자에게 (   )을 전하게 하시려고 내게 기름을 부으시고 나를 보내사 포로 된 자에게 자유를, 눈 먼 자에게 다시 보게 함을 전파하며 눌린 자를 자유롭게 하고 주의 (   )의 해를 전파하게 하려 하심이라 하였더라(눅4:18-19).

11. 주의 (   )이 내게 임하셨으니 이는 가난한 자에게 복음을 전하게 하시려고 내게 (   )을 부으시고 나를 보내사 포로 된 자에게 자유를, 눈 먼 자에게 다시 보게 함을 전파하며 눌린 자를 자유롭게 하고 주의 은혜의 해를 전파하게 하려 하심이라 하였더라(눅4:18-19).

12. 예수께서 그들의 (   )을 보시고 이르시되 이 사람아 네 (   )을 받았느니라 하시니 서기관과 바리새인들이 생각하여 이르되 이 신성모독 하는 자가 누구냐 오직 하나님 외에 누가 능히 죄를 사하겠느냐(눅5:20-21).

13. 예수께서 대답하여 이르시되 건강한 자에게는 의사가 쓸 데 없고 병든 자에게라야 쓸 데 있나니 내가 (   )을 부르러 온 것이 아니요 (   )을 불러 회개시키려 왔노라(눅5:31-32).

14. 예수께서 눈을 들어 제자들을 보시고 이르시되 너희 가난한 자는 복이 있나니 (　　　)가 너희의 것임이요 지금 주린 자는 복이 있나니 너희가 (　　　)을 얻을 것임이요 지금 우는 자는 복이 있나니 너희가 웃을 것임이요(눅6:20-21).

15. 그러나 너희 듣는 자에게 내가 이르노니 너희 원수를 사랑하며 너희를 미워하는 자를 선대하며 너희를 저주하는 자를 위하여 (　　　)하며 너희를 모욕하는 자를 위하여 (　　　)하라(눅6:27-28).

16. 너희 아버지의 (　　　)로우심 같이 너희도 자비로운 자가 되라 (　　　)하지 말라 그리하면 너희가 비판을 받지 않을 것이요 (　　　)하지 말라 그리하면 너희가 정죄를 받지 않을 것이요 (　　　)하라 그리하면 너희가 용서를 받을 것이요 (　　　)그리하면 너희에게 줄 것이니 곧 후히 되어 누르고 흔들어 넘치도록 하여 너희에게 안겨 주리라 너희가 헤아리는 그 헤아림으로 너희도 헤아림을 도로 받을 것이니라(눅6:36-38).

17. 좋은 땅에 있다는 것은 착하고 좋은 (　　　)으로 말씀을 듣고 지키어 (　　　)로 결실하는 자니라(눅8:15).

18. 또 무리에게 이르시되 아무든지 나를 따라 오려거든 (　　　)를 부인하고 날마다 제 (　　　)를 지고 나를 따를 것이니라(눅9:23).

19. 또 다른 사람이 이르되 주여 내가 주를 따르겠나이다마는 나로 먼저 내 가족을 작별하게 허락하소서 예수께서 이르시되 손에 쟁기를 잡고 뒤를 돌아보는 자는 (　　　)에 합당하지 아니하니라 하시니라(눅9:61-62).

20. 내가 너희에게 뱀과 전갈을 밟으며 원수의 모든 능력을 제어할 (　　　)을 주었으니 너희를 해칠 자가 결코 없으리라 그러나 귀신들이 너희

에게 항복하는 것으로 기뻐하지 말고 너희 ( )이 하늘에 기록된 것으로 기뻐하라 하시니라(눅10:19-20).

21. 너희가 악할지라도 좋은 것을 자식에게 줄 줄 알거든 하물며 너희 하늘 아버지께서 구하는 자에게 ( )을 주시지 않겠느냐 하시니라(눅11:13).

22. 그러나 내가 만일 하나님의 손을 힘입어 귀신을 쫓아낸다면 ( )가 이미 너희에게 임하였느니라(눅11:20).

23. 이 말씀을 하실 때에 무리 중에서 한 여자가 음성을 높여 이르되 당신을 밴 태와 당신을 먹인 젖이 복이 있나이다 하니 예수께서 이르시되 오히려 ( )을 듣고 지키는 자가 복이 있느니라 하시니라(눅11:27-28).

24. 예수께서 먼저 제자들에게 말씀하여 이르시되 바리새인들의 ( ) 곧 ( )을 주의하라(눅12:1).

25. 사람들이 동서남북으로부터 와서 ( ) 잔치에 참여하리니 보라 ( )로서 먼저 될 자도 있고 먼저 된 자로서 ( )도 있느니라 하시더라(눅13:29-30).

26. 내가 너희에게 이르노니 이와 같이 죄인 한 사람이 ( )하면 하나님의 사자들 앞에서 ( )이 되느니라(눅15:10).

27. 지극히 작은 것에 ( )된 자는 큰 것에도 ( )되고 지극히 작은 것에 불의한 자는 큰 것에도 불의하니라(눅16:10).

28. 집 하인이 두 주인을 섬길 수 없나니 혹 이를 미워하고 저를 사랑하거나 혹 이를 중히 여기고 저를 경히 여길 것임이니라 너희는 (　　　)과 (　　　)을 겸하여 섬길 수 없느니라(눅16:13).

29. 바리새인들이 (　　　)가 어느 때에 임하나이까 묻거늘 예수께서 대답하여 이르시되 (　　　)는 볼 수 있게 임하는 것이 아니요 또 여기 있다 저기 있다고도 못하리니 (　　　)는 너희 안에 있느니라(눅17:20-21).

30. 예수께서 이르시되 오늘 (　　　)이 이 집에 이르렀으니 이 사람도 아브라함의 자손임이로다 인자가 온 것은 잃어버린 자를 찾아 (　　　) 하려 함이니라(눅19:9-10).

31. 그 때에 사람들이 (　　　)가 구름을 타고 능력과 큰 영광으로 오는 것을 보리라 이런 일이 되기를 시작하거든 일어나 머리를 들라 너희 (　　　)이 가까웠느니라 하시더라(눅21:27-28).

32. 내가 너희에게 이르노니 이 (　　　)이 (　　　)에서 이루기까지 다시 먹지 아니하리라 하시고 이에 잔을 받으사 감사 기도 하시고 이르시되 이것을 갖다가 너희끼리 나누라(눅22:16-17).

33. 시몬아 시몬아 보라 사탄이 너희를 밀 까부르듯 하려고 요구하였으나 그러나 내가 너를 위하여 네 (　　　)이 떨어지지 않기를 기도하였노니 너는 돌이킨 후에 네 (　　　)를 굳게하라(눅22:31-32).

34. 이르되 예수여 당신의 (　　　)에 임하실 때에 나를 기억하소서 하니 예수께서 이르시되 내가 진실로 네게 이르노니 오늘 네가 나와 함께 (　　　)에 있으리라 하시니라(눅23:42-43).

35. 때가 제육시쯤 되어 해가 빛을 잃고 온 땅에 어둠이 임하여 제 (   )시까지 계속하며 성소의 (   )이 한가운데가 찢어지더라(눅23:44-45).

36. 예수께서 큰 소리로 불러 이르시되 아버지 내 (   )을 아버지 손에 부탁하나이다 하고 이 말씀을 하신 후 숨지시니라 백부장이 그 된 일을 보고 하나님께 영광을 돌려 이르되 이 사람은 정녕 (   )이었도다 하고(눅23:46-47).

37. 이르시되 미련하고 선지자들이 말한 모든 것을 마음에 더디 믿는 자들이여 그리스도가 이런 (   )을 받고 자기의 (   )에 들어가야 할 것이 아니냐 하시고(눅24:25-26).

38. 이에 그들의 마음을 열어 성경을 깨닫게 하시고 또 이르시되 이같이 (   )가 고난을 받고 제 삼일에 죽은 자 가운데서 살아날 것과 또 그의 이름으로 죄 사함을 받게 하는 (   )가 예루살렘에서 시작하여 모든 족속에게 전파될 것이 기록되었으니 너희는 이 모든 일의 증인이라(눅24:45-48).

단답형

1. 예수의 여행기사가 가장 많이 기록된 복음서는 어느 복음서인가? (   )

2. 사복음서중 분량이 가장 많은 복음서는 무엇인가? (   )

3. 사도행전을 기록한 동일저자가 기록했다고 알려진 복음서는 무엇인가? (   )

4. '데오빌로' 라는 이름이 나오는 복음서는 무엇인가? (　　　)

5. 예수님께서 "선지자가 고향에서 환영을 받은 자가 없느니라"라고 하시며 말한 두 선지자는 누구인가? (눅4:24-27) (　　　)

6. 특히 소외된 자, 가난한자, 여인, 아이들에게 관심을 보여주는 복음서는 무엇인가? (　　　)

7. 예수 탄생시기에 목자들의 방문 기사를 싣고 있는 복음서는 무엇인가? (　　　)

8. 침례요한의 부모의 이름은 무엇인가? (눅1:5-23) (　　　)

9. 예수 탄생을 예고하기 위하여 마리아를 찾아온 천사는 누구인가? (눅1:26-36) (　　　)

10. 마리아가 베들레헴에 가기 전에 살던 곳은 어디인가? (눅2:1-7) (　　　)

11. 복음서 중에서 예수의 유아적 시기를 가장 많이 전해주는 복음서는 무엇인가? (　　　)

12. 침례 요한의 출생에 대해 기록한 복음서는 무엇인가? (　　　)

13. 예수님 탄생시 호적을 명한 자는 누구인가? (눅1:1-7) (　　　)

14. 예수님이 처음 유월절을 지키러 예루살렘에 올라가실 때의 나이는 몇 세인가? (눅2:41-51) (　　　)

15. 예수께서 침례 받으신 후 기도하셨다는 기사가 있는 복음서는 무엇인가? (　　　)

16. 누가복음에 의하면 예수님은 몇 번 자신의 제자들을 파송하였는가? (   )

17. 누가복음 4:18-19에서 예수님이 인용하신 말씀은 누구의 글인가? (   )

18. 누가복음 몇 장에 예수님의 평지설교(산상설교)가 나오는가? (   )

19. 누가복음 몇 장에 네 번의 복 선언과 네 번의 화 선언이 나오는가? (   )

20. 누가복음 몇 장에 나인성 과부의 아들 이야기가 나오는가? (   )

21. 누가복음 몇 장에 선한 사마리아인의 비유가 나오는가? (   )

22. 잃은 양의 비유, 잃은 동전의 비유, 잃은 아들의 비유가 나오는 복음서는 무엇인가? (   )

23. 부자와 나사로의 이야기가 나오는 복음서는 무엇인가? (   )

24. 바리새인과 세리의 비유가 나오는 복음서는 무엇인가? (   )

25. 누가복음 몇 장에 삭개오의 이야기가 나오는가? (   )

26. 예루살렘을 보면서 예수께서 통곡하시는 장면이 기록된 복음서는 무엇인가? (   )

27. "사단이 하늘로서 번개 같이 떨어지는 것을 내가 보았노라"라는 말씀이 나오는 복음서는 무엇인가? (   )

28. 누가복음에서 주의 기도가 나오는 장은 몇 장인가? (   )

29. 예수께서 '저 여우' 라고 하신 자는 누구인가? (눅13:31-32) (   )

30. "항상 기도하고 낙심하지 말아야 할 것을"이라는 말씀이 나오는 복음서는 무엇인가? (　　　)

31. "인자가 올 때에 세상에서 믿음을 보겠느냐"라는 말씀이 나오는 복음서는 무엇인가? (　　　)

32. 누구든지 말로 인자를 거역하면 사하심을 받으려니와 무엇을 모독하는 자는 사하심을 받지 못한다고 하였나? (눅12:10)

33. 십자가상의 말씀 중 강도와의 대화가 기록된 복음서는 무엇인가? (　　　)

34. 엠마오의 길에 나오는 제자의 이름은 무엇인가? (눅24:18)

35. 누가복음 23:19에 따르면, 민란과 살인을 인하여 옥에 갇힌 자로 예수님 대신에 놓임을 받은 사람은 누구인가? (　　　)

36. 누가복음 23:26에 따르면, 예수님 대신에 십자가를 지고 예수를 쫓게 되었던 사람의 이름은 무엇인가? (　　　)

37. 아래 사항을 만족시키는 인물은 누구인가? (눅23:50-52) (　　　)
- 나는 하나님의 나라를 기다리는 사람입니다
- 나는 공회의원으로 선하고 의로운 사람입니다
- 나는 유대인의 동네 아리마대 사람입니다
- 나는 빌라도에게 가서 예수님의 시체를 달라고 하였습니다.

38. 누가복음 24:50에 따르면, 예수께서 손을 들어 축복하시고 하늘로 올라가신 곳은 어디인가? (　　　)

진위형(O,X)

1. 누가복음에 나오는 예수님의 첫 설교에 사렙다 과부가 언급되었다(눅 4:26). (O , X)

2. 예수님께서 십자가에 달리신 날 제 구시에 어두움이 온 땅을 덮었다. (O , X)

3. 예수께서 운명하신 후 성전휘장이 위로부터 아래까지 찢어진 사건이 기록된 복음서는 누가복음이다. (O , X)

4. 처녀 마리아와 정혼한 요셉은 다윗의 자손이다(눅1:27). (O , X)

5. 엘리사벳의 수태와 마리아의 수태는 여섯 달 차이이다(눅1:36). (O , X)

6. 침례 요한의 아버지 사가랴의 아내 엘리사벳은 아론의 자손이다(눅 1:5). (O , X)

7. "이 아이여 네가 지극히 높으신 이의 선지자라 일컬음을 받고 주 앞에 앞서가서 그 길을 준비하여(눅1:76)에서 이 아이는 침례 요한을 말한다. (O , X)

8. 침례 요한이 빈들에 있을 당시의 대제사장은 안나스와 가야바였다(눅 3:2). (O , X)

9. 자신의 외딸이 죽어감으로 예수님의 발아래 엎드려 자기 집에 오시기를 간구한 야이로의 직업은 세리장이었다(눅8:41-42). (O , X)

10. 예수께서 자라나신 곳은 나사렛이다(눅4:16). (O , X)

11. 예수께서 "이 세대는 악한 세대라 표적을 구하되 요나의 표적 밖에는 보일 표적이 없다"라고 하셨다(눅11:29). (O , X)

12. 예수께서 심판 때에 남방여왕과 니느웨 사람들이 일어나 주님의 세대의 사람들을 심판할 것이라고 하셨다(눅11:31-32). (O , X)

13. 예수께서 나인성 과부의 아들을 살리신 이적은 누가복음에만 나오는 것은 아니다. (O , X)

14. 누가복음은 사도행전의 저자와 동일한 저자가 기록하였다. (O , X)

15. 침례요한의 출생에 대한 보고는 누가복음에만 나온다. (O , X)

16. 예수님의 탄생시 수리아의 총독의 이름은 구레뇨였다. (O , X)

17. 누가복음 서두에 나오는 이야기 가운데 성전에서 생전에 메시야 보기를 기다리던 두 노인의 이름은 시므온과 안나였다. (O , X)

18. 마태복음의 산상설교의 내용과 비슷한 누가복음의 평지설교가 나오는 곳은 누가복음 11장이다. (O , X)

19. 누가복음에 따르면 변화산에서 예수께서 모세와 엘리야와 함께 나누신 대화의 주된 내용은 예수께서 예루살렘에서 별세하실 것에 관한 것이었다. (O , X)

20. 선한 사마리아인의 비유가 나오는 복음서는 누가복음만은 아니다. (O , X)

21. 누가복음에는 주의 기도가 11장에 나온다. (O , X)

22. 누가복음에 의하면 잃은 양의 비유는 서기관과 바리새인을 향하여 하신 비유이다. (O , X)

23. 예수께서 나병환자 열 명을 고치셨을 때 감사의 뜻을 표시한 사람은 사마리아인 단 한 명뿐이었다. (O , X)

24. 누가복음에만 부자와 나사로의 비유가 나오는 것은 아니다. (O , X)

25. 바리새인과 세리의 비유가 나오는 복음서는 누가복음서 뿐이다. (O , X)

26. 예루살렘을 보면서 예수께서 통곡하시는 장면이 기록된 복음서는 누가복음만은 아니다. (O , X)

27. 엠마오 도상에서의 예수의 부활현현 사건이 기록된 복음서는 누가복음뿐이다. (O , X)

28. 누가복음에도 마태복음처럼 감추인 보화의 비유가 나온다. (O , X)

29. 가난한 과부의 헌금 이야기가 나오는 곳은 누가복음 21장이다. (O , X)

30. "주리는 자를 좋은 것으로 배불리셨으며 부자는 빈손으로 보내셨도다 그 종 이스라엘을 도우사 긍휼히 여기시고 기억하시되 우리 조상에게 말씀하신 것과 같이 아브라함과 그 자손에게 영원히 하시리로다"라고 노래한 이는 사가랴이다(눅1:53-55). (O , X)

31. "내 눈이 주의 구원을 보았사오니 이는 만민 앞에 예비하신 것이요 이방을 비추는 빛이요 주의 백성 이스라엘의 영광이니이다"라고 찬송한 이는 시므온이었다(눅2:30-32). (O , X)

32. "칼이 네 마음을 찌르듯 하리니 이는 여러 사람의 마음의 생각을 드러내려 함이니라"라고 말한 사람은 안나라는 선지자였다(눅2:35). (O , X)

33. "아기가 자라며 강하여지고 지혜가 충만하며 하나님의 은혜가 그의 위에 있더라"라는 묘사는 예수님에 관한 것이다(눅2:40). (O , X)

34. 누가복음에도 마태복음처럼 예수님의 족보가 첫째 장에 나온다. (O , X)

35. 누가복음에서 예수님을 만난 삭개오가 누구의 것을 속여서 빼앗은 일이 있으면 네 갑절이나 갚겠다고 하였다(눅19:8). (O , X)

36. 빌라도가 예수님을 심문하면서 처음 물은 말은 "네가 유대인의 왕이냐"이다(눅23:3). (O , X)

37. 예수님께서 "하나님의 나라가 이런 자의 것이니라" 말씀하실 때에, 이런 자는 어린 아이를 의미한다(눅18:16). (O , X)

38. "하나님의 나라가 어느 때에 임하니이까"라고 물었던 자들은 바리새인들이었다(눅17:20). (O , X)

정 답

선택형

1.(2) 2.(1) 3.(2) 4.(4) 5.(3) 6.(3) 7.(3) 8.(3) 9.(4) 10.(4) 11.(1) 12.(3) 13.(3) 14.(2) 15.(4) 16.(2) 17.(2) 18.(2) 19.(3) 20.(3) 21.(3) 22.(1) 23.(2) 24.(3) 25.(2) 26.(2) 27.(4) 28.(4) 29.(2) 30.(3) 31.(4) 32.(1) 33.(4) 34.(2) 35.(4) 36.(4) 37.(3) 38.(1)

완성형

1.다윗, 야곱 2.속량, 구원 3.그리스도 4.영광, 평화 5.구원, 영광 6.율법, 은혜 7.성령, 불 8.성령, 아들 9.성령, 성령 10.복음, 은혜 11.성령, 기름 12.믿음, 죄 사함 13.의인, 죄인 14.하나님의 나라, 배부름 15.축복, 기도 16.자비, 비판, 정죄, 용서, 주라 17.마음, 인내 18.자기, 십자가 19.하나님의 나라 20.권능, 이름 21.성령 22.하나님의 나라 23.하나님의 말씀 24.누룩, 외식 25.하나님 나라, 나중 된 자, 나중 될 자 26.회개, 기쁨 27.충성, 충성 28.하나님, 재물 29.하나님의 나라, 하나님의 나라, 하나님의 나라 30.구원, 구원 31.인자, 속량 32.유월절, 하나님의 나라 33.믿음, 형제 34.나라, 낙원 35.구, 휘장 36.영혼, 의인 37.고난, 영광 38.그리스도, 회개

단답형

1.누가복음 2.누가복음 3.누가복음 4.누가복음 5.엘리야와 엘리사 6.누가복음 7.누가복음 8.사가랴, 엘리사벳 9.가브리엘 10.나사렛 11.누가복음 12.누가복음 13.가이사 아구스도 14.열두 살 15.누가복음 16.두 번 17.이사야 18.6장 19.6장 20.7장 21.10장 22.누가복음 23.누가복음 24.누가복음 25.19장 26.누가복음 27.누가복음 28.11장 29.헤롯 30.누가복음 31.누가

복음 32.성령 33.누가복음 34.글로바 35.바라바 36.구레네 사람 시몬 37.요셉 38.베다니

진위형

1.(O) 2.(X) 3.(X) 4.(O) 5.(O) 6.(O) 7.(O) 8.(O) 9.(X) 10.(O) 11.(O) 12.(O) 13.(X) 14.(O) 15.(O) 16.(O) 17.(O) 18.(X) 19.(O) 20.(X) 21.(O) 22.(O) 23.(O) 24.(X) 25.(O) 26.(X) 27.(O) 28.(X) 29.(O) 30.(X) 31.(O) 32.(X) 33.(O) 34.(X) 35.(O) 36.(O) 37.(O) 38.(O)

04 신약편 요한복음

John

선택형

1. "태초에 말씀이 계시니라"라는 구절로 시작되는 복음서는 무엇인가?
   (1) 마태복음 (2) 마가복음 (3) 누가복음 (4) 요한복음

2. "오직 이것을 기록함은 너희로 예수께서 하나님의 아들 그리스도이심을 믿게 하려 함이요 또 너희로 믿고 그 이름을 힘입어 생명을 얻게 하려 함이니라"라는 기록목적을 밝히고 있는 복음서는 무엇인가?
   (1) 마태복음 (2) 마가복음 (3) 누가복음 (4) 요한복음

3. '생명,' '빛,' '세상,' '진리' 등의 단어가 두드러지게 나타나는 복음서는 무엇인가?
   (1) 마태복음 (2) 마가복음 (3) 누가복음 (4) 요한복음

4. 침례 요한이 자기에게 나아오시는 예수께 대해 사용한 명칭은 무엇인가? (요1:29)
   (1) 세상의 빛 (2) 생명의 떡
   (3) 하나님의 어린 양 (4) 메시야

5. 다음 중 요한복음에서 침례 요한의 제자였다가 처음으로 예수를 따르게 된 두 제자 중에 속하는 인물은 누구인가?
   (1) 베드로 (2) 나다나엘 (3) 안드레 (4) 빌립

6. 예수께서 처음으로 표적을 행하신 장소는 어디인가? (요2:1)
   (1) 예루살렘 (2) 베들레헴 (3) 다소 (4) 가나

7. 다음 중 요한복음에 나오지 않는 기적 사건은 무엇인가?
   (1) 중풍 병자를 고친 사건 (2) 38년 된 병자를 고친 사건
   (3) 오병이어의 기적 (4) 죽은 나사로를 살린 사건

8. 다음에서 복음서 중 요한복음에만 나타나는 용어는 무엇인가?
   (1) 성령 (2) 보혜사 (3) 구주 (4) 그리스도

9. 다음 중 네 복음서 모두에 나오는 것은 무엇인가?
   (1) 성전을 정화한 사건 (2) 예수 탄생 이야기
   (3) 포도원 품꾼의 비유 (4) 변화산상 이야기

10. 다음 중 예수와 사마리아 여인 간의 대화에 등장하지 않는 주제나 용어는 무엇인가? (요4장)
   (1) 여자의 남편 (2) 우물 (3) 거듭남 (4) 메시야

11. 요한복음 4장에서 사마리아인들이 예수를 믿어서 최종적으로 알게 된 예수의 정체는 무엇인가? (요4:42)
   (1) 세상의 구주 (2) 메시야
   (3) 하나님의 어린 양 (4) 세상의 빛

12. 요한복음 5장에서 예수께서 38년 된 병자를 고치신 날은 언제인가?
   (1) 유월절 (2) 초막절 (3) 오순절 (4) 안식일

13. 다음 중 요한복음에 나타나지 않는 예수의 호칭은 무엇인가?

(1) 메시야 (2) 선생 (3) 하나님 (4) 목수의 아들

14. 요한복음 5장 39절에 의하면 유대인들이 성경 연구를 통해서 얻으려고 했던 것은 무엇인가?

(1) 하나님 나라 (2) 영생 (3) 구원 (4) 성령

15. 다음 중 요한복음 오병이어의 기적 사건에서 언급되고 있는 제자의 이름은 누구인가?

(1) 안드레 (2) 야고보 (3) 요한 (4) 나다나엘

16. 다음 중 요한복음 6장에 나타나지 않는 것은 무엇인가?

(1) 오병이어 기적 (2) 예수께서 바다 위로 걸어오신 일
(3) 세상의 빛에 대한 말씀 (4) 생명의 떡에 대한 말씀

17. 요한복음 7장에서 예수를 반대하는 자들을 향해 "우리 율법은 사람의 말을 듣고 그 행한 것을 알기 전에 심판하느냐?"고 반문한 사람은 누구인가?

(1) 니고데모 (2) 아리마대 요셉
(3) 베드로 (4) 나사로

18. 요한복음 8장에서 음행 중에 잡힌 여자를 예수께 끌고 온 사람은 누구인가?

(1) 서기관들 (2) 바리새인들
(3) 서기관들과 바리새인들 (4) 유대인들

19. 요한복음 8장 44절에서 예수께서는 예수를 죽이려는 유대인들을 향해 그들의 아비를 누구라고 선언하시는가?

(1) 아브라함 (2) 가인 (3) 아담 (4) 마귀

20. 날 때부터 맹인 된 사람의 눈을 뜨게 한 사건은 요한복음 몇 장에 있는가?

(1) 1장 (2) 3장 (3) 6장 (4) 9장

21. 요한복음에서 예수께서는 날 때부터 맹인 된 사람에게 어디에 가서 씻으라고 명하셨는가?

(1) 베데스다 못 (2) 요단강 (3) 갈릴리 바다 (4) 실로암 못

22. 날 때부터 맹인이었던 자가 눈을 뜬 후 바리새인의 질문에 답하며 예수를 어떤 분으로 시인하는가? (요9:17)

(1) 선지자 (2) 그리스도

(3) 하나님의 아들 (4) 세상의 빛

23. 날 때부터 맹인이었던 자가 눈을 뜬 후 그의 부모는 그 일의 경위에 대해 대답을 회피하고 있는데 그들은 무엇이 두려웠기 때문에 그렇게 했는가? (요9:22)

(1) 죽음 (2) 출교 (3) 모욕 (4) 투옥

24. 요한복음 10장의 양과 목자에 대한 예수의 말씀에서 선한 목자와 상대되는 악한 자를 가리키는 말이 아닌 것은 무엇인가?

(1) 삯꾼 (2) 마귀 (3) 강도 (4) 도둑

25. 요한복음 10장의 양과 목자에 대한 예수의 말씀에 대한 유대인들의 반응에 포함되지 않는 것은 무엇인가?

(1) 유대인들 중에 분쟁이 일어남

(2) 예수를 귀신 들려 미쳤다고 함

(3) 귀신 들린 자의 말이 아니라고 함

(4) 어떤 이들은 예수를 믿게 됨

26. 요한복음 10장의 양과 목자에 대한 예수의 말씀에서 선한 목자는 양들을 위해서 무엇을 버린다고 교훈하고 있는가? (요10:11,15)

(1) 재물 (2) 명예 (3) 욕심 (4) 목숨

27. 다음 중 요한복음에서 예수의 제자로 언급되고 있는 인물은 누구인가?

(1) 니고데모 (2) 아리마대 요셉
(3) 나사로 (4) 사마리아 여인

28. 요한복음에 의하면 예수께 향유를 붓고 머리털로 주의 발을 닦은 여인은 누구인가?

(1) 막달라 마리아 (2) 예수의 어머니 마리아
(3) 글로바의 아내 마리아 (4) 마르다의 자매 마리아

29. 요한복음에서 예수께서 눈물을 흘리신 일이 있는데 어떤 사람이나 일에 대해 그리하셨는가?

(1) 계속 적대하는 유대인에 대해서
(2) 곧 멸망하게 될 예루살렘에 대해서
(3) 예수를 부인한 베드로에 대해서
(4) 죽은 나사로에 대해서

30. 죽은 나사로를 살리신 이야기에서 예수를 '그리스도'와 '세상에 오시는 하나님의 아들'로 믿는다고 고백한 사람은 누구인가?

(1) 마리아 (2) 마르다 (3) 바리새인 (4) 나사로

31. 죽은 나사로를 살리신 이야기에서 "마지막 날 부활 때에는 다시 살아날 줄을 내가 아나이다"라고 고백한 사람은 누구인가?

(1) 마르다 (2) 마리아 (3) 바리새인 (4) 나사로

32. 죽은 나사로를 살리신 일의 결과로 일어난 것이 아닌 일은 무엇인가?

(1) 많은 유대인이 믿게 됨

(2) 어떤 유대인이 예수께서 하신 일을 바리새인들에게 알림

(3) 대제사장들과 바리새인들이 공회를 모으고 의논함

(4) 나사로를 심문함

33. 죽은 나사로를 살리신 일이 있은 후, 공회에서 "한 사람이 백성을 위하여 죽어서 온 민족이 망하지 않게 되는 것이 너희에게 유익한 줄을 생각하지 아니하는도다"라고 말 한 사람은 누구인가? (요11:50)

(1) 안나스　(2) 가야바　(3) 니고데모　(4) 아리마대 요셉

34. 요한복음에서 마리아가 향유를 예수께 부은 일에 대해 "이 향유를 어찌하여 삼백 데나리온에 팔아 가난한 자들에게 주지 아니하였느냐?"고 비난한 자는 누구인가?

(1) 베드로　(2) 빌립　(3) 가룟 유다　(4) 도마

35. 요한복음 12장 13절에 의하면 무리들은 예루살렘에 입성하시는 예수를 맞으며 "종려나무 가지를 가지고 맞으러 나가 외치되 호산나 찬송하리로다 주의 이름으로 오시는 이" 곧 누구라고 환호하였는가?

(1) 그리스도　(2) 이스라엘의 왕

(3) 세상의 구주　(4) 하나님의 아들

36. 예수께서 제자들의 발을 씻기신 이야기는 어느 복음서에만 있는가?

(1) 마태복음　(2) 마가복음　(3) 누가복음　(4) 요한복음

37. 다음 중 예수께서 요한복음 13-14장에서 예수께서 제자들의 발을 씻기신 이야기와 이어지는 교훈과 대화에서 나타나지 않는 사람은 누구인가?

(1) 나다나엘　(2) 베드로　(3) 빌립　(4) 도마

38. 요한복음 14장에서 "내가 어디로 가는지 그 길을 너희가 아느니라"고 하신 예수의 말씀에 대해 "주여 어디로 가시는지 우리가 알지 못하거늘 그 길을 어찌 알겠사옵나이까?"라고 반문한 사람은 누구인가?

(1) 나다나엘 (2) 베드로 (3) 빌립 (4) 도마

39. 요한복음 14장에서 예수께서 말씀하신 보혜사 성령의 역할이 아닌 것은 무엇인가?

(1) 제자들과 영원히 함께 계심 (2) 제자들을 믿게 하심

(3) 모든 것을 가르치심 (4) 모든 것을 생각나게 하심

40. 요한복음에서 예수께 "주여 아버지를 우리에게 보여 주옵소서 그리하면 족하겠나이다"라고 요구한 사람은 누구인가?

(1) 나다나엘 (2) 베드로 (3) 빌립 (4) 도마

41. 다음 중 보혜사가 오셔서 세상을 책망할 때에 그 책망에 포함되지 않는 대상은 무엇인가? (요16:8)

(1) 죄 (2) 사망 (3) 의 (4) 심판

42. 요한복음에 의해서 볼 때에 예수의 십자가 곁에 서 있지 않았던 사람은 누구인가?

(1) 예수의 어머니 마리아 (2) 막달라 마리아

(3) 사랑하시는 제자 (4) 마르다

43. 예수의 시체를 가져다 장사 지낸 사람은 누구인가?

(1) 막달라 마리아 (2) 나사로

(3) 니고데모 (4) 사랑하시는 제자

44. 요한복음에 따르면 예수의 부활한 무덤에 있던 자는 누구인가?

(1) 한 천사 (2) 두 천사 (3) 두 사람 (4) 한 사람

45. 부활하신 예수께 대해 "나의 주님이시오 나의 하나님이시니이다"라고 고백한 제자는 누구인가?

(1) 도마 (2) 베드로 (3) 사랑하시는 제자 (4) 빌립

46. 부활하신 예수께서 물고기를 잡던 제자들에게 나타나신 것은 부활 후 몇 번째 제자들에게 나타나신 것인가? (요21:14)

(1) 첫 번째 (2) 두 번째 (3) 세 번째 (4) 네 번째

47. 다음 중 요한복음에만 나오는 이야기는 무엇인가?

(1) 산상수훈 (2) 선한 사마리아 사람의 비유
(3) 사마리아 여인과의 대화 (4) 달란트의 비유

48. 다음 중 요한복음에 등장하지 않는 기적은 무엇인가?

(1) 포도주를 물로 변화시킴 (2) 물위로 걸으심
(3) 귀신들린 자를 치유하심 (4) 나사로를 살리심

49. 다음 중 네 복음서 모두에 나오는 사건은 무엇인가?

(1) 오병이어로 오천 명을 먹이심
(2) 가이사랴 빌립보 지방에서의 베드로의 고백
(3) 평지설교
(4) 엠마오로 가던 두 제자에게 나타나심

50. 다음 중 복음서들 가운데서 요한복음에서만 독특하게 나타나는 용어가 아닌 것은 무엇인가?

(1) 거듭남(나다) (2) 보혜사 (3) 목자 (4) 독생자

완성형

1. 말씀이 (   )이(가) 되어 우리 가운데 거하시매 우리가 그의 영광을 보니 아버지의 독생자의 영광이요 은혜와 진리가 충만하더라(요1:14).

2. 이튿날 요한이 예수께서 자기에게 나아오심을 보고 이르되 보라 세상 죄를 지고 가는 하나님의 (   )이로다(요1:29).

3. 나다나엘이 대답하되 랍비여 당신은 하나님의 아들이시요 당신은 (   )의 (   )이로소이다(요1:49).

4. 예수께서 이 첫 표적을 갈릴리 가나에서 행하여 그의 (   )를(을) 나타내시매 제자들이 그를 믿으니라(요2:11).

5. 유대인들이 이르되 이 성전은 (   )년 동안에 지었거늘 네가 삼 일 동안에 일으키겠느냐 하더라(요2:20).

6. 그가 밤에 예수께 와서 이르되 랍비여 우리가 당신은 하나님께로부터 오신 선생인 줄 아나이다 하나님이 함께 하시지 아니하시면 당신이 행하시는 이 (   )을(를) 아무도 할 수 없음이니이다(요3:2).

7. 그 (   )은(는) 이것이니 곧 빛이 세상에 왔으되 사람들이 자기 행위가 악하므로 빛보다 어둠을 더 사랑한 것이니라(요3:19).

8. 내가 주는 물을 마시는 자는 영원히 목마르지 아니하리니 내가 주는 물은 그 속에서 (   )하도록 솟아나는 샘물이 되리라(요4:14).

9. 하나님은 영이시니 예배하는 자가 영과 (   )(으)로 예배할지니라(요4:24).

10. 예수께서 이르시되 나의 양식은 나를 보내신 이의 (　　　)을(를) 행하며 그의 일을 온전히 이루는 이것이니라(요4:34).

11. 아버지께서 자기 속에 생명이 있음 같이 아들에게도 생명을 주어 그 속에 있게 하셨고 또 인자 됨으로 말미암아 (　　　)하는 권한을 주셨느니라(요5:26-27).

12. 너희가 성경에서 (　　　)를(을) 얻는 줄 생각하고 성경을 연구하거니와 이 성경이 곧 내게 대하여 증언하는 것이니라(요5:39).

13. 내가 너희를 아버지께 고발할까 생각하지 말라 너희를 고발하는 이가 있으니 곧 너희가 바라는 자 (　　　)(이)니라(요5:45).

14. 예수께서 이르시되 내가 진실로 진실로 너희에게 이르노니 모세가 너희에게 하늘로부터 떡을 준 것이 아니라 내 아버지께서 너희에게 하늘로부터 참 떡을 주시나니 하나님의 떡은 하늘에서 내려 세상에 (　　　)을(를) 주는 것이니라(요6:32-33).

15. 예수께서 이르시되 나는 (　　　)의 (　　　)이니 내게 오는 자는 결코 주리지 아니할 터이요 나를 믿는 자는 영원히 목마르지 아니하리라(요6:35).

16. 나는 하늘에서 내려온 살아 있는 떡이니 사람이 이 떡을 먹으면 영생하리라 내가 줄 떡은 곧 세상의 생명을 위한 내 (　　　)(이)니라 하시니라(요6:51).

17. 나를 믿는 자는 성경에 이름과 같이 그 배에서 (　　　)의 강이 흘러나오리라 하시니(요7:38).

18. 예수께서 또 말씀하여 이르시되 나는 세상의 빛이니 나를 따르는 자는 어둠에 다니지 아니하고 (   )의 빛을 얻으리라(요8:12).

19. 예수께서 대답하시되 진실로 진실로 너희에게 이르노니 죄를 범하는 자마다 죄의 (   )이라(요8:34).

20. 너희는 너희 아비 마귀에게서 났으니 너희 아비의 (   )대로 너희도 행하고자 하느니라 그는 처음부터 살인한 자요 진리가 그 속에 없으므로 진리에 서지 못하고 거짓을 말할 때마다 제 것으로 말하나니 이는 그가 거짓말쟁이요 거짓의 아비가 되었음이라(요8:44).

21. 그 부모가 이렇게 말한 것은 이미 유대인들이 누구든지 예수를 그리스도로 시인하는 자는 (   )하기로 결의하였으므로 그들을 무서워함이러라(요9:22).

22. 내가 (   )이니 누구든지 나로 말미암아 들어가면 구원을 받고 또는 들어가며 나오며 꼴을 얻으리라(요10:9).

23. (   )는(은) 목자가 아니요 양도 제 양이 아니라 이리가 오는 것을 보면 양을 버리고 달아나나니 이리가 양을 물어가고 또 헤치느니라(요10:12).

24. 성경은 폐하지 못하나니 하나님의 말씀을 받은 사람들을 (   )이라 하셨거든 하물며 아버지께서 거룩하게 하사 세상에 보내신 자가 나는 하나님의 아들이라 하는 것으로 너희가 어찌 신성모독이라 하느냐(요10:35-36).

25. 내가 행하거든 나를 믿지 아니할지라도 그 (   )는(은) 믿으라 그러면 너희가 아버지께서 내 안에 계시고 내가 아버지 안에 있음을 깨달아 알리라 하시니(요10:38).

26. 예수께서 이르시되 네 오라비가 다시 살아나리라 마르다가 이르되 마지막 날 ( )때에는 다시 살아날 줄을 내가 아나이다(요11:23-4).

27. 예수께서 이르시되 내 말이 네가 믿으면 하나님의 ( )을(를) 보리라 하지 아니하였느냐 하시니(요11:40).

28. 내가 진실로 진실로 너희에게 이르노니 한 알의 밀이 땅에 떨어져 죽지 아니하면 한 알 그대로 있고 죽으면 많은 ( )을(를) 맺느니라(요12:24).

29. 사람이 내 말을 듣고 지키지 아니할지라도 내가 그를 심판하지 아니하노라 내가 온 것은 세상을 심판하려 함이 아니요 세상을 ( )하려 함이로라(요12:47).

30. 내가 주와 또는 ( )이(가) 되어 너희 발을 씻었으니 너희도 서로 발을 씻어 주는 것이 옳으니라(요13:14).

31. 가서 너희를 위하여 ( )을(를) 예비하면 내가 다시 와서 너희를 내게로 영접하여 나 있는 곳에 너희도 있게 하리라(요14:3).

32. 내가 아버지께 구하겠으니 그가 또 다른 ( )를(을) 너희에게 주사 영원토록 너희와 함께 있게 하리니 그는 진리의 영이라(요14:16-17상반절).

33. 너희가 내 안에 거하고 내 ( )가(이) 너희 안에 거하면 무엇이든지 원하는 대로 구하라 그리하면 이루리라(요15:7).

34. 사람이 ( )를(을) 위하여 자기 목숨을 버리면 이보다 더 큰 사랑이 없나니 너희는 내가 명하는 대로 행하면 곧 나의 ( )(이)라(요15:13-14).

35. 내가 아버지께로부터 너희에게 보낼 보혜사 곧 아버지께로부터 나오시는 ( )의 성령이 오실 때에 그가 나를 증언하실 것이요(요15:26).

36. 이것을 너희에게 이르는 것은 너희로 내 안에서 평안을 누리게 하려 함이라 세상에서는 너희가 환난을 당하나 담대하라 내가 ( )를(을) 이기었노라(요16:33).

37. 영생은 곧 유일하신 참 하나님과 그가 보내신 자 예수 그리스도를 ( )는 것이니이다(요17:3).

38. 나는 세상에 더 있지 아니하오나 그들은 세상에 있사옵고 나는 아버지께로 가옵나니 거룩하신 아버지여 내게 주신 아버지의 이름으로 그들을 ( )하사 우리와 같이 그들도 하나가 되게 하옵소서(요17:11).

39. 곧 내가 그들 안에 있고 아버지께서 내 안에 계시어 그들로 온전함을 이루어 하나가 되게 하려 함은 아버지께서 나를 보내신 것과 또 나를 사랑하심 같이 그들도 사랑하신 것을 ( ) (으)로 알게 하려 함이로소이다(요17:23).

40. ( )는 유대인들에게 한 사람이 백성을 위하여 죽는 것이 유익하다고 권고하던 자러라(요18:14).

41. 이에 시몬 베드로가 칼을 가졌는데 그것을 빼어 대제사장의 종을 쳐서 오른편 귀를 베어버리니 그 종의 이름은 ( )라(요18:10).

42. 예수께서 대답하시되 내 나라는 이 ( )에 속한 것이 아니니라 만일 내 나라가 이 ( )에 속한 것이었더라면 내 종들이 싸워 나로 유대인들에게 넘겨지지 않게 하였으리라 이제 내 나라는 여기에 속한 것이 아니니라(요18:36).

43. 그들이 소리 지르되 없이 하소서 없이 하소서 그를 십자가에 못 박게 하소서 빌라도가 이르되 내가 너희 왕을 십자가에 못 박으랴 대제사장들이 대답하되 (　　　)외에는 우리에게 왕이 없나이다(요19:15).

44. 빌라도가 패를 써서 십자가 위에 붙이니 나사렛 예수 (　　　)의 왕이라 기록되었더라(요19:19).

45. 예수께서 못 박히신 곳이 성에서 가까운 고로 많은 유대인이 이 패를 읽는데 히브리와 로마와 (　　　)말로 기록되었더라(요19:20).

46. 아리마대 사람 (　　　)은(는) 예수의 제자이나 유대인이 두려워 그것을 숨기더니 이 일 후에 빌라도에게 예수의 시체를 가져가기를 구하매 빌라도가 허락하는지라 이에 가서 예수의 시체를 가져가니라(요19:38).

47. 이 날 곧 안식 후 첫날 저녁 때에 제자들이 유대인들을 두려워하여 모인 곳의 문들을 닫았더니 예수께서 오사 가운데 서서 이르시되 너희에게 (　　　)가(이) 있을지어다(요20:19).

48. 도마가 대답하여 이르되 나의 주님이시요 나의 (　　　) 이시니이다(요20:28).

49. 오직 이것을 기록함은 너희로 예수께서 하나님의 아들 (　　　)이심을 믿게 하려 함이요 또 너희로 믿고 그 이름을 힘입어 생명을 얻게 하려 함이니라(요20:31).

50. 또 두 번째 이르시되 요한의 아들 시몬아 네가 나를 사랑하느냐 하시니 이르되 주님 그러하나이다 내가 주님을 사랑하는 줄 주님께서 아시나이다 이르시되 내 양을 (　　　)라 하시고(요21:16).

단답형

1. "태초에 말씀이 계시니라"라는 말씀으로 시작하는 복음서는? (　　)

2. 요한복음에 의하면 요한은 빛이 아니며 빛에 대하여 무슨 일을 하러 온 자인가? (요1:8) (　　)

3. 영접하는 자 곧 그 이름을 믿는 자들에게는 하나님의 자녀가 되는 무엇을 주셨는가? (요1:12) (　　)

4. 본래 하나님을 본 사람이 없지만 예수께서는 하나님의 어디에 계셨으므로 하나님을 잘 나타내실 수 있었는가? (요1:18) (　　)

5. 예수께 대해 "보라 세상 죄를 지고가는 하나님의 어린 양이로다"라고 선언한 사람은 누구인가? (요1:29) (　　)

6. 처음에 침례 요한의 제자였다가 최초로 예수를 따르게 된 두 제자 중 이름이 밝혀져 있는 제자는 누구인가? (요1:40) (　　)

7. 요한복음에서 베드로 다음으로 부르심을 받아 예수의 제자가 된 사람은 누구인가? (요1:43) (　　)

8. 예수께서 "보라 이는 참으로 이스라엘 사람이라 그 속에 간사한 것이 없도다"라고 칭찬한 사람은? (요1:47) (　　)

9. 요한복음은 예수께서 행하신 기적을 언급할 때에 '기적'이라는 용어 대신 주로 어떤 용어를 사용하는가? (요2:11) (　　)

10. 예수께서는 "너희가 이 성전을 헐라 내가 사흘 동안에 일으키리라"고 말씀하셨는데 이 성전은 자신의 무엇을 가리키는 것인가? (요2:19) (　　)

11. 예수께서는 사람이 거듭나지 않으면 무엇을 볼 수 없다고 니고데모에게 말씀하셨는가? (요3:3) (　　　)

12. 요한복음 3장 14절에 의하면 모세가 광야에서 뱀을 든 것 같이 누구도 들려야 한다고 했는가? (　　　)

13. 사마리아 여인은 예수와 처음 만났을 때에 예수를 단순히 누구로 인식했는가? (요4:9) (　　　)

14. 가버나움에서 왕의 신하의 아들을 고치신 표적은 요한복음이 언급하고 있는 몇 번째 표적인가? (요4:54) (　　　)

15. 베데스다 못 가에서 고침을 받은 병자는 몇 년 동안 앓고 있었는가? (요5:5) (　　　)

16. 요한복음의 오병이어의 기적 이야기에서 예수께서는 시험하기 위해서 누구에게 "우리가 어디서 떡을 사서 이 사람들을 먹이겠느냐?"고 질문하셨는가? (요6:5) (　　　)

17. 오병이어의 기적에서 아이가 가진 오병이어를 언급하며 "그러나 그것이 이 많은 사람에게 얼마나 되겠사옵나이까?"라고 반문한 제자는 누구인가? (요6:8-9) (　　　)

18. 오병이어의 기적 후에 사람들이 예수를 억지로 임금으로 삼으려 하자 예수께서는 혼자 어디로 떠나 가셨는가? (요6:15) (　　　)

19. 예수께서 열두 제자들에게 "너희도 가려느냐?"고 질문 했을 때에 "주여 영생의 말씀이 주께 있사오니 우리가 누구에게로 가오리이까"라고 대답한 제자는? (요6:68) (　　　)

20. 예수께서는 “나를 믿는 자는 성경에 이름과 같이 그 배에서 생수의 강이 흘러나오리라”고 말씀하셨는데 이는 그를 믿는 자들이 받을 무엇을 가리키는 말씀인가? (요7:38-39) ( )

21. 예수께서는 자신의 선재(先在)하심을 말씀하시면서 자신은 누가 나기 전부터 계셨다고 유대인들에게 말씀하셨는가? (요8:58) ( )

22. 예수께서 날 때부터 맹인 된 사람을 고치실 때에 땅에 침을 뱉어 진흙을 이겨 그의 눈에 바르시고 어디에 가서 씻으라고 하셨는가? (요9:7) ( )

23. 선한 목자이신 예수는 양으로 무엇을 얻게 하고 더 풍성히 얻게 하려고 오셨는가? (요10:10) ( )

24. 나사로, 마리아, 마르다가 살던 장소는 어디인가? (요11:1) ( )

25. 요한복음에 의하면 향유를 주께 붓고 머리털로 주의 발을 닦던 여인은 누구인가? (요11:2) ( )

26. 죽은 나사로를 살리신 이야기에서 “우리도 주와 함께 죽으러 가자”는 말을 했던 제자의 이름은 무엇인가? (요11:16) ( )

27. 예수께서 나사로의 무덤에 도착했을 때에 나사로는 이미 죽은지 며칠이 된 상태였는가? (요11:39) ( )

28. 나사로를 살리신 사건이 있은 후 열린 공회에서 “한 사람이 백성을 위하여 죽어서 온 민족이 망하지 않게 되는 것이 너희에게 유익한 줄을 생각하지 아니하는도다”라고 발언 한 사람은 누구인가? (요11:49-50) ( )

29. 마리아가 예수의 발에 향유 부은 것에 불만을 표현하여 어찌하여 그 것을 삼백 데나리온에 팔아 가난한 자들에게 주지 않았느냐고 비난했던 사람은 누구인가? (요12:4-5) (　　　)

30. 요한복음 13장 2절에 의하면 가룟 유다의 마음에 예수를 팔려는 생각을 넣은 자는 누구인가? (　　　)

31. 요한복음 14장에서 "주여 주께서 어디로 가시는지 우리가 알지 못하거늘 그 길을 어찌 알겠사옵나이까?"라고 예수께 반문한 사람은 누구인가? (요14:5) (　　　)

32. "너희는 마음에 근심하지 말라 하나님을 믿으니 또 나를 믿으라"는 말씀이 나오는 책과 장절은 무엇인가? (　　　)

33. 요한복음 14장에서 "주여 아버지를 우리에게 보여 주옵소서 그리하면 족하겠나이다"라고 요구한 제자의 이름은 무엇인가? (　　　)

34. 예수께서는 "너희가 나를 사랑하면" 나의 무엇을 지키리라고 말씀하셨는가? (요14:15, 23) (　　　)

35. 예수께서는 사람이 누구를 위하여 자기 목숨을 버리면 이보다 더 큰 사랑이 없다고 하셨는가? (요15:13) (　　　)

36. 예수께서는 고별설교에서 이제부터는 제자들을 종이라 부르지 않고 무엇이라고 부르시겠다고 말씀하셨는가? (요15:15) (　　　)

37. 보혜사가 오시면 죄에 대하여, 의에 대하여, 그리고 무엇에 대하여 세상을 책망하실 것인가? (요16:8) (　　　)

38. 예수께서는 "유일하신 참 하나님과 그 가 보내신 자 예수 그리스도를

아는 것"이 곧 무엇이라고 말씀하셨는가? (요17:3) (   )

39. 대제사장 가야바의 장인의 이름은 무엇인가? (요18:13) (   )

40. 예수께서 십자가에 달리셨을 때에 십자가 위에 붙인 패는 몇 개의 언어로 기록되었는가? (요19:20) (   )

41. 예수의 처형시 십자가 밑에 있던 제자로서 예수의 어머니 마리아를 모시게 된 사람은 누구인가? (요19:26-7) (   )

42. 요한복음에서 예수께서 돌아가실 때에 마지막으로 하신 말씀은 무엇인가? (요19:30) (   )

43. 아리마대 요셉과 함께 예수의 시체를 가져다가 장사 지낸 사람은 누구인가? (요19:39) (   )

44. 요한복음에 의하면 예수께서 돌아가신 후 안식 후 첫날 가장 먼저 예수의 무덤에 찾아 온 사람은 누구인가? (요20:1) (   )

45. 부활하신 예수를 만난 마리아는 예수를 알아보지 못하고 누구로 잘못 보았는가? (요20:15) (   )

46. 부활하신 예수께서는 제자들에게 나타나시어 그들을 향하여 숨을 내쉬며 무엇을 받으라고 말씀하셨는가? (요20:22) (   )

47. 예수의 부활 후에 디베랴 호수에서 제자들이 예수의 말씀에 따라 그물을 던졌을 때 잡은 고기는 몇 마리인가? (요21:11) (   )

48. 예수께서 부활 후에 베드로를 다시 만나서 그를 회복시키실 때 "내 양을 치라"는 말씀은 몇 번 하셨는가? (요21:16) (   )

49. “오직 이것을 기록함은 너희로 예수께서 하나님의 아들 그리스도이심을 믿게 하려 함이요 또 너희로 믿고 그 이름을 힘입어 생명을 얻게 하려 함이니라”는 요한복음의 기록목적을 말하고 있는 구절은 요한복음 몇 장 몇 절에 있는가? (   )

50. 요한복음은 총 몇 장으로 되어 있는가? (   )

진위형(O,X)

1. 신약성경 중 ‘태초’ 라는 단어로 시작되는 책은 요한복음뿐이다. (O , X)

2. 요한복음에는 산상수훈이 있다. (O , X)

3. 침례 요한이 예수를 ‘하나님의 어린 양’ 이라고 선언한 내용은 요한복음에만 나온다. (O , X)

4. 복음서들 중에 예수를 ‘독생자’ 라고 칭하고 있는 것은 요한복음뿐이다. (O , X)

5. 요한복음에는 ‘열 처녀의 비유’ 가 있다. (O , X)

6. 요한복음에는 귀신을 쫓아내는 기적 사건이 없다. (O , X)

7. ‘오병이어의 기적’ 은 네 복음서 모두에 기록되어 있다. (O , X)

8. 예수께서 성전에 들어가서 성전을 정화하신 사건은 네 복음서 모두에 기록되어 있다. (O , X)

9. 요한복음은 기적을 가리킬 때에 주로 '표적' 이라는 용어를 사용한다. (O , X)

10. 니고데모는 신약성경 중 요한복음에만 등장하는 인물이다. (O , X)

11. 베데스다 못가에서 38년 된 병자를 고치신 사건은 요한복음에만 나온다. (O , X)

12. 복음서 중 성령을 '보혜사' 라고 칭하는 것은 요한복음뿐이다. (O , X)

13. 신약성경에서 '진리의 영' 이라는 성령에 대한 호칭은 요한복음에만 나타난다. (O , X)

14. 요한복음에서 베드로는 세 번째로 부르심을 받은 제자로 나타난다. (O , X)

15. 요한복음에서 아리마대 요셉은 '예수의 제자' 라고 언급되고 있다. (O , X)

16. 요한복음에는 세리 마태를 부르신 사건이 기록되어 있다. (O , X)

17. 예수께서 "나는 세상의 빛" 이라고 선언하신 것은 네 복음서 모두에 나온다. (O , X)

18. 요한복음에는 유대인의 명절 중 하나인 초막절이 언급되어 있다. (O , X)

19. 요한복음에서 만찬 때에 예수의 품에 의지하여 누운 제자는 "요한" 이라고 언급하고 있다. (O , X)

20. 예수께서 제자들의 발을 씻기신 이야기는 요한복음에만 있다. (O , X)

21. 요한복음에 의하면 비싼 향유를 예수의 발에 붓고 자기 머리털로 그의 발을 닦은 여인은 막달라 마리아다. (O , X)

22. 요한복음에서 다른 제자들에게 "우리도 주와 함께 죽으러 가자"고 말한 제자는 '도마' 였다. (O , X)

23. 요한복음의 수난 이야기에는 예수께서 헤롯에게 심문 받는 사건이 없다. (O , X)

24. 요한복음에 의하면 예수께서 십자가 처형을 당하실 때에 예수의 제자들은 모두 도망가고 어떤 제자도 십자가 아래에 없었다. (O , X)

25. 요한복음에서 예수께서 부활하신 무덤에 안식 후 첫날 가장 먼저 찾아온 사람은 막달라 마리아다. (O , X)

26. 예수께서 부활하신 후 세 번째로 제자들에게 나타나셨을 때 나다나엘도 함께 있었다. (O , X)

27. 요한복음에는 '씨 뿌리는 자의 비유' 가 기록되어 있지 않다. (O , X)

28. 요한복음에는 예수께서 자신이 누구신지를 "나는 ~ 이다"라는 표현을 통해 알려주시는데 이런 언급은 모두 7번 나타난다. (O , X)

29. 요한복음에는 예수의 탄생기사가 나타나지 않는다. (O , X)

30. 요한복음에서 성령은 죄에 대하여 세상을 책망하는 일도 하신다. (O , X)

31. 요한복음은 "영생은 곧 유일하신 참 하나님과 그가 보내신 자 예수 그리스도를 아는 것"이라고 한다. (O , X)

32. 요한복음에는 "네 이웃을 네 자신 같이 사랑하라"는 말씀이 한 번도 나오지 않는다. (O , X)

33. 요한복음에서 예수께 하나님을 보여 달라고 요구한 제자는 도마다. (O , X)

34. "포도원 품꾼의 비유"는 요한복음에 있다. (O , X)

35. 마리아의 자매 마르다는 요한복음에만 등장한다. (O , X)

36. "부자와 나사로의 비유"는 요한복음에 있다. (O , X)

37. 예수님과 사마리아 여인과의 대화는 요한복음에 기록되어 있다. (O , X)

38. 복음서에서 '출교'라는 단어는 요한복음에만 나타난다. (O , X)

39. 예수께서 제자들의 발을 씻기신 이야기는 요한복음 13장에 있다. (O , X)

40. 요한복음에는 세배대의 아들 요한이 언급되지 않는다. (O , X)

41. 요한복음에는 세배대의 아들 야고보가 언급되지 않는다. (O , X)

42. 요한복음에는 예수께서 십자가상에서 하신 "엘리 엘리 라마 사박다니"라는 말씀이 있다. (O , X)

43. 요한복음에는 가룟 유다가 등장하지 않는다. (O , X)

44. 죽은 나사로를 살리신 사건은 요한복음에만 기록되어 있다. (O , X)

45. 요한복음에는 예수님의 승천 기사는 없다. (O , X)

46. 요한복음에서 예수의 시체를 장사 지낸 사람은 아리마대 요셉과 니고데모다. (O , X)

47. 나다나엘은 요한복음에만 등장한다. (O , X)

48. 요한복음에서 오병이어의 기적 사건은 6장에 기록되어 있다. (O , X)

49. 복음서들 중에서 '새 계명' 이라는 표현을 사용하는 것은 요한복음뿐이다. (O , X)

50. 요한복음에는 회당장 야이로의 딸을 살리신 이야기가 기록되어 있다. (O , X)

정 답

선택형

1.(4) 2.(4) 3.(4) 4.(3) 5.(3) 6.(4) 7.(1) 8.(2) 9.(1) 10.(3) 11.(1) 12.(4) 13.(4) 14.(2) 15.(1) 16.(3) 17.(1) 18.(3) 19.(4) 20.(4) 21.(4) 22.(1) 23.(2) 24.(2) 25.(4) 26.(4) 27.(2) 28.(4) 29.(4) 30.(2) 31.(1) 32.(4) 33.(2) 34.(3) 35.(2) 36.(4) 37.(1) 38.(4) 39.(2) 40.(3) 41.(2) 42.(4) 43.(3) 44.(2) 45.(1) 46.(3) 47.(3) 48.(3) 49.(1) 50.(3)

완성형

1.육신 2.어린 양 3.이스라엘, 임금 4.영광 5.사십육 6.표적 7.정죄 8.영

생 9.진리 10.뜻 11.심판 12.영생 13.모세 14.생명 15.생명, 떡 16.살 17.생수 18.생명 19.종 20.욕심 21.출교 22.문 23.삯꾼 24.신 25.일 26.부활 27.영광 28.열매 29.구원 30.선생 31.거처 32.보혜사 33.말 34.친구 35.진리 36.세상 37.아 38.보전 39.세상 40.가야바 41.말고 42.세상 43.가이사 44.유대인 45.헬라 46.요셉 47.평강 48.하나님 49.그리스도 50.치

단답형

1.요한복음 2.증언 3.권세 4.품 5.(침례)요한 6.안드레 7.빌립 8.나다나엘 9.표적 10.육체 11.하나님의 나라 12.인자 13.유대인 14.두 번째 (표적) 15.38년 16.빌립 17.안드레 18.산 19.베드로 20.성령 21.아브라함 22.실로암 못 23.생명 24.베다니 25.(마르다의 자매) 마리아 26.도마 27.나흘(4일) 28.가야바 29.가룟 유다 30.마귀 31.도마 32.요14:1 33.빌립 34.계명 또는 말 35.친구 36.친구 37.심판 38.영생 39.안나스 40.세 개(의 언어) 41.사랑하시는 제자 42.다 이루었다 43.니고데모 44.막달라 마리아 45.동산지기 46.성령 47.153 마리 48.한 번 49.20:31 50.21장

진위형

1.(X) 2.(X) 3.(O) 4.(O) 5.(X) 6.(O) 7.(O) 8.(O) 9.(O) 10.(O) 11.(O) 12.(O) 13.(X) 14.(O) 15.(O) 16.(X) 17.(X) 18.(O) 19.(X) 20.(O) 21.(X) 22.(O) 23.(O) 24.(X) 25.(O) 26.(O) 27.(O) 28.(O) 29.(O) 30.(O) 31.(O) 32.(O) 33.(X) 34.(X) 35.(X) 36.(X) 37.(O) 38.(O) 39.(O) 40.(O) 41.(O) 42.(X) 43.(X) 44.(O) 45.(O) 46.(O) 47.(O) 48.(O) 49.(O) 50.(X)

05 신약편 사도행전

Acts

선택형

1. 다음 중 주님을 배반한 유다와 관련이 되지 않는 것은 무엇인가? (행1:16-19)

   (1) 가룟 (2) 아겔다마
   (3) 폭력으로 맞아 죽음 (4) 창자가 터져 나옴

2. 다음 중 예수님 승천 후 제자들이 모여서 가룟 유다 대신으로 제비를 뽑아 사도가 되게 할 때에 그 후보로 거론된 사람들의 이름이 아닌 것은 무엇인가? (행1:23)

   (1) 유두고 (2) 바사바 (3) 유스도 (4) 요셉

3. 오순절 성령강림과 관련지어 인용된 성경은 무엇인가? (행2:16-21)

   (1) 시편 (2) 요엘 (3) 미가 (4) 이사야

4. 사도행전의 기사 중 가장 이른 것은 무엇인가?

   (1) 사울의 다메섹 사건 (2) 고넬료의 침례
   (3) 빌립의 에디오피아 내시 전도 (4) 베드로가 욥바에서 다비다 살림

5. 베드로와 직접적인 관련이 적은 것은 무엇인가?

   (1) 사마리아 전도 (2) 애니아 (3) 스데반의 설교 (4) 마술사 시몬

6. 바울이 3년간 쉬지 않고 각 사람을 눈물로 훈계하던 곳은 어디인가? (행20:31)

(1) 아덴 (2) 빌립보 (3) 에베소 (4) 고린도

7. 사도행전에 바울의 회심 기사가 기록된 횟수는 몇 번 인가?

(1) 한 번 (2) 두 번 (3) 세 번 (4) 네 번

8. 유두고의 부활 사건이 일어난 곳은 어디인가? (행20:9-12)

(1) 마게도니아 (2) 빌립보 (3) 에베소 (4) 드로아

9. 바울의 선교 여행 시 스토아 철학자들을 만난 곳은 어디인가? (행17:18)

(1) 고린도 (2) 로마 (3)아덴 (4) 빌립보

10. 바울의 회심 시 그에게 안수를 해준 사람은 누구인가? (행9:10-17)

(1) 아나니아 (2) 바나바 (3) 아볼로 (4) 아굴라

11. 아볼로의 출신지는 어디인가? (행18:24)

(1) 마게도니아 (2) 알렉산드리아 (3) 데살로니가 (4) 고린도

12. 바울이 고린도에서 만났던 천막을 만드는 사람의 이름은 무엇인가? (행18:1-2)

(1) 아볼로 (2) 아굴라 (3) 빌레몬 (4)오네시모

13. 베뢰아 사람을 잘못 설명한 것은 무엇인가? (행17:11-12)

(1) 신사적이다 (2) 믿는 사람이 많다

(3) 성경을 상고했다 (4) 희롱하기를 좋아한다

14. 바울이 에베소를 첫 번 방문한 것은 언제인가? (행18:19)

(1) 1차 선교 여행 시 (2) 2차 선교 여행 시

(3) 3차 선교 여행 시 (4) 1차 선교 여행하기 전

15. 예루살렘 회의에서 결정한 이방 교회에 대한 훈령 가운데 들지 않는 것은 무엇인가? (행15:28-29)

(1) 피 (2) 할례 (3) 목메어 죽인 것 (4) 음행

16. 바울이 로마에서 온 아굴라와 브리스길라 부부를 처음으로 만난 도시 이름은 무엇인가? (행18:1-2)

(1) 고린도 (2) 아덴 (3) 에베소 (4) 데살로니가

17. 아가보가 바울에 대해 예언했던 곳은 어디인가? (행21:8-10)

(1) 예루살렘 (2) 구브로 (3) 가이사랴 (4) 에베소

18. 사도행전 7장에 나타나는 스데반의 설교의 요지는 무엇인가?

(1) 하나님은 성전에서 일하신다

(2) 하나님은 성전에만 계시지 않는다

(3) 하나님은 성전을 사랑하신다

(4) 하나님은 성전에만 계신다

19. 예수께서 부활하신 후 40일간 지상에 계시면서 하신 말씀의 주제는 무엇인가? (행1:3)

(1) 성령 (2) 기도 (3) 전도 (4) 하나님의 나라

20. '아겔다마' 의 뜻은 무엇인가? (행1:19)

(1) 곤두박질 (2) 창자 (3) 피밭 (4) 황폐

21. "주는 것이 받는 것보다 복이 있다"라고 기록된 성경은 무엇인가?

(1) 마태복음 (2) 사도행전 (3) 고린도후서 (4) 야고보서

22. 바울을 예루살렘 제자들에게 소개해준 사람은 누구인가? (행9:27)

(1) 아나니아 (2) 바나바 (3) 아볼로 (4) 아굴라

23. 바울과 바나바가 누구의 문제 때문에 다투고 각자 선교여행을 떠났는가? (행15:36-41)

(1) 마가 (2) 실라 (3) 아볼로 (4) 누가

24. 바나바는 제우스, 바울은 헤르메스로 여김을 받은 곳은 어디인가? (행14:12)

(1) 아덴 (2) 루스드라 (3) 밤빌리아 (4)고린도

25. 예수의 영이 바울에게 아시아에서 어디로 가라고 인도하였는가? (행16: 6-10)

(1) 갈라디아 (2) 이달리아 (3) 마게도냐 (4)구브로

26. 두아디라 성 출신의 여성 자색 옷감 장사의 이름은 무엇인가? (행16:14)

(1) 다비다 (2) 브리스가 (3) 루디아 (4) 순두게

27. 아레오바고는 어디에 있는가? (행17:16-22)

(1) 고린도 (2) 아덴 (3) 데살로니가 (4) 빌립보

28. 바울의 아레오바고 설교의 내용이 아닌 것은 무엇인가? (행17:22-31)

(1) 알지 못하는 신 (2) 하나님의 창조

(3) 예수의 십자가 죽음 (4) 예수의 부활

29. 처음에는 요한의 침례만 알았던 자는 누구인가? (행18:24-25)
 (1) 디도 (2) 바나바 (3) 아볼로 (4) 아굴라

30. '유라굴로' 는 어떤 이름인가? (행27:14)
 (1) 사람 (2) 광풍 (3) 배 (4) 땅

31. 스데반의 설교는 사도행전 몇 장에 있는가?
 (1) 5장 (2) 6장 (3) 7장 (4) 8장

32. 사도행전에서 아나니아와 삽비라 사건이 등장하는 곳은 어디인가?
 (1) 5장 (2) 6장 (3) 7장 (4) 8장

33. 사도행전에서 바나바와 바울이 선교사로 파송되는 장은 몇 장인가?
 (1) 12장 (2) 13장 (3) 14장 (4) 15장

34. 사도회의가 기록된 사도행전의 장은 몇 장인가?
 (1) 12장 (2) 13장 (3) 14장 (4) 15장

35. 바울이 에베소의 장로들과 이별한 곳은 어디인가? (행20:17-38)
 (1) 밀레도 (2) 기오 (3) 앗소 (4)드로아

36. 바울이 고린도에 얼마 동안 머물며 하나님의 말씀을 가르쳤는가? (행18:11)
 (1) 삼 개월 (2) 육 개월 (3) 일 년 (4) 일 년 육 개월

37. 바울의 몸에서 손수건이나 앞치마를 가져다가 병든 사람에게 얹으면 그 병이 떠나고 악귀도 나가게 된 곳은 어디인가? (행19:12)
 (1) 안디옥 (2) 에베소 (3) 고린도 (4) 데살로니가

38. 다음에 나오는 바울의 고백은 사도행전 몇 장에 나오는가?
"내가 달려갈 길과 주 예수께 받은 사명 곧 하나님의 은혜의 복음을 증언하는 일을 마치려 함에는 나의 생명조차 조금도 귀한 것으로 여기지 아니하노라"

(1) 19장 (2) 20장 (3) 21장 (4) 22장

완성형

1. 오직 ( )이 너희에게 임하시면 너희가 ( )을 받고 예루살렘과 온 유대와 사마리아와 땅 끝까지 이르러 내 증인이 되리라 하시니라(행1:8).

2. 하나님이 말씀하시기를 말세에 내가 내 ( )을 모든 육체에 부어주리니 너희의 자녀들은 ( )할 것이요 너희의 젊은이들은 환상을 보고 너희의 늙은이들은 꿈을 꾸리라 그때에 내가 내 ( )을 내 남종과 여종들에게 부어주리니 그들이 ( )할 것이요(행2:17-19).

3. 그들이 이 말을 듣고 마음에 찔려 베드로와 다른 사도들에게 물어 이르되 형제들아 우리가 어찌할꼬 하거늘 베드로가 이르되 너희가 ( )하여 각각 예수 그리스도의 이름으로 침례를 받고 죄 사함을 받으라 그리하면 ( )의 선물을 받으리니 이 약속은 너희와 너희 자녀와 모든 먼 데 사람 곧 주 우리 하나님이 얼마든지 부르시는 자들에게 하신 것이라(행2:37-39).

4. 그 말을 받은 사람들은 침례를 받으매 이 날에 신도의 수가 삼천이나 더하더라 그들이 ( )의 가르침을 받아 서로 교제하고 떡을 떼며 오로지 ( )하기를 힘쓰니라(행2:41-42).

5. 사람마다 두려워하는데 사도들로 말미암아 기사와 표적이 많이 나타나니 믿는 사람이 다 함께 있어 모든 물건을 서로 (　　　)하고 또 재산과 소유를 팔아 각 사람의 필요를 따라 나눠주며 날마다 마음을 같이 하여 성전에 모이기를 힘쓰고 집에서 떡을 떼며 기쁨과 순전한 마음으로 음식을 먹고 하나님을 찬미하며 또 온 백성에게 (　　　)을 받으니 주께서 구원받는 사람을 날마다 더하게 하시니라(행2:43-47).

6. 너희가 거룩하고 의로운 이를 거부하고 도리어 살인한 사람을 놓아주기를 구하여 (　　　)의 주를 죽였도다 그러나 하나님이 죽은 자 가운데서 그를 살리셨으니 우리가 이 일에 증인이라 그 이름을 믿으므로 그 이름이 너희가 보고 아는 이 사람을 성하게 하였나니 예수로 말미암아 난 (　　　)이 너희 모든 사람 앞에서 이같이 완전히 낫게 하였느니라(행3:14-16).

7. 다른 이로써는 (　　　)을 얻을 수 없나니 천하 사람 중에 (　　　)을 받을 만한 다른 이름을 주신 일이 없음이라 하였더라(행4:12).

8. 주여 이제도 그들의 위협함을 굽어보시옵고 또 종들로 하여금 (　　　) 하나님의 말씀을 전하게 하여 주시오며 손을 내밀어 병을 낫게 하시옵고 표적과 기사가 거룩한 종 (　　　)의 이름으로 이루어지게 하옵소서 하더라 빌기를 다하매 모인 곳이 진동하더니 무리가 다 성령이 충만하여 (　　　)하나님의 말씀을 전하니라(행4:29-30).

9. 베드로와 사도들이 대답하여 이르되 사람보다 하나님께 (　　　)하는 것이 마땅하니라 너희가 나무에 달아 죽인 예수를 우리 조상의 하나님이 살리시고 이스라엘에게 회개함과 죄 사함을 주시려고 그를 오른손으로 높이사 임금과 구주를 삼으셨느니라 우리는 이 일에 증인이요 하나님이 자기에게 (　　　)하는 사람들에게 주신 성령도 그러하니라 하더라(행5:29-32).

10. 그들이 날마다 성전에 있든지 집에 있든지 예수는 (　　　)라고 가르치기와 (　　　)하기를 그치지 아니하니라(행5:42).

11. 형제들아 너희 가운데 (　　　)과 지혜가 충만하여 칭찬 받는 사람 일곱을 택하라 우리가 이 일을 그들에게 맡기고 우리는 오로지 (　　　)하는 일과 (　　　)사역에 힘쓰리라 하니(행6:3-4).

12. 그들이 이 말을 듣고 마음에 찔려 그를 향하여 이를 갈거늘 (　　　)이 성령 충만하여 하늘을 우러러 주목하여 하나님의 (　　　)과 및 예수께서 하나님 우편에 서신 것을 보고 말하되 보라 하늘이 열리고 인자가 하나님 우편에 서신 것을 보노라 한 대 그들이 큰소리를 지르며 귀를 막고 일제히 그에게 달려들어 성 밖으로 내치고 돌로 칠 새 증인들이 옷을 벗어 (　　　)이라 하는 청년의 발 앞에 두니라(행7:54-58).

13. 예루살렘에 있는 사도들이 사마리아도 하나님의 말씀을 받았다 함을 듣고 베드로와 요한을 보내매 그들이 내려가서 그들을 위하여 (　　　)받기를 기도하니 이는 아직 한 사람에게도 (　　　)내리신 일이 없고 오직 주 예수의 이름으로 침례만 받을 뿐이더라 이에 두 사도가 그들에게 안수하매 (　　　)을 받는지라(행8:14-17).

14. 사울이 길을 가다가 다메섹에 가까이 이르더니 홀연히 하늘로부터 빛이 그를 둘러 비추는지라 땅에 엎드러져 들으매 소리가 있어 이르시되 사울아 사울아 네가 어찌하여 나를 박해하느냐 하시거늘 대답하되 (　　　)누구시니이까 이르시되 나는 네가 박해하는 (　　　)라(행9:3-5).

15. 그리하여 온 유대와 갈릴리와 사마리아 교회가 평안하여 든든히 서가고 (　　　)를 경외함과 (　　　)의 위로로 진행하여 수가 더 많아지니라(행9:31).

16. 하나님이 나사렛 예수에게 (　　　)과 (　　　)을 기름 붓듯 하셨으매 그가 두루 다니시며 선한 일을 행하시고 마귀에게 눌린 모든 사람을 고치셨으니 이는 하나님이 함께 하셨음이라(행10:38).

17. 이에 베드로가 이르되 이 사람들이 우리와 같이 (　　　)을 받았으니 누가 능히 물로 (　　　)베풂을 금하리요 하고 명하여 예수 그리스도의 이름으로 (　　　)를 베풀라 하니라 그들이 베드로에게 며칠 더 머물기를 청하니라(행10:47-48).

18. 그런즉 하나님이 우리가 주 예수 그리스도를 믿을 때에 주신 것과 같은 (　　　)을 그들에게도 주셨으니 내가 누구이기에 하나님을 능히 막겠느냐 하더라 그들이 이 말을 듣고 잠잠하여 하나님께 영광을 돌려 이르되 그러면 하나님께서 이방인에게도 (　　　)얻는 회개를 주셨도다 하니라(행11:17-18).

19. 바나바는 착한 사람이요 성령과 (　　　)이 충만한 사람이라 이에 큰 무리가 주께 더하여지더라 바나바가 사울을 찾으러 다소에 가서 만나매 안디옥에 데리고 와서 둘이 교회에 일 년간 모여 있어 큰 무리를 가르쳤고 제자들이 안디옥에서 비로소 (　　　)이라 일컬음을 받게 되었더라(행11:24-26).

20. 이에 베드로는 옥에 갇혔고 (　　　) 는 그를 위하여 간절히 하나님께 (　　　)하더라(행12:5).

21. 헤롯이 영광을 하나님께로 돌리지 아니하므로 주의 (　　　)가 곧 치니 (　　　)에게 먹혀 죽으니라(행12:23).

22. 안디옥 교회에 선지자들과 교사들이 있으니 곧 바나바와 니게르라 하는 시므온과 구레네 사람 루기오와 분봉 왕 헤롯의 젖동생 마나엔과 및 사울이라 주를 섬겨 (　　　)할 때에 성령이 이르시되 내가 불러 시키는 일을 위하여 바나바와 사울을 따로 세우라 하시니 이에 (　　　)하며 기도하고 두 사람에게 안수하여 보내니라(행13:1-3).

23. 폐하시고 다윗을 왕으로 세우시고 증언하여 이르시되 내가 이새의 아들 다윗을 만나니 내 (　　　)에 맞는 사람이라 내 (　　　)을 다 이루리라 하시더니 하나님이 약속하신 대로 이 사람의 후손에서 이스라엘을 위하여 구주를 세우셨으니 곧 (　　　)라(행13:22-23).

24. 제자들의 마음을 굳게 하여 이 (　　　)에 머물러 있으라 권하고 또 우리가 하나님의 나라에 들어가려면 많은 (　　　)을 겪어야 할 것이라 하고 각 교회에서 (　　　)들을 택하여 금식 기도 하며 그들이 믿는 주께 그들을 위탁하고(행14:22-23)

25. (　　　)과 (　　　)는 이 요긴한 것들 외에는 아무 짐도 너희에게 지우지 아니하는 것이 옳은 줄 알았노니 우상의 제물과 피와 목매어 죽인 것과 음행을 멀리할지니라 이에 스스로 삼가면 잘되리라 평안함을 원하노라 하였더라(행15:28-29).

26. 무시아를 지나 드로아로 내려갔는데 밤에 (　　　)이 바울에게 보이니 마게도냐 사람 하나가 서서 그에게 청하여 이르되 마게도냐로 건너와서 우리를 도우라 하거늘 바울이 그 (　　　)을 보았을 때 우리가 마게도냐로 떠나기를 힘쓰니 이는 하나님이 저 사람들에게 복음을 전하라고 우리를 부르신 줄로 인정함이러라(행16:8-9).

27. 한밤중에 바울과 실라가 (　　　)하고 하나님을 (　　　)하매 죄수들이 듣더라 이에 갑자기 큰 지진이 나서 옥터가 움직이고 문이 곧 다 열리며 모든 사람의 매인 것이 다 벗어진지라(행16:25-26).

28. 바울이 아레오바고 가운데 서서 말하되 아덴 사람들아 너희를 보니 범사에 ( )이 많도다 내가 두루 다니며 너희가 위하는 것들을 보다가 알지 못하는 ( )에게 라고 새긴 단도 보았으니 그런즉 너희가 알지 못하고 위하는 그것을 내가 너희에게 알게 하리라(행17:22-23).

29. 밤에 주께서 환상 가운데 바울에게 말씀하시되 두려워하지 말며 ( )하지 말고 말하라 내가 너와 함께 있으매 어떤 사람도 너를 대적하여 해롭게 할 자가 없을 것이니 이는 이 성중에 내 ( )이 많음이라 하시더라(행18:9-10).

30. 그들이 듣고 주 예수의 이름으로 침례를 받으니 바울이 그들에게 안수하매 성령이 그들에게 임하시므로 ( )도 하고 ( )도 하니 모두 열두 사람쯤 되니라(행19:5-7).

31. 보라 이제 나는 ( )에 매여 예루살렘으로 가는데 거기서 무슨 일을 당할는지 알지 못하노라 오직 ( )이 각 성에서 내게 증언하여 결박과 환난이 나를 기다린다 하시니 내가 달려갈 길과 주 예수께 받은 ( )곧 하나님의 은혜의 복음을 증언하는 일을 마치려 함에는 나의 생명조차 조금도 귀한 것으로 여기지 아니하노라(행20:22-24).

32. 여러분은 자기를 위하여 또는 온 양떼를 위하여 삼가라 ( )이 그들 가운데 여러분을 ( )로 삼고 하나님이 자기 피로 사신 ( )를 보살피게 하셨느니라(행20:28).

33. 이튿날 떠나 가이사랴에 이르러 일곱 집사 중 하나인 전도자 ( )의 집에 들어가서 머무니라 그에게 딸 넷이 있으니 처녀로 ( )하는 자라(행21:8-9).

34. 그 날 밤에 주께서 바울 곁에 서서 이르시되 담대하라 네가 ( )에서 나의 일을 증언한 것 같이 ( )에서도 증언하여야 하리라 하시니라(행23:11).

35. 이스라엘과 이방인들에게서 내가 너를 구원하여 그들에게 보내어 그 눈을 뜨게 하여 어둠에서 빛으로 사탄의 권세에서 하나님께로 돌아오게 하고 ( )과 나를 믿어 거룩하게 된 무리 가운데 ( )을 얻게 하리라 하더이다(행26:17-18).

36. 바울아 두려워하지 말라 네가 ( )앞에 서야 하겠고 또 하나님께서 너와 함께 항해하는 자를 다 네게 주셨다 하였으니 그러므로 여러분이여 안심하라 나는 내게 말씀하신 그대로 되리라고 ( )을 믿노라(행27:24-25).

37. 그들이 날짜를 정하고 그가 유숙하는 집에 많이 오니 바울이 아침부터 저녁까지 강론하여 ( )를 증언하고 모세의 율법과 선지자의 말을 가지고 ( )에 대하여 권하더라(행28:23).

38. 바울이 온 이태를 자기 셋집에 머물면서 자기에게 오는 사람을 다 영접하고 ( )를 전파하며 ( )에 관한 모든 것을 담대하게 거침없이 가르치더라(행28:30-31).

단답형

1. 사도행전은 누구에게 보내진 글인가? (행1:1) ( )

2. 사도행전 1:1에서 '내가 먼저 쓴 글' 이란 무엇을 말하는가? ( )

3. 예수 승천 후 예루살렘에 있는 다락방에 모인 무리의 수는 얼마쯤 되었는가? (행1:15) (　　　)

4. 스데반의 설교는 사도행전 몇 장에 있는가? (　　　)

5. 사도행전 몇 장에 아나니아와 삽비라 사건이 등장하는가? (　　　)

6. 사도행전에서 바나바와 바울이 선교사로 파송되는 장은 몇 장인가? (　　　)

7. 사도행전 몇 장에 사도회의(예루살렘 공의회)가 기록되어 있는가? (　　　)

8. 기독교인들이 처음 '그리스도인' 이라고 불린 도시는 무엇인가? (행11:26) (　　　)

9. 사도행전 7장에서 긴 설교를 한 사람의 이름은 무엇인가? (　　　)

10. 사도행전 몇 장에 사울의 개종사건이 처음 나오는가? (　　　)

11. 사도행전 몇 장에 고넬료 집에서 행한 베드로의 설교가 나오는가? (　　　)

12. 사도행전 몇 장에 바울의 '아레오바고 설교' 가 나오는가? (　　　)

13. 바울은 로마 셋집에 몇 년을 머물렀는가? (행28:30) (　　　)

14. 가룟 유다 대신 선출된 사도의 이름은 무엇인가? (행1:26) (　　　)

15. 에디오피아 내시가 읽던 성경의 책은 무엇인가? (행8:28-33) (　　　)

16. 누가 에디오피아 내시에게 전도했는가? (행8:26-27) (　　　)

17. “주는 것이 받는 것보다 복이 있다”라는 말씀이 기록되어 있는 신약의 책은 무엇인가? (　　　)

18. 사도행전 6:1에 등장하는 히브리파 사람들과 구분되는 다른 파의 이름은 무엇인가? (　　　)

19. 사울이라는 이름이 처음 등장하는 사건은 누구의 순교사건인가? (행 7:58) (　　　)

20. 사도행전에서 바울의 회심 사건이 몇 번 보도되는가? (　　　)

21. 예루살렘에서 안디옥에 내려와서 온 세상에 기근이 있을 것을 예언한 사람은 누구인가? (행11:27-28) (　　　)

22. 벨릭스 총독에게 바울을 송사하기 위하여 대제사장과 장로들이 데리고 온 변호사는 누구인가? (행24:1) (　　　)

23. 사도행전은 총 몇 장인가? (　　　)

24. 바울이 결박된 것 외에는 자신처럼 되기를 원했던 사람의 이름은 누구인가? (행26:26-29) (　　　)

25. 바울의 로마 호송을 맡은 로마군 백부장의 이름은 누구인가? (행 27:1) (　　　)

26. 예루살렘에서 바울을 체포한 로마군 천부장의 이름은 누구인가? (행 23:26) (　　　)

27. 사도행전에서 바울의 로마행 여정을 제외하면 그가 몇 번의 선교여행을 하였다고 기록되어 있는가? (　　　)

28. 유두고가 떨어져 죽은 사건이 일어난 곳은 어디인가? (행20:6-12) (　　　)

29. 바울이 3년간 쉬지 않고 눈물로 각 사람을 훈계하던 곳은 어디인가? (행20:17) (　　　)

30. 에베소에서 마술을 하는 사람들이 사용하던 책들을 모아 가지고 와서 모든 사람 앞에서 불살랐는데 그 책 값은 얼마나 되었는가? (행19:19) (　　　)

31. 바울이 제자들을 따로 세워 두란노 서원이라는 곳에서 두 해 동안 강론한 도시는 어디인가? (행19:8-10) (　　　)

32. 바울이 로마로 호송되던 중 풍랑을 만나 배가 표류하던 바다의 이름은 무엇인가? (행27:27) (　　　)

33. 바울이 머리를 깎은 도시의 이름은 무엇인가? (행18:18) (　　　)

34. 바울이 로마에서 온 본도 출신 아굴라와 브리스길라 부부를 처음으로 만난 도시는 어디인가? (행18:1-2) (　　　)

35. 아볼로의 출신지는 어느 도시인가? (행18:24) (　　　)

36. 바울의 선교여행 시 스토아 철학자들을 만난 도시는 어디인가? (행17:16-18) (　　　)

37. 바울이 아덴에서 에피쿠로스와 스토아 철학자들과 논쟁하면서 복음을 전한 곳은 어디인가? (행17:22) (　　　)

38. 바울일행이 마게도냐 사람의 환상을 본 곳은 어느 도시인가? (행16:8-10) (　　　)

진위형(O,X)

1. '아겔다마' 는 피밭이라는 뜻이다. (O , X)

2. 사울이 바울로 바뀌어 나타나는 사도행전의 장은 9장이다. (O , X)

3. 사도행전 1장에는 예수님의 승천기사가 나온다. (O , X)

4. 바나바는 제우스, 바울은 헤르메스로 여김을 받은 곳은 비시디아 안디옥이었다. (O , X)

5. 사도행전에는 바울의 회심 사건이 세 번 보도되고 있다. (O , X)

6. 예루살렘에서 바울이 체포되었을 때에 그는 빌라도 총독에게 심문을 받았다. (O , X)

7. 오순절 성령 강림 사건이 나오는 곳은 사도행전 2장이다. (O , X)

8. 사도행전 1장에서 가룟 유다 대신 사도들이 제비뽑아 선출한 사도의 이름은 맛디아이다. (O , X)

9. 사도행전 4장에 베드로의 정기적인 기도가 언급되어 있다. (O , X)

10. 바울의 동역자였던 구브로 출신 바나바의 이름의 뜻은 위로의 아들이다(행4:36). (O , X)

11. 바울의 동역자였던 구브로 출신 바나바의 또 다른 이름은 요셉이다(행4:36). (O , X)

12. 공회 중에서 "이 사상과 이 소행이 사람으로부터 났으면 무너질 것이

요 만일 하나님께로부터 났으면 너희가 그들을 무너뜨릴 수 없겠고 도리어 하나님을 대적하는 자가 될까 하노라"라고 지적한 바리새인 율법 교사의 이름은 가말리엘이다(행5:34-39). (O, X)

13. 사도행전 6:1-6에 나타나는 예루살렘 교회 내의 두 파의 이름은 헬라파와 제사장파이다. (O, X)

14. 사도행전에는 많은 이들의 설교가 나오는데 이 중에서 성전을 공격한 설교를 한 사람은 스데반이다. (O, X)

15. 사도행전에 의하면 바울이 디모데를 만난 곳은 이고니온이었다. (O, X)

16. 사도행전에 따르면 사마리아에 처음 복음전한 전도자는 빌립이다. (O, X)

17. 사마리아성의 마술사로 빌립에게 침례를 받고 후에 돈으로 성령을 사려했던 사람의 이름은 시몬이다. (O, X)

18. 예루살렘에 있던 사도들이 사마리아도 하나님의 말씀을 받았다 함을 듣고 보낸 사람은 베드로와 요한이었다. (O, X)

19. 바울을 찾아가 '형제 사울아' 라고 부르면서 안수해준 사람은 다메섹의 아나니아였다. (O, X)

20. 바울을 예루살렘의 제자들에게 소개해준 사람은 바나바였다. (O, X)

21. 욥바에서 선행과 구제를 많이 하던 여제자로 베드로에 의해서 살아난 사람의 이름은 다비다 혹은 도르가이다. (O, X)

22. 바울의 1차 선교여행시 마가 요한이 그 일행을 떠나 예루살렘으로 돌아갔던 지점은 루스드라이다. (O, X)

23. 베드로를 자신의 가정에 초청하여 말씀을 들은 로마의 백부장의 이름은 고넬료이다. (O , X)

24. 요한의 형제 야고보는 헤롯왕에 의하여 순교하였다. (O , X)

25. 로마로 압송되던 바울이 탄 배가 파선하여 도착한 섬의 이름은 살라미였다. (O , X)

26. 사울이라는 이름이 사도행전에서 처음 등장하는 사건은 스데반의 순교사건이다. (O , X)

27. 베드로가 가이사랴에서 침례를 준 사람의 이름은 고넬료이다. (O , X)

28. 바울의 동역자였던 구브로 출신 바나바는 유다지파 사람이다(행 4:36). (O , X)

29. 사도행전 1:23에 의하면 바사바, 유스도, 요셉은 동일한 인물이다. (O , X)

30. 사도행전 2:30에 의하면 베드로는 다윗을 선지자라고 불렀다. (O , X)

31. 사도행전 3:1과 10:9에 따르면 베드로의 정기적인 기도시간은 제 육시와 제 구 시였다. (O , X)

32. 사도행전 5:34에 따르면 바리새인이며 율법교사로 모든 백성에게 존경을 받을 뿐만 아니라 사도들을 변호하였던 사람은 가말리엘이었다. (O , X)

33. 성령을 돈으로 사려했던 시몬을 책망한 사람은 빌립이었다(행8:20). (O , X)

34. 사울이 처음으로 "예수의 하나님의 아들이심"을 전파한 곳은 다메섹 이다(행9:19-20). (O , X)

35. 사도행전 9:36-42에 다르면 욥바에 사는 여제자로 선행과 구제하는 일이 심히 많은 중에 죽었으나 베드로를 통해 다시 살게 된 여인의 이름은 다비다 또는 도르가이다. (O , X)

36. 사도행전 10장에 따르면 베드로가 환상을 본 것이 고넬료가 환상을 본 것보다 늦다. (O , X)

37. 사도행전 11:28에서 아가보가 온 천하에 흉년이 들리라고 예언하였고, 이 예언은 글라우디오때에 이루어졌다. (O , X)

38. 로마의 식민지이며 마게도냐 지경의 첫 성은 빌립보이다(행16:12). (O , X)

정 답

선택형

1.(3) 2.(1) 3.(2) 4.(3) 5.(3) 6.(3) 7.(3) 8.(4) 9.(3) 10.(1) 11.(2) 12.(2) 13.(4) 14.(2) 15.(2) 16.(1) 17.(3) 18.(2) 19.(4) 20.(3) 21.(2) 22.(2) 23.(1) 24.(2) 25.(3) 26.(3) 27.(2) 28.(3) 29.(3) 30.(2) 31.(3) 32.(1) 33.(2) 34.(4) 35.(1) 36.(4) 37.(2) 38.(2)

완성형

1.성령, 권능 2.영, 예언, 영, 예언 3.회개, 성령 4.사도, 기도 5.통용, 칭송 6.생명, 믿음 7.구원, 구원 8.담대히, 예수, 담대히 9.순종, 순종 10.그리스도, 전도 11.성령, 기도, 말씀 12.스데반, 영광, 사울 13.성령, 성령, 성령 14.주여, 예수 15.주, 성령 16.성령, 능력 17.성령, 침례, 침례 18.선물, 생명 19.믿음, 그리스도인 20.교회, 기도 21.사자, 벌레 22.금식, 금식 23.마음, 뜻, 예수 24.믿음, 환난, 장로 25.성령, 우리 26.환상, 환상 27.기도, 찬송 28.종교심, 신 29.침묵, 백성 30.방언, 예언 31.성령, 성령, 사명 32.성령, 감독자, 교회 33.빌립, 예언 34.예루살렘, 로마 35.죄 사함, 기업 36.가이사, 하나님 37.하나님의 나라, 예수 38.하나님의 나라, 주 예수 그리스도

단답형

1.데오빌로 2.누가복음 3.백이십 명 4.7장 5.5장 6.13장 7.15장 8.안디옥 9.스데반 10.9장 11.10장 12.17장 13.이 년 14.맛디아 15.이사야서 16.빌립 17.사도행전 18.헬라파 19.스데반 20.세 번 21.아가보 22.더둘로 23.28장 24.아그립바 25.율리오 26.글라우디오 루시아 27.세 번 28.드로아 29.에베소 30.은 오만 31.에베소 32.아드리아 바다 33.겐그레아 34.

고린도 35.알렉산드리아 36.아덴 37.아레오바고 38.드로아

진위형

1.(O) 2.(X) 3.(O) 4.(X) 5.(O) 6.(X) 7.(O) 8.(O) 9.(X) 10.(O) 11.(O) 12.(O) 13.(X) 14.(O) 15.(X) 16.(O) 17.(O) 18.(O) 19.(O) 20.(O) 21.(O) 22.(X) 23.(O) 24.(O) 25.(X) 26.(O) 27.(O) 28.(X) 29.(O) 30.(O) 31.(O) 32.(O) 33.(X) 34.(O) 35.(O) 36.(O) 37.(O) 38.(O)

06 신약편 로마서

Romans

선택형

1. 로마서 1장에서 사도 바울이 자신의 존재에 관하여 소개한 내용이 아닌 것은 무엇인가? (롬1장)
   (1) 예수 그리스도의 종 (2) 예수의 친구
   (3) 사도로 부르심을 받음 (4) 복음을 위해 택정됨

2. 하나님이 거역하는 인간을 내버려두실 때 그 내버려두심에 포함되지 않는 것은 무엇인가? (롬1장)
   (1) 더러움 (2) 부끄러운 욕심
   (3) 상실한 마음 (4) 경성하는 마음

3. 악을 행하는 사람들을 판단하면서 같은 일을 행하는 사람들이 멸시하는 하나님의 성품에 포함되지 않는 것은 무엇인가? (롬2장)
   (1) 인자하심 (2) 용납하심 (3) 질투하심 (4) 길이 참으심

4. 바울의 교훈에서 유대인이라 칭하던 사람들의 자랑거리에 포함되지 않은 것은 무엇인가? (롬2장)
   (1) 율법을 의지함 (2) 재물을 사랑함
   (3) 하나님을 자랑함 (4) 율법의 교훈을 받음

5. 바울이 롬 3:10-18에서 열거한 것으로서 모든 사람이 죄인임을 나타내는 말씀에서 사용된 인체의 지체가 아닌 것은 무엇인가? (롬3장)

(1) 배 (2) 목구멍 (3) 혀 (4) 발

6. 바울은 율법 외에 나타난 하나님의 의가 누구의 증거를 받았다고 말하는가? (롬3장)

(1) 제사장 (2) 왕 (3) 사사 (4) 율법과 예언자

7. 바울은 아브라함이 무엇을 받음으로 그가 믿음으로 받은 의를 인친 것으로 말하는가? (롬4장)

(1) 침례 (2) 할례 (3) 속죄제 (4) 미사

8. 바울이 지적한 아브라함의 믿음의 성격에 포함되지 않는 것은 무엇인가? (롬4장)

(1) 의심하지 않음 (2) 믿음에 견고하여짐

(3) 약속을 확신함 (4) 율법을 순종함

9. 바울은 그리스도인들이 의롭다함을 받음으로 말미암아 믿음으로 서 있는 무엇에 들어감을 얻었다고 말하는가? (롬5장)

(1) 율법 (2) 은혜 (3) 연단 (4) 소망

10. 바울은 롬 5:13에서 무엇이 있어야 죄를 죄로 여긴다고 말하는가? (롬5장)

(1) 믿음 (2) 은혜 (3) 사랑 (4) 율법

11. 바울은 그리스도의 죽으심은 죄에 대한 것이지만 그의 살으심은 누구에 대한 것이라고 말하는가? (롬6장)

(1) 예수님 (2) 성령 (3) 하나님 (4) 사람의 아들

12. 바울이 그리스도인의 정체성과 관련하여 사용한 어구가 아닌 것은 무엇인가? (롬6장)

(1) 죄의 종 (2) 의의 종 (3) 하나님의 종 (4) 순종의 종

13. 바울이 율법의 성격과 관련하여 사용한 형용사가 아닌 것은 무엇인가? (롬7장)

(1) 거룩하다 (2) 의롭다 (3) 선하다 (4) 관대하다

14. 바울은 인간의 내면에 무엇이 존재하여 인간으로 하여금 율법을 불순하게 만든다고 말하는가? (롬7장)

(1) 지체 (2) 죄 (3) 마음 (4) 속사람

15. 하나님의 영이 주는 열매와 관계되어 있지 않은 것은 무엇인가? (롬8장)

(1) 생명 (2) 평안 (3) 육신 (4) 기쁨

16. 바울은 인간의 마음을 감찰하시는 분이 누구의 생각까지도 아신다고 말하는가? (롬8장)

(1) 성령 (2) 죄인 (3) 의인 (4) 양자

17. 바울이 하나님의 자녀들의 구원을 위한 하나님의 활동을 설명하기 위하여 사용한 동사가 아닌 것은 무엇인가? (롬8장)

(1) 미리 정하심 (2) 영화롭게 하심

(3) 의롭다 하심 (4) 정죄하심

18. 바울이 제시한 것으로서 하나님이 이스라엘 사람들에게 주신 축복에 포함되지 않은 것은 무엇인가? (롬9장)

(1) 양자됨 (2) 영광과 언약 (3) 성막 (4) 예배와 약속

19. 바울이 로마서 9장에서 인용한 말씀이 포함되지 않은 구약성경은 무엇인가? (롬9장)

(1) 욥기 (2) 말라기 (3) 호세아 (4) 이사야

20. "그리스도는 모든 믿는 자에게 의를 이루기 위하여 율법의 마침이 되시니라"는 말씀이 들어있는 바울 서신은 무엇인가? (롬10장)

(1) 갈라디아서 (2) 로마서 (3) 고린도후서 (4) 에베소서

21. 바울이 로마서 11장에서 하나님이 그 미리 아신 자기 백성을 버리지 아니하셨다는 것을 증명하기 위하여 사용한 성경에 나오는 인물은 누구인가? (롬11장)

(1) 사무엘 (2) 나단 (3) 엘리야 (4) 스가랴

22. 바울이 이방인의 구원과 관련하여 이방인들의 본래의 모습을 설명하기 위하여 사용한 비유에 나오는 나무는 무엇인가? (롬11장)

(1) 참감람나무 (2) 무화과나무 (3) 뽕나무 (4) 돌감람나무

23. 바울이 로마서 12장에서 제시하는 은사에 포함되지 않은 것은 무엇인가? (롬12장)

(1) 방언 (2) 예언 (3) 섬기는 일 (4) 가르치는 자

24. 바울이 로마서 12장에서 제시하는 권면에 들어 있지 않은 사람들은 누구인가? (롬12장)

(1) 박해하는 자 (2) 달음박질 하는 자
(3) 즐거워하는 자 (4) 우는 자

25. 바울은 로마서 13장에서 모든 권세는 다 누가 정한 것이라고 말하는가? (롬13장)

(1) 황제　　(2) 총독　　(3) 임금　　(4) 하나님

26. 바울이 로마서 13장에서 그리스도인들이 피해야 할 행위의 목록에 들어 있지 않은 것은 무엇인가? (롬13장)

(1) 무정과 무자비　　(2) 방탕과 술취함
(3) 음란과 호색　　(4) 쟁투와 시기

27. 바울이 로마서 14장에서 다루는 문제와 상관없는 사람은 누구인가? (롬14장)

(1) 믿음이 연약한 자　　(2) 순종하는 자
(3) 먹지 않는 자　　(4) 날을 지키는 자

28. 바울이 성령 안에서 역사하는 하나님의 나라에 포함되지 않은 것은 무엇인가?(롬15장)

(1) 의　　(2) 평강　　(3) 먹는 것　　(4) 희락

29. 바울이 로마서 15장에서 이방인도 하나님의 긍휼하심을 인하여 구원을 얻게 하신다는 것을 증명하기 위하여 사용한 구약의 말씀이 포함되지 않은 성경은 무엇인가? (롬15장)

(1) 신명기　　(2) 시편　　(3) 이사야　　(4) 말라기

30. 바울은 하나님의 은혜를 인하여 예루살렘으로부터 시작하여 어디까지 복음을 전파했다고 말하는가? (롬15장)

(1) 일루리곤　　(2) 다메섹　　(3) 드로아　　(4) 에베소

31. 바울이 로마서 16장에서 언급한 겐그레아 교회의 일꾼인 자매는 누구인가?

(1) 루디아　　(2) 뵈뵈　　(3) 브리실라　　(4) 유니아

완성형

1. 이 (　　　)은 하나님이 선지자들을 통하여 그의 아들에 관하여 (　　　)에 미리 약속하신 것이라(롬1:2).

2. 하나님의 (　　　)가 불의로 (　　　)를 막는 사람들의 모든 경건하지 않음과 불의에 대하여 하늘로부터 나타나나니(롬1:18).

3. 선을 행하는 각 사람에게는 (　　　)과 존귀와 (　　　)이 있으리니 먼저는 유대인에게요 그리고 헬라인에게라(롬2:10).

4. 기록된 바와 같이 하나님의 (　　　)이 너희 때문에 (　　　) 중에서 모독을 받는도다(롬2:24).

5. 그러므로 (　　　)의 행위로 그의 앞에 의롭다 하심을 얻을 육체가 없나니 율법으로는 (　　　)를 깨달음이니라(롬3:20).

6. 그러므로 사람이 의롭다 하심을 얻는 것은 (　　　)의 행위에 있지 않고 (　　　)으로 되는 줄 우리가 인정하노라(롬3:28).

7. 만일 율법에 속한 자들이 상속자이면 (　　　)은 헛것이 되고 (　　　)은 파기되었느니라(롬4:14).

8. 아브라함이 바랄 수 없는 중에 바라고 믿었으니 이는 네 (　　　)이 이 같으리라 하신 말씀대로 많은 (　　　)의 조상이 되게 하려 하심이라(롬4:18).

9. 우리가 아직 연약할 때에 (　　　)대로 (　　　)께서 경건하지 않은 자를 위하여 죽으셨도다(롬5:6).

10. (　　　)이 들어온 것은 범죄를 더하게 하려 함이라 그러나 죄가 더한 곳에 (　　　)가 더욱 넘쳤나니(롬5:20).

11. 만일 우리가 그의 (　　　)과 같은 모양으로 연합한 자가 되었으면 또한 그의 (　　　)과 같은 모양으로 연합한 자도 되리라(롬6:5).

12. 그러나 이제는 너희가 죄로부터 해방되고 하나님께 종이 되어 거룩함에 이르는 (　　　)를 맺었으니 그 마지막은 (　　　)이라(롬6:22).

13. 전에 (　　　)을 깨닫지 못했을 때에는 내가 살았더니 (　　　)이 이르매 죄는 살아나고 나는 죽었도다(롬7:9).

14. 우리가 율법은 신령한 줄 알거니와 나는 (　　　)에 속하여 (　　　) 아래에 팔렸도다(롬7:14).

15. 이는 그리스도 예수 안에 있는 (　　　)의 성령의 법이 죄와 (　　　)의 법에서 너를 해방하였음이라(롬8:2).

16. 그 바라는 것은 (　　　)도 썩어짐의 종노릇 한 데서 해방되어 하나님의 자녀들의 (　　　)의 자유에 이르는 것이니라(롬8:21).

17. 누가 우리를 그리스도의 (　　　)에서 끊으리요 (　　　)이나 곤고나 박해나 기근이나 적신이나 위험이나 칼이랴(롬8:35).

18. 곧 (　　　)의 자녀가 하나님의 자녀가 아니요 오직 (　　　)의 자녀가 씨로 여기심을 받느니라(롬9:8).

19. 그런즉 우리가 무슨 말을 하리요 (　　　)를 따르지 아니한 이방인들이 의를 얻었으니 곧 (　　　)에서 난 의요(롬9:30).

20. 사람이 마음으로 믿어 (　　　)에 이르고 입으로 시인하여 (　　　)에 이르느니라(롬10:10).

21. 그런즉 이와 같이 지금도 (　　　)로 택하심을 따라 (　　　)가 있느니라(롬11:5).

22. 하나님의 (　　　)와 (　　　)에는 후회하심이 없느니라(롬11:29).

23. 이와 같이 우리 많은 사람이 (　　　) 안에서 한 (　　　)이 되어 서로 지체가 되었느니라(롬12:5).

24. 네 (　　　)가 주리거든 먹이고 목마르거든 마시게 하라 그리함으로 네가 (　　　)을 그 머리에 쌓아 놓으리라(롬12:20).

25. 사랑은 이웃에게 악을 행하지 아니하나니 그러므로 사랑은 (　　　)의 (　　　)이니라(롬13:10).

26. 밤이 깊고 (　　　)이 가까웠으니 그러므로 우리가 어둠의 일을 벗고 빛의 (　　　)을 입자(롬13:12).

27. 기록되었으되 주께서 이르시되 내가 살았노니 모든 (　　　)이 내게 꿇을 것이요 모든 (　　　)가 하나님께 자백하리라 하였느니라(롬14:11).

28. 음식으로 말미암아 하나님의 (　　　)을 무너지게 하지 말라 (　　　)이 다 깨끗하되 거리낌으로 먹는 사람에게는 악한 것이라(롬14:20).

29. 무엇이든지 전에 기록된 바는 우리의 교훈을 위하여 기록된 것이니 우리로 하여금 (　　　)로 또는 성경의 위로로 (　　　)을 가지게 함이니라(롬15:4).

30. 그러므로 내가 이 일을 마치고 이 (열매)를 그들에게 확증한 후에 너희에게 들렀다가 (　　　)로 가리라(롬15:28).

31. 너희는 그리스도 (　　　) 안에서 나의 (　　　)들인 브리스가와 아굴라에게 문안하라(롬16:3).

단답형

1. 예수 그리스도는 죽은 자 가운데서 부활을 통하여 어떤 존재로 인정을 받으셨는가? (롬1장) (　　　)

2. 복음을 통해 나타나서 믿음으로 믿음에 이르게 하는 것은 무엇인가? (롬1장) (　　　)

3. 율법 없는 이방인들은 무엇을 통하여 그 마음에 새긴 율법의 행위를 나타내는가? (롬2장) (　　　)

4. 사도 바울은 참된 할례는 인간의 어느 영역에서 이루어져야한다고 말했는가? (롬2장) (　　　)

5. 사도 바울은 유대인이나 헬라인이나 다 무엇 아래 있다고 선언했는가? (롬3장) (　　　)

6. 사도 바울은 그리스도 예수 안에 있는 무엇으로 말미암아 하나님의 은혜로 값없이 의롭다 하심을 받는다고 말하는가? (롬3장) (　　　)

7. 바울은 아브라함이 할례를 받아 무할례시에 믿음으로 된 의를 인침으로써 어떤 사람들의 조상이 되었다고 말하는가? (롬4장) (　　　)

8. 바울은 아브라함의 상속자가 되는 것이 은혜에 속하기 위하여 무엇으로 된다고 말하는가? (롬4장) (　　　)

9. 바울은 그리스도께서 우리를 위하여 죽으심으로써 우리를 향하신 하나님의 무엇을 확증했다고 말하는가? (롬5장) (　　　)

10. 바울은 은혜가 의로 말미암아 왕노릇하여 그리스도인들로 하여금 무엇에 이르게 한다고 말하는가? (롬5장) (　　　)

11. 바울은 그리스도인들이 무엇에 대하여는 죽은 자요 하나님을 대하여는 산 자로 여기라고 말하는가? (롬6장) (　　　)

12. 바울은 그리스도인들이 죄의 종이 되었을 때에는 무엇에 대하여 자유로웠다고 말하는가? (롬6장) (　　　)

13. 바울은 죄가 기회를 타서 무엇으로 말미암아 내 속에서 각종 탐심을 이루게 했다고 말하는가? (롬7장) (　　　)

14. 바울은 인간이 마음으로는 누구의 법을 섬기지만 육신으로는 죄의 법을 섬긴다고 말하는가? (롬7장) (　　　)

15. 바울은 그리스도인들이 영을 따라 행할 때 무엇의 요구를 이루어지게 한다고 말하는가? (롬8장) (　　　)

16. 바울은 그리스도인들이 속으로 탄식하면서 양자 될 것 곧 우리 몸의 무엇을 기다린다고 말하는가? (롬8장) (　　　)

17. 바울은 세상의 어떤 존재도 우리를 그리스도 예수 안에 있는 하나님의 무엇으로부터 우리를 끊을 수 없다고 말하는가? (롬8장) (　　　)

18. 바울은 육신의 자녀가 하나님의 자녀가 아니라 오직 무엇의 자녀가 씨로 여기심을 받는다고 말하는가? (롬9장) (   )

19. 바울이 토기장이 교훈에서 언급한 그릇에는 긍휼의 그릇과 무슨 그릇 두 가지가 대조적으로 언급되는가? (롬9장) (   )

20. 바울은 그리스도를 거부한 유대인들이 자기 의를 세우려고 하나님의 무엇을 복종하지 않았다고 말하는가? (롬10장) (   )

21. 바울은 이스라엘의 넘어짐으로 구원이 누구에게로 이르게 되었다고 말하는가? (롬10장) (   )

22. 바울은 하나님이 모든 사람을 순종치 아니함에 가두어 두심은 모든 사람에게 무엇을 베풀기 위함이라고 말하는가? (롬11장) (   )

23. 바울은 그리스도인들이 이 세대를 본받지 말고 무엇을 새롭게 함으로 변화를 받으라고 권유하는가? (롬11장) (   )

24. 바울은 악에게 지지 말고 무엇으로 악을 이기라고 말하는가? (롬12장) (   )

25. 바울은 남을 사랑하는 자는 무엇을 다 이루는 것이라고 말하는가? (롬13장) (   )

26. 바울은 그리스도인들이 자다가 깰 때가 되었는데 이것은 이제 우리의 무엇이 처음 믿을 때보다 가까웠기 때문이라고 말하는가? (롬13장) (   )

27. 바울은 형제를 판단하고 업신여기는 사람들을 향하여 우리가 다 하나님의 무엇 앞에 서게 될 것이고 말하는가? (롬14장) (   )

28. 바울은 로마서 14장에서 그리스도께서 대신하여 죽으신 형제자매를 무엇으로 인하여 망하게 하지 말라고 권면하는가? (롬14장) (　　　)

29. 바울은 로마서의 본체를 마무리하면서 하나님이 성령의 능력으로 무엇이 넘치게 하기를 기원하는가? (롬15장) (　　　)

30. 바울은 로마서를 쓸 때 마게도냐와 아가야 성도들이 모금한 것을 어느 도시에 있는 교회에 전해주려는 계획을 갖고 있었는가? (롬15장) (　　　)

31. 바울은 로마서를 쓸 때 그 편지를 대서해준 사람을 누구라고 말하는가? (롬16장) (　　　)

진위형(O,X)

1. 사도 바울이 로마의 성도들을 보기를 심히 원했던 이유는 그들에게 신령한 은사를 나누어주기 위함이었다(롬1장). (O , X)

2. 인간이 하나님을 모른다고 핑계할 수 없는 이유는 하나님이 하나님을 알만한 것을 그들 속에 보여주셨기 때문이다(롬1장). (O , X)

3. 하나님께서 각 사람에게 그 행한대로 보응하시는 이유는 하나님께서 외모로 사람을 취하기 때문이다(롬2장). (O , X)

4. 사도 바울은 율법을 자랑하는 유대인들이 그 율법의 범함으로 하나님을 욕되게 한다고 비판했다(롬2장). (O , X)

5. 사도 바울이 지적한 것으로서 유대인이 가진 특권으로서 첫 번째로 언급된 것은 그들이 하나님의 말씀을 맡았다는 것이다(롬3장). (O , X)

6. 바울은 그리스도인들이 믿음으로 말미암아 의롭다하심을 받기 때문에 율법을 폐한다고 말했다(롬3장). (O , X)

7. 바울은 율법은 진노를 이루어내기 때문에 율법이 없는 곳에는 범함도 없다고 말한다(롬4장). (O , X)

8. 바울은 아브라함이 받은 의는 그 자신 뿐 아니라 예수를 죽은 자 가운데서 살리신 분을 믿는 사람들도 위한 것이라고 말한다(롬4장). (O , X)

9. 바울은 그리스도인들이 환난 중에도 즐거워하는 이유는 환난은 인내를, 인내는 연단을, 연단은 소망을 이루기 때문이라고 말한다(롬5장). (O , X)

10. 바울은 율법이 주어진 목적은 범죄를 막기 위한 것이지만 죄가 더한 곳에 은혜가 더욱 넘쳤다고 말한다(롬5장). (O , X)

11. 바울은 그리스도인들이 율법과 함께 죽었으면 또한 그것과 함께 살 것이라고 말한다(롬6장). (O , X)

12. 바울은 그리스도인들이 율법 아래 있지 않고 은혜 아래 있기 때문에 죄를 지어도 된다고 말했다(롬6장). (O , X)

13. 바울은 그리스도인들이 율법에서 벗어났기 때문에 의문의 묵은 것이 아니라 영의 새로운 것으로 하나님을 섬겨야 한다고 말한다(롬7장). (O , X)

14. 바울은 인간 존재 속에 죄가 내재해 있어서 자기가 원하는 바 선은 행하지 않고 원치 않는 바 악은 행한다고 말한다(롬7장). (O , X)

15. 바울은 그리스도인 안에 내재하시는 성령으로 말미암아 죄의 몸을 살리신다고 말한다(롬8장). (O , X)

16. 바울은 피조물들이 고대하는 바는 하나님의 아들들이 나타나는 것이라고 말한다(롬8장). (O , X)

17. 바울은 하나님이 그리스도 예수 안에서 모든 것을 우리에게 은사로 주신다고 말한다(롬8장). (O , X)

18. 바울은 하나님이 요셉은 사랑하고 야곱의 다른 아들들은 미워했다는 말씀을 통하여 하나님의 주권을 설명한다(롬9장). (O , X)

19. 바울은 로마서 9장에서 바로가 언급된 출애굽기 교훈을 통하여 긍휼히 여기기도 하시며 진노하기도 하시는 하나님의 주권을 제시한다(롬9장). (O , X)

20. 바울은 믿음이 그리스도의 말씀을 듣는 데서부터 나온다고 말한다(롬10장). (O , X)

21. 바울은 로마서 11장에서 이방인이 구원에 들어오게 된 것을 설명하기 위하여 무화과나무의 비유를 사용한다(롬11장). (O , X)

22. 바울은 복음에 담긴 하나님의 비밀은 유대인의 충만한 수가 들어오기까지 이방인의 더러는 완악하게 되었다고 말한다(롬11장). (O , X)

23. 바울은 그리스도인들이 자신들의 몸을 하나님이 기뻐하시는 거룩한 산 제사로 드릴 것을 권면한다(롬12장). (O , X)

24. 바울은 그리스도인들을 핍박하는 자들에 대해서 그들을 축복하고 저주하지 말라고 권면한다(롬12장). (O , X)

25. 바울은 로마서 13장에서 관원들은 악한 일에 대해서가 아니라 선한 일에 대해서 두려움이 된다고 말한다(롬13장). (O , X)

26. 바울은 그리스도인들이 종말을 준비하기 위하여 주 예수 그리스도를 옷입으라고 권면한다(롬13장). (O , X)

27. 바울은 그리스도께서 죽었다가 다시 살으심으로 인하여 죽은 자와 산 자의 주가 되신다고 말한다(롬14장). (O , X)

28. 바울은 로마서 14장에서 사랑으로 좇아 하지 아니하는 모든 것이 죄라고 말한다(롬14장). (O , X)

29. 바울은 그리스도께서 하나님의 진실하심을 위하여 할례의 수종자가 되셨다고 말한다(롬15장). (O , X)

30. 바울은 하나님이 이방인 가운데 이루신 일을 확증한 후에 로마를 거쳐 아라비아로 가려는 계획을 갖고 있었다(롬15장). (O , X)

31. 바울이 로마서 16장에서 제시한 문안 명단에서 아시아에서 그리스도께 처음 익은 열매는 브리스가와 아굴라였다(롬16장). (O , X)

정 답

선택형

1.(2) 2.(4) 3.(3) 4.(2) 5.(1) 6.(4) 7.(2) 8.(4) 9.(2) 10.(4) 11.(3) 12.(1) 13.(4) 14.(2) 15.(3) 16.(1) 17.(4) 18.(3) 19.(1) 20.(2) 21.(3) 22.(4) 23.(1) 24.(2) 25.(4) 26.(1) 27.(2) 28.(3) 29.(4) 30.(1) 31.(2)

완성형

1.복음, 성경 2.진노, 진리 3.영광, 평강 4.이름, 이방인 5.율법, 죄 6.율법, 믿음 7.믿음, 약속 8.후손, 민족 9.기약, 그리스도 10.율법, 은혜 11.죽으심, 부활 12.열매, 영생 13.율법, 계명 14.육신, 죄 15.생명, 사망 16.피조물, 영광 17.사랑, 환난 18.육신, 약속 19.의, 믿음 20.의, 구원 21.은혜, 남은 자 22.은사, 부르심 23.그리스도, 몸 24.원수, 숯불 25.율법, 완성 26.낮, 갑옷 27.무릎, 혀 28.사업, 만물 29.인내, 소망 30.열매, 서바나 31.예수, 동역자

단답형

1.하나님의 아들 2.하나님의 의 3.양심 4.마음 5.죄 6.구속/속량 7.믿는 모든 자 8.믿음 9.사랑 10.영생 11.죄 12.의 13.계명 14.하나님 15.율법 16.속량 17.사랑 18.약속 19.진노 20.의 21.이방인 22.긍휼 23.마음 24.선 25.율법 26.구원 27.심판대 28.음식 29.소망 30.예루살렘 31.더디오

진위형

1.(O) 2.(O) 3.(X) 4.(O) 5.(O) 6.(X) 7.(O) 8.(O) 9.(O) 10.(X) 11.(X) 12.(X) 13.(O) 14.(O) 15.(X) 16.(O) 17.(O) 18.(X) 19.(O) 20.(O) 21.(X) 22.(X) 23.(O) 24.(O) 25.(X) 26.(O) 27.(O) 28.(X) 29.(O) 30.(X) 31.(X)

07 신약편 고린도전서

Corinthians I

선택형

1. 고린도교회에서 나뉘어진 파벌에 속하지 않는 사람은 누구인가? (고전1장)

   (1) 바울 (2) 아볼로 (3) 바나바 (4) 게바

2. 바울이 고린도에서 침례를 준 사람에 포함되지 않은 사람은 누구인가? (고전1장)

   (1) 그리스보 (2) 가이오 (3) 스데바나 (4) 안드레

3. 바울이 고린도에서 복음을 전할 때 무엇을 의지했다고 말하는가? (고전2장)

   (1) 성령의 나타남 (2) 지혜의 권하는 말
   (3) 사람의 지혜 (4) 사람의 능력

4. 바울이 고린도교회에 시기와 분쟁이 있는 것을 보고 그들이 무엇에 속한 사람들이라고 말하는가? (고전3장)

   (1) 성령 (2) 육신 (3) 평화 (4) 기쁨

5. 바울이 교회가 하나님의 성전인 것과 하나님의 무엇이 그들 안에 거하신다고 말하는가? (고전3장)

   (1) 육신 (2) 사망 (3) 성령 (4) 음부

6. 바울은 복음의 일꾼들을 그리스도의 일꾼이요 하나님의 무엇을 맡은 자라고 말하는가? (고전4장)

(1) 능력 (2) 은사 (3) 표적 (4) 비밀

7. 바울이 알게 된 것으로서 고린도교회에 이방인 중에도 없는 부도덕한 일은 무엇인가? (고전5장)

(1) 음행 (2) 살인 (3) 거짓말 (4) 도적질

8. 하나님의 나라를 유업으로 받지 못할 사람에 포함되지 않는 사람은 누구인가? (고전5장)

(1) 음란하는 자 (2) 순종하는 자
(3) 우상 숭배하는 자 (4) 탐색하는 자

9. 바울은 그리스도인들이 값으로 사신 존재들이기 때문에 누구의 종이 되지 말라고 권면하는가? (고전6장)

(1) 하나님 (2) 그리스도 (3) 사람 (4) 성령

10. 바울이 우상의 제물과 관련하여 제시하는 교훈에 포함되지 않는 단어는 무엇인가? (고전8장)

(1) 지식 (2) 사랑 (3) 양심 (4) 은사

11. 바울이 고린도전서 9장에서 복음 전파의 대상에 포함되지 않는 사람들은 누구인가? (고전9장)

(1) 강한 자들 (2) 유대인들
(3) 율법 없는 자들 (4) 약한 자들

12. 이스라엘 백성이 광야에서 죽임을 당한 이유에 포함되지 않는 것은 무엇인가? (고전10장)

(1) 간음 (2) 순종 (3) 시험 (4) 원망

13. 바울은 이방인이 제사하는 것을 누구에게 하는 것이라고 말하는가? (고전10장)

(1) 성령 (2) 하나님 (3) 귀신 (4) 예수님

14. 바울은 남자는 하나님의 형상과 영광인 반면 여자는 남자의 무엇이라고 말하는가? (고전11장)

(1) 은사 (2) 재능 (3) 머리 (4) 영광

15. 주의 몸을 분별하지 못하고 먹고 마시는 사람들에게 임한 결과에 포함되지 않는 것은 무엇인가? (고전11장)

(1) 강한 자 (2) 약한 자 (3) 병든 자 (4) 잠자는 자

16. 바울이 고린도전서 12장에서 언급한 성령의 은사에 포함되지 않는 것은 무엇인가? (고전12장)

(1) 지혜의 말씀 (2) 묵시 (3) 예언 (4) 방언

17. 하나님이 교회에 세운 직분이 아닌 것은 무엇인가? (고전12장)

(1) 사도 (2) 선지자 (3) 사사 (4) 교사

18. 사랑의 내용에 포함되지 않는 것은 무엇인가? (고전13장)

(1) 온유함 (2) 참음 (3) 믿음 (4) 투기함

19. 바울은 방언 말하는 자는 무엇하기를 기도하라고 말하는가? (고전14장)

(1) 통역 (2) 묵상 (3) 명상 (4) 암송

20. 바울이 그리스도인들의 모임에서 있어야 할 것 중에 포함되지 않는 것은 무엇인가? (고전14장)

(1) 찬송시 (2) 신유 (3) 계시 (4) 통역

21. 부활 현현의 경험자 명단에 들어 있지 않는 사람은 누구인가? (고전15장)

(1) 게바 (2) 오백여 형제 (3) 바나바 (4) 야고보

22. 만일 그리스도께서 다시 살지 못했을 때 생기는 결과에 포함되지 않는 것은 무엇인가? (고전15장)

(1) 전파도 헛됨 (2) 믿음도 헛됨

(3) 죄 가운데 있음 (4) 영생을 얻음

23. 바울은 어느 도시에서 맹수와 더불어 싸웠다고 말하는가? (고전15장)

(1) 에베소 (2) 로마 (3) 안디옥 (4) 고린도

24. 죽은 자의 부활과 반대되는 세력에 포함되지 않는 것은 무엇인가? (고전15장)

(1) 사망 (2) 은혜 (3) 죄 (4) 율법

25. 바울이 고린도전서 16장에서 언급한 사람 중에 포함되지 않는 사람은 누구인가? (고전16장)

(1) 디모데 (2) 아볼로 (3) 두기고 (4) 스데바나

완성형

1. (   )의 도가 멸망하는 자들에게는 미련한 것이요 구원을 받는 우리에게는 하나님의 (   )이라(고전1:18).

2. 하나님의 (   )이 사람보다 지혜롭고 하나님의 (   )이 사람보다 강하니라(고전1:25).

3. 이와 같이 하나님의 (   )도 하나님의 (   ) 외에는 아무도 알지 못하느니라(고전2:11).

4. 이 닦아 둔 것 외에 능히 다른 (   )를 닦아 둘 자 없으니 이 터는 곧 (   )그리스도라(고전3:11).

5. 너희는 그리스도의 것이요 (   )는 (   )의 것이니라(고전3:23).

6. 비방을 받은즉 권면하니 우리가 지금까지 (   )의 더러운 것과 (   )의 찌꺼기 같이 되었도다(고전4:13).

7. 내가 실로 (   )으로는 떠나 있으나 (   )으로는 함께 있어서 거기 있는 것 같이 이런 일 행한 자를 이미 판단하였노라(고전 5:3).

8. 우리 하나님의 성령 안에서 (   )과 (   )과 의롭다 하심을 받았느니라(고전6:11).

9. 형제들아 너희는 각각 (   )을 받은 그대로 (   )과 함께 거하라(고전7:24).

10. (   )은 교만하게 하며 (   )은 덕을 세우나니(고전8:1).

11. 내가 ( )을 위하여 모든 것을 행함은 ( )에 참여하고자 함이라(고전9:23).

12. 그들에게 일어난 이런 일은 ( )가 되고 또한 말세를 만난 우리를 ( )위하여 기록 되었느니라(고전10:11).

13. ( )이 하나요 많은 우리가 한 ( )이니 이는 우리가 다 한 떡에 참여함이라(고전10:17).

14. 그러나 주 안에는 ( ) 없이 여자만 있지 않고 ( ) 없이 남자만 있지 아니하니라(고전 11:11)

15. 이것은 너희를 위하는 내 ( )이니 이것을 행하여 나를 ( )하라 하시고(고전11:24).

16. ( )은 하나인데 많은 지체가 있고 몸의 지체가 많으나 한 몸임과 같이 ( )도 그러하니라(고전12:12).

17. 이 모든 일을 같은 한 ( )이 행하사 그의 ( )대로 각 사람에게 나누어 주시는 것이니라(고전12:11).

18. 사랑은 언제까지나 떨어지지 아니하되 ( )도 폐하고 ( )도 그치고 지식도 폐하리라 (고전13:8).

19. ( )을 말하는 자는 자기의 덕을 세우고 예언하는 자는 ( )의 덕을 세우나니(고전14:4).

20. 내가 만일 방언으로 기도하면 나의 ( )이 기도하거니와 나의 ( )은 열매를 맺지 못하리라(고전14:14).

21. 내가 하나님의 (　　　)를 박해하였으므로 (　　　)라 칭함 받기를 감당하지 못할 자니라(고전15:9).

22. (　　　)이 한사람으로 말미암았으니 죽은 자의 (　　　)도 한 사람으로 말미암는도다(고전15:21).

23. 그가 모든 (　　　)를 그 (　　　)아래에 둘 때까지 반드시 왕 노릇 하시리니(고전15:25).

24. (　　　)이 쏘는 것은 죄요 죄의 권능은 (　　　)이라(고전15:56).

25. 깨어 (　　　)에 굳게 서서 (　　　)답게 강건하라(고전16:13).

단답형

1. 바울은 유대인은 표적을 구하고 헬라인은 무엇을 찾는다고 말하는가? (고전1장) (　　　)

2. 바울은 그리스도께서 자기를 보내심은 침례를 주게 하려는 것이 아니라 오직 무엇을 권하게 하려는 것이라고 말하는가? (고전1장) (　　　)

3. 바울은 무엇이 하나님의 깊은 것이라도 통달한다고 말하는가? (고전2장) (　　　)

4. 바울은 고린도교회를 위하여 일한 자기와 아볼로를 가리켜 하나님의 무엇이라고 말하는가? (고전3장) (　　　)

5. 바울은 사역자들의 공력이 밝혀질 때 무엇이 각 사람의 공력을 시험할 것이라고 말하는가? (고전3장) (   )

6. 바울은 복음을 맡은 자들에게 요구할 것은 무엇이라고 말하는가? (고전4장) (   )

7. 바울은 우리가 유월절 양을 기념하는 명절을 지키되 무엇 없는 떡으로 지키자고 말하는가? (고전5장) (   )

8. 바울은 성도들이 세상을 판단할 뿐 아니라 심지어 무엇까지도 판단할 것이라고 믿는가?(고전6장) (   )

9. 바울은 주 안에서 부르심을 받은 자는 종이라도 주님께 속한 어떤 존재라고 말하는가? (고전7장) (   )

10. 바울은 약한 그리스도인들이 우상의 제물을 먹음으로 그들의 무엇에 더러워진다고 말하는가? (고전8장) (   )

11. 바울은 복음 전하는 자들이 무엇으로 말미암아 살리라는 주님의 명령을 전달한다고 말하는가? (고전9장) (   )

12. 바울은 이스라엘이 광야에서 신령한 반석에서 나오는 신령한 음료를 마셨는데 그가 말하는 반석은 누구인가? (고전10장) (   )

13. 바울은 무릇 시장에서 파는 것은 무엇을 위하여 묻지 말고 먹으라고 말하는가? (고전10장) (   )

14. 바울은 여자가 누구 때문에 권세 아래 있는 표를 그 머리 위에 두라고 말하는가? (고전11장) (   )

15. 바울은 주의 만찬에서 떡을 먹고 잔을 마실 때 마다 주님의 무엇을 오실 때까지 전하는 것이라고 말하는가? (고전11장) (　　　)

16. 바울은 교회에서 주어지는 모든 은사가 누구에 의해 주어진다고 말하는가? (고전12장) (　　　)

17. 바울은 고린도 교인들을 향하여 그들은 누구의 몸이요 지체의 각 부분이라고 말하는가? (고전12장) (　　　)

18. 바울은 믿은, 소망, 사랑 중에서 제일은 무엇이라고 말하는가? (고전13장) (　　　)

19. 바울은 방언을 말하는 자는 그 영으로 무엇은 말하는 것이라고 하는가? (고전14장) (　　　)

20. 바울은 교회에서 방언을 말할 때는 꼭 무엇을 병행해서 하라고 하는가? (고전14장) (　　　)

21. 바울은 그리스도께서 우리 죄를 위해 죽으신 것은 무엇대로 이루어진 일이라고 말하는가? (고전15장) (　　　)

22. 바울은 하나님의 종말적 역사에서 맨 나중에 멸망 받을 원수를 무엇이라고 말하는가?(고전15장) (　　　)

23. 죽은 자의 부활은 육의 몸으로 심고 어떤 몸으로 다시 사는 것인가? (고전15장) (　　　)

24. 바울은 혈과 육은 무엇을 유업으로 받을 수 없다고 말하는가? (고전15장) (　　　)

25. 바울은 고린도전서 16장에 따르면 오순절까지 어느 도시에 머무르려는 계획을 갖고 있었는가? (고전16장) (　　　)

진위형(O,X)

1. 바울에게 고린도 교회의 분별에 관하여 알려준 사람들은 글로에의 집 사람들이었다(고전1장). (O , X)

2. 바울은 오직 부르심을 입은 자들에게는 유대인이나 헬라인이나 그리스도는 하나님의 능력이요 하나님의 지혜라고 말한다(고전1장). (O , X)

3. 바울은 육에 속한 사람은 하나님의 성령의 일을 받은 사람이라고 말한다(고전2장). (O , X)

4. 바울은 그리스도인들이 세우는 집의 재료를 금, 은, 보석이나 나무, 풀, 짚으로 말한다(고전3장). (O , X)

5. 바울은 누구든지 사람을 자랑하지 말라 만물이 다 너희 것이기 때문이라고 말한다(고전3장). (O , X)

6. 바울은 하나님의 나라는 말에 있지 않고 오직 방언과 은사에 있다고 말한다(고전4장).

7. 바울은 의인들은 하나님이 판단하시지만 교중 사람들은 교회 안에서 판단하는 것이 필요하다고 말한다(고전5장). (O , X)

8. 바울은 고린도 교회에서 형제가 형제로 더불어 송사할뿐더러 믿지 아니하는 자들 앞에서 하는 것 때문에 비판하며 권면한다(고전6장). (O , X)

9. 바울은 처녀 딸을 시집보내는 것은 잘하는 일이지만 시집 보내지 않는 것은 죄를 짓는 일이라고 말한다(고전7장). (O , X)

10. 바울은 우상의 제물을 먹음으로 약한 양심을 상하게 하는 것이 곧 그리스도에게 죄를 짓는 것이라고 말한다(고전8장). (O , X)

11. 바울은 자기가 복음을 전할지라도 자랑할 것이 없는 이유는 그가 직분을 맡았기 때문이라고 말한다(고전9장). (O , X)

12. 바울은 하나님은 때때로 사람이 감당할 수 없는 시험을 주신다고 말한다(고전10장). (O , X)

13. 바울은 유대인에게나 헬라인에게나 하나님의 교회에게나 거치는 자가 되지 말라고 권면한다(고전10장). (O , X)

14. 바울은 각 남자의 머리는 그리스도이지만 여자의 머리는 하나님이라고 말한다(고전11장). (O , X)

15. 바울은 주의 만찬을 먹으러 모일 때에 자기를 살핀 후에 떡을 먹고 잔을 마시라고 권면한다(고전11장). (O , X)

16. 바울은 하나님의 영으로 말하는 자는 누구든지 예수를 저주할 자라 하지 않는다고 말한다(고전12장). (O , X)

17. 바울은 각 사람에게 성령의 나타남을 주심은 차별을 두기 위함이라 말한다(고전12장). (O , X)

18. 바울은 사랑은 모든 것을 참으며 모든 것을 믿으며 모든 것을 바라며 모든 것을 견디는 것이라고 말한다(고전13장). (O , X)

19. 바울은 신령한 것을 사모하되 특별히 교회의 덕을 세우기 위하여 방언을 하라고 말한다(고전13장). (O , X)

20. 바울은 교회에서 방언을 말할 때 통역이 없으면 잠잠하고 자기와 및 하나님께 말하라고 권유한다(고전14장). (O , X)

21. 바울은 자기나 사도들이나 동일하게 복음을 전파했으며 고린도교인들도 그같이 믿었다고 말한다(고전15장). (O , X)

22. 바울은 그리스도께서 죽은 자 가운데서 다시 살아나심으로 잠자는 자들의 마지막 열매가 되었다고 말한다(고전15장). (O , X)

23. 죽은 자의 부활은 썩을 것으로 심고 썩지 아니할 것으로 다시 사는 것이라고 말한다(고전15장). (O , X)

24. 바울은 그리스도인들이 마지막 나팔에 순식간에 홀연히 변화할 것이라고 말한다(고전15장). (O , X)

25. 바울은 고린도전서 16장에서 게바와 바나바에게 문안 인사한다(고전16장). (O , X)

정 답

선택형

1.(3) 2.(4) 3.(1) 4.(2) 5.(3) 6.(4) 7.(1) 8.(2) 9.(3) 10.(4) 11.(1) 12.(2) 13.(3) 14.(4) 15.(1) 16.(2) 17.(3) 18.(4) 19.(1) 20.(2) 21.(3) 22.(4) 23.(1) 24.(2) 25.(3)

완성형

1.십자가, 능력 2.어리석음, 약하심 3.일, 영 4.터, 예수 5.그리스도, 하나님 6.세상, 만물 7.몸, 영 8.씻음, 거룩함 9.부르심, 하나님 10.지식, 사랑 11.복음, 복음 12.본보기, 깨우치기 13.떡, 몸 14.남자, 여자 15.몸, 기념 16.몸, 그리스도 17.성령, 뜻 18.예언, 방언 19.방언, 교회 20.영, 마음 21.교회, 사도 22.사망, 부활 23.원수, 발 24.사망, 율법 25.믿음, 남자

단답형

1.지혜 2.복음 3.성령 4.동역자 5.불 6.충성 7.누룩 8.천사 9.자유인 10.양심 11.복음 12.그리스도 13.양심 14.천사들 15.죽으심 or 죽음 16.성령 17.그리스도 18.사랑 19.비밀 20.통역 21.성경 22.사망 23.신령한 몸 24.하나님의 나라 25.에베소

진위형

1.(0) 2.(0) 3.(X) 4.(0) 5.(0) 6.(X) 7.(X) 8.(0) 9.(X) 10.(0) 11.(0) 12.(X) 13.(0) 14.(X) 15.(0) 16.(0) 17.(X) 18.(0) 19.(X) 20.(0) 21.(0) 22.(X) 23.(0) 24.(0) 25.(X)

08 신약편 고린도후서

Corinthians Ⅱ

선택형

1. 바울은 고린도후서 1장에서 어느 지역에서 당한 환난을 말하는가? (고후1장)
   (1) 마게도냐　(2) 아가야　(3) 아시아　(4) 유다

2. 바울은 고린도후서 2장에 따르면 디도를 만나려고 어디로 갔다고 말하는가? (고후2장)
   (1) 예루살렘　(2) 에베소　(3) 로마　(4) 마게도냐

3. 바울이 고린도후서 3장에서 복음의 일꾼을 가리켜 사용한 용어가 아닌 것은 무엇인가?(고후3장)
   (1) 정죄의 직분　(2) 영의 직분　(3) 의의 직분　(4) 새 언약의 직분

4. 바울은 하나님이 예수 그리스도의 얼굴에 있는 하나님의 무엇을 아는 빛을 우리 마음에 비추셨다고 말하는가? (고후4장)
   (1) 지식　(2) 영광　(3) 지혜　(4) 은사

5. 바울은 우리가 다 반드시 그리스도의 무엇 앞에 드러나 그 몸으로 행한 것을 따라 받을 것이라고 말하는가? (고후5장)
   (1) 집　(2) 성전　(3) 심판대　(4) 하늘

6. 바울이 고린도후서 6장에서 언급한 것으로서 하나님의 일꾼들이 받는 고난에 포함되지 않는 것은 무엇인가? (고후6장)

(1) 매맞음　　(2) 갇힘　　(3) 궁핍　　(4) 파도침

7. 바울은 마게도냐에 갔다가 누구를 만나서 큰 위로를 받게 되었는가? (고후7장)

(1) 디모데　　(2) 바나바　　(3) 디도　　(4) 게바

8. 바울이 환난의 많은 시련 가운데서도 풍성한 연보를 한 교회는 어느 지역에 있는 교회였는가? (고후8장)

(1) 마게도냐　　(2) 아시아　　(3) 유다　　(4) 갈릴리

9. 고린도후서 11장에서 바울이 냉소적으로 자기의 존재를 변호하는 내용에 포함되지 않는 것은 무엇은가? (고후11장)

(1) 히브리인　　(2) 사마리아인　　(3) 이스라엘인　　(4) 아브라함의 씨

10. 바울이 십 사년 전에 경험했던 것에 포함되지 않는 것은 무엇인가? (고후12장)

(1) 환상과 계시　　(2) 셋째 하늘　　(3) 영적 싸움　　(4) 낙원

완성형

1. 그가 또한 우리에게 인치시고 보증으로 우리(　　　)에 (　　　)을 주셨느니라(고후1:22).

2. 그리스도의 (　　　)이 우리에게 넘친 것 같이 우리가 받은 (　　　)도 그리스도로 말미암아 넘치는도다(고후1:5).

3. ( )의 직분도 영광이 있은즉 ( )의 직분은 영광이 더욱 넘치리라(고후3:9).

4. 그런즉 ( )은 우리 안에서 역사하고 ( )은 너희 안에서 역사하느니라(고후4:12).

5. 우리가 담대하여 원하는 바는 차라리 ( )을 떠나 ( )와 함께 있는 그것이라(고후5:8).

6. 이르시되 내가 ( )베풀 때에 너에게 듣고 ( )의 날에 너를 도왔다 하셨으니(고후6:2).

7. 하나님의 ( )과 ( )이 어찌 일치가 되리요 우리는 살아 계신 하나님의 성전이라(고후6:16).

8. 우리 형제들로 말하면 여러 ( )의 사자들이요 그리스도의 ( )이니라(고후8:23).

9. 이것이 이상한 일이 아니니라 ( )도 자기를 ( )의 천사로 가장하나니(고후11:14).

10. 사도의 표가 된 것은 내가 너희 가운데서 모든 참음과 ( )과 기사와 ( )을 행한 것이라(고후12:12).

단답형

1. 바울은 고린도후서 1장에서 어느 지역에 갔다가 다시 고린도에 갔고 거기서 유대로 가기를 계획했는가? (고후1장) (   )

2. 바울은 그리스도인들을 가리켜 구원 얻는 자들에게나 망하는 자들에게나 하나님 앞에서 그리스도의 무엇이라고 말하는가? (고후2장) (   )

3. 바울은 오늘까지 모세의 글을 읽을 때에 무엇이 사람의 마음을 덮었다고 말하는가? (고후3장) (   )

4. 바울은 그리스도인들이 하나님의 보배를 어디에 가졌다고 말하는가? (고후4장) (   )

5. 바울은 누구든지 그리스도 안에 있으면 새로운 무슨 존재가 되었다고 말하는가? (고후5장) (   )

6. 바울은 지금은 무엇을 받을 만한 때요 지금은 구원의 날이라고 말하는가? (고후6장) (   )

7. 바울은 고린도 교인들에 대하여 무엇으로 그들을 근심하게 한 것을 후회했지만 지금은 후회하지 않는다고 말하는가? (고후7장) (   )

8. 바울은 고린도 교회에서 누구를 통하여 마게도냐 교회에서와 같은 연보를 준비하게 했는가? (고후8장) (   )

9. 바울의 반대자들은 바울에 대하여 그의 편지들은 중하고 힘이 있지만 무엇으로 대할 때는 약하고 말이 시원하지 않다고 말했는가? (고후10장) (   )

10. 바울은 십 사년 전에 경험했던 주의 환상과 계시를 어디에 이끌려간 것으로 말하는가? (고후12장) (　　　)

진위형(O,X)

1. 바울은 고린도후서 1장에서 고난 중에 위로하시는 하나님을 강조하여 제시한다(고후1장). (O , X)

2. 바울은 그리스도의 복음을 위하여 예루살렘에 갔을 때 주 안에서 문이 그에게 열렸다고 말한다(고후2장). (O , X)

3. 바울은 주는 영이시니 주의 영이 계신 곳에는 자유함이 있다고 말한다(고후3장). (O , X)

4. 바울은 이 세상신이 복을 믿지 않는 자들의 마음을 혼미하게 한다고 말한다(고후4장). (O , X)

5. 바울은 우리가 아담으로 말미암아 하나님이 우리를 자기와 화목하게 하셨다고 말한다(고후5장). (O , X)

6. 바울은 복음의 일꾼들은 근심하는 자 같으나 항상 기뻐하는 사람들이라고 말한다(고후6장). (O , X)

7. 바울은 하나님의 뜻대로 하는 근심은 후회할 것이 없는 구원에 이르게 하는 회개를 이루는 것이라고 말한다(고후7장). (O , X)

8. 바울은 예루살렘 교회를 위한 헌금은 다른 사람들은 평안하게 하고 너희는 곤고하게 하려는 것이라 말한다(고후8장). (O , X)

9. 바울은 우리의 싸우는 병기는 육체에 속한 것이 아니요 오직 하나님 앞에서 견고한 진을 파하는 강력이라고 말한다(고후10장). (O , X)

10. 바울은 고린도후서를 마감하면서 고린도교회를 두 번째 방문할 것이라고 말한다(고후12장). (O , X)

정 답

선택형

1.(3) 2.(4) 3.(1) 4.(2) 5.(3) 6.(4) 7.(3) 8.(1) 9.(2) 10.(3)

완성형

1.마음, 성령 2.고난, 위로 3.정죄, 의 4.사망, 생명 5.몸, 주 6.은혜, 구원 7.성전, 우상 8.교회, 영광 9.사탄, 광명 10.표적, 능력

단답형

1.마게도냐 2.향기 3.수건 4.질그릇 5.피조물 6.은혜 7.편지 8.디도 9.몸 10.낙원

진위형

1.(0) 2.(X) 3.(0) 4.(0) 5.(X) 6.(0) 7.(0) 8.(X) 9.(0) 10.(X)

09 신약편 갈라디아서

Galatians

선택형

1. 바울은 예수 그리스도의 계시를 받은 후에 어디에 갔다가 다메섹으로 돌아갔는가? (갈1장)

   (1) 로마 (2) 고린도 (3) 마게도냐 (4) 아라비아

2. 바울이 말한 예루살렘 교회의 삼대 기둥에 포함되지 않는 사람은 누구인가? (갈2장)

   (1) 바나바 (2) 야고보 (3) 게바 (4) 요한

3. 야고보에게서 온 어떤 사람들이 안디옥에 왔을 때 바울은 거기서 누구를 책망했는가? (갈2장)

   (1) 바나바 (2) 게바 (3) 디모데 (4) 디도

4. 바울은 믿음으로 말미암는 자는 믿음이 있는 누구와 함께 복을 받는다고 말하는가? (갈1장)

   (1) 이삭 (2) 야곱 (3) 아브라함 (4) 요셉

5. 바울은 율법이 우리를 그리스도에게로 인도하는 어떤 존재라고 말하는가? (갈1장)

   (1) 선교사 (2) 교사 (3) 사도 (4) 몽학선생

6. 바울이 말한 성령의 열매에 속하지 않은 것은 무엇인가? (갈5장)
   (1) 육신 (2) 사랑 (3) 희락 (4) 화평

완성형

1. 형제들아 내가 너희에게 알게 하노니 내가 전한 (   )이 사람의 (   )을 따라 된 것이 아니니라(갈1:11).

2. 내가 율법으로 말미암아 (   )에 대하여 죽었나니 이는 (   )에 대하여 살려 함이라 (갈2:19).

3. (   )의 행위로써는 의롭다 함을 얻을 (   )가 없느니라(갈2:16).

4. 너희에게 (   )을 주시고 너희 가운데서 능력을 행하시는 이의 일이 (   )의 행위에서냐 혹은 듣고 믿음에서냐(갈3:5).

5. (   )이 온 후로는 우리가 (   )아래에 있지 아니하도다(갈3:25).

6. 그리스도 예수의 사람들은 (   )와 함께 그 정욕과 탐심을 (   )에 못 박았느니라(갈5:24).

단답형

1. 바울이 계시를 받은 후 게바를 만나려고 예루살렘에 갔을 때 주의 형제 누구를 만났는가? (   )

2. 바울은 십 사년 후에 누구와 함께 디도를 데리고 다시 예루살렘에 갔는가? (　　　)

3. 바울은 만일 의롭게 되는 것이 율법으로 말미암으면 누가 헛되이 죽으셨다고 말하는가? (　　　)

4. 바울은 믿음으로 말미암은 자들은 누구의 아들인 줄 알 것이라고 말하는가? (　　　)

5. 바울은 우리도 어렸을 때에는 이 세상의 무엇 아래 있어서 종노릇 했다고 말하는가? (　　　)

6. 바울은 만일 그리스도인들이 성령의 인도하시는 바가 되면 무엇 아래 있지 않다고 말하는가? (　　　)

진위형(O,X)

1. 바울은 계시를 받은 후 삼 년 만에 게바를 심방하려고 예루살렘에 와서 그와 함께 삼주를 지냈다(갈1장). (O , X)

2. 바울은 야고보가 안디옥에 이르렀을 때에 책망할 일이 있기로 그를 면책했다고 말한다(갈2장). (O , X)

3. 바울은 사람이 의롭게 되는 것은 율법의 행위에서 난 것이 아니라 오직 예수 그리스도를 믿음으로 말미암는다고 말한다(갈3장). (O , X)

4. 바울은 그리스도께서 우리를 위하여 저주를 받은바 돼서 율법의 저주에서 우리를 속량했다고 말한다(갈3장). (O , X)

5. 바울은 누구든지 그리스도와 합하여 침례를 받은 자는 아담으로 옷 입었다고 말한다(갈3장). (O , X)

6. 바울은 그리스도인들이 짐을 서로 지면 그리스도의 법을 성취하는 것이라고 말한다(갈5장). (O , X)

정 답

선택형

1.(4) 2.(1) 3.(2) 4.(3) 5.(4) 6.(1)

완성형

1.복음, 뜻 2.율법, 하나님 3.율법, 육체 4.성령, 율법 5.믿음, 초등교사 6. 육체, 십자가

단답형

1.야고보 2.바나바 3.그리스도 4.아브라함 5.초등학문 6.율법

진위형

1.(X) 2.(X) 3.(0) 4.(0) 5.(X) 6.(0)

10 신약편 에베소서

Ephesians

선택형

1. 바울은 에베소서 1장 1절에서 자신을 어떻게 소개하고 있는가?
   (1) 하나님의 사도 (2) 그리스도 예수의 사도
   (3) 그리스도의 종 (4) 하나님의 종

2. 에베소서 1장에 나오는 우리의 예정과 관계된 설명이 아닌 것은 무엇인가?
   (1) 창세 전에 택하심 (2) 그리스도 예수 안에서 택하심
   (3) 그 기쁘신 뜻대로 예정하심 (4) 믿음을 따라 예정하심

3. 우리의 예정하심의 목적과 가장 밀접한 관련이 있는 것은 무엇인가?
   (1) 찬송 (2) 기쁨 (3) 전도 (4) 사랑

4. 우리는 어떻게 약속의 성령의 인치심을 받게 되었는가?
   (1) 예정에 따라서 (2) 복음을 듣고 믿음으로써
   (3) 은혜로 말미암아 (4) 간구함으로

5. 하나님께서 때가 찬 경륜을 통해서 이루고자 하시는 것은 무엇인가?
   (1) 창조의 완성 (2) 구원의 시작 (3) 종말의 시작 (4) 만물의 통일

6. 에베소서 1장에 있는 '기업' 이라는 말의 뜻으로 바르지 않은 것은 무엇인가?

(1) 상속자 (2) 상속 (3) 유업 (4) 기반

7. 다음 중 예수님에게 사용된 표현이 아닌 것은 무엇인가?

(1) 만물을 그 발 아래 복종케 하심 (2) 자기의 오른편에 앉히심

(3) 유일한 상속자가 되심 (4) 교회의 머리가 되심

8. 허물과 죄로 죽었던 상태에 대한 설명이 아닌 것은 무엇인가?

(1) 세상 풍조를 따름 (2) 공중의 권세잡은 자를 따름

(3) 육체와 마음의 원하는 것을 행함 (4) 육체와 성령 사이에서 갈등함

9. 그리스도를 알기 전의 에베소 교회 성도들에 대한 표현이 아닌 것은 무엇인가?

(1) 할례받지 않은 무리 (2) 그리스도 밖에 있던 자들

(3) 언약에 대해서는 외인 (4) 이스라엘 나라 사람

10. 에베소 교회 성도들이 받은 구원에 대한 묘사가 아닌 것은 무엇인가?

(1) 그리스도와 함께 살리셨다

(2) 그리스도 예수 안에서 함께 하늘에 앉히셨다

(3) 은혜로 구원을 받았다

(4) 그리스도 예수 안에서 함께 하늘에 앉게 될 것이다

11. 에베소서 1장에서 가장 많이 나오는 표현은 무엇인가?

(1) 그리스도 안에서 (2) 성령 안에서 (3) 믿음으로 (4) 예정하사

12. 에베소서 2장에 나오는 "둘로 하나를 만드사"에서 '둘' 이 의미하는

것은 무엇인가?

(1) 하나님과 우리　(2) 죄인과 의인
(3) 유대인과 이방인　(4) 예수님과 우리

13. 에베소서 3장에서 말하는 '비밀'에 해당하지 않는 것은 무엇인가?
(1) 이방인들이 복음으로 상속자가 되는 것
(2) 이방인들이 함께 지체가 되는 것
(3) 이방인들이 약속에 참여하는 자가 되는 것
(4) 이방인들이 계시를 받는 것

14. 다음 중 에베소서에서 바울이 사용하는 겸양의 표현은 무엇인가?
(1) 모든 성도 중에 지극히 작은 자보다 더 작은 나
(2) 죄인 중의 괴수
(3) 만삭되지 못하여 난 자 같은 나
(4) 그리스도의 원수

15. 다음 중 에베소서에서 '풍성함'이라는 표현과 연결되지 않는 것은 무엇인가?
(1) 은혜　(2) 그리스도　(3) 영광　(4) 믿음

16. 에베소서 4장에서 강조하는 '하나'에 속하지 않는 것은 무엇인가?
(1) 주　(2) 믿음　(3) 침례　(4) 은혜

17. 에베소서 4장에 나오는 '만유의 아버지'이신 하나님에 대한 묘사가 아닌 것은 무엇인가?
(1) 만유 위에 계심　(2) 만유를 통일하심
(3) 만유 가운데 계심　(4) 만유보다 뛰어나심

18. '사도,' '선지자,' '복음 전도자,' '목사와 교사' 같은 직분을 주신 목적이 아닌 것은 무엇인가?
   (1) 성도를 온전하게 하기 위하여
   (2) 성도들로 하여금 봉사의 일을 하게 하기 위하여
   (3) 그리스도의 몸을 세우기 위하여
   (4) 그리스도의 몸을 확장하게 하기 위하여

19. 에베소서에서 말하는 우상숭배에 해당하는 것이 아닌 것은 무엇인가?
   (1) 더러운 자 (2) 음행하는 자 (3) 탐하는 자 (4) 도둑질 하는자

20. 에베소서에서 아내들에게 요구하는 덕목은 무엇인가?
   (1) 사랑 (2) 인내 (3) 복종 (4) 겸손

21. 에베소서에서 남편들에게 요구하는 덕목은 무엇인가?
   (1) 사랑 (2) 겸손 (3) 인내 (4) 충성

22. 상전들에게 한 권면의 내용이 아닌 것은 무엇인가?
   (1) 종들에 대한 위협을 그치라
   (2) 기쁜 마음으로 섬기기를 주께 하듯 하라
   (3) 그들과 너희의 상전이 하늘에 계신다
   (4) 하나님은 사람을 외모로 취하지 않으신다

23. 하나님의 전신갑주에 속하지 않는 것은 무엇인가?
   (1) 허리 띠 (2) 투구 (3) 호심경 (4) 활

24. 바울은 에베소 교인들에게 자신을 위해서 무엇을 기도해 달라고 부탁했는가?

(1) 성령의 충만하도록　　(2) 복음의 비밀을 담대히 알리도록
(3) 감옥에서 풀려나도록　　(4) 마음의 평안을 위해서

완성형

1. 하나님 우리 아버지와 주 예수 그리스도로부터 은혜와 (　　　)이 너희에게 있을지어다(엡1:2).

2. 그의 기뻐하심을 따라 그리스도 안에서 때가 찬 (　　　)을 위하여 예정하신 것이니(엡1:9).

3. 교회는 그의 몸이니 만물 안에서 만물을 충만하게 하시는 이의 (　　　)이니라(엡1:23).

4. 그는 허물과 (　　　)로 죽었던 너희를 살리셨도다(엡2:1).

5. 그는 우리의 (　　　)이신지라 둘로 하나를 만드사 원수 된 것 곧 중간에 막힌 담을 자기 육체로 허시고(엡2:14).

6. 또 오셔서 먼 데 있는 너희에게 (　　　)을 전하시고 가까운 데 있는 자들에게 (　　　)을 전하셨으니(엡2:17).

7. 그의 안에서 건물마다 서로 연결하여 주 안에서 (　　　)이 되어 가고(엡2:21).

8. 평안의 매는 줄로 (　　　)이 하나 되게 하신 것을 힘써 지키라(엡4:3).

9. 우리가 다 하나님의 아들을 (   )과 (   )에 하나가 되어 온전한 사람을 이루어 그리스도의 장성한 분량이 충만한 데까지 이르리니(엡4:13).

10. 오직 너희의 심령이 새롭게 되어 하나님을 따라 의와 진리의 거룩함으로 지으심을 받은 (   )을 입으라(엡4:23-24).

11. 주를 기쁘시게 할 것이 무엇인가 (   )하여 보라(엡5:10).

12. 술 취하지 말라 이는 방탕한 것이니 오직 (   )으로 충만함을 받으라(엡5:18).

13. 그러므로 하나님의 (   )를 취하라 이는 악한 날에 너희가 능히 대적하고 모든 일을 행한 후에 서기 위함이라(엡6:13).

14. 우리의 씨름은 (   )을 상대하는 것이 아니요 통치자들과 권세들과 이 어둠의 세상 주관자들과 하늘에 있는 악의 영들을 상대함이라(엡6:12).

단답형

1. 우리는 무엇으로 인치심을 받았는가? (   )

2. 우리의 기업의 보증은 무엇인가? (   )

3. 하나님께서 교회의 머리로 삼으신 분은 누구인가? (   )

4. 전에는 하나님에게서 멀리 있던 우리가 이제는 무엇으로 하나님께 가까워졌는가? (   )

5. 에베소서 2장에서 말하는 "중간에 막힌 담"은 무엇을 의미하는가? (　　　)

6. 에베소서 2장에서 성도들을 건물에 비유할 때 예수님은 무엇에 비유되시는가? (　　　)

7. 전신갑주에서 허리띠가 상징하는 것은 무엇인가? (　　　)

8. 전신갑주에서 호심경이 상징하는 것은 무엇인가? (　　　)

9. 전신갑주 중에서 유일한 공격무기인 칼이 의미하는 것은 무엇인가? (　　　)

10. 에베소 교회에 바울의 사정을 전달하는 사람은 누구인가? (　　　)

진위형(O,X)

1. 속량은 죄 사함을 의미한다. (O , X)

2. 상속자는 우리가 아니라 예수님 한분이시다. (O , X)

3. 구원이 선물인 이유는 자랑하지 못하게 하기 위함이다. (O , X)

4. 에베소서에 의하면 예수님은 율법을 폐하시지 않으셨다. (O , X)

5. 분을 내더라도 해가 지도록 분을 품으면 안된다. (O , X)

6. 전신갑주에서 방패가 상징하는 것은 기도이다. (O , X)

정 답

선택형

1.(2) 2.(4) 3.(1) 4.(2) 5.(4) 6.(4) 7.(3) 8.(4) 9.(4) 10.(4) 11.(1) 12.(3) 13.(4) 14.(1) 15.(4) 16.(4) 17.(4) 18.(4) 19.(4) 20.(3) 21.(1) 22.(2) 23.(4) 24.(2)

완성형

1.평강 2.경륜 3.충만함 4.죄 5.화평 6.평안 7.성전 8.성령 9.믿는 것, 아는 일 10.새 사람 11.시험 12.성령 13.전신 갑주 14.혈과 육

단답형

1.약속의 성령 2.성령 3.예수님 4.그리스도의 피 5.율법 6.모퉁잇돌 7.진리 8.의 9.말씀 10.두기고

진위형

1.(O) 2.(X) 3.(O) 4.(X) 5.(O) 6.(X)

11 신약편 빌립보서

Philippians

선택형

1. 다음 중 빌립보서의 수신자가 아닌 것은 누구인가?
   (1) 모든 성도　(2) 감독들　(3) 집사들　(4) 선지자들

2. "그리스도 찬가"로 알려진 유명한 찬송시는 빌립보서 어느 장에 나오는가?
   (1) 1장　(2) 2장　(3) 3장　(4) 4장

3. 자식이 아버지를 대함 같이 바울과 함께 복음을 위해서 수고를 한 사람은 누구인가?
   (1) 유오디아　(2) 순두게　(3) 디모데　(4) 디도

4. 바울이 빌립보서에서 삼가라고 경고한 자들에 대한 설명이 아닌 것은 무엇인가?
   (1) 개들　(2) 행악하는 자들
   (3) 어리석은 자들　(4) 몸을 상해하는 일

5. 바울이 말한 육체의 자랑에 속하지 않는 것은 무엇인가?
   (1) 팔일 만에 할례를 받음　(2) 히브리인 중의 히브리인
   (3) 열심히 교회를 박해하던 자　(4) 로마의 시민권자

6. "내게 능력 주시는 자 안에서 내가 모든 것을 할 수 있느니라"(빌4:13)는 구절의 올바른 의미는 무엇인가?
   (1) 기도하는 자는 능치 못할 일이 없다
   (2) 어떤 상황에서도 자족할 수 있다
   (3) 나에게 불가능은 없다
   (4) 믿음은 세상을 이긴다

7. 바울이 빌립보서에서 가장 많이 강조하는 것은 무엇인가?
   (1) 믿음 (2) 사랑 (3) 기쁨 (4) 인내

완성형

1. 너희 안에서 ( )을 시작하신 이가 그리스도 예수의 날까지 이루실 줄을 우리는 확신하노라(빌1:6).

2. 내가 예수 그리스도의 ( )으로 너희 무리를 얼마나 사모하는지 하나님이 내 증인이시니라(빌1:8).

3. 오직 너희는 그리스도의 ( )에 합당하게 생활하라(빌1:27).

4. 만일 너희 믿음의 제물과 섬김 위에 내가 나를 ( )로 드릴지라도 나는 기뻐하고 너희 무리와 함께 기뻐하리니(빌2:17).

5. 하나님의 성령으로 봉사하며 그리스도 예수로 자랑하고 육체를 신뢰하지 아니하는 우리가 곧 ( )라(빌3:3).

단답형

1. 빌립보서의 발신자는 누구와 누구인가? (　　　)

2. 빌립보서에서 바울이 '한 마음,' '한 뜻,' '같은 마음,' '같은 사랑' 등을 강조하면서 궁극적으로 누구의 마음을 품으라고 권면하고 있는가? (　　　)

3. 바울은 빌립보 교회의 사정을 알아보기 위해서 누구를 보내려고 했는가? (　　　)

4. 바울이 빌립보서에서 "나의 형제요 함께 수고하고 함께 군사 된 자요 너희 사자"라고 표현한 사람은 누구인가? (　　　)

5. 바울은 어느 지파 사람인가? (　　　)

6. 바울은 율법으로는 어느 파에 속했었는가? (　　　)

7. 빌립보 교회는 바울이 어디에 있을 때 두 번 쓸 것을 보내주었는가? (　　　)

진위형(O,X)

1. 빌립보서는 옥중서신이다. (O , X)

2. 바울은 빌립보서에서 죽음에 대한 두려움을 보여준다. (O , X)

3. 바울은 옥에 갇힌 바울을 더욱 괴롭게 하려고 복음을 전파하는 자들에 대해서 비판한다. (O , X)

4. 바울은 율법을 아는 것이 가장 고상한 지식이라고 말했다. (O , X)

5. 바울은 율법으로는 흠이 없는 자였다고 말했다. (O , X)

6. 바울은 자신의 의가 아브라함의 자손으로서 얻은 의라고 말한다. (O , X)

정 답

선택형

1.(4) 2.(2) 3.(3) 4.(3) 5.(4) 6.(2) 7.(3)

완성형

1.착한 일 2.심장 3.복음 4.전제 5.할례파

단답형

1.바울과 디모데 2.그리스도 예수의 마음 3.디모데 4.에바브로디도 5.베냐민 6.바리새파 7.데살로니가

진위형

정답: 1.(O) 2.(X) 3.(X) 4.(X) 5.(O) 6.(X)

12 신약편 골로새서

Colossians

선택형

1. 바울이 골로새 성도들로 인한 감사(골1:3-5)의 제목이 아닌 것은 무엇인가?
   (1) 너희의 믿음 (2) 성도에 대한 사랑
   (3) 고난에 대한 인내 (4) 하늘에 쌓아 둔 소망

2. 골로새서에 나타난 하나님의 아들에 대한 묘사가 아닌 것은 무엇인가?
   (1) 보이지 아니하는 하나님의 형상 (2) 모든 피조물보다 먼저 나신 이
   (3) 만물이 그에게서 창조 됨 (4) 하나님의 품 안에 있던 말씀

3. 골로새서에 나타난 하나님의 아들과 만물들의 관계에 대한 묘사가 아닌 것은 무엇인가?
   (1) 만물보다 먼저 계심 (2) 만물이 그를 위하여 창조됨
   (3) 만물이 그 안에 함께 서 있음 (4) 만물의 머리되심

4. 다음 중 같은 종류의 것이 아닌 것은 무엇인가?
   (1) 철학과 헛된 속임수 (2) 사람의 전통
   (3) 세상의 초등학문 (4) 하나님의 비밀

5. 골로새서에서 헬라인과 유대인, 할례파와 무할례파, 야만인이나 스구디아인 등의 차별을 부정하는 근거로 들고 있는 것은 무엇인가?
   (1) 그리스도는 만유시다　　(2) 그리스도는 평화이시다
   (3) 그리스도는 구원이시다　　(4) 그리스도는 사랑이시다

6. 골로새서에서 가장 많이 등장하는 유비(빗대어 설명하는 것)는 무엇인가?
   (1) 옷의 유비　(2) 몸의 유비　(3) 새 술의 유비　(4) 씨앗의 유비

7. 바울과 함께 옥에 갇힌 사람이 아닌 것은 누구인가?
   (1) 아리스다고　(2) 바나바　(3) 마가　(4) 유스도

완성형

1. 그는 몸인 교회의 (　　　)시라(골1:18).

2. 나는 이제 너희를 위하여 받는 괴로움을 기뻐하고 그리스도의 남은 고난을 그의 몸된 (　　　)를 위하여 내 육체에 채우노라(골1:24).

3. 그러므로 너희가 그리스도와 함께 살리심을 받았으면 (　　　)을 찾으라 거기는 그리스도께서 하나님 우편에 앉아 계시느니라(골3:1).

4. 그리스도의 (　　　)이 너희 마음을 주장하게 하라 너희는 평강을 위하여 한 몸으로 부르심을 받았나니 너희는 또한 감사하는 자가 되라(골3:15).

5. 기도를 계속하고 기도에 (　　　)으로 깨어 있으라(골4:2).

단답형

1. 골로새서의 발신자는 누구인가? (　　　)

2. 골로새 교회 성도들은 바울 이전에 누구에게 복음을 배웠는가? (　　　)

3. 골로새서에 의하면 하나님은 무엇으로 화평을 이루셨는가? (　　　)

4. 골로새서에 의하면 성도들은 손으로 한 할례가 아닌 무슨 할례를 받았다고 하는가? (　　　)

5. 골로새서에서 새 사람을 입은 자는 무엇에까지 새롭게 하심을 입었다고 말하는가? (　　　)

6. 골로새서가 말하는 온전하게 매는 띠는 무엇인가? (　　　)

7. 바울은 골로새 교회에 두기고와 함께 누구를 보내는가? (　　　)

8. 유스도의 다른 이름은 무엇인가? (　　　)

9. 바울은 골로새서를 다 읽은 후에 어느 교회에서도 읽게 하라고 말하는가? (　　　)

10. 주 안에서 받은 직분을 삼가 이루라는 권면은 누구에게 대한 것인가? (　　　)

진위형(O,X)

1. 골로새서에서 말하는 감추었던 비밀은 그리스도이다. (O , X)

2. 예수님은 모든 통치자와 권세의 머리가 아니라 교회의 머리이시다. (O , X)

3. 안식일 문제는 골로새 교회의 문제가 아니다. (O , X)

4. 골로새 교회에는 천사숭배의 문제가 있었다. (O , X)

5. 골로새서는 탐심을 우상숭배라고 말한다. (O , X)

6. 오네시모는 골로새 교회 출신이다. (O , X)

7. 바울과 함께 옥에 갇혔던 유스도와 마가와 아리스다고는 할례파이다. (O , X)

8. 골로새서에는 바울의 친필 문안이 포함되어 있다. (O , X)

정 답

선택형

1.(3) 2.(4) 3.(4) 4.(4) 5.(1) 6.(2) 7.(2)

완성형

1.머리 2.교회 3.위의 것 4.평강 5.감사함

단답형

1.바울과 디모데 2.에바브라 3.십자가의 피 4.그리스도의 할례 5.지식 6.사랑 7.오네시모 8.예수 9.라오디게아 교회 10.아킵보

진위형

1.(O) 2.(X) 3.(X) 4.(O) 5.(O) 6.(O) 7.(O) 8.(O)

13 신약편 데살로니가전서

Thessalonian I

선택형

1. 다음 중 데살로니가 전서의 발신자가 아닌 것은 누구인가?
   (1) 바울 (2) 디모데 (3) 실루아노 (4) 디도

2. 바울이 기도할 때마다 기억한다고 했던 데살로니가 교회의 모습이 아닌 것은 무엇인가?
   (1) 믿음의 역사 (2) 사랑의 수고
   (3) 소망의 인내 (4) 은혜의 선물

3. 바울이 데살로니가 교회에 보낸 사람은 누구인가?
   (1) 실루아노 (2) 디모데 (3) 에바브라 (4) 디도

4. 예수님이 재림하실 때 들려오는 소리가 아닌 것은 무엇인가?
   (1) 호령 (2) 천사장의 소리
   (3) 천둥소리 (4) 하나님의 나팔소리

5. 다음 중 데살로니가 전서의 주요 내용이 아닌 것은 무엇인가?
   (1) 주의 강림 (2) 죽은 자들의 부활
   (3) 깨어있음 (4) 율법으로부터의 자유

6. 다음 중 데살로니가 전서에서 사용된 유비가 아닌 것은 무엇인가?
   (1) 도둑의 유비 (2) 임신한 여자의 유비
   (3) 전신갑주의 유비 (4) 신랑의 유비

7. 데살로니가 전서에 있는 바울의 마지막 권면이 아닌 것은 무엇인가?
   (1) 너희끼리 화목하라 (2) 항상 기뻐하라
   (3) 범사에 감사하라 (4) 선으로 악을 이겨라

완성형

1. 우리의 소망이나 기쁨이나 자랑의 면류관이 무엇이냐 그가 강림하실 때 우리 주 예수 앞에 (　　　)가 아니냐(살전2:19).

2. 하나님의 뜻은 이것이니 너희의 (　　　)이라(살전4:3).

3. 그들이 평안하다, 안전하다 할 그 때에 임신한 여자에게 (　　　)이 이름과 같이 멸망이 갑자기 그들에게 이르리니 결코 피하지 못하리라(살전5:3).

4. 범사에 헤아려 좋은 것을 취하고 (　　　)은 어떤 모양이라도 버리라(살전5:21-22).

5. 평강의 하나님이 친히 너희를 온전히 거룩하게 하시고 또 너희의 온 (　　　)과 (　　　)과 (　　　)이 우리 주 예수 그리스도께서 강림하실 때에 흠 없게 보전되기를 원하노라(살전5:23).

단답형

1. 마게도냐와 아가야에 있는 모든 믿는 자의 본이 된 교회는 어디인가?
( )

2. 바울의 일생은 데살로니가에 들어가기 전에 어디에서 고난 받으며 사역했는가? ( )

3. 하나님을 기쁘시게 하는 생활 가운데 하나로 자기의 아내를 거룩함과 무엇으로 대하라고 하는가? ( )

4. 데살로니가 전서에서 '예수 안에서 자는 자들' 이라는 말은 무슨 뜻인가? ( )

진위형(O,X)

1. 예수님이 강림하실 때 죽은 자들보다 산 자들이 먼저 주를 영접한다.
(O , X)

2. 우리는 재림하시는 예수님을 공중에서 영접하게 된다. (O , X)

3. 주님의 재림은 믿는 자들에게도 도둑같이 임한다. (O , X)

4. 데살로니가전서를 쓸 때 디모데는 바울 곁에 있었다. (O , X)

정 답

선택형

1.(4) 2.(4) 3.(2) 4.(3) 5.(4) 6.(4) 7.(4)

완성형

1.너희 2.거룩함 3.해산의 고통 4.악 5.영, 혼, 몸

단답형

1.데살로니가 교회 2.빌립보 3.존귀함 4.죽은 성도들

진위형

1.(X) 2.(O) 3.(X) 4.(O)

14 신약편 데살로니가 후서

Thessalonians Ⅱ

선택형

1. 다음 중 편지의 서두에 박해와 환난을 받는 것을 위로하고 있는 서신은 무엇인가?

   (1) 로마서　　(2) 갈라디아서

   (3) 데살로니가전서　　(4) 데살로니가후서

2. 주의 재림의 시기에 대한 문제로 어려움을 겪었던 교회에 보낸 서신은 무엇인가?

   (1) 골로새서　　(2) 데살로니가후서

   (3) 히브리서　　(4) 갈라디아서

완성형

1. 그 때에 불법한 자가 나타나리니 주 예수께서 그 입의 (　　　) 으로 그를 죽이시고 강림하여 나타나심으로 폐하시리라(살후2:8).

단답형

1. 멸망의 아들이 나타나기 전에 일어나는 마지막 때의 징조는 무엇인가? (   )

2. 멸망의 아들을 다른 말로 무엇이라 표현하는가? (   )

진위형(O,X)

1. 데살로니가 후서에서 바울은 믿음은 모든 사람의 것이 아니라고 말한다. (O , X)

2. 바울은 데살로니가 후서에서 자신이 보낸 편지에서 한 말을 순종하지 않는 자를 지목해서 사귀지 말라고 명령한다. (O , X)

3. 불법의 사람은 자기를 하나님이라고 내세운다. (O , X)

정 답

선택형

1.(4) 2.(2)

완성형

1.기운

단답형

1.배교하는 일 2.불법의 사람

진위형

1.(O) 2.(O) 3.(O)

15 신약편 디모데전서

Timothy I

선택형

1. 바울은 디모데를 어떻게 불렀는가?
   (1) 참 제자　(2) 참 아들　(3) 참 성도　(4) 참 사도

2. 디모데전후서와 디도서를 무엇이라 부르는가?
   (1) 목회서신　(2) 일반서신　(3) 옥중서신　(4) 공동서신

3. 디모데전서는 어느 교회에 보낸 서신인가?
   (1) 빌립보　(2) 갈라디아　(3) 에베소　(4) 두아디라

4. 바울이 디모데를 에베소에 머물게 한 목적이 아닌 것은 무엇인가?
   (1) 다른 교훈을 가르치지 못하도록 하기 위해서
   (2) 신화에 몰두하지 못하도록 하기 위해서
   (3) 족보에 몰두하지 못하도록 하기 위해서
   (4) 신비주의에 빠지지 않도록 하기 위해서

5. 바울은 죄인 중의 괴수같은 자신에게 예수님께서 긍휼을 베푸사 오래 참으신 까닭이 무엇이라고 말하고 있는가?
   (1) 믿는 자들의 본이 되게 하시려고　(2) 교회의 지도자를 삼으시려고
   (3) 선한 일을 시키시려고　(4) 심판의 도구로 사용하시려고

6. 다음 중 감독의 자격에 해당하지 않는 것은 무엇인가?
   (1) 한 아내의 남편 (2) 술을 즐기지 않아야 한다
   (3) 자기 집을 잘 다스려야 한다 (4) 외부인과는 어울리지 않아야 한다

7. 다음 중 집사의 자격에 해당하지 않는 것은 무엇인가?
   (1) 일구이언해서는 안된다 (2) 술에 중독되어서는 안된다
   (3) 믿음의 비밀을 갖고 있어야 한다 (4) 세상 직업을 가져서는 안된다

8. 교회 안의 과부에게 자녀나 손자들이 있으면 무엇부터 가르쳐야 하는가?
   (1) 경건 (2) 기도 (3) 효도 (4) 전도

9. 다음 중 과부의 명부에 올릴 자의 자격 조건이 아닌 것은 무엇인가?
   (1) 나이는 60 이상이 되어야 한다 (2) 한 남편의 아내였던 자이어야 한다
   (3) 나이는 60이 안되어도 된다 (4) 선한 행실의 증거가 있어야 한다

10. 다음 중 부자들을 위한 권면이 아닌 것은 무엇인가?
   (1) 선한 사업을 많이 하게 하라 (2) 너그러운 자가 되게 하라
   (3) 나누어 주기를 좋아하게 하라 (4) 세상에서도 뛰어난 자가 되게 하라

완성형

1. 나를 능하게 하신 그리스도 예수 우리 주께 내가 감사함은 나를 충성되이 여겨 내게 (　　　)을 맡기심이니(딤전1:12).

2. 하나님은 한 분이시요 또 하나님과 사람 사이에 (　　　)도 한 분이시니 곧 사람이신 그리스도 예수라(딤전2:5).

3. 그러므로 각처에서 남자들이 분노와 다툼이 없이 (   )을 들어 기도하기를 원하노라(딤전2:8).

4. 만일 내가 지체하면 너로 하여금 하나님의 집에서 어떻게 행하여야 할지를 알게 하려 함이니 이 집은 살아 계신 하나님의 교회요 진리의 (   )과 터니라(딤전3:15).

5. 하나님께서 지으신 모든 것이 선하매 감사함으로 받으면 버릴 것이 없나니 (   )로 거룩하여짐이라(딤전4:4-5).

6. 돈을 사랑함이 일만 악의 (   )가 되나니 이것을 탐내는 자들은 미혹을 받아 믿음에서 떠나 많은 근심으로써 자기를 찔렀도다(딤전6:10).

7. 오직 너 하나님의 사람아 이것들을 피하고 의와 경건과 믿음과 사랑과 인내와 온유를 따르며 믿음의 (   )을 싸우라(딤전6:11-12).

단답형

1. 바울이 마게도냐에 가면서 디모데에게 어디에 머물라고 했는가? (   )

2. 바울이 디모데 전서에서 믿음에 대해서 파선한 사람이라고 말하고 있는 두 사람은 누구인가? (   )

3. 바울이 디모데 전서에서 언급하는 두 직분은 무엇과 무엇인가? (   )

4. 금생과 내생에 약속있는 것은 무엇인가? (   )

5. 디모데가 장로의 회에서 안수 받을 때에 예언을 통하여 받은 것은 무엇인가? (　　　)

6. 바울은 디모데의 위장과 자주 나는 병을 위해 무엇을 조금씩 사용하라고 권하는가? (　　　)

진위형(O,X)

1. 바울은 디모데 전서에서 율법을 적법하게만 사용하면 선한 것이라고 말한다. (O , X)

2. 바울은 사람이 감독의 직분을 사모하는 것은 옳지 않다고 말한다. (O , X)

3. 바울은 집사의 직분을 주기 전에 당사자들을 시험해보라고 말한다. (O , X)

4. 바울은 음식물은 하나님께서 지으신 것이 아니므로 분별하여 섭취해야 한다고 말한다. (O , X)

5. 늙은이를 권할 때는 아버지에게 하듯이 해야 한다. (O , X)

6. 자기 가족을 돌보지 않는 자는 믿음을 배반한 자이다. (O , X)

7. 바울은 젊은 과부들이 혼자 사는 것을 권장하고 있다. (O , X)

8. 장로에 대한 고발은 단 한 사람의 증인이 있더라도 엄히 다스려야 한다. (O , X)

9. 범죄한 사람이 있으면 은밀하게 권면해서 사람들에게 부끄러움을 당하지 않게 해야 한다. (O , X)

10. 에베스 교회에는 종들이 믿는 상전들을 형제라고 가벼이 여기는 일이 있었다. (O , X)

정 답

선택형

1.(2) 2.(1) 3.(3) 4.(4) 5.(1) 6.(4) 7.(4) 8.(3) 9.(3) 10.(4)

완성형

1.직분 2.증보자 3.거룩한 손 4.기둥 5.하나님의 말씀과 기도 6.뿌리 7.선한 싸움

단답형

1.에베소 2.후메내오와 알렉산더 3.감독과 집사 4.경건 5.은사 6.포도주

진위형

1.(O) 2.(X) 3.(O) 4.(X) 5.(O) 6.(O) 7.(X) 8.(X) 9.(X) 10.(O)

16 신약편 디모데후서

Timothy Ⅱ

선택형

1. 바울은 디모데에게 어떤 사람들에게 말씀을 위탁하라고 권면하는가?

(1) 지혜로운 사람　　(2) 충성스러운 사람

(3) 학식있는 사람　　(4) 능력있는 사람

2. 바울이 충성스러운 일꾼을 설명하면서 사용한 유비가 아닌 것은 무엇인가?

(1) 병사의 유비　　(2) 농부의 유비

(3) 경기하는 자의 유비　　(4) 파수꾼의 유비

3. 바울이 디모데 후서에서 말하는 주인이 쓰시기에 합당한 그릇은 무엇인가?

(1) 금 그릇　　(2) 질 그릇　　(3) 나무 그릇　　(4) 깨끗한 그릇

4. 바울이 디모데에게 말한 주의 종의 모습이 아닌 것은 무엇인가?

(1) 다투지 않는다

(2) 모든 사람에 대하여 온유하다

(3) 가르치기를 잘한다

(4) 경건의 모양이 있다

5. 디모데후서에서 바울은 자신의 죽음을 구약의 제사 중에서 무엇과 비교하고 있는가?

(1) 화목제 (2) 소제 (3) 전제 (4) 속죄제

6. 디모데후서에서 바울이 선한 싸움을 다 싸우고 믿음을 지킨 자신을 위하여 예비되었다고 말한 면류관은 무엇인가?

(1) 생명의 면류관 (2) 의의 면류관

(3) 승리의 면류관 (4) 영광의 면류관

완성형

1. 내가 이 복음을 위하여 (　　　)와 (　　　)와 (　　　)로 세우심을 입었노라(딤후1:11).

2. 너는 그리스도 예수의 좋은 병사로 나와 함께 (　　　)을 받으라(딤후2:3).

3. 내가 전한 복음대로 다윗의 (　　　)로 죽은 자 가운데서 다시 살아나신 예수그리스도를 기억하라(딤후2:8).

4. 무릇 그리스도 예수 안에서 경건하게 살고자 하는 자는 (　　　)를 받으리라(딤후3:12).

5. (　　　)은 능히 너로 하여금 그리스도 예수 안에 있는 믿음으로 말미암아 구원에 이르는 지혜가 있게 하느니라(딤후3:15).

단답형

1. 디모데의 믿음은 누구와 누구에게 물려받은 것인가? (　　)

2. 디모데에게 있는 하나님의 은사를 다시 불일듯 하게 하기 위해서 바울은 디모데에게 무엇을 하고자 했는가? (　　)

3. 바울이 사슬에 매인 것을 개의치 않고 로마로 찾아와서 바울을 만나 주었던 사람은 누구인가? (　　)

4. 부활이 이미 지나갔다는 말로 사람들의 믿음을 무너뜨린 사람들은 누구인가? (　　)

5. 디모데후서에 나오는 모세를 대적했던 자들의 이름은 무엇인가? (　　)

6. 바울의 곁에 있다가 세상을 사모해서 바울을 떠난 사람은 누구인가? (　　)

7. 디모데후서에서 바울 곁에 남아 있는 사람은 누구인가? (　　)

8. 바울은 디모데에게 누구를 데리고 오라고 말하는가? (　　)

9. 바울에게 많은 해를 끼쳤다고 언급된 사람은 누구인가? (　　)

10. 바울이 디모데에게 가지고 오라고 부탁한 물건들은 무엇인가? (　　)

진위형(O,X)

1. 부겔로와 허모게네는 바울의 신실한 동역자들이다. (O , X)

2. 바울이 매인 몸이 되자 하나님의 말씀도 매이게 되었다. (O , X)

3. 모든 성경이 하나님의 감동으로 된 것은 아니다. (O , X)

4. 마음이 부패한 것과 믿음은 상관이 없다. (O , X)

5. 그리스도 예수 안에서 경건하게 살려고 하는 사람에게 박해란 없다. (O , X)

정 답

선택형

1.(2) 2.(4) 3.(4) 4.(4) 5.(3) 6.(2)

완성형

1.선포자, 사도, 교사 2.고난 3.씨 4.박해 5.성경

단답형

1.외조모 로이스와 어머니 유니게 2.안수 3.오네시보로 4.후메내오와 빌레도 5.얀네와 얌브레 6.데마 7.누가 8.마가 9.알렉산더 10.겉옷과 가죽 종이에 쓴 책

진위형

1.(X) 2.(X) 3.(X) 4.(X) 5.(X)

17 신약편 디도서

Titus

선택형

1. 디도가 머물러 있는 곳은 어디인가?
   (1) 밀레도　(2) 그레데　(3) 에베소　(4) 고린도

2. 바울은 할례파에 대해서 디도에게 어떻게 하라고 권면하고 있는가?
   (1) 엄히 꾸짖으라　(2) 멀리하라
   (3) 내쫓으라　(4) 온유하게 권면하라

3. 다음 중 할례파에 대한 설명이 아닌 것은 무엇인가?
   (1) 마음과 양심이 더럽다
   (2) 더러운 이득을 취하려고 잘못된 것을 가르친다
   (3) 가증한 자들이다
   (4) 하나님을 입으로도 시인하고 행위로도 시인한다

완성형

1. 그가 우리를 대신하여 자신을 주심은 모든 불법에서 우리를 속량하시고 우리를 깨끗하게 하사 선한 일을 열심히 하는 (　　　)이 되게 하려 하심이라(딛2:14).

2. 우리를 구원하시되 우리가 행한 바 의로운 행위로 말미암지 아니하고 오직 그의 긍휼하심을 따라 (　　　)과 (　　　)으로 하셨나니(딛3:5).

단답형

1. 바울이 겨울을 보내기로 한 곳은 어디인가? (　　　)

진위형(O,X)

1. 이단에 속한 사람은 돌이킬 때까지 계속해서 권면해야 한다. (O , X)

정 답

선택형

1.(2) 2.(1) 3.(4)

완성형

1.자기 백성 2.중생의 씻음, 성령의 새롭게 하심

단답형

1.니고볼리

진위형

1.(X)

18 신약편 빌레몬서

Philemon

선택형

1. 빌레몬서의 수신인이 아닌 것은 누구인가?
   (1) 빌레몬　(2) 아킵보　(3) 압비아　(4) 디모데

2. 바울은 오네시모를 어떻게 부르고 있는가?
   (1) 참 아들　(2) 갇힌 중에서 낳은 아들
   (3) 불쌍한 아들　(4) 신실한 일꾼

완성형

1. 이후로는 종과 같이 대하지 아니하고 종 이상으로 곧 사랑 받는 (　　　) 로 둘 자라 내게 특별히 그러하거든 하물며 육신과 주 안에서 상관된 네게랴(몬1:16).

단답형

1. 빌레몬서는 바울이 누구를 위하여 기록한 서신인가? (　　　)

진위형(O,X)

1. 바울은 빌레몬에게 담대하게 명령하고 있다. (O , X)

정 답

선택형

1.(4) 2.(2)

완성형

1.형제

단답형

1.오네시모

진위형

1.(X)

19 신약편 히브리서, 야고보서, 베드로전·후서

Hebrews, James, Peter Ⅰ·Ⅱ

선택형

1. 히브리서 5장에서 제사장직으로 예수님과 비교된 사람은 누구인가?

   (1) 노아 (2) 멜기세덱 (3) 아론 (4) 아브라함

2. 멜기세덱의 족보가 기록된 성경은 무엇인가?

   (1) 히브리서 (2) 역대상 (3) 창세기 (4) 족보가 없음

3. 히브리서 1장에서 예수를 더 뛰어 나신 자라고 하면서 예수와 비교된 존재는 누구인가?

   (1) 모세 (2) 아론 (3) 천사 (4) 엘리야

4. 그리스도를 멜기세덱의 뒤를 따르는 제사장으로 표기하는 성경과 그 장은 무엇인가?

   (1) 히브리서 7장 (2) 히브리서 12장 (3) 야고보서 4장 (4) 로마서 5장

5. 다음 멜기세덱에 대한 설명 중 틀린 것은 무엇인가? (히7:1-9)

   (1) 아브라함에게 복을 빌어준 자이며 십일조를 받은 자이다

   (2) 하나님의 영원한 약속의 후손 중 한 사람이다

   (3) 지극히 높으신 하나님의 제사장이다

   (4) 하나님 아들과 방불하여 항상 제사장으로 있는 자이다

6. 히브리서 11장에 진술된 믿음의 사람과 그들이 얻은 결과가 서로 잘못 연결된 것은 무엇인가? (히11:4-11)
   (1) 아벨 – 의로운 자라 하시는 증거를 얻었다
   (2) 사라 – 하나님을 기쁘시게 하는 자라 하는 증거를 받았다
   (3) 노아 – 세상을 정죄하고 믿음을 좇는 의의 후사가 되었다
   (4) 아브라함 – 하나님의 경영하시고 지으실 터가 있는 성을 바랐다

7. 히브리서 12장에서 새 언약 아래 있는 그리스도인의 행실을 설명하기 위하여 예로 들은 구약의 세 인물 중 아닌 사람은 누구인가? (히12:16, 21, 24)
   (1) 에서 (2) 노아 (3) 모세 (4) 아벨

8. "손님 대접하기를 잊지 말라 이로써 부지중에 누구를 대접한 이들이 있었다"라고 말하고 있는가? (히13:2)
   (1) 의인 (2) 죄인 (3) 천사 (4) 예수

9. 야고보서에 나타나는 맹세에 대한 가르침 중 아닌 것은? (약5:12)
   (1) 하늘로 맹세하지 말라
   (2) 땅으로 맹세하지 말라
   (3) 주의 이름으로 맹세하지 말라
   (4) 오직 그렇다하는 것은 그렇다하고 아니라 하는 것은 아니라 하라

10. 야고보서에서 강조하는 주제는 무엇인가?
   (1) 믿음 (2) 부활 (3) 행함 (4) 심판

11. "행함이 없는 믿음은 그 자체가 죽은 것이라"라는 말씀은 어디에 기록되어있는가?

(1) 야고보서 1:27　　(2) 야고보서 2:3
(3) 야고보서 2:17　　(4) 야고보서 3:5

12. 베드로전서의 수신자들이 있던 지역 중 아닌 곳은 어디인가? (벧전1:1)
(1) 본도　　(2) 비시디아　　(3) 아시아　　(4) 갈라디아

13. 베드로전서에서 너희를 부르신 거룩한 자처럼 너희도 모든 무엇에 거룩한 자가 되라고 하였는가? (벧전1:15)
(1) 믿음　　(2) 행실　　(3) 말　　(4) 외모

14. "모든 육체는 풀과 같고 그 모든 영광은 꽃과 같으니 풀은 마르고 꽃은 떨어지되 오직 (　　　)은 세세토록 있도다"라는 말씀에서 괄호 안에 들어가는 단어는 무엇인가? (벧전1:24-25)
(1) 주의 능력　　(2) 주의 말씀　　(3) 주의 영광　　(4) 주의 소망

15. "성경의 모든 예언을 사사로이 풀 것이 아니다"라는 말씀이 기록된 성경의 책은 무엇인가?
(1) 요한일서　　(2)베드로전서　　(3) 디모데후서　　(4) 베드로후서

16. 베드로전서 5:4에서 장로들이 양 무리의 본이 되면 목자장이 나타나실 때 어떤 관을 얻는다고 말하였는가?
(1) 생명의 관　　(2) 의의 관　　(3) 영광의 관　　(4) 영화의 관

17. 베드로전서에 따르면 박해에 대한 교훈에서 주의 모습을 묘사하고 있는 것 중에서 바르지 못한 것은 무엇인가? (벧전3:12)
(1) 눈은 의인을 향하시고　　(2) 귀는 저의 간구에 기울이시고
(3) 손은 저의 아픔을 만지시고　　(4) 얼굴은 악행 하는 자들을 향하신다

18. 베드로전서에서 아내와 남편에 대한 교훈은 몇 장에 기록되어 있는가?
(1) 1장 (2) 2장 (3) 3장 (4) 4장

19. 베드로후서에 기술한 내용 중에서 하나님께서 경건한 자들을 구원하시고 불의한 자들을 심판하실 것을 보여 준 세 가지 예 중 아닌 것은 무엇인가? (벧후2:4-6)
(1) 노아와 홍수 (2) 소돔과 고모라 (3) 롯 (4) 욥

완성형

1. 옛적에 ( )들을 통하여 여러 부분과 여러 모양으로 우리 조상들에게 말씀하신 하나님이 이 모든 날 마지막에는 ( ) 을 통하여 우리에게 말씀하셨으니 이 ( )을 만유의 상속자로 세우시고 또 그로 말미암아 모든 세계를 지으셨느니라(히1:1-2).

2. 그러므로 만물이 그를 위하고 또한 그로 말미암은 이가 많은 아들들을 이끌어 영광에 들어가게 하시는 일에 그들의 구원의 ( )를 ( )을 통하여 온전하게 하심이 합당하도다(히2:10).

3. 그러므로 함께 부르심을 받은 거룩한 형제들아 우리가 믿는 도리의 ( )이시며 ( )이신 예수를 깊이 생각하라(히3:1).

4. 하나님의 ( )은 살아 있고 활력이 있어 좌우에 날선 어떤 검보다도 예리하여 혼과 영과 및 관절과 골수를 찔러 쪼개기까지 하며 또 마음의 생각과 뜻을 판단하나니 지으신 것이 하나도 그 앞에 나타나지 않음이 없고 우리의 ( )을 받으실 이의 눈 앞에 만물이 벌거벗은 것 같이 드러나느니라(히4:12-13).

5. 우리에게 있는 대제사장은 우리의 연약함을 동정하지 못하실 이가 아니요 모든 일에 우리와 똑같이 시험을 받으신 이로되 (　　　)는 없으시니라 그러므로 우리는 긍휼하심을 받고 때를 따라 돕는 (　　　)를 얻기 위하여 (　　　)의 보좌 앞에 담대히 나아갈 것이니라(히4:15-16).

6. 한번 죽는 것은 사람에게 정해진 것이요 그 후에는 (　　　)이 있으리니 이와 같이 그리스도도 많은 사람의 죄를 담당하시려고 단번에 드리신 바 되셨고 (　　　)에 이르게 하기 위하여 죄와 상관없이 자기를 바라는 자들에게 두 번째 나타나시리라(히9:27-28).

7. 그러므로 너희 (　　　)을 버리지 말라 이것이 큰 상을 얻게 하느니라 너희에게 (　　　)가 필요함은 너희가 하나님의 뜻을 행한 후에 약속하신 것을 받기 위함이라(히10:35-36).

8. 믿음은 바라는 것들의 (　　　)이요 보이지 않는 것들의 (　　　)니 선진들이 이로써 (　　　)를 얻었느니라(히11:1-2).

9. (　　　)의 주요 또 온전하게 하시는 이인 (　　　)를 바라보자 그는 그 앞에 있는 기쁨을 위하여 십자가를 참으사 부끄러움을 개의치 아니하시더니 하나님 보좌 우편에 앉으셨느니라(히12:2).

10. 그러므로 예수도 자기 피로써 백성을 거룩하게 하려고 성문 밖에서 고난을 받으셨느니라 그런즉 우리도 그의 (　　　)을 짊어지고 (　　　) 밖으로 그에게 나아가자(히13:13).

11. (　　　)이 없이는 하나님을 기쁘시게 하지 못하나니 하나님께 나아가는 자는 반드시 그가 계신 것과 또한 그가 자기를 찾는 자들에게 상주시는 이심을 (　　　)할지니라(히11:6).

12. 우리는 뒤로 물러가 멸망할 자가 아니요 오직 ( )을 구원함에 이르는 ( )을 가진 자니라(히10:39).

13. 내 형제들아 너희가 여러 가지 ( )을 당하거든 온전히 기쁘게 여기라 이는 너희 믿음의 ( )이 인내를 만들어 내는 줄 너희가 앎이라(약1:2-3).

14. 내 사랑하는 형제들아 너희가 알지니 사람마다 ( )는 속히 하고 ( )는 더디 하며 성내기도 더디 하라(약1:19).

15. 내 형제들아 만일 사람이 ( )이 있노라 하고 ( )이 없으면 무슨 유익이 있으리요 그 ( )이 능히 자기를 구원하겠느냐(약2:14).

16. 네가 보거니와 믿음이 그의 ( )과 함께 일하고 ( )으로 믿음이 온전하게 되었느니라(약2:22).

17. 오직 위로부터 난 지혜는 첫째 ( )하고 다음에 화평하고 관용하고 양순하며 긍휼과 선한 열매가 가득하고 ( )과 거짓이 없나니 화평하게 하는 자들은 화평으로 심어 의의 열매를 거두느니라(약3:17-18).

18. 너희가 ( )를 순종함으로 너희 영혼을 깨끗하게 하여 거짓이 없이 형제를 사랑하기에 이르렀으니 마음으로 뜨겁게 서로 사랑하라 너희가 거듭난 것은 썩어질 씨로 된 것이 아니요 썩지 아니할 씨로 된 것이니 살아 있고 항상 있는 하나님의 ( )으로 되었느니라(벧전1:22-23).

19. 갓난 아기들 같이 순전하고 신령한 젖을 사모하라 이는 그로 말미암아 너희로 ( )에 이르도록 자라게 하려 함이라 너희가 주의 ( )하심을 맛보았으면 그리하라(벧전2:2).

20. 너희가 전에는 양과 같이 길을 잃었더니 이제는 너희 영혼의 (　　　) 와 (　　　)되신 이에게 돌아왔느니라(벧전2:25).

21. 너희 중에 있는 하나님의 양 무리를 치되 억지로 하지 말고 하나님의 뜻을 따라 (　　　)으로 하며 더러운 이득을 위하여 하지 말고 기꺼이 하며 맡은 자들에게 주장하는 자세를 하지 말고 양 무리의 (　　　)이 되라(벧전5:2-3).

22. 그러므로 너희가 더욱 힘써 너희 (　　　)에 덕을, 덕에 지식을, 지식에 절제를, 절제에 인내를, 인내에 경건을, 경건에 형제 우애를, 형제 우애에 (　　　)을 더하라(벧후1:5-7).

23. 오직 우리 주 곧 구주 예수 그리스도의 (　　　)와 그를 아는 (　　　) 에서 자라가라 영광이 이제와 영원한 날까지 그에게 있을지어다(벧후3:18).

단답형

1. 신약성경에서 구약의 레위기서와 비슷한 내용을 가진 책은 무엇인가? (　　　)

2. 예수님을 큰 대제사장으로 묘사한 신약성경의 책은 무엇인가? (　　　)

3. "피 흘림이 없은즉 사함이 없느니라"라는 말씀이 기록된 신약성경의 책은 무엇인가? (　　　)

4. 히브리서 11장의 주제는 무엇인가? (　　　)

5. "믿음의 주요 또 온전하게 하시는 이인 예수를 바라보자"라는 말씀이 기록된 신약성경의 책은 무엇인가? (　　　)

6. 성전 제사 대신 찬미의 제사와 선행의 제사를 드리라고 권면한 서신은 무엇인가? (　　　)

7. "너희 중에 고난 당하는 자가 있느냐 그는 기도할 것이요 즐거워하는 자가 있느냐 그는 찬송할지니라"라는 말씀이 나오는 신약성경의 책은 무엇인가? (　　　)

8. "그러므로 너희가 이제 여러 가지 시험으로 말미암아 잠깐 근심하게 되지 않을 수 없었으나 오히려 크게 기뻐하는도다"라는 말씀이 나오는 신약성경의 책은 무엇인가? (　　　)

9. "너희는 하나님이 우리 속에 거하게 하시는 (　　　)이 시기하기까지 사모한다 하신 말씀이 헛된 줄로 생각하느냐"의 말씀에서 괄호 안에 들어갈 말은 무엇인가? (약4:5) (　　　)

10. "사랑하는 자들아 주께는 하루가 천년 같고 천 년이 하루 같다는 이 한 가지를 잊지 말라"라는 말씀이 나오는 신약성경의 책은 무엇인가? (　　　)

11. 베드로는 누구의 도움으로 베드로전서를 썼는가? (벧전5:12) (　　　)

12. "그러나 너희는 택하신 족속이요 왕 같은 제사장들이요 거룩한 나라요 그의 소유가 된 백성이니 이는 너희를 어두운 데서 불러내어 그의 기이한 빛에 들어가게 하신 이의 아름다운 덕을 선포하게 하려 하심이라"라는 말씀이 나오는 신약성경의 책은 무엇인가? (　　　)

13. “양들의 큰 목자이신 우리 주 예수를 영원한 언약의 피로 죽은 자 가운데서 이끌어 내신 평강의 하나님이 모든 선한 일에 너희를 온전하게 하사 자기 뜻을 행하게 하시고 그 앞에 즐거운 것을 예수 그리스도로 말미암아 우리 가운데서 이루시기를 원하노라 영광이 그에게 세세무궁토록 있을지어다 아멘”이라는 아름다운 축도가 들어 있는 신약성경의 책은 무엇인가? (　　　)

14. “간음하는 여인들아 세상과 벗된 것이 하나님과 원수 됨을 알지 못하느냐 그런즉 누구든지 세상과 벗이 되고자 하는 자는 스스로 하나님과 원수 되는 것이니라”라는 말씀이 나오는 신약성경의 책은 무엇인가? (　　　)

15. “너희가 음란과 정욕과 술 취함과 방탕과 향락과 무법한 우상숭배를 하여 이방인의 뜻을 따라 행한 것은 지나간 때로 족하도다”라는 말씀이 나오는 신약성경의 책은 무엇인가? (　　　)

16. 불의한 삯을 사랑하다가 자기의 불법으로 인하여 말 못하는 나귀에게 책망을 들은 사람은 누구인가? (벧후2:15-16) (　　　)

17. “사랑은 허다한 죄를 덮느니라”라는 말씀이 나오는 곳은 베드로전서의 몇 장인가? (　　　)

18. 그리스도인의 행함을 특히 강조한 서신은 무엇인가? (　　　)

19. 선생 된 우리가 더 큰 심판받을 줄 알고 많이 선생 되지 말라고 권면한 서신은 무엇인가? (　　　)

진위형(O,X)

1. 하나님의 아들 예수를 대제사장으로 기록한 신약성경의 책은 히브리서이다. (O , X)

2. "사랑하는 자들아 너희를 연단하려고 오는 불 시험을 이상한 일 당하는 것 같이 이상히 여기지 말고 오히려 너희가 그리스도의 고난에 참여하는 것으로 즐거워하라 이는 그의 영광을 나타내실 때에 너희로 즐거워하고 기뻐하게 하려 함이라"라는 말씀은 베드로전서에 나온다. (O , X)

3. "내 아들아 주의 징계하심을 경히 여기지 말며 그에게 꾸지람을 받을 때에 낙심하지 말라 주께서 그 사랑하시는 자를 징계하시고 그가 받아들이시는 아들마다 채찍질하심이라"라는 말씀은 야고보서에 나온다. (O , X)

4. "시험을 참는 자는 복이 있나니 이는 시련을 견디어 낸 자가 주께서 자기를 사랑하는 자들에게 약속하신 생명의 면류관을 얻을 것이기 때문이다"라는 말씀은 야고보서에 나온다. (O , X)

5. "형제 사랑하기를 계속하고 손님 대접하기를 잊지 말라 이로써 부지중에 천사들을 대접한 이들이 있느니라"라는 말씀은 야고보서에 나온다. (O , X)

6. 야고보서에서 기도의 역사하는 힘을 설명하기 위하여 예로 들은 구약의 사람은 엘리야이다(약5:17). (O , X)

7. 야고보서에서 믿음과 행함이 서로 상호 유기적인 관계라는 것을 강조하기 위하여 예를 들은 구약의 두 사람은 아브라함과 기생 라합이다(약2:21, 25). (O , X)

8. 히브리서는 모두 15장으로 기록되었다. (O , X)

9. 믿음으로 임종 시에 이스라엘 자손들의 떠날 것을 말하고 또 자기 해골을 위하여 명한 사람은 요셉이었다(히11:22). (O , X)

10. 히브리서 11장에 나오는 믿음의 사람들 중에서 두 여인은 사라와 기생 라합이다(히11:11,31). (O , X)

11. "온갖 좋은 은사와 온전한 선물이 다 위로부터 빛들의 아버지께로부터 내려오나니 그는 변함도 없으시고 회전하는 그림자도 없으시니라"라는 말씀이 나오는 신약성경의 책은 히브리서이다. (O , X)

12. 두 번째 회개의 불가능성을 언급한 신약성경의 서신은 히브리서이다. (O , X)

13.' 혀' 를 조심할 것을 강조한 신약성경의 서신은 베드로전서이다. (O , X)

14. 히브리서는 설교처럼 시작하고 서신처럼 끝난다. (O , X)

15. 야고보서에서 인내의 예로 든 사람은 욥이다. (O , X)

16. 그리스도께서 "영으로 가서 옥에 있는 영들에게 선포하시니라"라는 말씀은 베드로후서에서 나온다. (O , X)

17. 베드로후서에는 '천년' 이라는 말이 나오지 않는다. (O , X)

18. 야고보서는 서두에 감사와 축복의 말이 빠져있다. (O , X)

19. 요한은 "사랑하는 자들아 나그네 같은 너희를 권하노니"라고 말한다. (O , X)

20. 야고보서는 하나님 앞에서 정결하고 더러움이 없는 경건은 환난 중에 있는 고아와 과부를 돌보고 또한 자기를 세속에 물들지 않게 지키는 것이라고 정의한다. (O , X)

21. "근신하라 깨어라 너희 대적 마귀가 우는 사자 같이 두루 다니며 삼킬 자를 찾나니 너희는 믿음을 굳건하게 하여 그를 대적하라"라고 권면하는 서신은 야고보서이다. (O , X)

22. 베드로후서에는 "새 하늘과 새 땅"에 대한 언급이 있다. (O , X)

정 답

선택형

1.(3) 2.(4) 3.(3) 4.(1) 5.(2) 6.(2) 7.(2) 8.(3) 9.(3) 10.(3) 11.(3) 12.(2) 13.(2) 14.(2) 15.(4) 16.(3) 17.(3) 18.(3) 19.(4)

완성형

1.선지자, 아들, 아들 2.창시자, 고난 3.사도, 대제사장 4.말씀, 결산 5.죄, 은혜, 은혜 6.심판, 구원 7.담대함, 인내 8.실상, 증거, 증거 9.믿음, 예수 10.치욕, 영문 11.믿음, 믿어야 12.영혼, 믿음 13.시험.시련 14.듣기, 말하기 15.믿음, 행함, 믿음 16.행함, 행함 17.성결, 편견 18.진리, 말씀 19.구원, 인자 20.목자, 감독 21.자원함, 본 22.믿음, 사랑 23.은혜, 지식

단답형

1.히브리서 2.히브리서 3.히브리서 4.믿음 5.히브리서 6.히브리서 7.야고보서 8.베드로전서 9.성령 10.베드로후서 11.실루아노 12.베드로전서 13.히브리서 14.야고보서 15.베드로전서 16.발람 17.4장 18.야고보서 19.야고보서

진위형

1.(O) 2.(O) 3.(X) 4.(O) 5.(X) 6.(O) 7.(O) 8.(X) 9.(O) 10.(O) 11.(X) 12.(O) 13.(X) 14.(O) 15.(O) 16.(X) 17.(X) 18.(O) 19.(X) 20.(O) 21.(X) 22.(O)

20 신약편 요한서신(요한 1·2·3서)

John Ⅰ·Ⅱ·Ⅲ

선택형

1. "태초에 있는 생명의 말씀에 관하여는"이라는 구절로 시작되는 신약의 책은 무엇인가?
   (1) 요한복음 (2) 요한1서 (3) 요한2서 (4) 요한3서

2. 다음 중 편지의 서두 또는 인사로 시작하지 않는 서신서는 무엇인가?
   (1) 로마서 (2) 요한1서 (3) 요한2서 (4) 요한3서

3. 다음 중 저자가 자신을 '장로'라고 밝히고 있는 서신서는 무엇인가?
   (1) 히브리서 (2) 요한1서 (3) 요한2서 (4) 에베소서

4. 다음 중 수신자를 가이오라고 밝히고 있는 서신서는 무엇인가?
   (1) 히브리서 (2) 요한1서 (3) 요한2서 (4) 요한3서

5. 다음 중 요한3서에 등장하지 않는 인물은 누구인가?
   (1) 가이오 (2) 브드나도 (3) 디오드레베 (4) 데메드리오

6. 다음 단어 '새 계명'과 가장 관계가 깊은 책은 무엇인가?
   (1) 요한1서 (2) 요한3서 (3) 요한계시록 (4) 마태복음

7. 다음 단어 '적그리스도' 와 가장 관계가 깊은 책은 무엇인가?

(1) 요한1서 (2) 요한3서 (3) 요한계시록 (4) 마태복음

8. 다음에서 신약성경에서 우리말로 '대언자' 라는 단어가 유일하게 나타나는 책은 무엇인가?

(1) 요한1서 (2) 요한2서 (3) 요한3서 (4) 요한계시록

9. "사랑하는 자여 네 영혼이 잘됨 같이 네가 범사에 잘되고 강건하기를 내가 간구하노라"는 구절이 기록된 서신서는 무엇인가?

(1) 요한1서 (2) 요한2서 (3) 요한3서 (4) 히브리서

10. 다음 중 요한서신들에 나타나지 않는 단어는 무엇인가?

(1) 사랑 (2) 형제 (3) 이웃 (4) 사망

11. 다음 중 요한서신들에 나타나지 않는 단어는 무엇인가?

(1) 계명 (2) 세상 (3) 택하심 (4) 율법

12. 다음 중 요한서신들에 나타나지 않는 단어는 무엇인가?

(1) 기도 (2) 행함 (3) 진리 (4) 영생

13. 다음 중 요한일서에서 예수를 가리키는 데에 사용한 용어가 아닌 것은 무엇인가?

(1) 생명의 말씀 (2) 참 하나님

(3) 하나님의 어린 양 (4) 그리스도

14. 다음 중 요한2서에 나타나지 않는 단어는 무엇인가?

(1) 자유 (2) 교훈 (3) 계명 (4) 인사

15. 다음 중 요한3서에 나타나지 않는 단어는 무엇인가?
(1) 사랑　(2) 진리　(3) 증언　(4) 생명

16. 다음 중 '미혹하는 자'에 대해 언급하고 있는 서신서는 무엇인가?
(1) 요한2서　(2) 요한3서　(3) 유다서　(4) 베드로후서

17. 요한3서에서 으뜸이 되기를 좋아하며 형제들을 비방하고 받아들이지 않았던 사람은 누구인가?
(1) 빌레도　(2) 후메내오　(3) 알렉산더　(4) 디오드레베

18. "사랑하지 아니하는 자는 하나님을 알지 못하나니 이는 하나님은 사랑이심이라"는 구절이 기록된 서신서는 무엇인가?
(1) 히브리서　(2) 요한1서　(3) 요한2서　(4) 요한3서

19. 다음 중 '거짓 선지자'라는 단어가 나타나는 서신서는 무엇인가?
(1) 유다서　(2) 요한1서　(3) 요한2서　(4) 요한3서

20. 다음 중 '인사'라는 단어가 사용되고 있는 서신서는 무엇인가?
(1) 유다서　(2) 요한1서　(3) 요한2서　(4) 요한3서

완성형

1. 태초부터 있는 생명의 ( )에 관하여는 우리가 들은 바요 눈으로 본 바요 자세히 보고 우리의 손으로 만진 바라(요일1:1).

2. 만일 우리가 ( )이(가) 없다고 말하면 스스로 속이고 또 진리가 우리 속에 있지 아니할 것이요(요일1:8).

3. 만일 우리가 범죄하지 아니하였다 하면 하나님을 거짓말하는 이로 만드는 것이니 또한 그의 ( )이(가) 우리 속에 있지 아니하니라(요일1:10).

4. 나의 자녀들아 내가 이것을 너희에게 씀은 너희로 죄를 범하지 않게 하려 함이라 만일 누가 죄를 범하여도 아버지 앞에서 우리에게 ( )이(가) 있으니 곧 의로우신 예수 그리스도시라(요일2:1).

5. 그의 ( )을(를) 미워하는 자는 어둠에 있고 또 어둠에 행하며 갈 곳을 알지 못하나니 이는 그 어둠이 그의 눈을 멀게 하였음이라(요일2:11).

6. 이 ( )이나 ( )에 있는 것들을 사랑하지 말라 누구든지 ( )을 사랑하면 아버지의 사랑이 그 안에 있지 아니하니(요일2 :15).

7. 거짓말하는 자가 누구냐 예수께서 ( )이심을 부인하는 자가 아니냐 아버지와 아들을 부인하는 그가 적그리스도니(요일2:22).

8. 자녀들아 이제 그의 안에 거하라 이는 주께서 나타내신 바 되면 그가 강림하실 때에 우리로 ( )을(를) 얻어 그 앞에서 부끄럽지 않게 하려 함이라(요일2:28).

9. 그가 우리 (　　　)을(를) 없애려고 나타나신 것을 너희가 아나니 그에게는 (　　　)이(가) 없느니라(요일3:5).

10. 그 안에 거하는 자마다 (　　　)하지 아니하나니 (　　　)하는 자마다 그를 보지도 못하였고 그를 알지도 못하였느니라(요일3:6).

11. (　　　)같이 하지 말라 그는 악한 자에게 속하여 그 아우를 죽였으니 어떤 이유로 죽였느냐 자기의 행위는 악하고 그의 아우의 행위는 의로움이라(요일3:12).

12. 우리는 (　　　)를(을) 사랑함으로 사망에서 옮겨 생명으로 들어간 줄을 알거니와 사랑하지 아니하는 자는 사망에 머물러 있느니라(요일3:14).

13. 그 형제를 미워하는 자마다 살인하는 자니 살인하는 자마다 (　　　)가(이) 그 속에 거하지 아니하는 것을 너희가 아는 바라(요일3:15).

14. 자녀들아 우리가 말과 혀로만 사랑하지 말고 (　　　)과(와) 진실함으로 하자(요일3:18).

15. 그의 (　　　)는(은) 이것이니 곧 그 아들 예수 그리스도의 이름을 믿고 그가 우리에게 주신 계명대로 서로 사랑할 것이니라(요일3:23).

16. 이로써 너희가 하나님의 영을 알지니 곧 예수 그리스도께서 (　　　)(으)로 오신 것을 시인하는 영마다 하나님께 속한 것이요(요일4:2).

17. 내가 하나님의 아들의 이름을 믿는 너희에게 이것을 쓰는 것은 너희로 하여금 너희에게 (　　　)가(이) 있음을 알게 하려 함이라(요일5:13).

18. 그를 향하여 우리가 가진 바 ( )이(가) 이것이니 그의 뜻대로 무엇을 구하면 들으심이라(요일5:14).

19. 또 아는 것은 하나님의 아들이 이르러 우리에게 지각을 주사 우리로 참된 자를 알게 하신 것과 또한 우리가 참된 자 곧 그의 아들 예수 그리스도 안에 있는 것이니 그는 참 ( )이시요 영생이시라(요일5:20).

20. 사랑하는 자여 네 ( )이(가) 잘됨 같이 네가 범사에 잘되고 강건하기를 내가 간구하노라(요삼1:2).

단답형

1. '태초' 라는 단어로 시작하는 서신서는 무엇인가? ( )

2. 장로가 가이오라는 사람에게 보낸 서신서는 무엇인가? ( )

3. 형제를 사랑함으로 사망에서 옮겨 생명으로 들어갔다고 선언하고 있는 서신서는 무엇인가? ( )

4. 그리스도의 교훈을 가지지 않고 나아가는 자를 집에 들이지도 말고 인사도 하지 말라고 권하고 있는 서신서는 무엇인가? ( )

5. 요한서신 중 저자나 수신자에 대한 언급이 없는 서신은 무엇인가? ( )

6. 다음의 이름들이 등장하는 서신서는 무엇인가? ( )

   '가이오, 디오드레베, 데메드리오'

7. 요한서신 중 예수를 '화목 제물' 이라고 언급하고 있는 서신은 무엇인가? (　　　)

8. 서신서 중 예수 그리스도께서 육체로 오심을 부인하는 자가 '미혹하는 자' 요 '적그리스도' 라고 선언하고 있는 서신은 무엇인가? (　　　)

9. 요한서신 중 나그네 된 형제들을 사랑으로 영접하도록 권면하고 있는 서신은 무엇인가? (　　　)

10. 요한서신 중 예수 그리스도를 '물과 피' 로 임하신 분이라고 표현하고 있는 서신은 무엇인가? (　　　)

11. 요한1서에 의하면 보는 바 누구를 사랑하지 않는다면 보지 못하는 바 하나님을 사랑할 수 없다고 하는가? (　　　)

12. 서신서 중 유일하게 예수를 '독생자' 로 언급하고 있는 서신은 무엇인가? (　　　)

13. 요한1서에 의하면 만일 우리가 무엇이 없다고 말하면 스스로 속이고 진리가 우리 속에 있지 않게 되는가? (요일1:8) (　　　)

14. 요한1서에 의하면 우리가 그리스도의 사랑을 알게 되었다면 우리도 형제들을 위하여 무엇을 버리는 것이 마땅하다고 선언하는가? (요일3:16) (　　　)

15. 요한1서에 의하면 예수를 시인하지 않는 영은 누구의 영이라고 하는가? (요일4:3) (　　　)

16. 요한서신 중 "자녀들아 너희 자신을 지켜 우상에게서 멀리하라"는 교훈으로 끝나는 서신은 무엇인가? (　　　)

17. 요한서신 중 "장로인 나는 택하심을 받은 부녀와 그의 자녀들에게 편지하노니 내가 참으로 사랑하는 자요 나뿐 아니라 진리를 아는 모든 자도 그리하는 것은 우리 안에 거하여 영원히 우리와 함께 할 진리로 말미암음이로다"라는 구절로 시작하는 서신은 무엇인가? (　　　)

18. 요한1서 4장 18절에 의하면 온전한 무엇이 두려움을 내쫓는다고 말하고 있는가? (　　　)

19. 요한서신 중 특히 형제를 사랑할 것을 강조하고 있는 서신은 무엇인가? (　　　)

20. 다음과 같은 구절이 있는 서신서는 무엇인가? (　　　)
"하나님께로부터 난 자는 다 범죄하지 아니하는 줄을 우리가 아노라 하나님께로부터 나신 자가 그를 지키시매 악한 자가 그를 만지지도 못하느니라."

진위형(O,X)

1. 서신서 중 '태초' 라는 단어로 시작되는 책은 요한일서뿐이다. (O , X)

2. 요한서신에는 '율법' 이란 단어가 있다. (O , X)

3. 요한1서에는 '가인' 이란 이름이 등장한다. (O , X)

4. 서신서 중에 예수를 '화목제물' 이라고 칭하고 있는 것은 요한1서뿐이다. (O , X)

5. 요한1서의 저자는 '장로' 라고 언급되어있다. (O , X)

6. 요한3서의 수신자는 '가이오' 다. (O , X)

7. '진리,' '사랑' 이란 단어는 세 개의 요한서신 모두에 나타난다. (O , X)

8. 요한2서는 "그리스도 안에 있는 너희 모든 이에게 평강이 있을지어다"라는 인사로 끝난다. (O , X)

9. 요한1서 1장 1절에 의하면 요한1서의 저자는 요한이다. (O , X)

10. 요한1서는 '적그리스도' 에 대한 언급을 하고 있다. (O , X)

11. 요한1서 4장 1절은 영들이 하나님께 속하였나 분별하라고 권면한다. (O , X)

12. 서신서 중 예수를 '대언자' 로 언급하고 있는 것은 요한1서뿐이다. (O , X)

13. 신약성경에서 '진리의 영' 이라는 성령에 대한 호칭은 요한복음과 요한1서에만 나타난다. (O , X)

14. 요한2서는 그리스도의 교훈을 가지지 않고 나아가는 자를 집에 들이지도 말고 인사도 하지 말라고 권면한다. (O , X)

15. 요한1서는 그 형제를 미워하는 자마다 살인하는 자라고 선언한다. (O , X)

16. 요한2서의 주제는 '율법으로부터의 자유' 라고 할 수 있다. (O , X)

17. 요한3서는 '이신칭의' 라는 주제를 다루고 있다. (O , X)

18. 요한3서에서 디오드레베는 본받을 만한 인물로 칭찬받고 있다. (O , X)

19. 요한서신에서 '영생' 이란 단어는 요한1서에만 나타난다. (O , X)

20. 요한3서의 저자는 '장로' 라고 기록되어 있다. (O , X)

정 답

선택형

1.(2) 2.(2) 3.(3) 4.(4) 5.(2) 6.(1) 7.(1) 8.(1) 9.(3) 10.(3) 11.(4) 12.(1) 13.(3) 14.(1) 15.(4) 16.(1) 17.(4) 18.(2) 19.(2) 20.(3)

완성형

1.말씀 2.죄 3.말씀 4.대언자 5.형제 6.세상 7.그리스도 8.담대함 9.죄 10.범죄 11.가인 12.형제 13.영생 14.행함 15.계명 16.육체 17.영생 18.담대함 19.하나님 20.영혼

단답형

1.요한1서 2.요한3서 3.요한1서 4.요한2서 5.요한1서 6.요한3서 7.요한1서 8.요한2서 9.요한3서 10.요한1서 11.형제 12.요한1서 13.죄 14.목숨 15.적그리스도 16.요한1서 17.요한2서 18.사랑 19.요한1서 20.요한1서

진위형

1.(O) 2.(X) 3.(O) 4.(X) 5.(X) 6.(O) 7.(O) 8.(X) 9.(X) 10.(O) 11.(O) 12.(O) 13.(O) 14.(O) 15.(O) 16.(X) 17.(X) 18.(X) 19.(O) 20.(O)

21 신약편 유다서

Jude

선택형

1. 유다서에서 거짓 교사들에 대한 경고에 앞서 악행 자들에게 내리신 하나님의 심판의 역사적 실례를 말한 것 중 아닌 것은 무엇인가? (유1:5-7)

   (1) 애굽에서 구원하여 내시고 믿지 아니하는 자들을 멸함

   (2) 자기 지위를 지키지 않고 자기 처소를 떠난 천사들을 큰 날의 심판까지 영원한 결박으로 흑암에 가두심

   (3) 노아의 홍수

   (4) 소돔과 고모라와 그 이웃들도 영원한 불의 형벌을 받음

2. 에녹은 아담의 몇 대손인가? (유1:14)

   (1) 오 대　　(2) 육 대　　(3) 칠 대　　(4) 팔 대

3. 유다서에서 거짓 교사들이 악행을 나타내기 위하여 예로 들은 세 사람 중 아닌 것은 누구인가?

   (1) 가인　　(2) 발람　　(3) 고라　　(4) 발락

4. 유다서에서 언급된 사람의 이름은 무엇인가?

   (1) 에녹　　(2) 다니엘　　(3) 다윗　　(4) 엘리야

5. 천사장이 마귀와 다툰 것은 무엇인가? (유1:9)
   (1) 욥의 일 (2) 모세의 시체 (3) 예수의 시체 (4) 재림문제

완성형

1. 사랑하는 자들아 우리가 일반으로 받은 ( )에 관하여 내가 너희에게 편지하려는 생각이 간절하던 차에 성도에게 단번에 주신 ( )의 도를 위하여 힘써 싸우라는 편지로 너희를 권하여야 할 필요를 느꼈노니(유1:3).

단답형

1. "능히 너희를 보호하사 거침이 없게 하시고 너희로 그 영광 앞에 흠이 없이 기쁨으로 서게 하실 이 곧 우리 구주 홀로 하나이신 하나님께 우리 주 예수 그리스도로 말미암아 영광과 위엄과 권력과 권세가 영원 전부터 이제와 영원토록 있을지어다 아멘"으로 끝나는 신약성경의 책은 무엇인가? ( )

2. "사랑하는 자들아 너희는 너희의 지극히 거룩한 믿음 위에 자신을 세우며 ( )으로 기도하며 하나님의 사랑 안에서 자신을 지키며 영생에 이르도록 우리 주 예수 그리스도의 긍휼을 기다리라"(유1:20-21)라는 말씀에서 괄호 안에 들어갈 말은 무엇인가? ( )

3. "그들은 기탄 없이 너희와 함께 먹으니 너희의 애찬의 암초요 자기 몸만 기르는 목자요 바람에 불려가는 물 없는 구름이요 죽고 또 죽어 뿌리까지 뽑힌 열매 없는 가을 나무요 자기 수치의 거품을 품는 바다의

거친 물결이요 영원히 예비 된 캄캄한 흑암으로 돌아갈 유리하는 별들이라" 라는 말씀이 나오는 신약성경의 책은 무엇인가? (　　　)

4. 베드로후서와 유사한 신약성경의 책은 무엇인가? (　　　)

5. 일반서신 중에서 배교와 타락을 특별히 경고한 서신은 무엇인가? (　　　)

진위형(O,X)

1. 유다서는 유대 외경을 인용하고 있다. (O , X)

2. 유다서에 나오는 구약의 인물들은 모세, 발람, 에녹, 고라, 가인, 아담이다. (O , X)

정 답

선택형

1.(3) 2.(3) 3.(4) 4.(1) 5.(2)

완성형

1.구원, 믿음

단답형

1.유다서 2.성령 3.유다서 4.유다서 5.유다서

진위형

1.(O) 2.(O)

22 신약편 요한계시록

Revelation

선택형

1. 신약성경에서 "예수 그리스도의 계시라"라는 말씀으로 시작하는 책은 무엇인가?

(1) 마태복음　(2) 누가복음　(3) 유다서　(4) 요한계시록

2. 요한계시록 1장 2절에서 볼 때 다음 중 복된 자에 속하지 않는 자는 누구인가?

(1) 예언의 말씀을 읽는 자

(2) 예언의 말씀을 듣는 자

(3) 예언의 말씀을 기록하는 자

(4) 예언의 말씀을 지키는 자

3. 다음 중 요한계시록에서 처음 사랑을 버렸다고 책망 받은 교회는 어느 교회인가?

(1) 에베소 교회　(2) 서머나 교회

(3) 라오디게아 교회　(4) 사데 교회

4. 다음 중 요한계시록에서 자칭 선지자라 하는 여자 이세벨을 용납한 일로 책망 받은 교회는 어느 교회인가?

(1) 에베소 교회　(2) 서머나 교회　(3) 버가모 교회　(4) 두아디라 교회

5. 다음 중 요한계시록에서 그 행위로 볼 때에 살았다 하는 이름은 가졌으나 죽은 자라고 책망 받은 교회는 어느 교회인가?

(1) 두아디라 교회 (2) 빌라델비아 교회
(3) 라오디게아 교회 (4) 사데 교회

6. 다음 중 요한계시록에서 그 행위로 볼 때에 차지도 뜨겁지도 않고 미지근하다고 책망 받은 교회는 어느 교회인가?

(1) 두아디라 교회 (2) 빌라델비아 교회
(3) 라오디게아 교회 (4) 사데 교회

7. 다음 중 요한계시록에서 발람의 교훈을 지키며 니골라 당의 교훈을 지킨다고 책망 받은 교회는 어느 교회인가?

(1) 버가모 교회 (2) 서머나 교회
(3) 라오디게아 교회 (4) 사데 교회

8. 다음 중 요한계시록에서 책망 받지 않은 교회는 어느 교회인가?

(1) 두아디라 교회 (2) 빌라델비아 교회
(3) 라오디게아 교회 (4) 버가모 교회

9. 다음 중 요한계시록에서 이기는 자에게 보좌에 함께 앉는 약속이 주어진 교회는 어느 교회인가?

(1) 두아디라 교회 (2) 빌라델비아 교회
(3) 라오디게아 교회 (4) 버가모 교회

10. 다음 중 요한계시록에서 이기는 자에게 하나님 성전에 기둥이 되는 약속이 주어진 교회는 어느 교회인가?

(1) 두아디라 교회 (2) 빌라델비아 교회

(3) 라오디게아 교회 (4) 버가모 교회

11. 다음 중 요한계시록에서 이기는 자에게 흰 옷이 입혀지고 생명책에 그 이름이 지워지지 않는 약속이 주어진 교회는 어느 교회인가?
(1) 사데 교회 (2) 버가모 교회
(3) 라오디게아 교회 (4) 버가모 교회

12. 다음 중 요한계시록에서 이기는 자에게 하나님 낙원에 있는 생명나무의 열매를 주신다는 약속이 주어진 교회는 어느 교회인가?
(1) 에베소 교회 (2) 서머나 교회
(3) 라오디게아 교회 (4) 사데 교회

13. 다음 중 요한계시록에서 죽도록 충성하면 생명의 관을 주시겠다는 약속이 주어진 교회는 어느 교회인가?
(1) 에베소 교회 (2) 서머나 교회
(3) 라오디게아 교회 (4) 사데 교회

14. 다음 중 요한계시록에서 순교한 충성된 증인 안디바가 속해 있던 교회는 어느 교회인가?
(1) 에베소 교회 (2) 서머나 교회
(3) 버가모 교회 (4) 사데 교회

15. 다음 중 요한계시록에서 이기는 자에게 만나와 새 이름이 기록될 흰 돌의 약속이 주어진 교회는 어느 교회인가?
(1) 에베소 교회 (2) 서머나 교회
(3) 버가모 교회 (4) 사데 교회

16. 다음 중 요한계시록에서 이기는 자와 끝까지 지키는 자에게 만국을 다스리는 권세의 약속이 주어진 교회는 어느 교회인가?

(1) 두아디라 교회　　(2) 빌라델비아 교회
(3) 라오디게아 교회　　(4) 버가모 교회

17. 요한계시록에서 요한이 아시아 일곱 교회에 두루마리를 보내도록 감동 받은 일은 어느 날에 일어났는가?

(1) 주의 날　　(2) 안식일　　(3) 오순절　　(4) 유월절

18. 요한계시록 1장 20절에 의하면 일곱 촛대는 무엇을 의미하는가?

(1) 일곱 교회의 사자　　(2) 일곱 천사
(3) 일곱 나라　　(4) 일곱 교회

19. 요한계시록 12장에 나오는 큰 용의 다른 이름이 아닌 것은 무엇인가? (계12:9)

(1) 옛 뱀　　(2) 사탄
(3) 온 천하를 꾀는 자　　(4) 적그리스도

20. 요한계시록 17-18장에서 패망 받게 될 것으로 언급되는 부정적인 대상이 아닌 것은 무엇인가?

(1) 음녀　　(2) 바벨론　　(3) 열 뿔 가진 짐승　　(4) 사자

21. 다음 중 요한계시록에 묘사된 새 하늘과 새 땅, 새 예루살렘과 관계없는 것은 무엇인가?

(1) 저주가 없다　　(2) 밤이 없다
(3) 등불과 햇빛이 쓸데없다　　(4) 성문이 없다

22. 다음 중 요한계시록 22장 16절에서 묘사하고 있는 예수 그리스도와 관계없는 것은 무엇인가?

(1) 산 밑의 백합　　(2) 다윗의 뿌리

(3) 다윗의 자손　　(4) 광명한 새벽 별

23. 다음 단어들 중 요한계시록에 나오는 것은 무엇인가?

(1) 영생　　(2) 율법　　(3) 경건　　(4) 행위

24. 다음 중 요한계시록의 수신자인 일곱 교회에 포함되지 않는 교회는 무엇인가?

(1) 두아디라 교회　　(2) 에베소 교회

(3) 빌립보 교회　　(4) 빌라델비아 교회

25. 다음 구절은 요한계시록에서 어느 교회에게 하신 말씀인가? "볼지어다 내가 문 밖에 서서 두드리노니 누구든지 내 음성을 듣고 문을 열면 내가 그에게로 들어가 그와 더불어 먹고 그는 나와 더불어 먹으리라."

(1) 두아디라 교회　　(2) 빌라델비아 교회

(3) 라오디게아 교회　　(4) 버가모 교회

26. 요한계시록 1장 1절에 의하면 요한계시록의 계시는 누구를 요한에게 보내어 알려 주신 것인가?

(1) 천사　　(2) 예수 그리스도

(3) 성령　　(4) 제자

27. 요한계시록에서 천년왕국설의 근거가 된 "그리스도와 함께 천 년 동안 왕 노릇"한다는 말씀은 몇 장에 있는가?

(1) 제 4 장　　(2) 제 8 장　　(3) 제 20 장　　(4) 제 22 장

28. 다음 중 요한계시록의 일곱 교회에서 부정적인 모습으로 나타나지 않는 이름은 무엇인가?
    (1) 안디바 (2) 니골라 (3) 이세벨 (4) 발람

29. 다음 중 요한계시록과 가장 관계가 먼 주제는 무엇인가?
    (1) 순교 (2) 우상숭배
    (3) 이신칭의 (4) 교회의 궁극적 승리

30. 다음 중 요한계시록에서 복이 있다고 선언된 대상이 아닌 것은 무엇인가?
    (1) 주 안에서 죽은 자들 (2) 첫째 부활에 참여하는 자들
    (3) 자기 두루마기를 빠는 자들 (4) 의를 위해서 박해 받은 자들

완성형

1. 예수 그리스도의 (　　　)(이)라 이는 하나님이 그에게 주사 반드시 속히 일어날 일들을 그 종들에게 보이시려고 그의 천사를 그 종 요한에게 보내어 알게 하신 것이라(계1:1).

2. 이 (　　　)의 말씀을 읽는 자와 듣는 자와 그 가운데에 기록한 것을 지키는 자는 복이 있나니 때가 가까움이라(계1:3).

3. 주 하나님이 이르시되 나는 알파와 (　　　)(이)라 이제도 있고 전에도 있었고 장차 올 자요 전능한 자라 하시더라(계1:8).

4. 이르되 네가 보는 것을 두루마리에 써서 에베소, 서머나, 버가모, 두아디라, 사데, (　　　), 라오디게아 등 일곱 교회에 보내라 하시기로(계1:11).

5. 촛대 사이에 (   )같은 이가 발에 끌리는 옷을 입고 가슴에 금띠를 띠고 그의 머리와 털의 희기가 흰 양털 같고 눈 같으며 그의 눈은 불꽃 같고 (계1:13-14).

6. 그가 오른손을 내게 얹고 이르시되 두려워하지 말라 나는 처음이요 마지막이니 곧 살아 있는 자라 내가 전에 죽었었노라 볼지어다 이제 세세토록 살아 있어 사망과 음부의 (   )를(을) 가졌노니(계1:17-18).

7. 네가 본 것은 내 오른손의 일곱 별의 비밀과 또 일곱 금 촛대라 일곱 별은 일곱 교회의 (   )(이)요 일곱 촛대는 일곱 교회니라(계1:20).

8. 그러나 너를 책망할 것이 있나니 너의 처음 사랑을 버렸느니라 그러므로 어디서 떨어졌는지를 생각하고 회개하여 처음 (   )을(를) 가지라 만일 그리하지 아니하고 회개하지 아니하면 내가 네게 가서 네 촛대를 그 자리에서 옮기리라(계2:4-5).

9. 내가 네 환난과 궁핍을 알거니와 실상은 네가 부요한 자니라 자칭 유대인이라 하는 자들의 비방도 알거니와 실상은 유대인이 아니요 (   )의 회당이라(계2:9).

10. 너는 장차 받을 고난을 두려워하지 말라 볼지어다 마귀가 장차 너희 가운데에서 몇 사람을 옥에 던져 시험을 받게 하리니 너희가 십 일 동안 환난을 받으리라 네가 죽도록 (   )하라 그리하면 내가 생명의 관을 네게 주리라(계2:10).

11. 그러나 네게 두어 가지 책망할 것이 있나니 거기 네게 발람의 교훈을 지키는 자들이 있도다 발람이 발락을 가르쳐 이스라엘 자손 앞에 걸림돌을 놓아 (   )의 제물을 먹게 하였고 또 행음하게 하였느니라(계2:14).

12. 귀 있는 자는 성령이 교회들에게 하시는 말씀을 들을지어다 이기는 그에게는 내가 감추었던 ( )을(를) 주고 또 흰 돌을 줄 터인데 그 돌 위에 새 이름을 기록한 것이 있나니 받는 자 밖에는 그 이름을 알 사람이 없느니라(계2:17).

13. 그러나 네게 책망할 일이 있노라 자칭 선지자라 하는 여자 ( )을(를) 네가 용납함이니 그가 내 종들을 가르쳐 꾀어 행음하게 하고 우상의 제물을 먹게 하는도다(계2:20).

14. 또 내가 사망으로 그의 자녀를 죽이리니 모든 교회가 나는 사람의 뜻과 마음을 살피는 자인 줄 알지라 내가 너희 각 사람의 ( )대로 갚아 주리라(계2:23).

15. 빌라델비아 교회의 사자에게 편지하라 거룩하고 진실하사 ( )의 열쇠를 가지신 이 곧 열면 닫을 사람이 없고 닫으면 열 사람이 없는 그가 이르시되(계3:7).

16. 내가 네 행위를 아노니 네가 차지도 아니하고 뜨겁지도 아니하도다 네가 차든지 뜨겁든지 하기를 원하노라 네가 이같이 미지근하여 뜨겁지도 아니하고 차지도 아니하니 내 입에서 너를 ( )하여 버리리라(계3:15-16).

17. 볼지어다 내가 문 밖에 서서 두드리노니 누구든지 내 음성을 듣고 ( )을(를) 열면 내가 그에게로 들어가 그와 더불어 먹고 그는 나와 더불어 먹으리라(계3:20).

18. 내가 보매 보좌에 앉으신 이의 오른손에 두루마리가 있으니 안팎으로 썼고 일곱 ( )으로 봉하였더라(계5:1).

19. 큰 음성으로 이르되 죽임을 당하신 어린 (　　　　)은(는) 능력과 부와 지혜와 힘과 존귀와 영광과 찬송을 받으시기에 합당하도다 하더라(계 5:12).

20. 내가 보매 어린 양이 일곱 인 중의 하나를 떼시는데 그 때에 내가 들으니 네 생물 중의 하나가 우렛소리 같이 말하되 오라 하기로 이에 내가 보니 흰 말이 있는데 그 탄 자가 활을 가졌고 (　　　　)을(를) 받고 나아가서 이기고 또 이기려고 하더라(계6:1-2).

21. 내가 인침을 받은 자의 수(數)를 들으니 이스라엘 자손의 각 지파 중에서 인침을 받은 자들이 (　　　　)이니(계7:4).

22. 또 다른 천사가 와서 제단 곁에 서서 금 향로를 가지고 많은 향을 받았으니 이는 모든 성도의 (　　　　)와 합하여 보좌 앞 금 제단에 드리고자 함이라(계8:3).

23. 큰 용이 내쫓기니 옛 (　　　　) 곧 마귀라고도 하고 사탄이라고도 하며 온 천하를 꾀는 자라 그가 땅으로 내쫓기니 그의 사자들도 그와 함께 내쫓기니라(계12:9).

24. 누구든지 이 표를 가진 자 외에는 매매를 못하게 하니 이 표는 곧 짐승의 이름이나 그 이름의 수라 지혜가 여기 있으니 총명한 자는 그 짐승의 수를 세어 보라 그것은 사람의 수니 그의 수는 (　　　　)이니라(계 13:17-18).

25. 힘찬 음성으로 외쳐 이르되 무너졌도다 무너졌도다 큰 성 (　　　　)이여 귀신의 처소와 각종 더러운 영이 모이는 곳과 각종 더럽고 가증한 새들이 모이는 곳이 되었도다(계18:2).

26. 용을 잡으니 곧 옛 뱀이요 마귀요 사탄이라 잡아서 (　　　)년 동안 결박하여 무저갱에 던져 넣어 잠그고 그 위에 인봉하여 (　　　)년이 차도록 다시는 만국을 미혹하지 못하게 하였는데 그 후에는 반드시 잠깐 놓이리라(계20:2-3).

27. 또 내게 말씀하시되 이루었도다 나는 알파와 오메가요 처음과 마지막이라 내가 (　　　) 샘물을 목마른 자에게 값없이 주리니(계21:6).

28. 보라 내가 속히 오리니 이 두루마리의 예언의 말씀을 (　　　)자는 복이 있으리라 하더라(계22:7).

29. 성령과 신부가 말씀하시기를 오라 하시는도다 듣는 자도 오라 할 것이요 목마른 자도 올 것이요 또 원하는 자는 값없이 (　　　)을(를) 받으라 하시더라(계22:17).

30. 만일 누구든지 이 두루마리의 예언의 말씀에서 제하여 버리면 하나님이 이 두루마리에 기록된 (　　　)와(과) 및 거룩한 성에 참여함을 제하여 버리시리라(계22:19).

단답형

1. "예수 그리스도의 계시라 이는 하나님이 그에게 주사 반드시 속히 일어날 일들을 그 종들에게 보이시려고"라는 말씀으로 시작하는 신약의 책은 무엇인가? (　　　)

2. 요한계시록의 수신자가 된 아시아의 교회들은 몇 개인가? (　　　)

3. 요한계시록에서 요한은 어느 섬에 있을 때에 성령의 감동을 받아 이

책을 기록하게 되었는가? (계1:9) ( )

4. 요한계시록에서 요한은 "그러므로 네가 본 것과 지금 있는 일과" 또 어떤 일을 기록하라고 명하심을 받는가? (계1:19) ( )

5. 요한계시록에서 "너의 처음 사랑을 버렸느니라"는 책망을 들은 교회는 어느 교회인가? ( )

6. 요한계시록에서 아시아의 교회들 중에 두 교회에 대한 말씀에 나타나고 있는 이단적인 당(黨)의 이름은 무엇인가? (계2:6, 15) ( )

7. 요한계시록에서 아시아의 교회들 중 "네가 죽도록 충성하라 그리하면 내가 생명의 관을 네게 주리라"는 약속을 받은 교회는 어느 교회인가? ( )

8. 요한계시록에서 아시아의 교회들 중 다음과 같은 단어들과 가장 연관이 많은 교회는 어느 교회인가? ( ) '이세벨,' '행음,' '우상의 제물'

9. 요한계시록에서 아시아의 교회들 중 "네가 살았다 하는 이름은 가졌으나 죽은 자로다"라는 평가를 받은 교회는 어느 교회인가? ( )

10. 요한계시록에서 아시아의 교회들 중 "네가 작은 능력을 가지고서도 내 말을 지키며 내 이름을 배반하지 아니하였도다"라는 칭찬을 들은 교회는 어느 교회인가? ( )

11. 요한계시록에서 아시아의 교회들 중 "네가 차지도 아니하고 뜨겁지도 아니하도다"라는 평가를 받은 교회는 어느 교회인가? ( )

12. 요한계시록 5장에서 요한이 본 두루마리는 몇 개의 인으로 봉해져 있었는가? (계5:1) ( )

13. 요한계시록에서 일곱째 인을 뗄 때에 몇 명의 천사가 나팔을 받아 불게 되는가? (계8-10장) (　　　)

14. 요한계시록 12장에서 큰 용과 하늘에서 전쟁을 하는 천사의 이름은 무엇인가? (계12:7) (　　　)

15. 요한계시록 17장에서 여자가 탄 짐승은 일곱 머리와 몇 개의 뿔을 가졌는가? (　　　)

16. 요한계시록에 의하면 어린 양의 혼인 잔치는 바벨론의 멸망 이후에 있는가 아니면 이전에 있는가? (　　　)

17. 요한계시록20장 4절에 의하면 순교자들과 신앙을 지킨 자들은 살아서 그리스도와 함께 몇 년 동안 왕 노릇 하게 되는가? (　　　)

18. 요한계시록에 의하면 크고 흰 보좌 앞에서 심판이 이루어질 때에 죽은 자들이 자기 무엇을 따라 책들에 기록된 대로 심판을 받게 되는가? (계20:12) (　　　)

19. 요한계시록에 의하면 크고 흰 보좌 앞에서 심판이 이루어질 때에 생명책에 기록되지 못한 자는 어디에 던져지게 되는가? (계20:15) (　　　)

20. 요한계시록에서 새 예루살렘에는 몇 개의 문이 있다고 묘사되어 있는가? (　　　)

21. 요한계시록의 마지막 부분에서 이 두루마리의 예언의 말씀 외에 더하는 사람에게 이 두루마리에 기록된 무엇들을 더하실 것이라고 경고하는가? (계22:18) (　　　)

22. 요한계시록에서 용 또는 사탄은 천 년동안 결박되어 어디에 갇혀있게 되는가? (계20:2-3) (　　　)

23. 요한계시록에 의하면 버가모 교회의 교인으로서 충성된 증인으로 믿음을 버리지 않고 순교한 사람의 이름은 무엇인가? (계2:13) (　　　)

24. 요한계시록에서 버가모 교회를 향한 말씀에 언급된 구약의 인물로서 발락을 가르쳐 이스라엘 자손으로 하여금 우상 제물을 먹게 하고 행음하게 한 사람은 누구인가? (계2:14) (　　　)

25. 요한계시록에서 인자(그리스도가)가 "오른 손에 있는 일곱 별을 붙잡고 일곱 금 촛대 사이를 거니시는" 분으로서 말씀하고 있는 교회는 어느 교회인가? (계2:1) (　　　)

26. 요한계시록의 수신자인 일곱 교회 중에서 "내가 네 행위와 수고와 네 인내를 알고 또 악한 자들을 용납하지 아니한 것과 자칭 사도라 하되 아닌 자들을 시험하여 그의 거짓된 것을 네가 드러낸 것과 또 네가 참고 내 이름을 위하여 견디고 게으르지 아니한 것을 아노라"라는 평가를 받은 교회는 어느 교회인가? (　　　)

27. 요한계시록에서 우선 일곱 교회를 향한 말씀이 있은 후 "이리로 올라오라 이 후에 마땅히 일어날 일들을 내가 네가 보이리라"라는 말씀으로 시작하는 묵시부분은 몇 장부터 시작되는가? (　　　)

28. 요한계시록에서 "네가 말하기를 나는 부자라 부요하여 부족한 것이 없다 하나 네 곤고한 것과 가련한 것과 가난한 것과 눈 먼 것과 벌거벗은 것을 알지 못하는도다 내가 너를 권하노니 내게서 불로 연단한 금을 사서 부요하게 하고 흰 옷을 사서 입어 벌거벗은 수치를 보이지 않게 하고 안약을 사서 눈에 발라 보게 하라"는 말씀을 들은 교회는 어느 교회인가? (계3:17-18) (　　　)

29. 요한계시록에서 아시아의 교회들 중 이기는 자에게 생명나무 열매가 약속된 교회는 어느 교회인가? (　　　)

30. 요한계시록에서 아시아의 교회들 중 이기는 자에게 둘째 사망의 해를 받지 않는 약속을 주신 교회는 어느 교회인가? (　　　)

진위형(O,X)

1. 신약성경에서 요한계시록은 유일한 묵시문학 책이다. (O , X)

2. 요한계시록은 아시아의 일곱개 교회에게 보내는 편지라고 할 수 있다. (O , X)

3. 요한계시록에서 예수 그리스도는 "어린 양," "광명한 새벽 별" 등으로 묘사되기도 한다. (O , X)

4. 요한계시록은 "사도 요한의 계시라"라는 말로 시작된다. (O , X)

5. 요한계시록에는 안디바라는 이름이 등장한다. (O , X)

6. 신약성경에서 "크고 흰 보좌"에 대한 언급은 요한계시록에만 있다. (O , X)

7. 신약성경에서 '생명책' 이라는 말은 빌립보서와 요한계시록에만 나온다. (O , X)

8. 신약성경에서 세상의 종말에 관해 언급하고 있는 책은 요한계시록뿐이다. (O , X)

9. 요한계시록에는 많은 상징적인 숫자와 동물들이 나타난다. (O , X)

10. 빌립보 교회는 요한계시록의 수신자인 일곱개 교회 중 하나다. (O , X)

11. 요한계시록에서 라오디게아 교회는 책망 받지 않고 있다. (O , X)

12. 요한계시록에는 "니골라 당"이라고 하는 이단적 무리가 언급된다. (O , X)

13. 신약성경에서 '아마겟돈' 이라는 용어는 요한계시록에만 나온다. (O , X)

14. 요한계시록에는 뿔이 열 달린 짐승이 등장한다. (O , X)

15. 요한계시록에는 '휴거' 라는 단어가 나타난다. (O , X)

16. 요한계시록에는 "충신과 진실"이라고 불리는 백마를 탄 자가 등장한다. (O , X)

17. "곡과 마곡"에 대한 언급은 요한계시록에만 나타난다. (O , X)

18. 요한계시록에는 "애통하는 자는 복이 있나니"라는 구절이 나온다. (O , X)

19. 요한계시록에서 예수 그리스도는 "광명한 새벽 별"이라고 묘사되기도 한다. (O , X)

20. 요한계시록에는 "지금 이후로 주 안에서 죽는 자들은 복이 있도다"라는 선언이 나온다. (O , X)

21. 요한계시록에서 에베소 교회는 어떤 책망도 받지 않았다. (O , X)

22. "죽도록 충성하라 그리하면 내가 생명의 관을 네게 주리라"는 약속은 요한계시록에서 서머나 교회에게 주신 것이다. (O , X)

23. 신약성경에서 "새 하늘과 새 땅"에 대한 언급은 베드로후서와 요한계시록에만 나타난다. (O , X)

24. 요한계시록에는 서로 사랑하라는 '새 계명' 에 대한 언급이 많이 나온다. (O , X)

25. 요한계시록에는 '미가엘' 이라는 천사의 이름이 나타난다. (O , X)

26. 요한계시록에 등장하는 동물들 중에는 비둘기도 있다. (O , X)

27. 요한계시록에는 열 두 봉인에 담긴 심판이 나타난다. (O , X)

28. 요한계시록에는 '천년왕국' 이란 단어가 나온다. (O , X)

29. 요한계시록에는 '리워야단' 이 등장한다. (O , X)

30. 요한계시록은 "주 예수의 은혜가 모든 자들에게 있을지어다 아멘"이라는 구절로 끝난다. (O , X)

정 답

선택형

1.(4) 2.(3) 3.(1) 4.(4) 5.(4) 6.(3) 7.(1) 8.(2) 9.(3) 10.(2) 11.(1) 12.(1) 13.(2) 14.(3) 15.(3) 16.(1) 17.(1) 18.(4) 19.(4) 20.(4) 21.(4) 22.(1) 23.(4) 24.(3) 25.(3) 26.(1) 27.(3) 28.(1) 29.(3) 30.(4)

완성형

1.계시 2.예언 3.오메가 4.빌라델비아 5.인자 6.열쇠 7.사자 8.행위 9.사탄 10.충성 11.우상 12.만나 13.이세벨 14.행위 15.다윗 16.토 17.문 18.인 19.양 20.면류관 21.십사만 사천(144,000) 22.기도 23.뱀 24.육백육십육(666) 25.바벨론 26.천 27.생명수 28.지키는 29.생명수 30.생명나무

단답형

1.요한계시록 2.7개 3.밧모 4.장차 될 일(미래의 일) 5.에베소 교회 6.니골라 당 7.서머나 교회 8.두아디라 교회 9.사데 교회 10.빌라델비아 교회 11.라오디게아 교회 12.7 개 13.일곱 14.미가엘 15.10 개 16.이후 17.천 년 18.행위 19.불못 20.12 개 21.재앙들 22.무저갱 23.안디바 24.발람 25.에베소 교회 26.에베소 교회 27.제 4 장 28.라오디게아 교회 29.에베소 교회 30.서머나 교회

진위형

1.(O) 2.(O) 3.(O) 4.(X) 5.(O) 6.(O) 7.(O) 8.(X) 9.(O) 10.(X) 11.(X) 12.(O) 13.(O) 14.(O) 15.(X) 16.(O) 17.(X) 18.(X) 19.(O) 20.(O) 21.(X) 22.(O) 23.(O) 24.(X) 25.(O) 26.(X) 27.(X) 28.(X) 29.(X) 30.(O)

부록

2008학년도 신학대학원 전기 입학시험 문제

〈 신약성경 〉

I. 다음의 빈칸을 채우시오(개역개정판)(각 3점)

1. (　　)이 가난한 자는 복이 있나니 (　　)이 저희 것임이요(마5:3).
2. 말씀이 육신이 되어 우리 가운데 거하시매 우리가 그의 영광을 보니 아버지의 독생자의 영광이요 (　　)와 (　　)가 충만하더라(요1:14).
3. 그러므로 (　　)은 들음에서 나며 들음은 (　　)으로 말미암았느니라(롬10:17)
4. 하나님의 나라는 먹는 것과 마시는 것이 아니요 오직 성령 안에 있는 (　　)와 (　　)과 (　　)이라(롬14:17).
5. (　　)의 도가 멸망하는 자들에게는 미련한 것이요 구원 받은 우리에게는 하나님의 (　　)이라(고전1:18).
6. 기록된 바 (　　) 아담은 생령이 되었다 함과 같이 (　　) 아담은 살려 주는 영이 되었나니(고전15:45).
7. 오직 성령의 열매는 사랑과 희락과 (　　)과 오래 참음과 자비와 양선과 (　　)과 온유와 (　　)니 이 같은 것을 금지할 법이 없느니라(갈5:22-23).
8. 모든 것 위에 (　　)의 방패를 가지고 이로써 능히 악한 자의 모든 불화살을 소멸하고 (　　)의 투구와 (　　)의 검 곧 하나님의 말씀을 가지라(엡6:16-17).
9. 그 안에는 (　　)의 모든 충만이 (　　)로 거하시고 너희도 그 안에서 충만하여졌으니 그는 모든 통치자와 권세의 머리시라(골2:9-10).
10. 망령되고 허탄한 신화를 버리고 (　　)에 이르도록 네 자신을 (　　)하라(딤전4:7)

11. 모든 성경은 하나님의 감동으로 된 것으로 (　　　)과 책망과 바르게 함과 의로 (　　)하기에 유익하니 이는 하나님의 사람으로 온전하게 하며 모든 선한 일을 행할 능력을 갖추게 하려 함이라(딤후3:16-17).

12. 이는 하나님의 (　　)의 광채시오 그 (　　)의 형상이시라 그의 능력의 말씀으로 만물을 붙드시며 죄를 정결하게 하는 일을 하시고 높은 곳에 계신 지극히 크신 이의 우편에 앉으셨느니라(히1:3).

13. 믿음은 바라는 것들의 (　　　)이요 보이지 않는 것들의 (　　　)니(히11:1).

14. 너희 중에 고난 당하는 자가 있느냐 그는 (　　　)할 것이요 즐거워하는 자가 있느냐 그는 (　　)할 지니라(약5:13).

15. 만물의 마지막이 가까이 왔으니 그러므로 너희는 정신을 차리고 근신하여 (　　)하라 무엇보다도 뜨겁게 서로 사랑할지니 사랑은 허다한 (　　)를 덮느니라(벧전4:7-8).

16. 주의 약속은 어떤 이들이 더디다고 생각하는 것 같이 더딘 것이 아니라 오직 주께서는 너희를 대하여 오래 참으사 아무도 (　　)하지 아니하고 다 (　　)하기에 이르기를 원하시느니라(벧후3:9).

17. 자녀들아 우리가 말과 혀로만 사랑하지 말고 (　　)과 (　　)으로 하자(요일3:18).

18. 사랑하는 자들아 너희는 너희의 지극히 거룩한 (　　　) 위에 자신을 세우며 성령으로 기도하며 하나님의 사랑 안에서 자신을 지키며 (　　)에 이르도록 우리 주 예수 그리스도의 긍휼을 기다리라(유1:20-21).

19. 주 하나님이 이르시되 나는 (　　)와 (　　)라 이제도 있고 전에도 있었고 장차 올 자요 전능한 자라 하시더라(계1:8).

20. (　　)과 (　　)가 말씀하시기를 오라 하시는 도다 듣는 자도 오라 할 것이요 목마른 자도 올 것이요 또 원하는 자는 값없이 생명수를 받으라 하시더라(계22:17)

II. 다음 말씀(개역개정판)이 기록되어 있는 신약의 책을 쓰시오(각 2점)

21. "내게 능력 주시는 자 안에서 내가 모든 것을 할 수 있느니라." (　　)

22. "평강의 하나님이 친히 너희를 온전히 거룩하게 하시고 또 너희의 온 영과 혼과 몸이 우리 주 예수 그리스도께서 강림하실 때에 흠 없게 보전되기를 원하노라." (　　)

23. "너는 진리의 말씀을 옳게 분별하며 부끄러울 것이 없는 일꾼으로 인정된 자로 하나님 앞에 드리기를 힘쓰라." (　　)

24. "때가 이르리니 사람이 바른 교훈을 받지 아니하며 귀가 가려워서 자기의 사욕을 따를 스승을 많이 두고 또 그 귀를 진리에서 돌이켜 허탄한 이야기를 따르리라." (　　)

25. "이 후로는 종과 같이 대하지 아니하고 종 이상으로 곧 사랑하는 형제로 둘 자라 내게 특별히 그러하거든 하물며 육신과 주안에서 상관된 네게랴." (　　)

26. "한 번 죽는 것은 사람에게 정해진 것이요 그 후에는 심판이 있으리니." (　　)

27. "그러므로 사람이 선을 행할 줄 알고도 행하지 아니하면 죄니라." (　　)

28. "모든 은혜의 하나님 곧 그리스도 안에서 너희를 부르사 자기의 영원한 영광에 들어가게 하신 이가 잠깐 고난을 당한 너희를 친히 온전하게 하시며 굳건하게 하시며 강하게 하시며 터를 견고하게 하시리라." (　　)

29. "그가 빛 가운데 계신 것 같이 우리도 빛 가운데 행하면 우리가 서로 사귐이 있고 그 아들 예수의 피가 우리를 모든 죄에서 깨끗하게 하실 것이요." (　　)

30. "사랑하는 자여 네 영혼이 잘됨 같이 네가 범사에 잘되고 강건하기를 내가 간구하노라." (　　)

31. "그의 안에서 건물마다 서로 연결하여 주 안에서 성전이 되어가고 너희

도 성령 안에서 하나님이 거하실 처소가 되기 위하여 그리스도 예수 안에서 함께 지어져 가느니라." (　　)

32. "사람이 의롭게 되는 것은 율법의 행위로 말미암음이 아니요 오직 예수 그리스도를 믿음으로 말미암는 줄 알므로 우리도 그리스도 예수를 믿나니 이는 우리가 율법의 행위로서가 아니고 그리스도를 믿음으로써 의롭다 함을 얻으려 함이라 율법의 행위로써는 의롭다 함을 얻을 육체가 없느니라." (　　)

33. "하나님이 죄를 알지도 못하신 이를 우리를 대신하여 죄로 삼으신 것은 우리로 하여금 그 안에서 하나님의 의가 되게 하려 하심이라." (　　)

34. "사람이 감당할 시험 밖에는 너희가 당한 것이 없나니 오직 하나님은 미쁘사 너희가 감당하지 못할 시험 당함을 허락하지 아니 하시고 시험 당할 즈음에 또한 피할 길을 내사 너희로 능히 감당하게 하시느니라." (　　)

35. "예수는 우리가 범죄한 것 때문에 내줌이 되고 또한 우리를 의롭다 하시기 위하여 살아나셨느니라." (　　)

III. 다음의 질문에 답하시오.(각 2점)

36. 스데반의 설교는 사도행전 몇 장에 나오는가? (　　)

37. "선한 목자 예수"가 나오는 요한복음의 장은? (　　)

38. 누가복음에서 "주의 기도"가 나오는 장은? (　　)

39. 마태복음에서 천국비유의 장은? (　　)

40. 마가복음에서 베드로의 신앙고백이 나오는 장은? (　　)

2008학년도 신학대학원 전기 입학시험 문제

〈 구약성경 〉

●단답형

1. 죽음을 보지 않고 승천한 구약시대의 인물 두 명을 말하라. (　　)
2. 할례를 징표로 받은 구약시대의 언약은 무엇인가? (　　)
3. 모세 언약의 징표는 무엇인가? (　　)
4. 다윗 언약이 유효하다는 징표가 있다면 그것은 무엇인가?(　　)
5. '여호와 삼마' 의 뜻은? (　　)
6. 요셉 이야기처럼 꿈의 해석이 매우 중요한 또 다른 구약성서는 무엇인가? (　　)
7. 구약시대 이스라엘 백성의 출애굽 사건을 기념하는 절기는 무엇인가?(　　)
8. 구약시대 이스라엘 백성의 광야 생활을 기념하는 절기는 무엇인가? (　　)
9. 광야에서 먹던 만나가 그친 장소는 가나안의 어디인가? (　　)
10. 나귀가 입을 열어 책망한 이방 선지자는 누구인가? (　　)
11. 가나안에 들어가지 않고 요단 동편에 남은 지파는 셋이다. 르우벤 지파와 므낫세 반지파 그리고 나머지 한 지파의 이름은?(　　)
12. 소 모는 막대기로 블레셋 사람 600명을 죽인 사사는? (　　)
13. 오므리 왕조에 쿠데타를 일으키도록 엘리사가 기름을 부은 장군은?(　　)
14. 아버지 라반의 드라빔을 훔쳐 야곱과 밤중에 달아난 딸은?(　　)
15. 여호와의 영광이 성전을 떠났다가 돌아오는 광경을 목도한 선지자는?(　　)
16. 바벨론을 전복하고 포로민의 귀향을 허락한 바사의 왕은? (　　)

17. 허무주의적 표현을 쓰지만 현세적 삶을 긍정하고 예찬하는 성서는? (　　)

18. 앗수르의 수도 니느웨의 멸망에 나타난 하나님의 공의를 노래한 예언서는?(　　)

19. 뽕나무를 치다가 소명을 받아 선지자가 되어 북 왕국의 멸망을 예언한 사람은?(　　)

20. 고멜과 결혼하고 북 왕국의 음란을 책망한 선지자는? (　　)

● 객관식

*다음 중 맞는 답을 답안지에 작성하시요.

21. 솔로몬과 왕권 경합을 벌였던 다윗의 왕자는 (아비아달, 아도니야)이다.

22. 다음 중 다윗의 여인들이 아닌 사람은? (아히노암, 미갈, 마아가, 다말)

23. 옷을 찢지 말고 마음을 찢으라고 말한 선지자는 (호세아, 요엘, 요나)이다.

24. 북 왕국의 창건자 여로보암이 왕이 될 것을 예언한 선지자는 (아마샤, 아히야)이다.

25. 요나가 오해한 하나님의 성품은 (정의로우심, 긍휼하심)이다.

26. 시편은 모세 율법과 같은 권위를 부여하기 위하여 (3권, 4권, 5권)으로 나뉘어 있다.

27. 다음 중에서 북왕국의 수도가 아닌 곳은 (기브아, 하솔, 세겜, 사마리아)이다.

28. 바벨론이 유다를 패망시키고 유다지방의 수도로 삼은 성읍은 (세겜, 미스바)이다.

29. "너희의 무수한 제물이 네게 무엇이 유익하뇨 ... 헛된 제물을 다시 가져오지 말라 분향은 내가 가증히 여기는 바요 월삭과 안식일과 대회로 모이는 것도 그러하니"라고 한 선지자는 (아모스, 이사야)이다.

30. 마음의 부패가 만물보다 거짓되고 심히 부패한 것이라고 말한 선지자는 (에스겔, 예레미야)이다.

31. "사람들에게는 영원을 사모하는 마음을 주셨느니라 그러나 하나님이 하시는 일의 시종을 사람으로 측량할 수 없게 하셨도다"라고 말한 성서는 (욥기, 전도서, 잠언)이다.

32. 성전 재건을 촉구한 선지자는? (스바냐, 학개, 말라기)

33. 다음 인물 중에서 욥의 친구가 아닌 사람은? (엘리바스, 엘리사, 소발)

34. 에돔의 멸망을 예언한 예언서는? (나훔, 오바댜, 요엘)

35. 순금 등잔대와 두 감람나무 환상을 본 선지자는 (스바냐, 스가랴)이다,

36. "나와 내 집은 여호와를 섬기겠노라"고 여호수아가 연설한 장소는? (세겜, 미스바)

37. "그러므로 이제는 여호와를 경외하며 온전함과 진실함으로 그를 섬기라"고 설교한 이스라엘의 지도자는 누구인가?(모세, 여호수아, 다윗)

38. "네 집과 네 나라가 내 앞에서 영원히 보존되고 네 왕위가 영원히 견고하리라"고 다윗에게 말한 통일왕국 시절의 선지자는 누구인가? (사독, 나단, 갓)

39. 친족의 기업 무르기 율법과 관계있는 성서는 (룻기, 에스더서)이다.

40. 예루살렘의 성벽을 중건하고 이방인과 결혼을 금지한 사람은 (에스라, 느헤미야)이다.

2008학년도 신학대학원 전기 입학시험 문제

〈 논 술 〉

다음을 논하시오

그리스도인이 국민의 한 사람으로서 정치와 사회의 문제에 관심을 가지고 참여하는 것은 권리인 동시에 의무라고 생각합니다. 예수님께서는 납세 문제와 관련해서 "가이사의 것은 가이사에게, 하나님의 것은 하나님께 바치라" (마22:21) 고 말씀한 바 있습니다. 국가와 교회의 관계라는 차원에서 이 말씀의 함축적 의미를 해석하고, 오늘날 한국 교회의 사회적 사명과 그 역할에 대해 반성적으로 논술하기 바랍니다.

2008학년도 신학대학원 전기 입학시험 문제

〈 영 어 〉

다음의 2문제를 우리말로 번역하시오.
〈문제 1〉 배점 50점

The Gospels, then, contain witness and preaching concerning Jesus Christ. To make clear the meaning of "witness," we may think of the proceedings in a law court. The great point at issue is whether certain things have actually happened or not and particularly those things which are of interest in connection with the inquiry which the court of law has set up.

It is in this sense that the Gospels introduce into the world the witness concerning Jesus Christ. The Gospels contain the witness given by those who had actually seen and heard the things that they report of Jesus, and who affirm that these things are reliable and assured. But this historical witness is also at the same time preaching. It challenges men to believe. It recounts, not simply in order to increase historical knowledge, but in order that we should believe that Jesus is the Christ, the Son of God.

*the proceedings in a law court: 법정에서의 재판절차. *inquiry which the court of law has set up: 법정이 제기한 조사. *recount: 말하다, 자세히 이야기하다. *reliable and assured: 믿을 만하고 확실한.

〈문제 2〉 배점 50점

In the first place, utterly basic to the Reformed faith is its doctrine of Scripture. Indeed, in a recent essay in which he seeks to ascertain the theme in which the reformed faith finds its uniqueness, Prof. Fred H. Klooster suggests that this may be said to be the doctrine of Scripture 'alone and entire'. There is a sense in which Dr. Klooster is correct by any standard. The reformation rediscovered and accentuated afresh the authority of the Bible. It threw down the tyranny of a corrupt ecclesiastical hierarchy that had set itself above the Word of God, and repudiated the authority of ecclesiastical tradition coordinate with that Word, insisting with a vigor rising from a new-found truth that Jesus Christ is Master in his own house, that he speaks to his people through his word, and that that Word is the means whereby he calls sinners to himself, ruling and subduing them under his lordship.

*Reformed faith: 개혁주의 신앙. *ascertain: -을 확실히 하다. *accentuate: 강조하다. *ecclesiastical hierarchy: 교회 계급체제. *coordinate: 동등한, 대등한. *vigor: 활력

2008학년도 일반대학원(박사) 전기 입학시험 문제

〈 논 술 〉

(구약학)

※다음 문제 중 둘을 선택하여 기술하시오(1문항 당 100점씩).

1. 오경의 신학을 논술하시오.
2. 발터 아히로트와 게하르트 폰라트의 구약신학방법론(정의, 방법론, 강조점, 내용)을 각각 기술하고 평가하시오.
3. 신구약성서의 관계를 논하시오.

(실천신학)

다음 중 두 문제를 택하여 기술하시오 (각100점)

1. 목회신학의 내용과 범위를 논술하시오.
2. 교회의 본질에 비추어 목회자의 역할과 임무를 논술하시오.
3. 목회자는 specialist라기 보다는 generalist가 되어야 한다는 말에 대하여 자신의 입장을 논술하시오.

(목회상담학)

다음의 두 문제를 논하시오

1. 비기독교적인 일반상담과 목회상담 사이에는 유사하면서도 다른 측면들이 있다. 특별히 상담목표를 구축하는 면에 있어서 일반상담과 목회상담의 유사성과 차이를 설명하시오(100점).
2. 한국 사회에 흔들리는 가정, 이혼하는 가정이 많다. 그 요인들을 제시하고, 목회상담적 대안을 설명하시오(100점).

2008학년도 일반대학원(석·박사공통) 전기 입학시험 문제

〈영 어〉

다음의 영문을 우리말로 번역하시오

In Modern times the ascension was usually thought of as a transition from one place (earth) to another (heaven). We now know, however, that space is such that heaven is not merely upward from the earth, and it also seems likely that the difference between earth and heaven Is not merely geopraphical. One cannot get to God simply by traveling, sufficiently far and fast in a rocket ship of some kind. God is in a different dimension of reality, and the transition from here to there requires not merely a change of place , but of state. So, at some point, Jesus' ascension was not merely a phisical and spatial change, but spiritual as well. At that time Jesus underwent the remainder of the metamorphosis begun with the resurrection of his body.

The significance of the ascension is that Jesus left behind the conditions associated with life on this earth. Thus the pain, both physical and psychological, experienced by persons here is no longer his. The opposition, hostility, unbelief, and unfaithfulness which he encountered have been replaced by the praise of the angels and the immediate presence of the Father. God has exalted him and given him a "name which is above every name, that at the name of Jesus every knee should bow,... and every tongue confess that Jesus Christ is Lord, to the glory of God the Father" (Phil. 2:9-11). The angels have resumed their song of praise, for the Lord of heaven has returned. What a contrast to the abuse and insults he endured while on earth! Yet the song of praise now goes beyond that which was sung before his incarnation. For a new stanza has been added. Jesus has done something which he had not done previous to his incarnation: personally experienced and overcome death.

metamorphosis: 변형

2008학년도 일반대학원(신학석사) 전기 입학시험 문제

〈 논 술 〉

(구약학-Th.M.)

다음 세 문제 중에 두 개에 답하세요(각 50점)

1. 신명기적 역사서와 역대기적 역사서의 차이를 언급하시오.
2. 소예언서를 시대별로 구분하여 각 책의 주제를 언급하시오.
3. 성문서에 속하는 책들을 언급하고 각 책의 주제를 언급하시오.

(신약학-Th.M.)

1. 누가복음에서 "가난한 자"에 대한 관심이 어떻게 나타나고 있는지 서술하시오(배점: 50점).
2. 갈라디아서의 기록목적과 이에 따른 주요 내용을 서술하시오(배점: 50점).

(체계신학-Th.M.)

다음 중 1개를 택하여 답하시오(100점).

1. "하나님에 관한 학문"으로서의 신학에서 가장 중요한 주제 가운데 하나는 신론이다. 한 명 혹은 두 명의 신학자를 택하여 그(들)의 신론을 설명하고 비판하시오.
2. 기독교신학에서 어려운 난제 가운데 하나는 이른바 "악과 고통의 문제"이다. 한 명 혹은 두 명의 신학자(철학자)를 택하여 그(들)의 악과 고통의 문제에 관한 이론을 설명하고 비판하시오.

(역사신학-Th.M.)

다음의 문제들 중, A와 B에서 한 문제를, C와 D에서 한 문제를 택하여 답하시오(각 문제 50점).

A. 침례교회의 기원에 관한 학설들

B. 미국 침례교의 남북분열(미 남침례교 발생)의 배경

C. 고대교회 4대 종교회의(공의회)들

D. 종교개혁 발생의 배경

(실천신학-Th.M.)

1. 예수님이 제자들을 훈련시킨 전도원리를 구체적으로 설명하고 전도중심의 교회를 만들기 위한 방안을 논하라(50점)
2. 교회의 기능 5가지를 설명하고, 기능에 따라 건강한 교회를 만들기 위한 구체적인 방안들을 폭넓게 논하라(50점)

(목회상담-Th.M.)
아래의 3 문제 중 택 2 하여 서술하시오. (각 50 점)

1. 목회상담에서 성령의 역할에 관하여 논술하시오.
2. 일반 상담과 비교하여 목회상담의 독특성을 논하시오.
3. Seward Hiltner가 자신의 저서 *Preface to Pastoral Theology*(목회신학서설)에서 밝히고 있는 목양 (Shepherding)의 3 가지 내용 (Contents)를 열거하고 그 내용을 설명하시오.

(기독교교육)

1. 교회교육의 당위성을 성서와 역사적 배경을 중심으로 설명하시오(50점)
2. 한국 기독교대안학교의 문제점과 대안에 관하여 논하시오(50점)

2008학년도 일반대학원(기교육석사) 전기 입학시험 문제

〈 영 어 〉

다음의 영문을 우리말로 번역하시오.(배점: 100점)

The Bible is a family book. It presents the family as the basis of human society and the place where our emotional and relational well-being is to be formed. The family is where we acquire our identity, our sense of who we are, where we come from, where we belong, what values we hold to. It is in the family that we learn how to interact in a network of relationships. God designed families to be the vehicles for the transmission of tradition and continuity from one generation to the next. Notice the wording of Exodus 20:12: "Honor your father and your mother, that your days may be long upon the land which the Lord your God is giving you." That is a command linked to a promise, and the promise is not that you will live to be ninety-seven if you're kind to Mom and Dad. The Hebrew culture to which that promise was given took a long-term view of family. They saw themselves as a link in an unbroken chain stretching centuries upward through the line of their ancestors and down the centuries through the line of their unborn descendents. God was saying to these people, in effect, "If you honor your father and mother, and respect the traditions and values they have conveyed to you, then you will be laying a stable, solid foundation for your descendents so that long after you are gone, they will flourish in this land which I have given you." Family tradition is very important. People need to experience generational continuity. That is why God places this command in the Bible. (단어 설명: Exodus = 출애굽기)

2008학년도 일반대학원(M.M.석사) 전기 입학시험 문제

〈 M.M.영어 〉

다음의 예문을 읽고 문제에 국어 혹은 영어로 답하시오.

Beethoven, having for some time past continued to withdraw himself more and more from public notice and to shut out the world, really seemed desirous of living only amidst the creations of his own fancy; a meeting therefore of some patrons and amateurs of the art was assembled in Vienna, when [an] address was drawn up; which being presented to this great, but singular man, was attended with the results that were so anxiously desired.

Accordingly, on the 7th of May, a grand musical performance took place at the K?rnthnerthor Theatre. The leaders of the music were Kapellmeister Umlauf and M. Schuppanzigh, and the great Composer himself assisted on the occasion. He took his place at the side of the principal leader, and, with his original score before him, indicated the different movements and determined the precise manner in which they were to be given; for, unfortunately, the state of his hearing prevented him from doing more. The theatre was crowded to excess, and the sensation caused by the appearance of this great man was of a kind that is more easy to imagine than to describe. The arrangement of the pieces performed was as follows: 1st, Beethoven' s Grand Overture in C major ["The Consecration of the House"]; 2nd, Three Grand Hymns, with solo and chorus parts, from his new Mass, never before performed [the Missa Solemnis]; 3rd, A grand New Symphony, with a finale, in which are introduced a solo and chorus part, from Schiller' s Lied and die Freude(Song of Joy). This also was performed for the first time, and is Beethoven' s last composition.

With respect to the new symphony, it may, without fear, stand a competition with its eight sister-works, by none of which is the fame of its beauty likely to be eclipsed; it is evidently of the same family, though its characteristic features are different. The opening passage is a bold allegro, in D minor, full of rich invention and of athletic power; from the first chord till the gradual unfolding of the colossal theme, expectation is constantly kept alive and never disappointed.

The passages from Schiller' s "Song of Joy" are made admirably expressive of the sentiments which the poet intended to convey and are in perfect keeping with the tone and character of the whole of this wonderful composition. Critics have remarked of the finale that it requires to be heard frequently in order to be duly appreciated.

가) At the conclusion of the concert, Beethoven was unanimously called forward. [Witnesses to the event report that he had to be turned around to see the public' s acclamation, because he could not hear it.] He modestly saluted the audience and retired amidst the loudest expressions of enthusiasm. Yet the feeling of joy was tempered by an universal regret, to see so gifted an individual labouring under an infliction, the most cruel that could befall an artist in that profession for which nature had destined him. We have no doubt but the master will consider this as one of the proudest days in his existence, and it is to be hoped that the testimony of general feeling which he has witnessed will tend to soothe his spirit, to soften down some of its asperities, and to convince him that he stands upon a pinnacle, far above the reach of envy and every malignant passion.

1. 위의 글에서 다루어진 인물과 사건은 무엇인가?(5점)
2. 위의 글에 나온 연주회의 일시, 장소, 프로그램과 연주자를 쓰시오.(15점)
3. 이 글이 소개하는 작품의 가장 큰 특징은 무엇인가?(5점)

4. 비평가들은 이 작품을 이해하기 위해 어떤 것이 필요하다고 말했는가?(10점)

5. 가)문항을 번역하시오.(25점)

다음 문항을 번역하시오.

6. Alla breve [It., at the breve].(20점)

The meter indicated with the sign ₵, in which each measure is conceived as consisting of two half notes, each given one beat, rather than the four quarter notes indicated with the sign C, It is thus the equivalent of 2/2 as compared with 4/4. It is sometimes referred to as cut time. In modern practice this implies relatively rapid tempo, as in military marches, which often employ this meter. But its use with respect to tempo varied considerably from the 17th through the 19th century, so it cannot always be regarded as indicating rapid tempo. Historically alla breve derives from the system of proportions, in use in the Middle Ages and Renaissance, in which it indicated that the tactus or metrical pulse was to be "at the breve" rather than "at the semibreve" [see Mensural notation]. Thus it represented in theory, as it still does, a diminution of the duration of any note value by one-half, given a fixed tempo or rate of beats, and was known as tempus *imperfectum diminutum* or *proportio dupla*. It could also be represented in that system by the fraction 2/1. When occurring in all voices simultaneously, however, it could represent a faster *tactus*, but not necessarily in the ratio 2:1.

7. Codetta[It., little tail].(10점)

(1)In sonata form, a brief coda concluding the exposition. (2) In an exposition of a fugue, a modulatory passage connecting the end of a statement of the subject in the dominant with the beginning of the next statement in the tonic. (3) A brief coda concluding an inner section of a movement or piece as opposed to a coda at the end of the movement or piece as a whole.

8. Coffee Cantata.(10점)

Popular name for Bach' s secular cantata *Schweigt stille, plaudert nicht* [Ger., Be quiet, don' t prattle] for soloists and orchestra BWV 211(ca. 1734-35). The cantata relates the predicament of a burgher' s daughter whose coffee habit her father wishes to break.

2008학년도 사회복지대학원(석사) 전기 입학시험 문제

〈 사회복지 전기 논술 〉

다음을 논하시오.

1. 사회 양극화를 해소하기 위한 사회복지제도의 과제에 대해 논하시오. (50점)
2. 세계화와 지방화가 사회복지제도에 미치는 영향을 설명하시오. (50점)

2008학년도 전기 교회음악대학원 영어 시험 문제

다음 문항을 우리말로 번역하시오.

1. Accordingly, on the 7th of May, a grand musical performance took place at the Kärnthnerthor Theatre. The leaders of the music were Kapellmeister Umlauf and M. Schuppanzigh, and the great Composer himself assisted on the occasion. He took his place at the side of the principal leader, and, with his original score before him, indicated the different movements and determined the precise manner in which they were to be given; for, unfortunately, the state of his hearing prevented him from doing more. The theatre was crowded to excess, and the sensation caused by the appearance of this great man was of a kind that is more easy to imagine than to describe. The arrangement of the pieces performed was as follows: 1st, Beethoven' s Grand Overture in C major [“The Consecration of the House”]; 2nd, Three Grand Hymns, with solo and chorus parts, from his new Mass, never before performed [the Missa Solemnis]; 3rd, A grand New Symphony, with a finale, in which are introduced a solo and chorus part, from Schiller' s Lied and die Freude(Song of Joy). This also was performed for the first time, and is Beethoven' s last composition. At the conclusion of the concert, Beethoven was unanimously called forward. [Witnesses to the event report that he had to be turned around to see the public' s acclamation, because he could not hear it.] He modestly saluted the audience and retired amidst the loudest expressions of enthusiasm. Yet the feeling of joy was tempered by an universal regret, to see so gifted an individual labouring under an infliction, the most cruel that could befall an artist in that profession for which nature had destined him. We have no doubt but the master will consider this as one of the proudest days in his existence, and it is to be hoped that the testimony of general feeling which he has witnessed will tend to soothe his spirit, to

soften down some of its asperities, and to convince him that he stands upon a pinnacle, far above the reach of envy and every malignant passion. (30점)

2. Alla breve [It., at the breve]. (20점)

The meter indicated with the sign ¢, in which each measure is conceived as consisting of two half notes, each given one beat, rather than the four quarter notes indicated with the sign C, It is thus the equivalent of 2/2 as compared with 4/4. It is sometimes referred to as cut time. In modern practice this implies relatively rapid tempo, as in military marches, which often employ this meter. But its use with respect to tempo varied considerably from the 17th through the 19th century, so it cannot always be regarded as indicating rapid tempo. Historically alla breve derives from the system of proportions, in use in the Middle Ages and Renaissance, in which it indicated that the tactus or metrical pulse was to be "at the breve" rather than "at the semibreve" [see Mensural notation]. Thus it represented in theory, as it still does, a diminution of the duration of any note value by one-half, given a fixed tempo or rate of beats, and was known as tempus *imperfectum diminutum* or *proportio dupla*. It could also be represented in that system by the fraction 2/1. When occurring in all voices simultaneously, however, it could represent a faster *tactus*, but not necessarily in the ratio 2:1.

너는 진리의 말씀을 옳게 분별하며 부끄러울 것이 없는 일꾼으로 인정된 자로
자신을 하나님 앞에 드리기를 힘쓰라(딤후 2:15).

성경종합시험 · 신학대학원 입학시험 준비를 위한 **성경**문제집

지은이 성경문제집 출간위원회 편
발행인 피 영 민
초판발행 2008. 3. 31
2쇄 발행 2011. 3. 10
3쇄 발행 2013. 10. 18
4쇄 발행 2016. 10. 10
5쇄 발행 2023. 12. 26
등록번호 출판 제6호 (1979. 9. 22)
발행처 한국침례신학대학교 출판부
주소 대전광역시 유성구 북유성대로 190(34098)
전화 (042)828-3257 / E-mail: public@kbtus.ac.kr
FAX (042)828-3256 / 홈페이지 http://www.kbtus.ac.kr

〈값 15,000원〉
ISBN 978-89-87763-96-5 13230